PADS VX.2를 활용한

제 2 판

PCB Artwork 실습

실무 중심

윤민영·김도우 공저

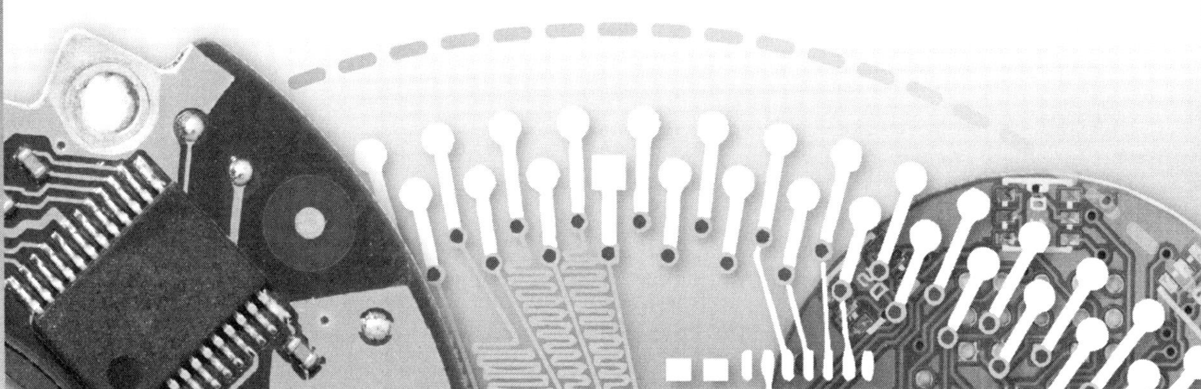

머리말

최근 국내 PCB산업은 나날이 성장하고 있으며 그 기술 또한 급속히 발전하고 있다. PCB 시장의 성장세는 제조기술 못지않게 설계기술이 그 핵심 기술로서 이루어지고 있는 것이 현실이다. PCB 설계기술에 입문하기 위해서는 기본적으로 전자CAD 프로그램을 활용하여 전자회로를 설계, 제작하여야 하는데 본 교재는 PADS VX2.0버전을 중심으로 PCB Artwork 실습 내용을 설명하였다.

PADS Tool은 버전이 다르다고 하여 기능이나 단축키가 달라지는 것이 아니고 단지 버전이 높아지면서 좀 더 다양한 기능들을 제공하고 있다. 따라서 PCB를 설계하며 기본적으로 알아야 할 기능은 버전에 크게 상관없이 본 교재에서 다루는 것들만 익혀도 설계하는 데 무리가 없다고 생각되어진다.

Tool을 처음 사용하거나 독학하려는 초보자가 본다면 가이드가 되어 줄 것이며, PCB Artwork을 전문적으로 하지 않고 Tool은 다룰 줄 아는데 올바르게 사용하고 있는지 확신이 없는 사용자들에게는 Tool을 정확하게 사용하고 이해하는 데 도움이 될 것이다

본 교재의 특징은 4층 기판을 설계할 때 실제로 실무에서 사용하는 기능들만 작업 순서에 따라 요약하였다. 초보자들은 4층 기판 설계라고 하면 고급과정이고 작업하기 어렵다는 생각을 할 수 있다. 하지만 4층 기판을 설계하면 PCB의 구조를 알게 되어 2Layers를 줄인 2층 기판 설계가 오히려 더 어렵다는 것을 알게 될 것이다. 그래서 4층이라고 하여 더 많은 기능을 사용해야 하고 어려운 보드 설계가 아니라는 것을 알게 될 것이다. 어떤 층으로 설계하더라도 본 교재의 기능들만 익히고 사용할 줄 안다면 이미 Tool을 잘 다룬다고 볼 수 있다.

본 교재에서는 작업의 흐름을 가장 중요하다고 생각하여 PADS Tool에서 제공하고 있는 기본 예제인 Preview 회로를 이용하여 Logic과 Layout에서 작업의 큰 흐름을 나열하고 그 순서에서 필요한 기능들을 꺼내어 쓸 수 있도록 설명하였다. 작업 순서만 기억하고 있다면 그 순서에 해당하는 기능을 꺼내어 사용하면 된다. Logic Tool을 이용하여 회로를 그리고, Layout에서 PCB 설계하여 Gerber Data 생성까지의 과정에서 필요로 하는 기능들을 작업의 흐름에 따라 정리한 것이다. 예를 들어 배치 단원에서는 배치할 때 필요한 기능들 위주로 설명하였으며,

라우팅 단원에서는 라우팅 시 필요한 Function Key나 설계 팁 등을 설명하였다. 그러므로 각 작업에 해당하는 기능들을 금방 익히고 쉽게 찾아볼 수 있도록 하였다. 또한 각 Parts를 그릴 때 Data sheet를 보고 그리는 것을 어려워하는데 Data sheet에서 필요한 요소만 찾아내어 쉽게 그리는 방법도 설명하였다.

저자는 다년간의 PCB Artwork 설계 노하우와 강의 경력을 가지고 학생 또는 재직자와 소통하며 초보자들이 가장 많이 궁금해 하는 것들이 무엇인지 잘 알고 있다. 이에 본 교재를 통하여 PADS를 활용한 PCB Artwork에 입문하는 모든 분들의 궁금증이 해소되기를 바란다. 또한 독자 분들의 PCB 분야 학습에 조금이라도 도움이 되기를 바라며, 알찬 책이 될 수 있기를 기대해 본다.

2018년 가을
저자 씀

Contents

차례

Part 1. PADS Logic 시작하기

Part 2. PADS Layout 시작하기

Part 01

PADS Logic 시작하기

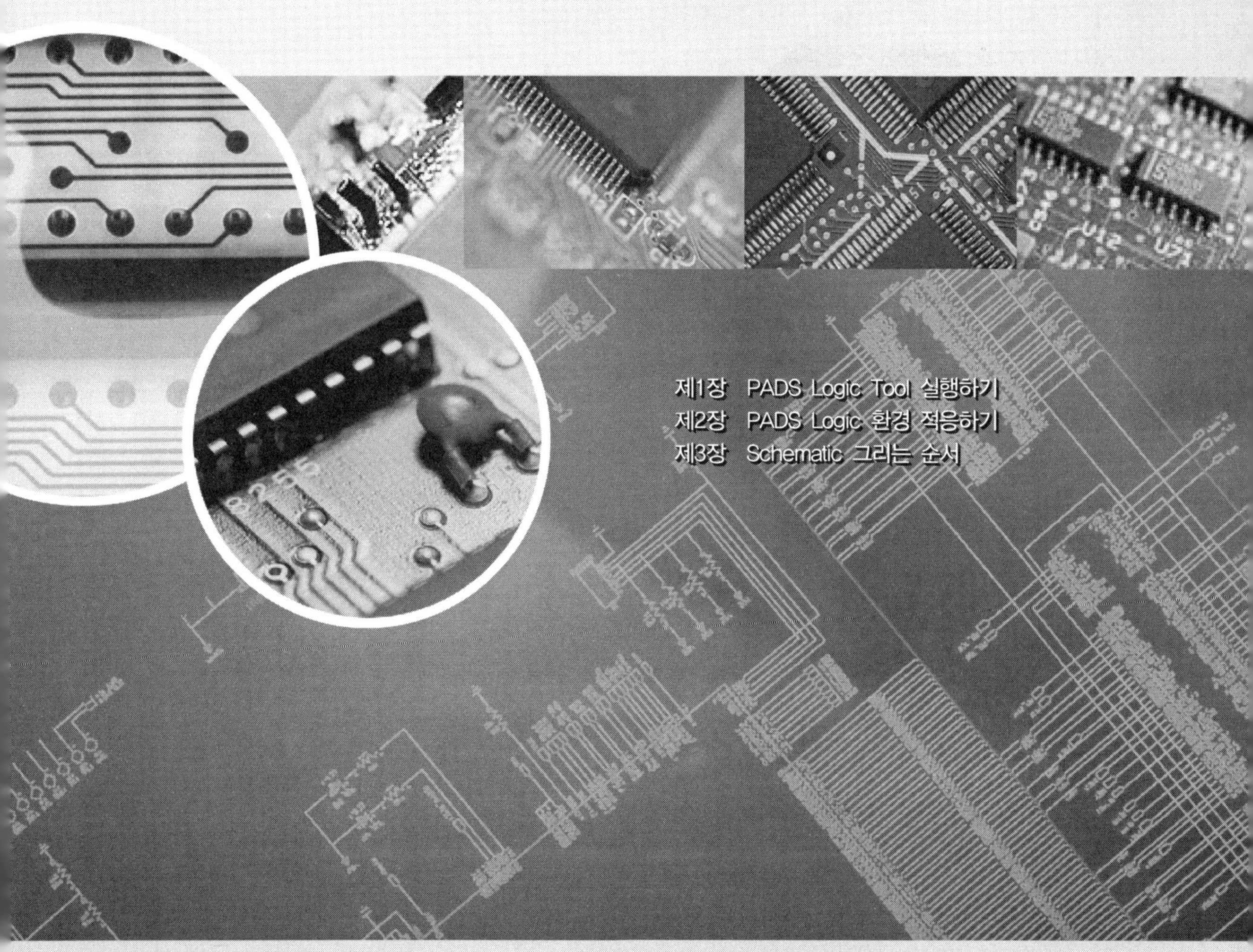

회로를 그리는 Tool은 여러 가지가 있기 때문에 의미는 같지만 Tool마다 용어가 조금씩 다르다.

본 교재에서는 작업의 순서에 따라 필요한 기능들을 꺼내어 쓸 수 있도록 정리하였다.

그래서 처음 Tool을 접하여 용어가 익숙하지 않은 사람이거나 다른 Tool을 사용하였던 사용자라도 작업의 흐름에 맞춰 순서대로 따라 그리다 보면 본인이 어떤 작업 중에 있는지 알고, 그에 해당되는 용어를 자연스럽게 습득하기 쉽다.

그러므로 처음부터 끝까지 교재의 순서대로 따라해 보며 생소한 용어나 회로를 완성하기까지의 과정을 익혀 보자.

회로를 그릴 때는 크게 네 가지로 구분할 수 있다.

1. Tool을 실행하여 환경설정 하기
2. Tool의 환경에 적응하기
3. Library Manager를 이용하여 Part 생성하기
4. Part와 Net을 불러 회로를 완성하기 이다.

본 교재에서는 이 네 가지를 작업순서의 흐름에 맞추어 정리하였다.

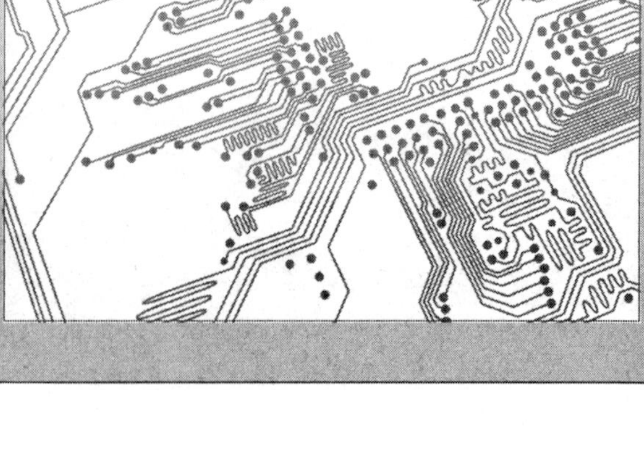

PADS Logic Tool 실행하기

01
CHAPTER

1 PADS Logic은 두 가지 방법으로 실행할 수 있다.

❶ 바탕화면에 

아이콘을 클릭한다.

❷ 경로 : 윈도우 작업표시줄의 시작버튼 → 모든 프로그램 → PADS VX.2 → Design Entry → PADS Logic VX.2를 실행한다.

File → New 하면 아래의 창이 뜬다.

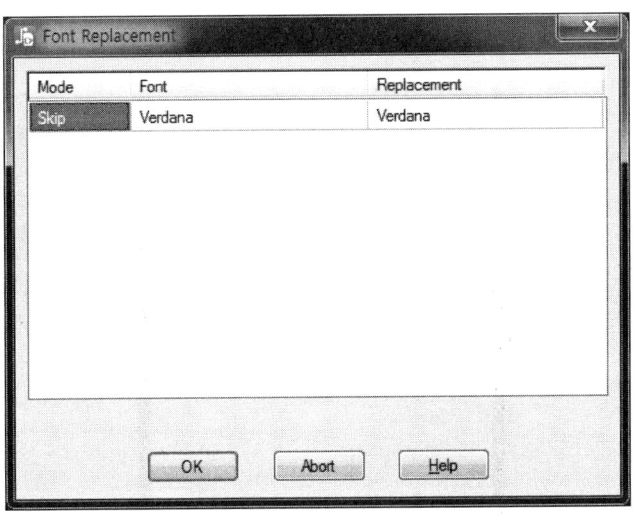

OK하면 아래의 창이 활성화 된다.

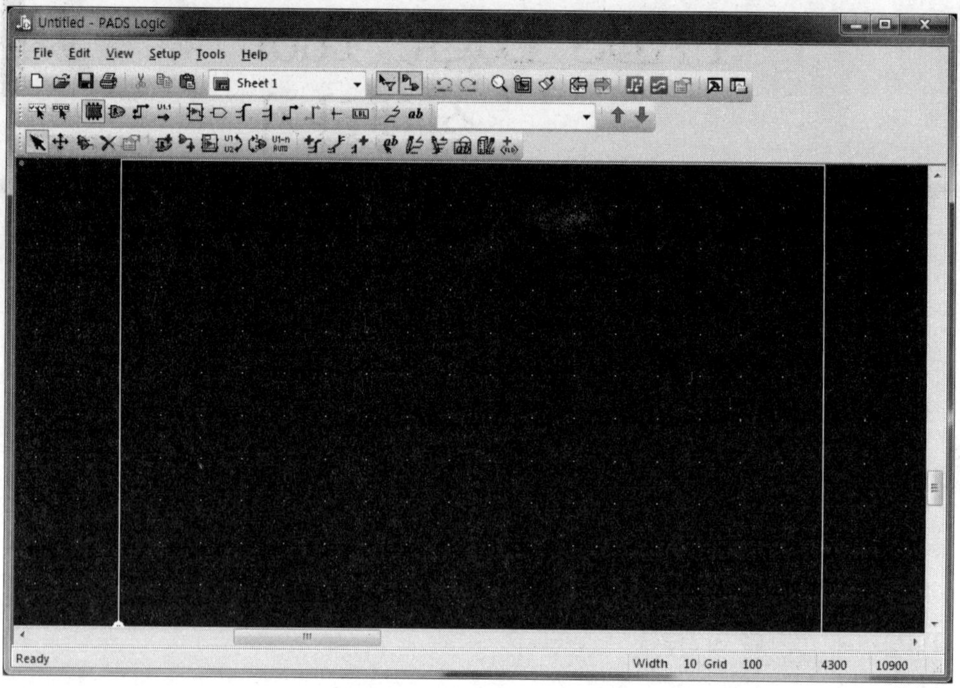

그림과 같이 Sheet border가 안 나오는 경우 회로를 그리기 전에 외곽의 회색 라인의 Size를 조정한 뒤 Sheet border를 추가한다.

Tools → Options...

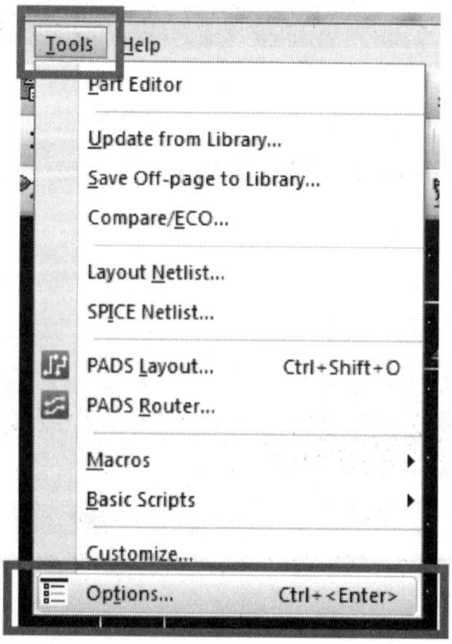

Design 탭을 선택한다.

Sheet에서 Size를 클릭하여 B를 선택한 뒤 OK한다.

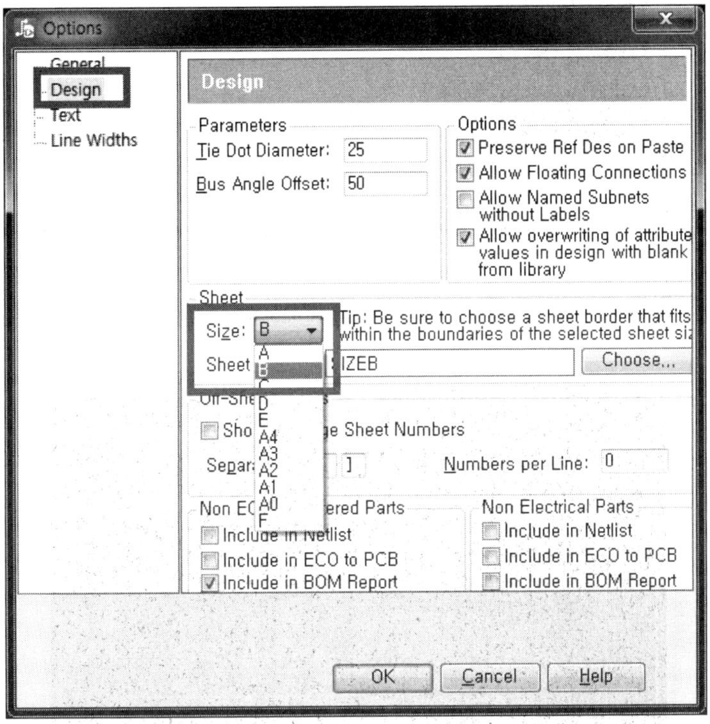

외곽의 회색 라인의 Size가 B로 바뀐다.

Sheet border를 추가하기 위해서는 Schematic Editing Toolbar를 선택한다.

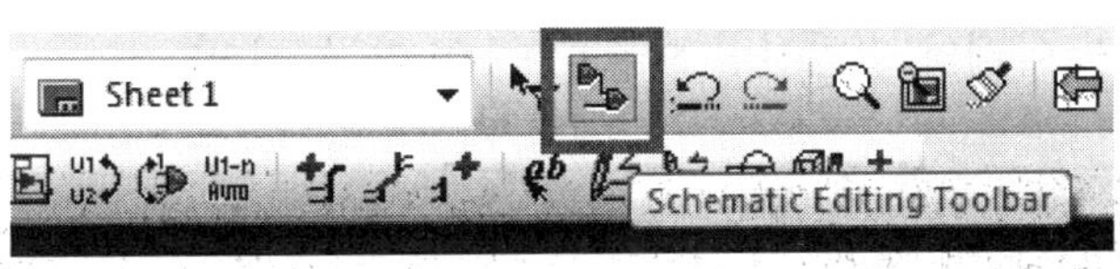

아랫줄에 툴 바가 생기면 Add 2D Line from Library를 선택한다.

Library의 폴더경로에 common을 선택하고 Items에 SI*를 입력하고 Apply를 클릭하여 SIZEB를 선택하면 Sheet border가 커서를 따라 나온다.

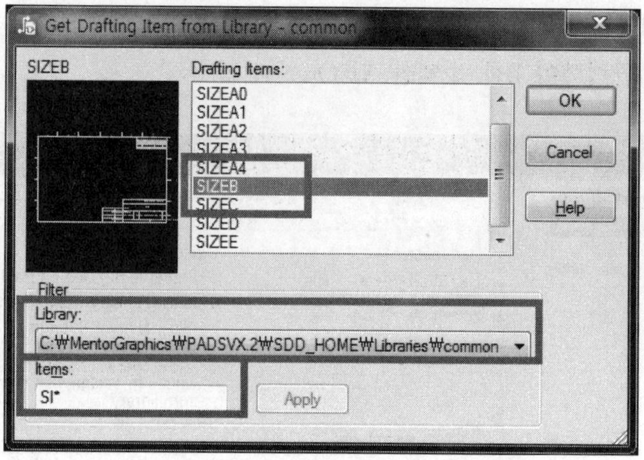

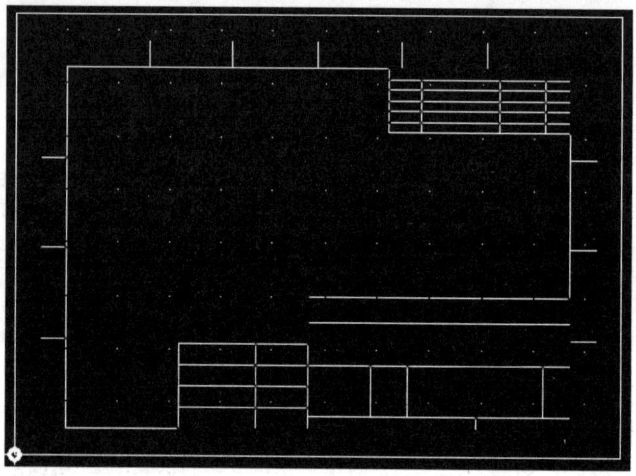

클릭하여 내려놓으면 아래의 그림처럼 Sheet border가 놓여진다.

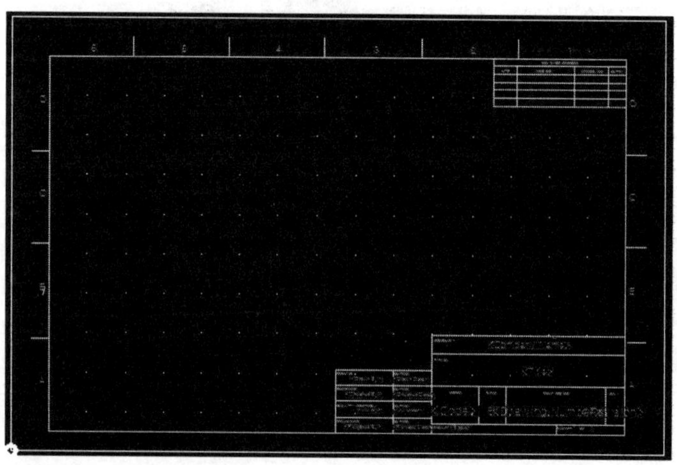

이미 회로에 Sheet border가 들어있는 경우 Sheet의 Size를 줄이거나 늘리기만 하면 되는데 Tools → Options... 하여 Design 탭을 선택한다.

Sheet에서 Size를 선택하고 Sheet border에서 Choose... 를 선택하여 Size에 맞춰 바꾼다.

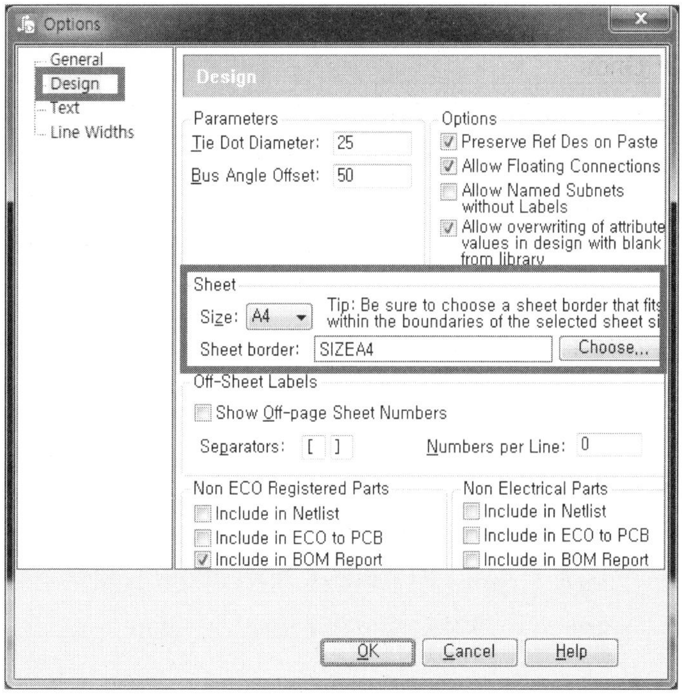

Sheet Size를 결정하였다면 회로를 그리기 앞서 다른 Option들도 확인한다.

General 탭에서는

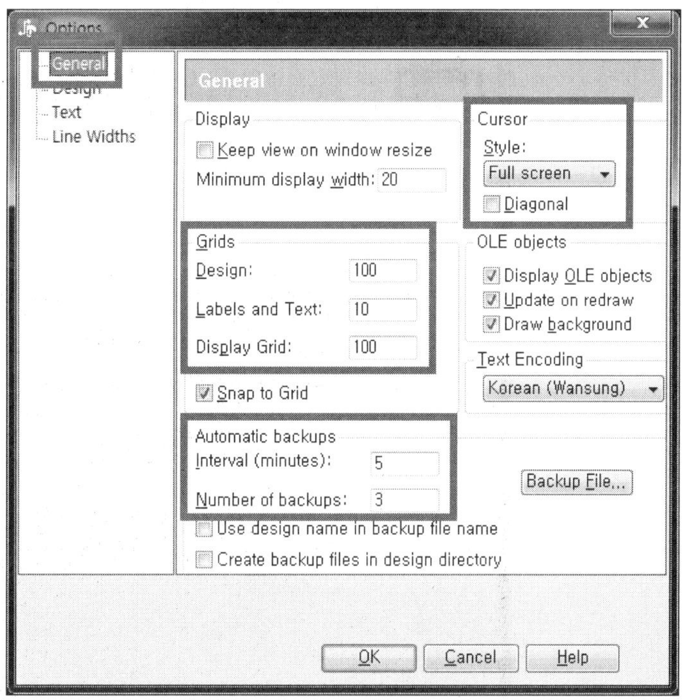

- **Cursor Style을 Full screen으로 선택한다.**

  Cursor가 작으면 원하는 항목이 잘 선택되지 않을 수 있기 때문이다.

- **Grids**

  (기본적으로 Logic Tool의 Unit은 Mils로 되어 있다.)
  Design : 100 → 커서의 이동범위이다.
  Labels and Text : 10mil → 모든 text의 이동범위 이다.
  Display Grid : 100 → 화면에 보이는 흰 도트의 간격이다.

  Grid와 Display Grid 값을 동일하게 100mil로 하고 작업한다.
  커서 한 칸에 흰 도트 한 칸 이동하는 것처럼 보인다.

- **Automatic backups**

  그림의 설정은 5분에 한 번씩 3개의 파일이 돌아가며 자동저장 한다는 의미이다.
  C/PADS Projects 폴더 아래에 자동 저장이 된다.
  저장이 되는 간격을 줄이거나 늘릴 수 있다.

Design 탭에서는

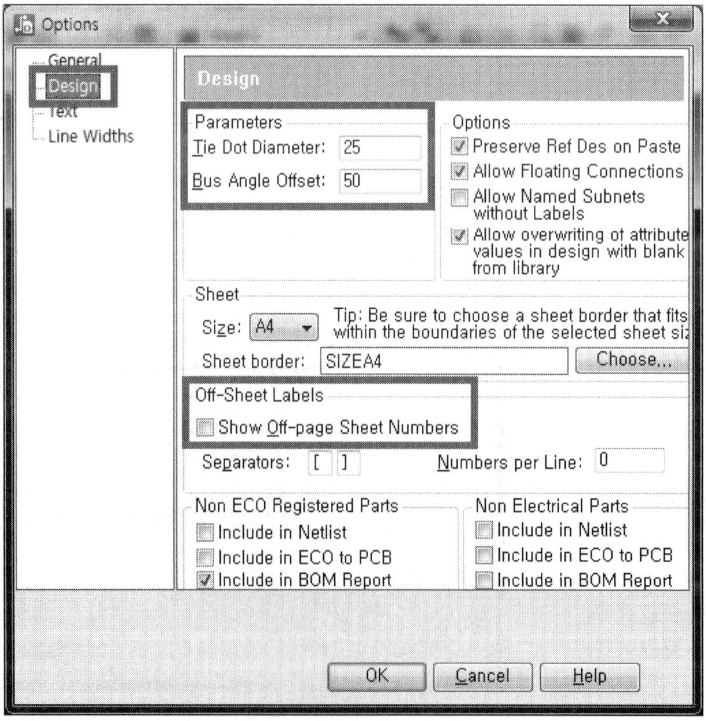

- **Parameters**

Tie Dot Diameter : 25 → Net의 3점이 만나는 곳의 Dot 사이즈이다.
사이즈를 늘리면 Dot가 더 잘 보인다.

Bus Angle Offset : 50 → 이 설정은 거의 변경하지 않는다.

- **Off-Sheet Labels**

Show Off-page Sheet Numbers를 체크하면 같은 Net의 Off-page가 어떤 페이지에 있는지 알 수 있다.

아래의 그림처럼 현재 페이지를 제외한 다른 페이지를 [ ] 안의 숫자로 표시한다.

- **Sheet 추가, 삭제하기**

Setup → Sheets... 한다.

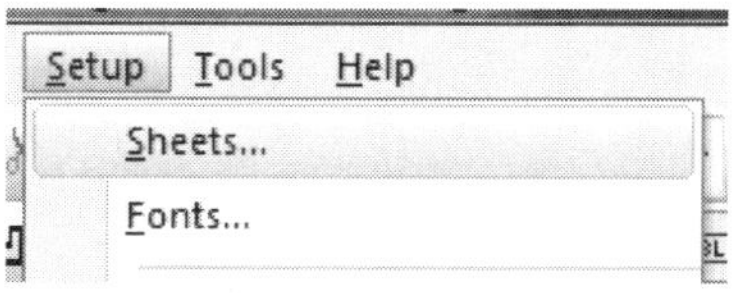

Add 또는 Delete를 클릭하여 페이지를 추가 또는 삭제한다.
Up 또는 Down을 클릭하여 페이지의 순서를 바꾼다.
페이지의 이름을 바꾸고 싶으면 Unnamed를 더블클릭한다.

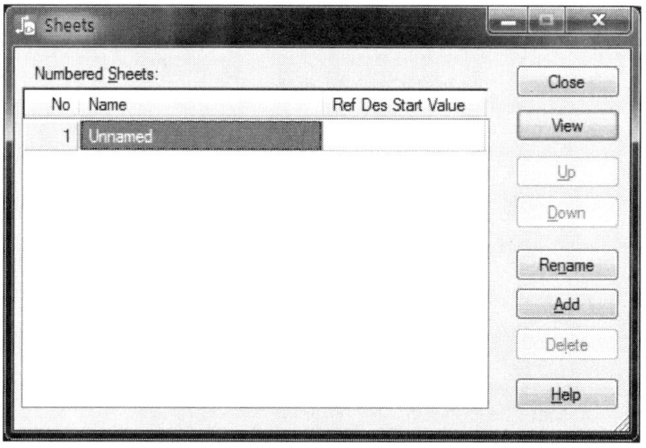

회로가 여러 장일 경우 다른 페이지로 이동하고 싶다면 원하는 페이지를 선택한 후 View를 클릭한다.
위의 창이 닫힌 상태라면 Logic 화면에서 Page 활성화 창을 클릭하여 원하는 Sheet를 클릭한다.

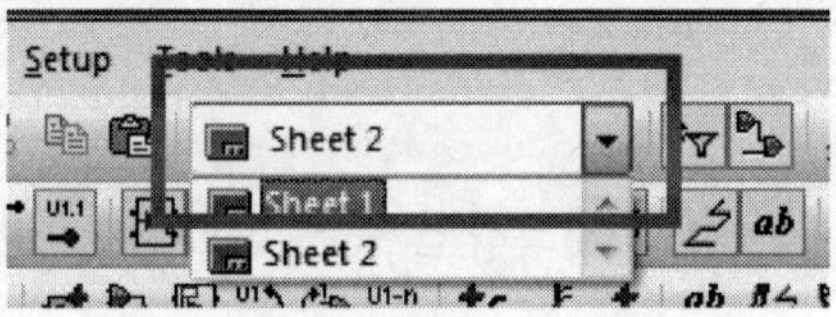

제2장에서는 회로를 그리기 앞서 Tool의 기본적인 환경에 적응하기 위해 몇 가지 기능들을 나열하였다.

Logic 환경 적응하기

02 CHAPTER

1 화면 확대, 축소, 이동하기, 시트 전체보기

확대	· 마우스 휠을 누른 상태에서 위로 드래그 · Page Up · Ctrl + 마우스 휠 up
축소	· 마우스 휠을 누른 상태에서 아래로 드래그 · Page Down · Ctrl + 마우스 휠 down
이동	· 마우스 휠 클릭 · Shift + 휠 up & down, 마우스 휠 up & down
시트 전체보기	· Home Key

2 Modeless Command

: 원하는 명령어를 화면상에서 키보드로 입력하고 Enter 한다.

예를 들어 Modeless Command 창에 S U1을 입력하면 회로의 Reference 중 U1의 Part로 커서가 이동한다.

제1장 PADS Logic Tool 실행하기에서 Tools → Options에서 Grid와 Display Grid를 설정하였는데 Modeless Command를 이용하면 편리하다.

Logic의 화면에서 키보드 G를 치면 Modeless Command창이 바로 뜬다.
G 100 입력 후 엔터하고 GD 100 입력 후 엔터하면 설정이 끝난다.

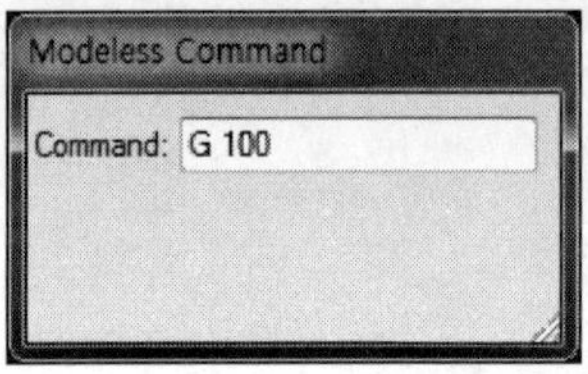

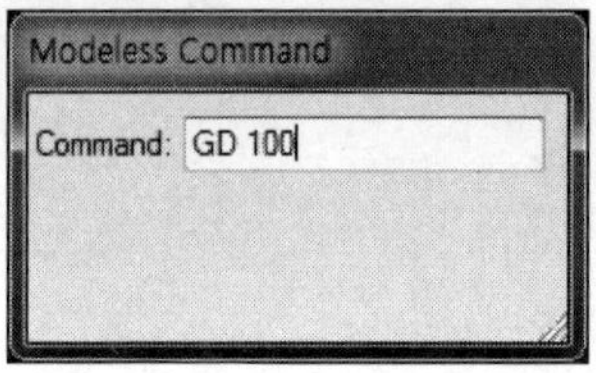

더 많은 Modeless Command들은 뒤의 과정에서 필요한 것들로 정리하였다.

3 마우스 오른쪽 : Select Mode

: 아무것도 Select 하지 않은 상태에서 마우스 오른쪽을 클릭한다.
: Select Mode에 따라 회로에서 선택되는 항목이 달라진다.
: Select Mode를 선택하고 마우스로 회로를 드래그하면 된다.

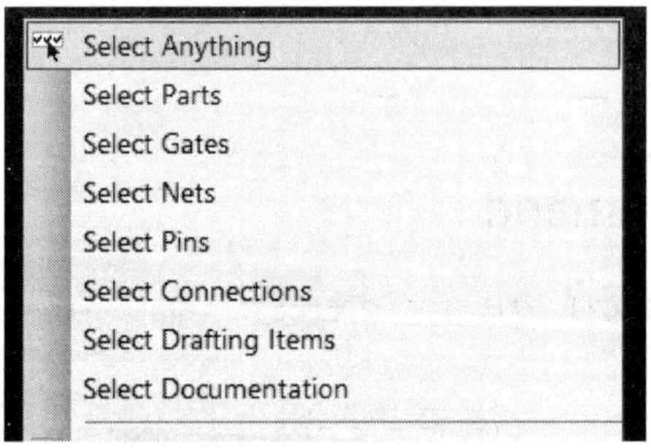

· Select Anything – 모든 것을 선택한다.
· Select Parts – 부품을 선택한다.
· Select Gates – 부품의 Gate를 선택한다.
· Select Nets – Net을 선택한다.
· Select Pins – Pin을 선택한다.

· Select Connections – 핀과 핀을 연결한 하나의 net을 선택한다.

(핀과 핀을 연결한 Net을 삭제할 때 Anything으로 되어 있으면 잘 안 지워지는 경우가 있다. Connections으로 하여 원하는 Net을 클릭한 후 Delete한다.)

· Select Drafting Items – 2D Line 선택한다.

· Select Documentation – Text와 2D Line 선택한다.

(Drafting Items이나 Documentation은 Sheet border를 옮기거나 수정할 때 선택하여 사용하면 편리하다.)

4 마우스 오른쪽 → Filter : Selection Filter

: Select Mode의 각 항목들을 복수 선택할 수 있다.

: 단축키 Ctrl + Alt + F

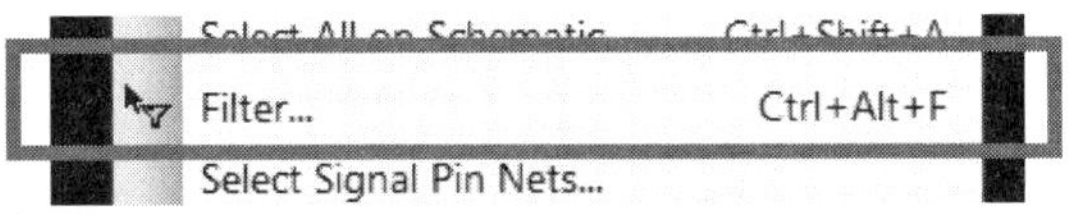

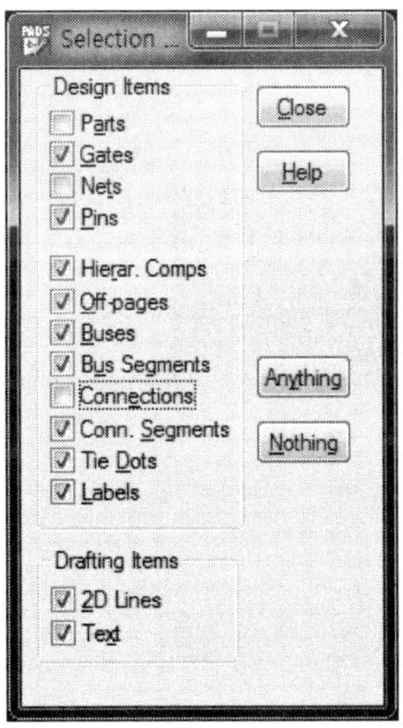

· Anything : 모든 항목에 체크된다.

· Nothing : 모든 항목의 체크가 꺼진다.

모든 항목을 끈 상태에서 원하는 항목만 중복체크 하여 사용할 수 있다.

5 File Open 하기

5.1 Logic File Open 하기

: File → Open (Ctrl + O)

: PADS Logic에서 작업 한 Schematic을 Open 한다.

5.2 Orcad File Open 하기

: File → Import 한다.

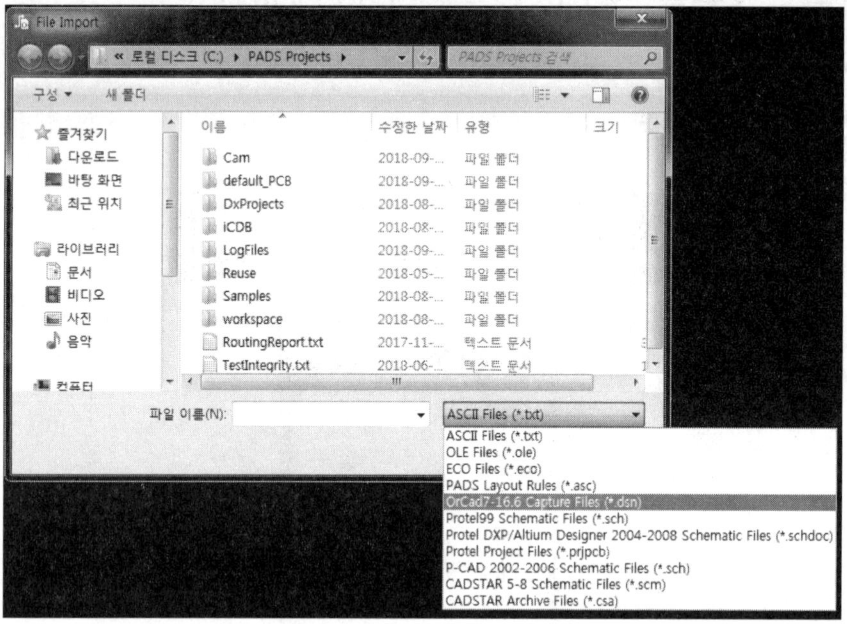

Schematic 그리는 순서

CHAPTER 03

작업 순서를 기억하고 흐름에 따라 회로를 작성한다.

1. Library Manager 실행하기

1) Create New Lib… : 새로운 폴더 생성하기
2) Manage Lib. List… : 폴더 관리하기
3) Filter - Decals, Parts, 2D Lines, Logic : 4개의 항목 확인하기

2. Part Type 생성하기

: Tools → Part Editor 또는 File → Library Manager → Parts 아이콘 클릭 → New 클릭하기

1) Edit Graphics : Part의 Symbol 그리기
   ① Add Terminal, Step and Repeat : Pin 추가하기, Pin 배열하기
   ② Create 2D Line : 2D Line 그리기
   ③ Modify 2D Line : 2D Line 수정하기
   ④ Origin 옮기기 : Setup → Set Origin
   ⑤ Text 정리하기
2) Edit Electrical : Part의 Symbol과 PCB Decal을 연결하기
   ① Pin, Signal Pin Number, Name 지정하기
   ② PCB Decal 매칭하기
3) CAE Decal 생성하기 : File → New → CAE Decal 또는 File → Library Manager → Logic 아이콘 클릭 → New 클릭하기
   ① Add Terminal : Pin 추가하기
   ② Change Pin Decal : Pin 모양을 수정하기
   ③ Create 2D Line : 2D Line 그리기

④ Modify 2D Line : 2D Line 수정하기
⑤ Origin 옮기기 : Setup → Set Origin
⑥ Text 정리하기

3. Add Part, Add Connection 기능을 이용하여 Sheet에 회로 그리기

1) Add Part : Part 추가하기
2) Add Connection - Off-page, Ground, Power : Net을 연결하기
3) Add Bus : Bus를 연결하기

1 Library Manager 실행하기

: File → Library Manager
: Sheet에 사용할 PART들의 폴더를 관리할 수 있다.
: Library 폴더를 새로 생성하거나 리스트에 추가, 삭제할 수 있다.
: 폴더 내의 PART 리스트들은 Filter에서 검색할 수 있다.

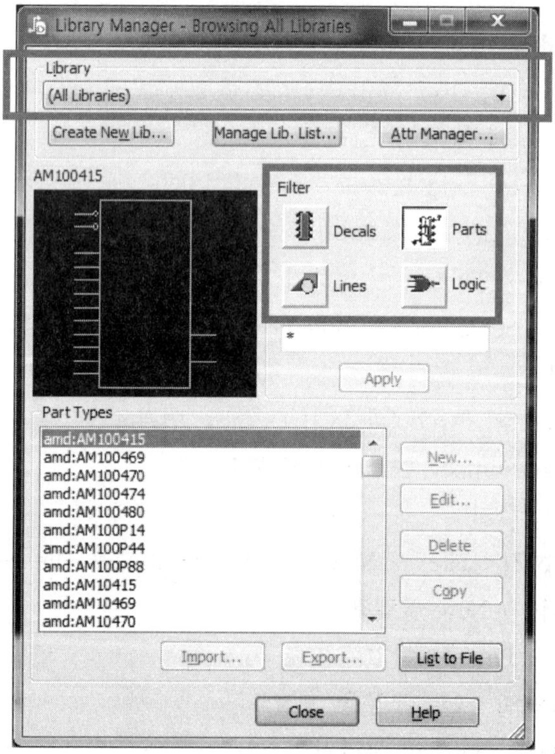

· Library Manager의 (All Library)를 클릭하였을 때 라이브러리 폴더 리스트들이 보인다.
· Filter에서 4개의 항목 중 하나를 선택하고 검색어를 입력하여 Apply 하면 지정된 경로의 입력한 값을 검색한다.

1.1 Create New Lib··· : 새로운 폴더 생성하기

: Library Manager에서 Create New Lib··· 아이콘을 클릭한다.

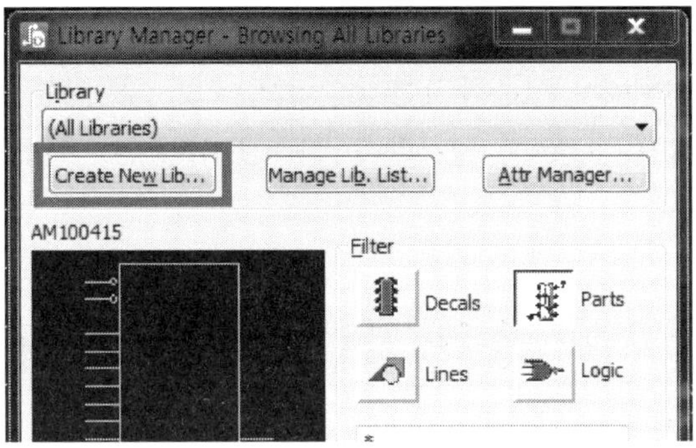

내 폴더가 어떤 경로에 저장되는지 확인한다.
폴더이름을 입력한 후 저장한다. (C: MentorGraphics/PADSVX.2/SDD_HOME/Libraries)

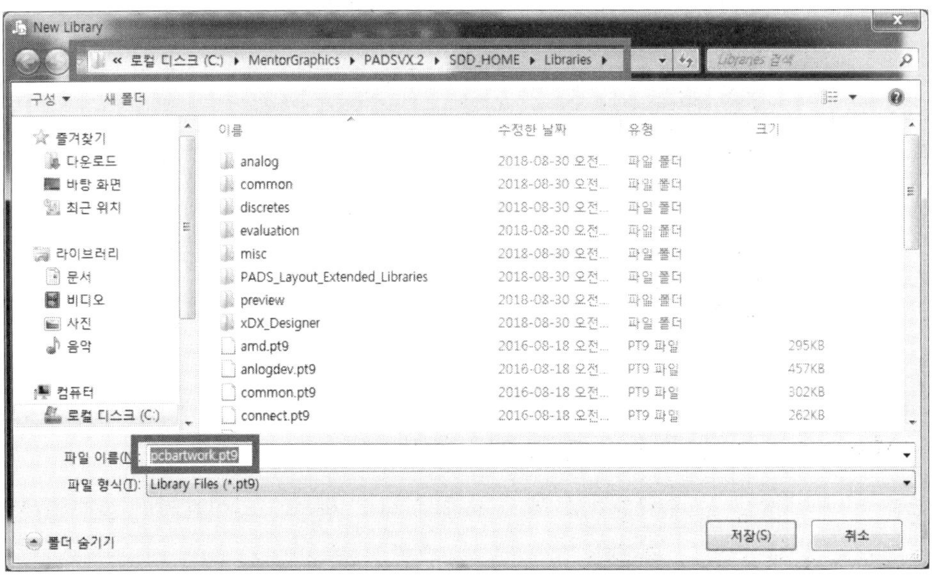

폴더가 아닌 .pt9 file로 생성된다.
앞으로 만들 Part는 pcbartwork.pt9에 등록한다.

C: MentorGraphics/PADSVX.2/SDD_HOME/Libraries 경로에 들어가면 4개의 File이 생성되어 있다.

Parts, Decals, Logic, Lines의 정보가 각각의 file에 저장된다. 따라서 이 4개의 File을 하나의 폴더로 생각한다.

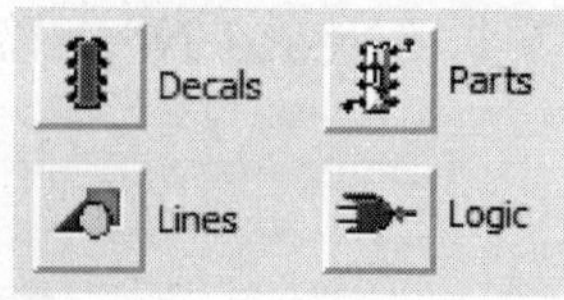

생성한 Library를 다른 PC에서 사용하려면 ld9, ln9, pd9, pt9 모두 함께 copy한다. Library 폴더를 생성하였다면 All Libraries를 클릭한다. 라이브러리 폴더 리스트 중 제일 아래에 생성되어있는 것이 보인다.

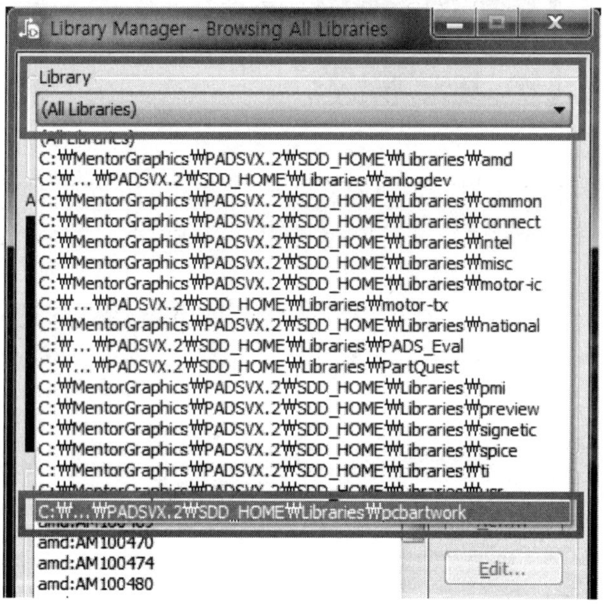

1.2 Manage Lib. List··· : 폴더 관리하기

: 부품 검색과 저장 시 우선순위로 하기 위해서 새로 생성한 라이브러리 폴더를 선택 후 Up 클릭하여 제일 위로 올린다.

: Add와 Remove을 이용하여 Library list에 폴더 추가, 삭제할 수 있다. (리스트에서 삭제되었다고 하여 라이브러리 폴더가 영구 삭제되는 것은 아니다.)

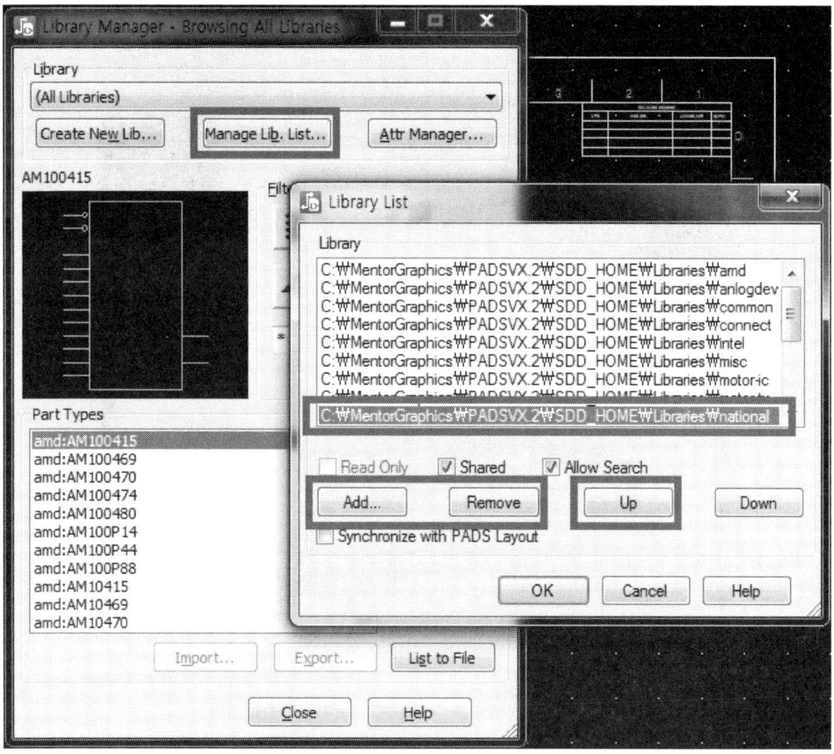

Logic의 Library Manager에 내 폴더를 등록하였다면 Layout의 Library Manager에 내 폴더가 등록되어있는지 꼭 확인한다.

Logic의 Symbol과 Layout의 Decals과 Parts 정보가 모두 같은 폴더에 있어야 회로를 Layout으로 PCB Decal을 넘길 때 오류를 방지할 수 있다.
Logic에서 Library 폴더를 생성해도 Layout에서는 폴더가 생성되지 않으므로 Layout을 실행하고 Library Manager에 들어가 Logic에서 만든 Library 폴더를 등록한다.

Layout 창을 열고 File → Library → Manage Lib. List → Add → pcbartwork.pt9를 클릭하여 라이브러리 폴더를 리스트에 추가한다.

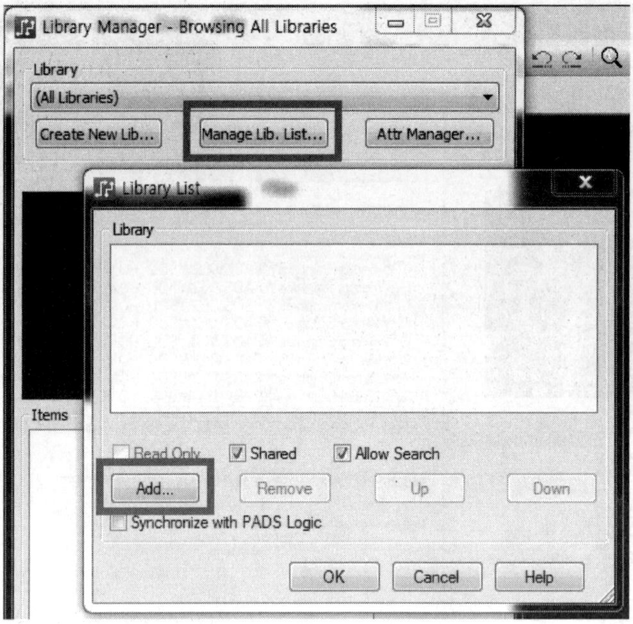

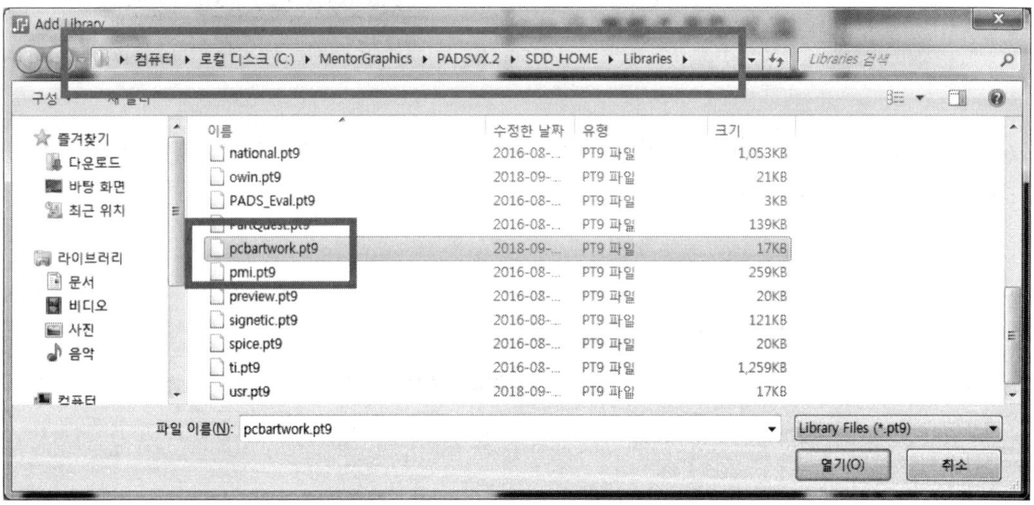

Logic에서 만든 폴더를 검색하여 리스트에 추가한다.
Layout에서 Library 폴더를 등록하였다면 Layout 창은 닫는다.

이렇게 해서 Logic과 Layout 양쪽에 내 폴더를 등록되어있는지 확인하고 작업을 시작한다.

1.3 Filter - Decals, Parts, 2D Lines, Logic : 4개의 항목 확인하기

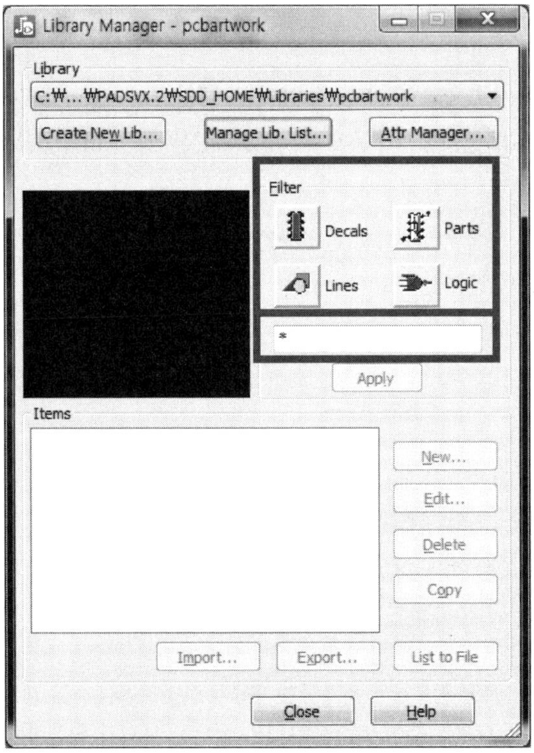

- Filter의 4개 항목(Decals, Parts, Lines, Logic) 중 한 가지를 선택하고 빈 칸에 * 를 입력하고 Apply를 누르면 지정된 폴더 안의 모든 Library List가 뜬다.

- AM*이라고 입력하면 AM으로 시작되는 모든 것을 검색한다는 의미이다.
  - Lines : 회사 로고, 그림파일, Sheet Border 등이 저장되어있다.
  - Decals : Layout에서 생성된 PART이다.
  - Logic : Logic에서 생성된 PART이다.
  - Parts : Layout의 Part와 Logic의 Part를 연동시킨 대표 이름이다.

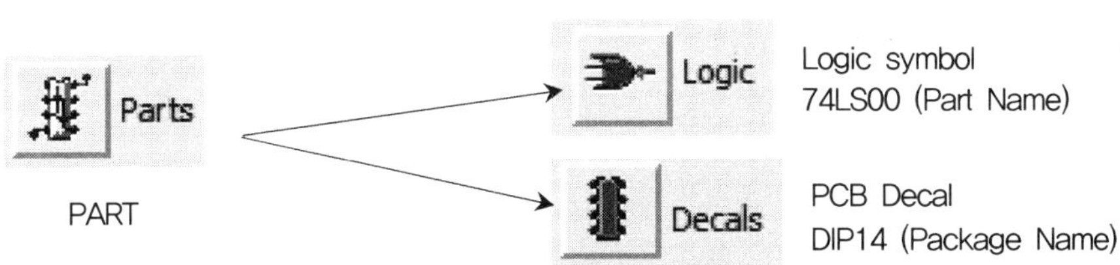

하나의 Part 이름에는 Logic의 Part Symbol과 Layout의 PCB Decal 둘 다 등록된 상태를 의미한다.

회로에서 Part를 그릴 때는 Logic symbol만 있어도 괜찮으나 Layout에서 부품을 불러올 때에는 Logic의 symbol과 PCB Decal이 함께 등록되어져 있는 대표의 Part이름을 검색하여야 한다.

그러므로 Layout상에서 부품을 불러오고 싶을 때에는 PCB Decal이름이 아닌 Part 이름으로 검색하여 그 이름에 들어있는 PCB Decal을 불러온다.

- Filter의 4개 항목(Decals, Parts, Lines, Logic) 중 한 가지를 선택하고 New 클릭 : 새로운 항목을 생성한다.
  - Edit 클릭 : 수정 가능한 창이 뜬다.
  - Delete 클릭 : 리스트에서 삭제한다. (영구삭제)
  - Copy 클릭 : 다른 폴더에 Copy 하거나 다른 이름으로 Copy 할 수 있다.

> **Ex** Filter의 4개의 항목 중 Parts 선택하고 *를 누르면 리스트가 뜨고 그 중 한 개를 선택하여 Delete : 삭제, Edit : 수정, Copy : 다른 폴더로 복사가 활성화된다. New : 그 폴더에 Part를 새로 생성한다.

2 Part Type 생성하기

: Logic Sheet에 추가할 Part를 그리는 작업이다.
: Logic과 PCB Decal을 매칭시키는 작업이다.

Tools → Part Editor 또는
File → Library... → Library 폴더 지정 후 Parts 아이콘 클릭 → New... 하면 뒤에 Logic 창이 Part : NEW_PART로 바뀐다.

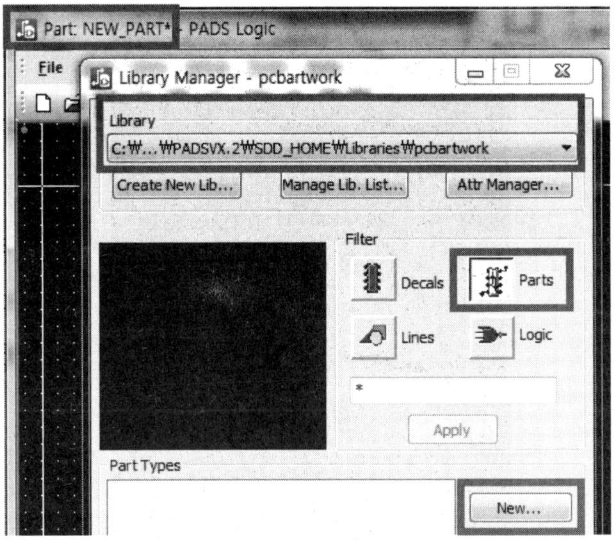

Part 그리기 예제

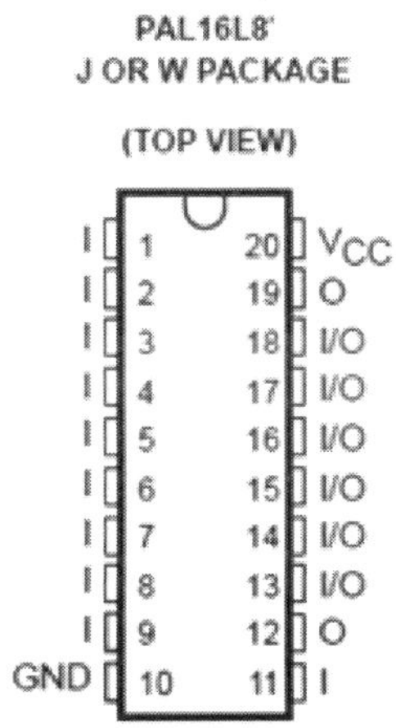

Datasheet에서 실제 Part모양이다.

Part Name : PAL16R8
Pin Count : 20
Signal Pin : 10(GND), 20(+5V)

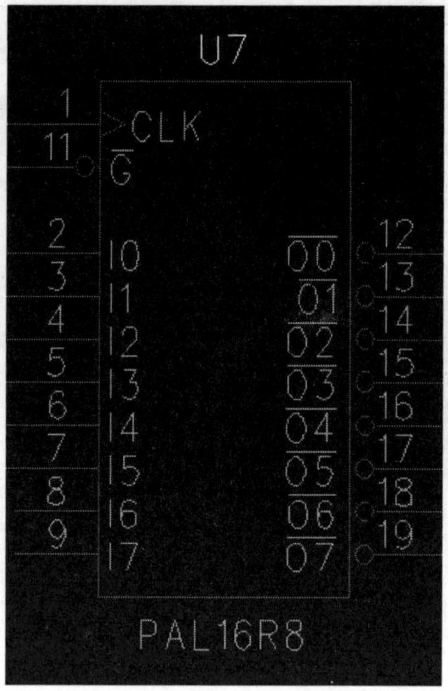

Logic에서 생성한 Part

실제 Datasheet의 그림을 보면 IC의 총 핀은 20개인데 Logic에서 생성한 Part는 10번, 20번을 제외한 18개의 핀만 존재한다.

10번, 20번은 보이지 않지만 Net이 생성되도록 Signal Pin으로 처리를 한다.

위의 예제를 가지고 Part를 그려본다.

경로 : Tools → Part Editor

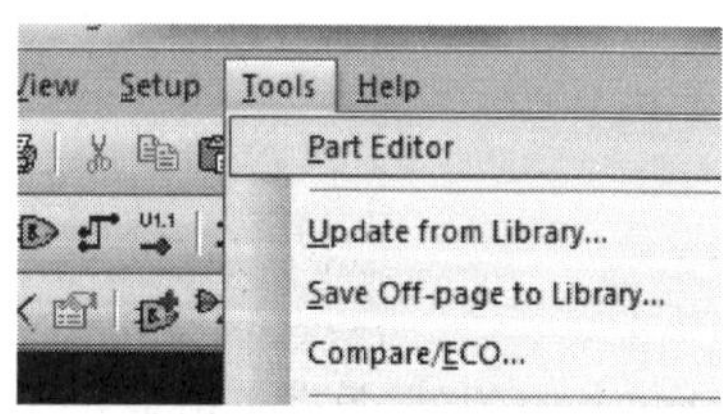

Part : NEW PART로 바뀌는지 확인한다.

Edit Electrical, Edit Graphics 두 개의 아이콘을 확인한다.

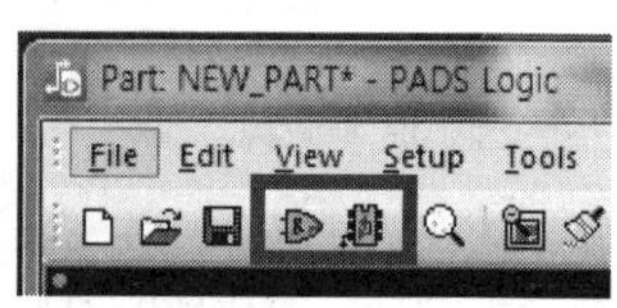

2.1 Edit Graphics : Part의 Symbol 그리기

Edit Graphics 선택 후 OK 한다.

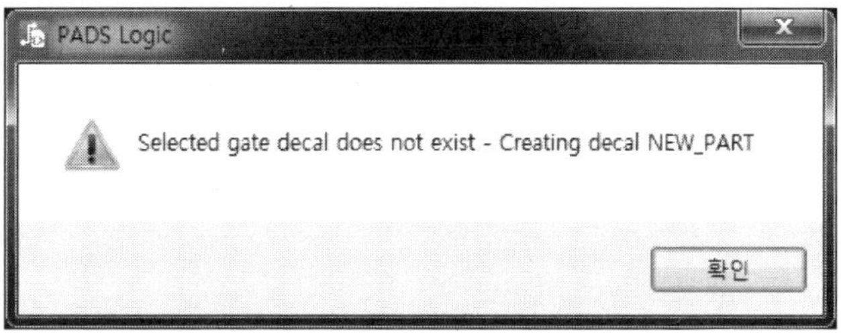

REF와 NEW_PART가 뜨고 REF 아래에 흰 점(Origin)이 보인다.

- REF : 부품의 참조 값이다. Sheet에 부품을 추가하면 저항은 R, 캐패시터는 C등으로 표현된다. Part를 그릴 때는 REF로 그냥 둔다.
- NEW_PART : 부품의 이름이다. 저장하면 그 이름으로 자동으로 바뀐다.
- **흰 점** : 부품의 Origin이 되는 점으로 0, 0을 의미한다. 부품을 이동할 때 기준이 되는 점이다.

환경 설정

: Part Type을 그리기 전 환경설정을 한다.

① Grid 지정하기

회로는 보통 Mils 단위로 그리고, 핀을 100mil 간격으로 배치한다.

G100 : 커서의 이동 간격이 100mils로 바뀐다.

GD100 : 화면의 흰 도트의 간격이 100mils로 바뀐다.

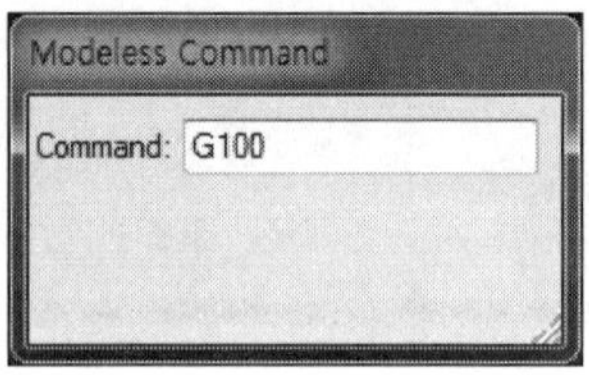

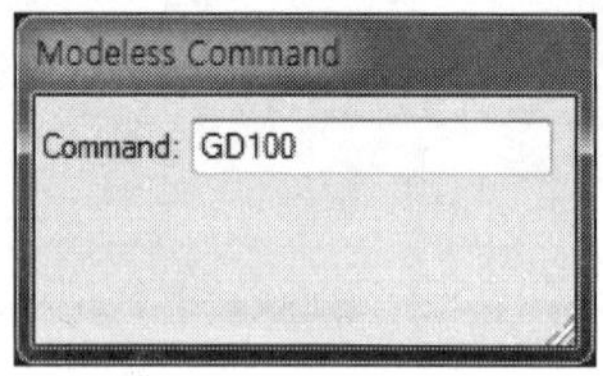

② Tools → Option (Ctrl + enter)

: Cursor Style을 Full screen으로 바꾼다. (원하는 항목이 잘 선택되게 하기 위함이다.)

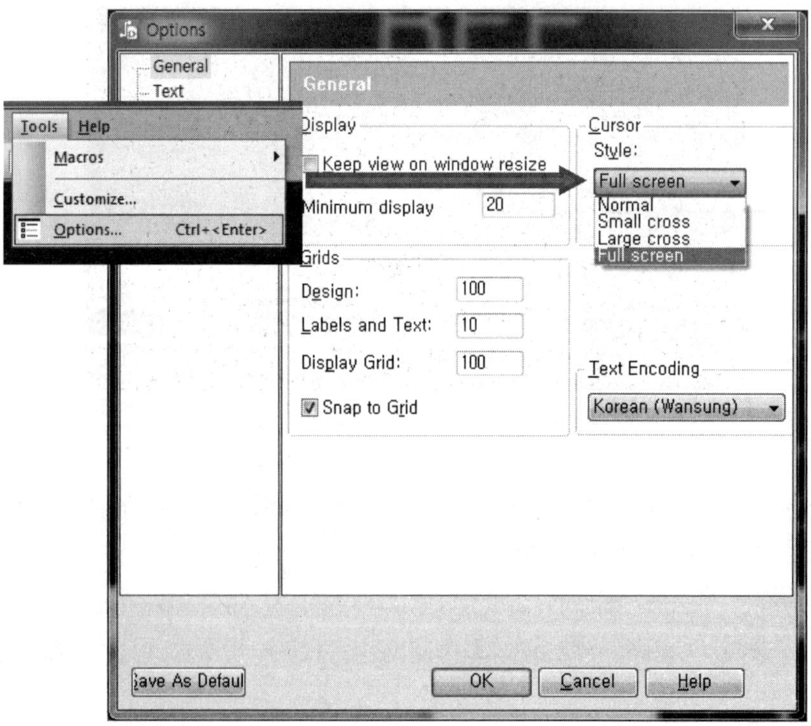

윗줄의 메뉴 바 중 Decal Editing Toolbar를 선택하면 메뉴가 나온다.

2.1.1 Pin 추가하기 : Add Terminal

 핀을 추가하는 아이콘이다. 원하는 모양의 핀을 선택하여 OK 한다.

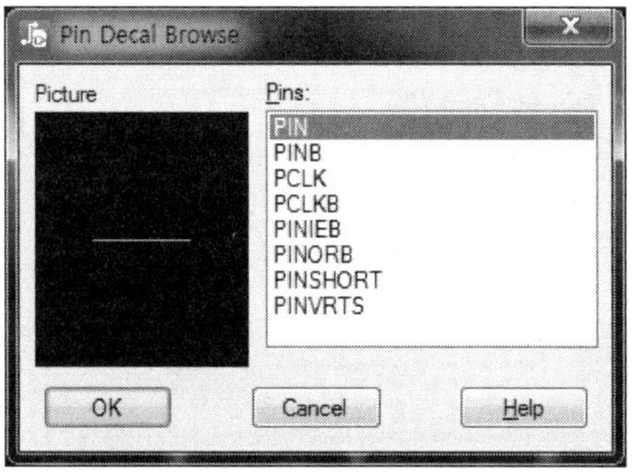

2.1.2 2D Line 추가하기 : Create 2D Line

Body Line이나 원하는 모양을 그리는 아이콘이다.
아이콘 클릭 후 마우스 오른쪽을 눌러 4개의 option 중 하나를 선택하여 그린다.

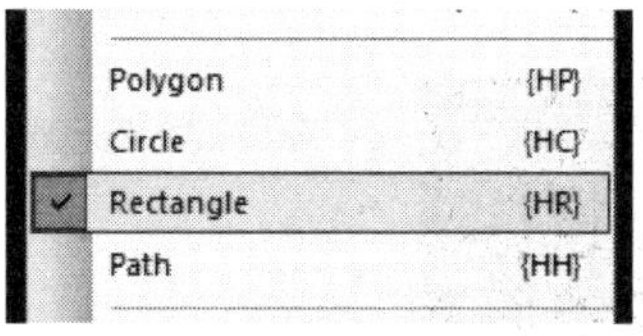

2.1.3 2D Line 수정하기 : Modify 2D Line

그렸던 2D Line을 수정하는 아이콘이다.
아이콘 클릭 후 라인을 클릭하여 마우스를 움직인다.

이제 위의 메뉴를 이용하여 Part를 그린다.

Add Terminal을 선택하고 왼쪽 위의 핀부터 반시계방향으로 그리기 시작한다.
첫 번째 핀의 자리는 임의의 곳에 클릭하여 추가한다.

 아이콘 클릭 후 핀 타입을 선택한다.

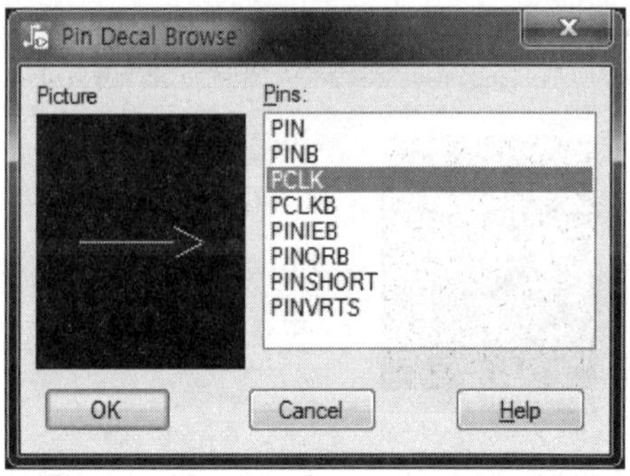

새로운 타입의 핀을 추가 할 때는 Add Terminal을 다시 선택한다.

 아이콘 클릭 후 핀 타입을 선택한다.

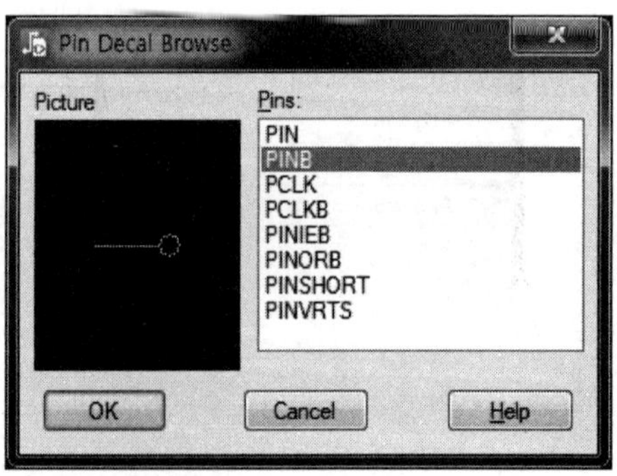

 아이콘 클릭 후 핀 타입을 선택한다.

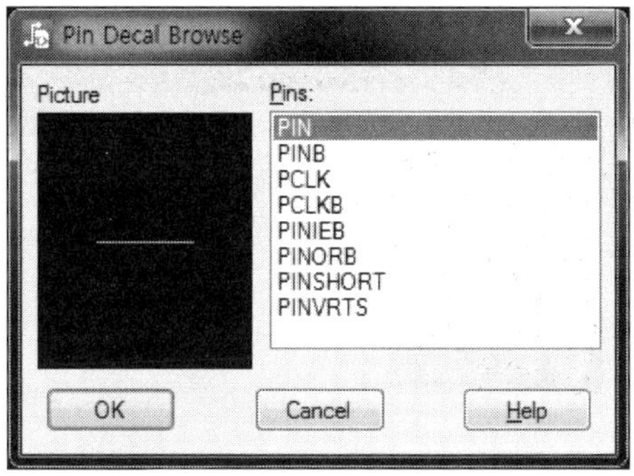

모양이 같은 핀을 여러 개 그릴 경우 Pin을 하나 놓고 마우스 오른쪽 Step and Repeat 한다.

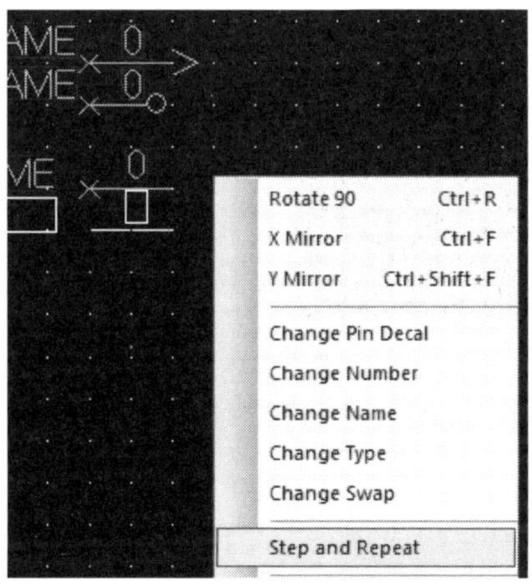

필요한 핀의 개수만큼 Count에 숫자를 넣고 Down 하여 핀을 추가한다.
Distance는 핀의 간격을 의미한다.

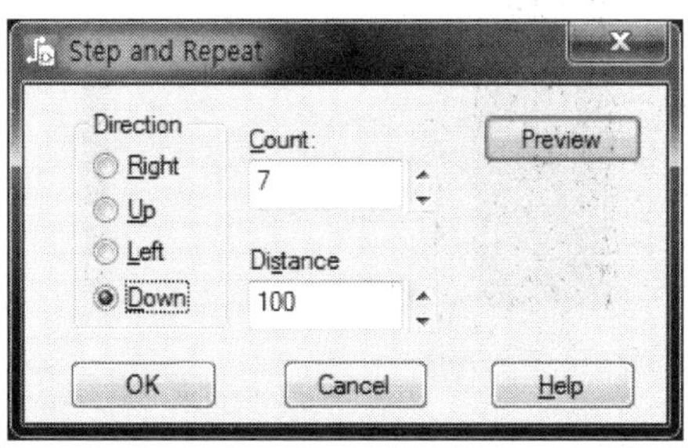

오른쪽 핀 추가 시 X Mirror 한다.

 아이콘 클릭 후 핀 타입을 선택한다.

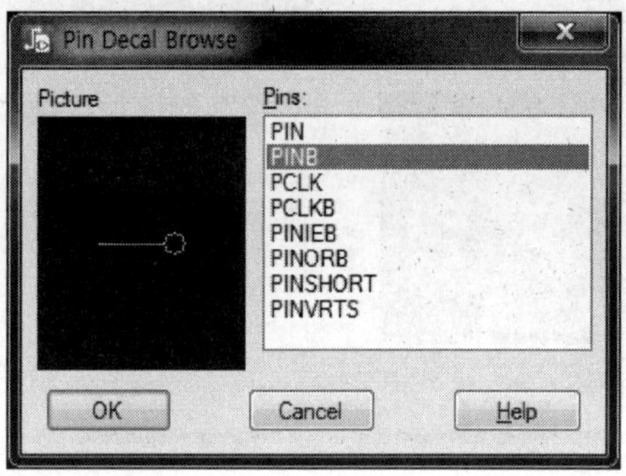

X Mirror 하여 핀의 방향을 바꾼다.

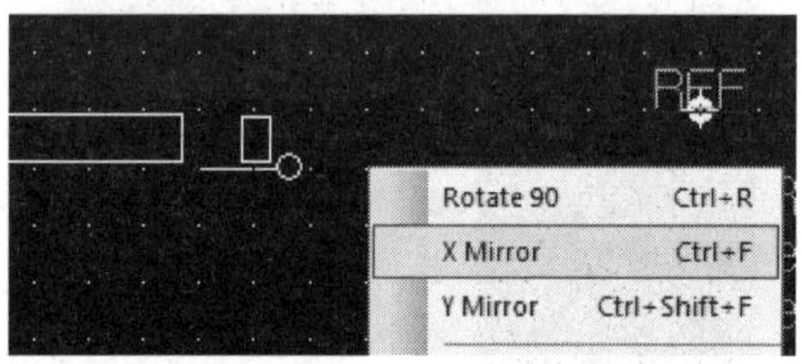

핀 배열을 시계 반대 방향으로 하기 위해 오른쪽 아래에 Pin 하나 놓고 마우스 오른쪽 Step and Repeat 한다.

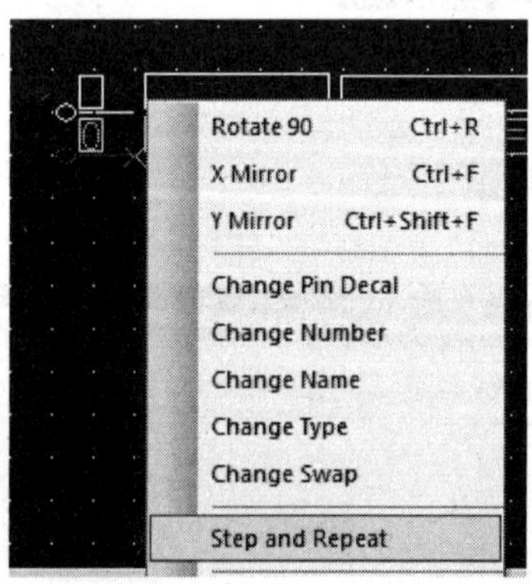

필요한 핀의 개수만큼 Count에 숫자를 넣고 Up 하여 핀을 추가한다.

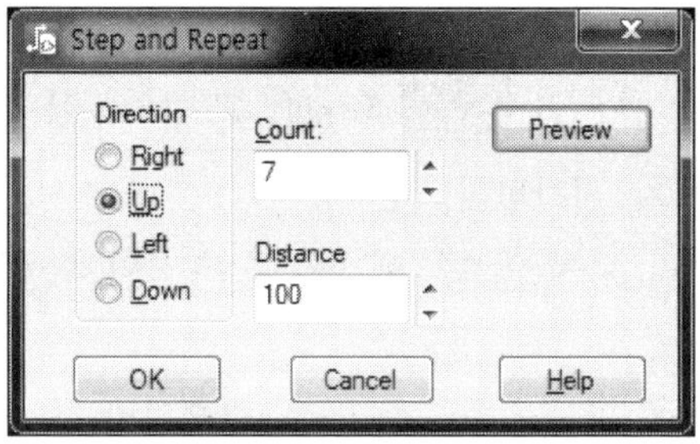

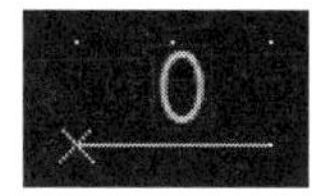

핀을 새로 추가하면 오른쪽 그림과 같이 나온다.
한쪽 끝은 X로 표시되는데 그곳에서만 NET 연결이 시작된다.
그래서 오른쪽 핀은 X Mirror 하여 그린다.

핀 배열이 모두 끝나면 Create 2D Line을 이용하여 Body를 그린다.
Create 2D Line 선택한다.

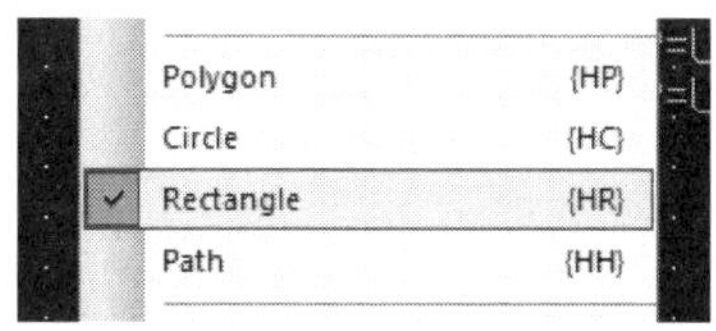

마우스 오른쪽 클릭하여 Rectangle 선택한다.

왼쪽 상단에서 클릭하고 마우스를 움직여 보면 라인이 그려지기 시작한다.
우측 하단에서 다시 클릭하여 2D Line을 완성한다.

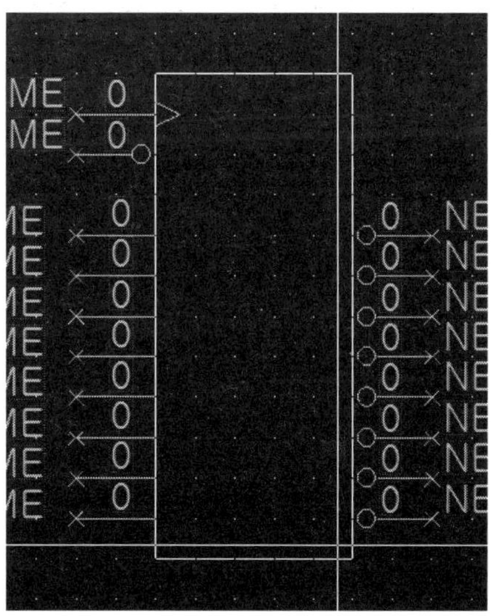

2D Line의 폭이 너무 넓거나 좁으면  Modify 2D Line 아이콘을 클릭한 후 2D Line을 클릭하면 2D Line이 움직이기 시작한다.
Line을 움직인다고 Pin이 따라 오지 않으므로 Line을 움직인 후에는 Pin도 이동시켜야 한다.

마우스 오른쪽 버튼 클릭하여 Select Terminals를 선택한다.

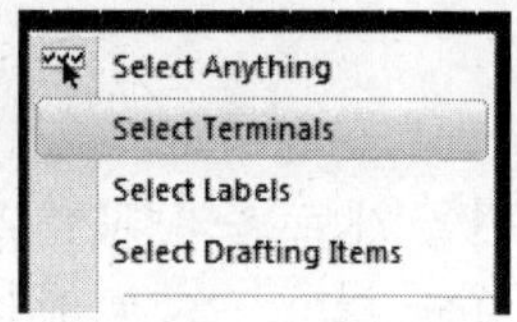

움직일 핀에 드래그 하여 Ctrl+E(Move) 한다.

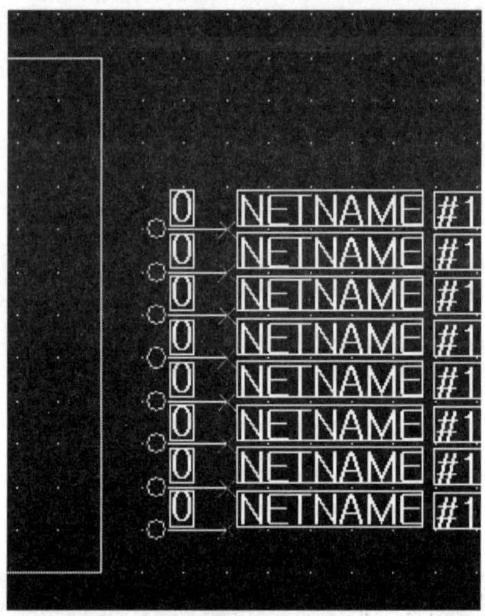

핀과 2D Line의 조정이 끝났다면 Origin을 옮긴다.

2.1.4 Origin 옮기기

Setup → Set Origin 하여 왼쪽 아래 핀의 X에 클릭한다.

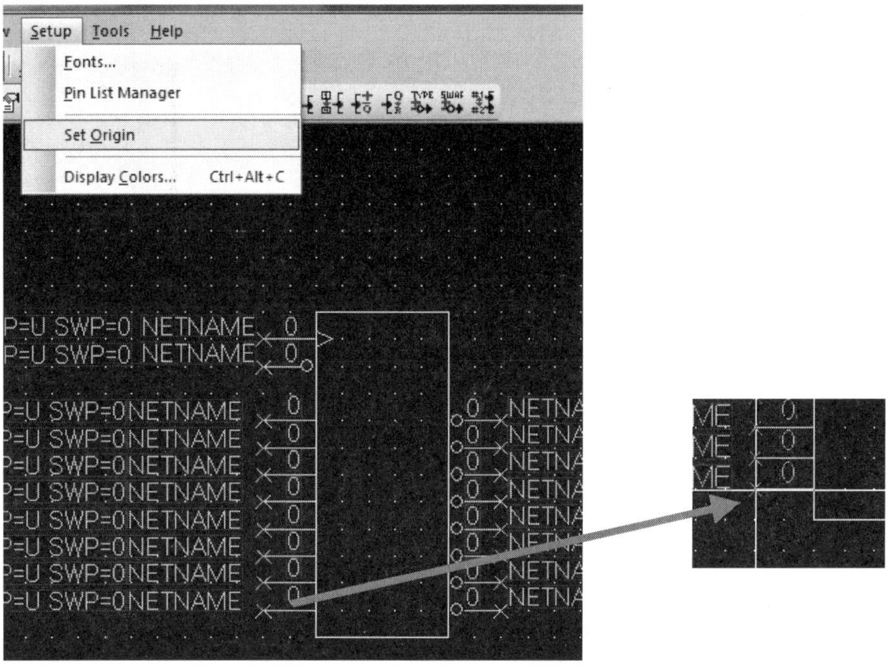

클릭하면 Origin 이동할 좌표가 나오는데 예 한다.
아래 창에 뜨는 좌표는 그리는 사람마다 다를 수 있다.

Origin이 옮겨진 그림이다.

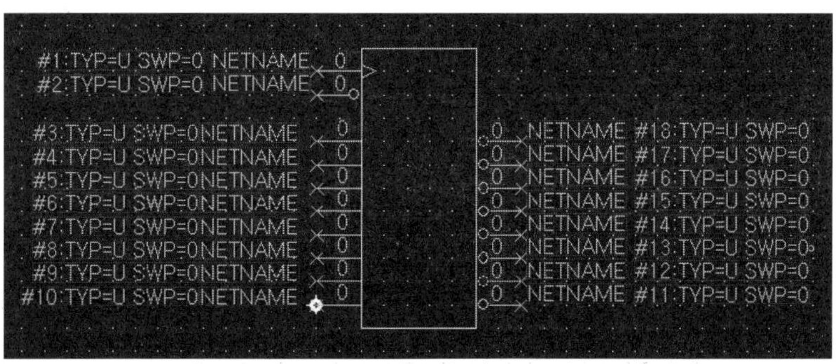

2.1.5 Text 정리하기

마우스 오른쪽 Select Anything 한다.

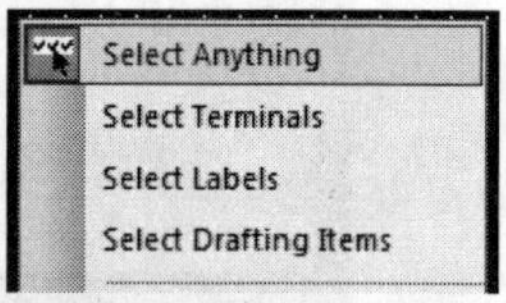

REF 클릭하여 잡아당긴다. 또는 Ctrl+E(Move) 한다.
아래 NEW_PART도 마찬가지로 잡아당겨 이동한다.

Part 모양이 완성되었다.

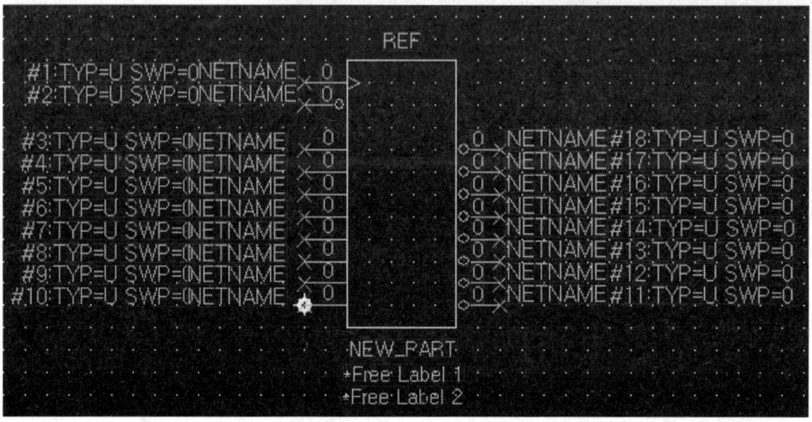

이제 Pin Number와 Pin Name 입력하기 위하여 File → Return to Part 한다.

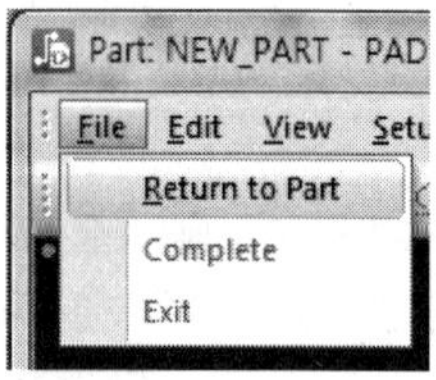

예를 눌러 Part로 돌아간다.

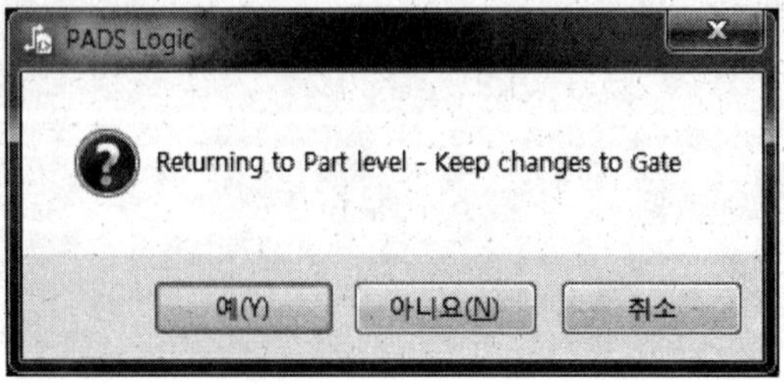

2.2 Edit Electrical

: PCB Decal 매칭하기, Signal Pin지정하기, Pin Number, Pin Name 지정하기

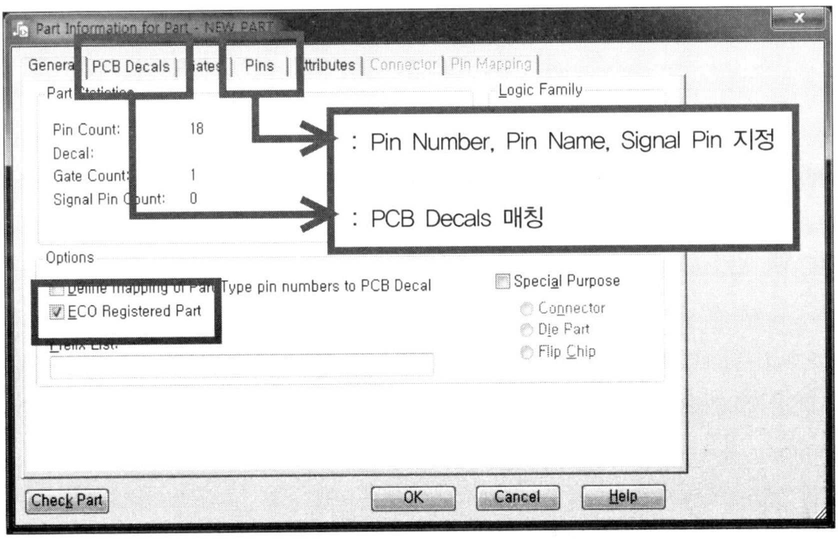

ECO Registered Part에 체크되어져 있는지 확인한다.
Logic의 Part를 Layout으로 넘길 때 Part에 적용한 것이 Layout에 적용된다.

Pins : Pin, Signal Pin 매칭하기

: Seq. 값을 참고로 Number, Name을 입력한다.
: Edit Graphics의 Part Pin의 #1 = Seq.1

= Seq.1

Pins 탭에 들어가서 아래의 그림처럼 입력한다.

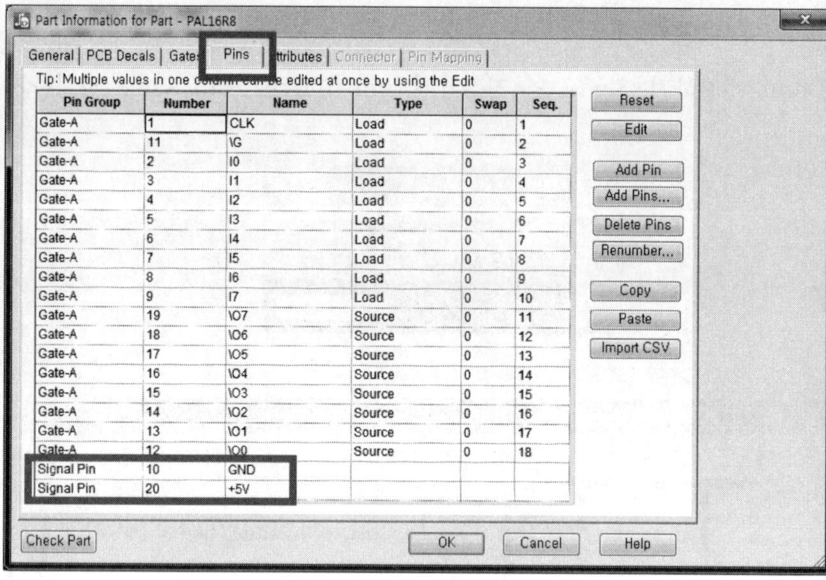

Pin Group	Number	Name	Type	Swap	Seq.
Gate-A	1	CLK	Load	0	1
Gate-A	11	\G	Load	0	2
Gate-A	2	I0	Load	0	3
Gate-A	3	I1	Load	0	4
Gate-A	4	I2	Load	0	5
Gate-A	5	I3	Load	0	6
Gate-A	6	I4	Load	0	7
Gate-A	7	I5	Load	0	8
Gate-A	8	I6	Load	0	9
Gate-A	9	I7	Load	0	10
Gate-A	19	\O7	Source	0	11
Gate-A	18	\O6	Source	0	12
Gate-A	17	\O5	Source	0	13
Gate-A	16	\O4	Source	0	14
Gate-A	15	\O3	Source	0	15
Gate-A	14	\O2	Source	0	16
Gate-A	13	\O1	Source	0	17
Gate-A	12	\O0	Source	0	18
Signal Pin	10	GND			
Signal Pin	20	+5V			

Part를 그릴 때 왼쪽 위부터 그렸으므로 #1이 Seq.1이 된다.

위의 방법처럼 Pin Number, Pin Name을 Seq. 값으로 입력시키는 것이 어렵다면 Signal Pin만 등록하고 나머지는 빈칸으로 둔 상태에서 OK를 눌러 다시 Edit Graphics로 돌아가 Pin Number와 Pin Name을 적용시킨다.

Signal Pin : Sheet에 Part를 불러왔을 때 보이지 않는 핀이다.

Net list에는 나오지만 회로의 Part에는 보이지 않는 숨어있는 핀이다.

Add Pins...를 클릭하여 10번, 20번 두 개의 핀을 추가한 뒤 Pin Group을 클릭하여 Signal Pin으로 바꾼다.

Number에는 Pin Number를 넣고 Name이 Net Name을 넣는다.

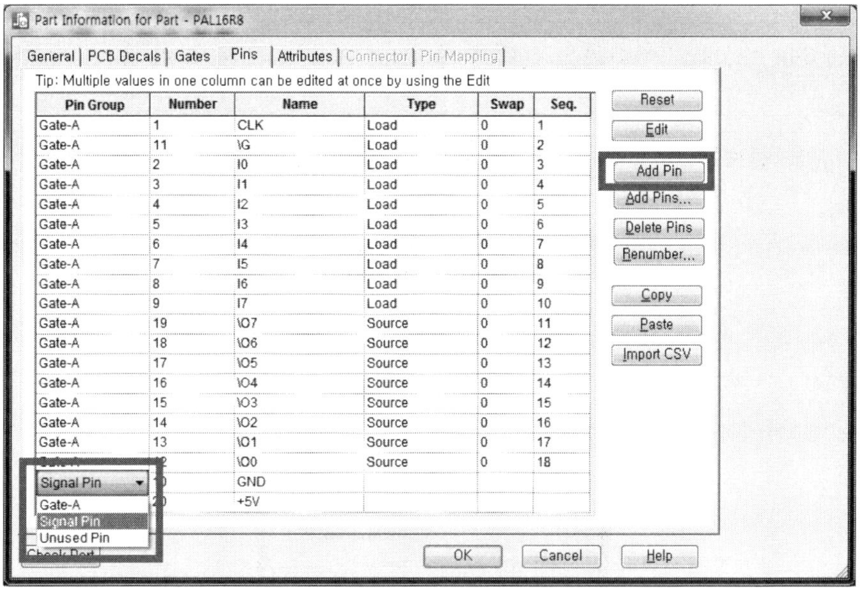

나머지 핀에 Number와 Name을 넣지 않은 상태라면 위의 창을 닫고 Edit Graphics를 클릭하여 Pin Name과 Pin Number를 넣으러 들어간다.

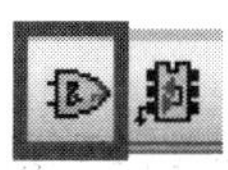

Part Symbol을 수정할 때에는 Edit Graphics 아이콘을 클릭하여 들어간다.
아래창이 뜨면 OK한다.

Edit Graphics에서 Pin과 2D Line이 완성되어진 상태에서,  Decal Editing Toolbar를 누른다.

 Set Pin Number 아이콘을 선택한 후 Start Pin Number 확인 후 OK한다.

마우스로 핀을 클릭할 때마다 (Suffix) 1번부터 (Step value) 1씩 증가한다.

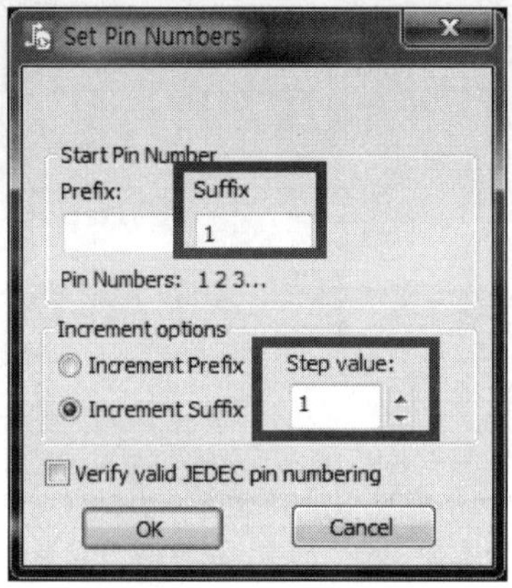

해당 핀을 클릭하여 Pin Number를 바꾼다.
핀의 옆에 있는 Text를 누르면 적용이 쉽다.

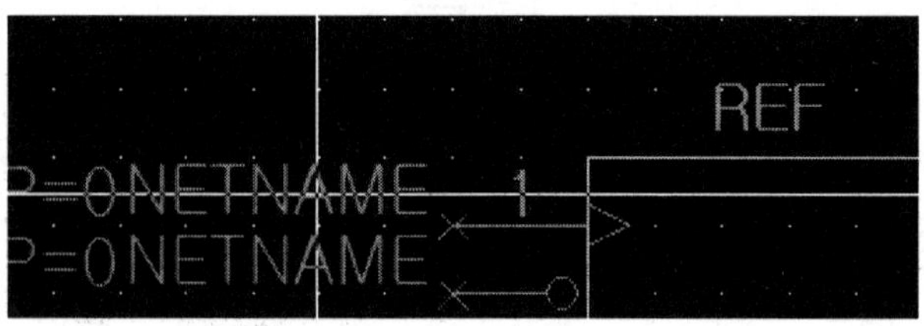

 Set Pin Name 아이콘을 선택한 후 Pin Name을 입력한 후 OK하여 창을 닫는다.

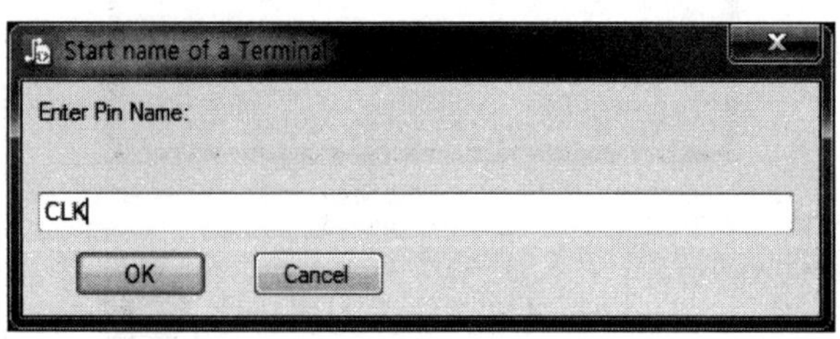

OK 후 해당 핀을 클릭하여 Pin Name을 바꾼다.

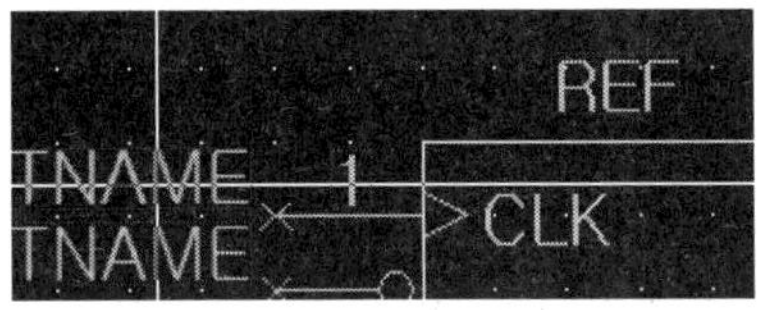

I0~I7과 같이 1씩 증가하는 Pin Name은 I0을 입력하고 다음 핀을 클릭하면 1씩 증가하며 입력된다.

Edit Graphics 창에서는 Save가 되지 않으므로

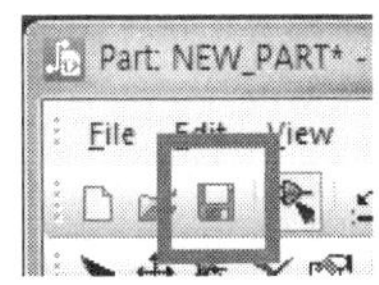

Pin Number, Pin Name 입력이 완료되면 Part 상태로 돌아간 후 저장한다.

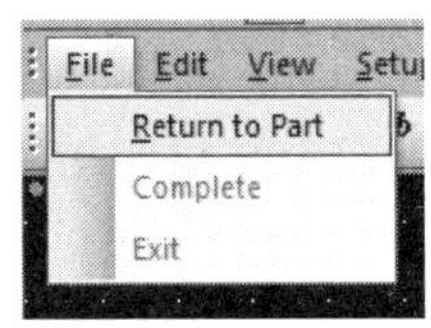

Pin Number, Pin Name을 입력한 PART 상태를 유지하기 위해 예(Y)를 누른다.

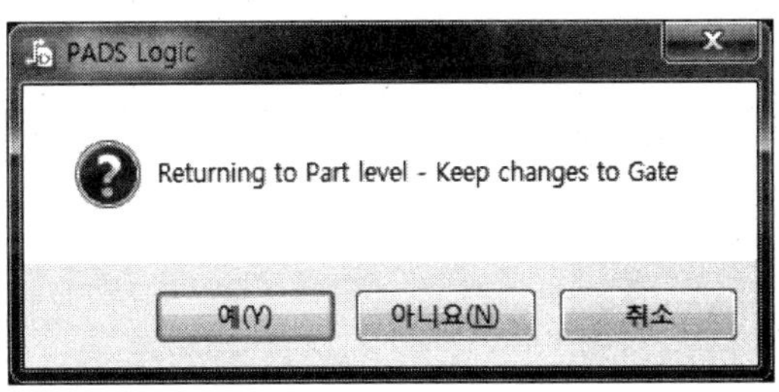

Part Symbol이 완성되었다면 Edit Electrical을 클릭하여 PCB Decals 탭에 들어간다.

PCB Decal이란

: 실제 부품의 모양을 의미한다.

: PCB Decal이 준비되어 있지 않으면 건너뛰어도 된다.

: Layout에서 작성한다.

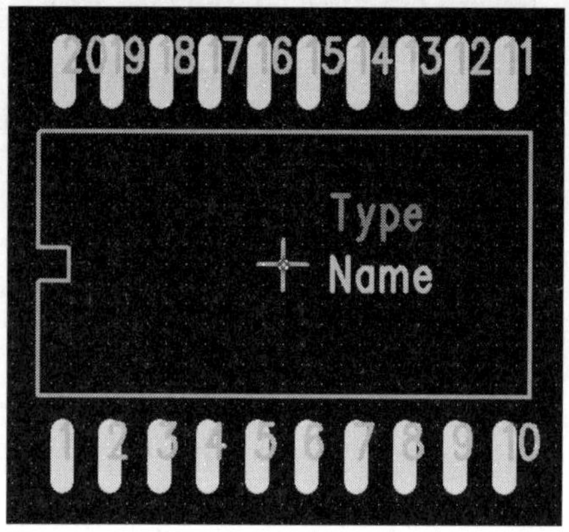

미리 준비되어 있는 PCB Decal이 있다면 바로 링크시키면 되지만, 없다면 Layout에서 작성하여 링크시킨다.

참고 Layout의 1.2 Layout PCB Decal 작성 및 등록

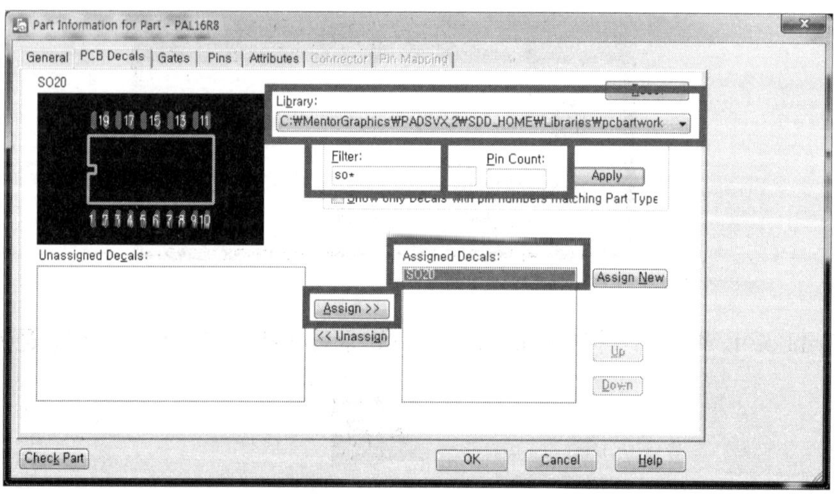

Library : 내 폴더 경로 지정한다.

Filter : PCB Decal 이름을 입력한다.

(예: SO* = SO로 시작되는 모든 Library를 검색)

Pin Count : 핀 수는 입력하지 않는다. (빈칸으로 둔다.)

Assigned Decals : Unassigned Decals에 검색된 Decal을 선택 후 Assign을 클릭

Assigned Decals에 등록된 Decal이 Layout에 올라오게 된다.

PCB Decal을 등록하지 않고 OK를 클릭하면 아래의 Warning이 뜬다.
나중에 PCB Decal을 그린 후 등록시키면 되므로 메모장은 그냥 닫는다.

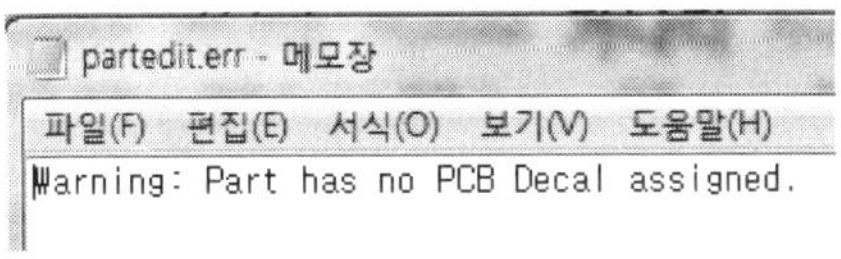

참고 Layout의 1.2 PCB Decal 작성 및 등록

PCB Decal이 미리 준비되어 있지 않다면 회로만 작성하는 데는 문제가 없기 때문에 우선 건너뛰고 저장한다.

아래의 그림처럼 Part Symbol을 그리는 Edit Graphics 아이콘과 PCB Decal과 Signal Pin을 등록시키는 Edit Electrical 아이콘 모두 활성화 되어 있는 상태에서 대표이름인 Part Type 이름을 저장할 수 있다.

Save 아이콘을 클릭한다.

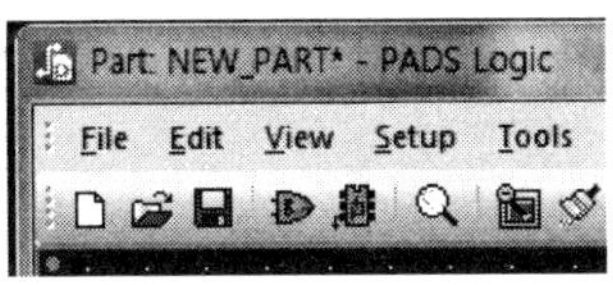

File → Save

: Part가 저장될 폴더 경로 확인 후 Part이름을 입력하고 OK를 클릭한다.

> **주의**
>
> Part 이름을 저장할 때 CAE Decal1의 이름도 동일하게 넣는다.
> CAE Decal이란 Logic의 Part Symbol의 뼈대가 되는 그림이다.

CAE Decal 생성하기에서 확인할 수 있다.

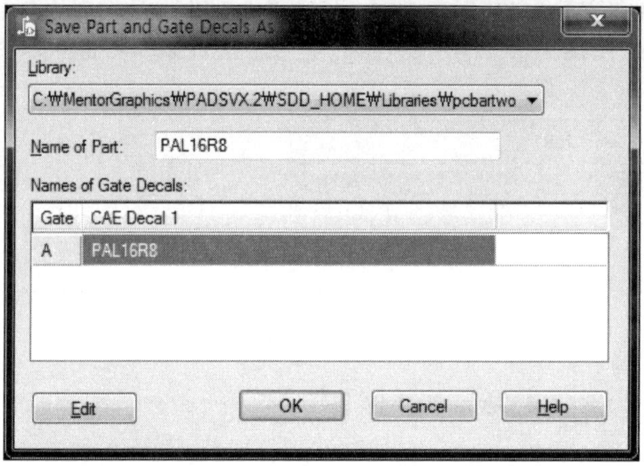

Part 저장이 완료 되었다.

이 Part를 회로 그리는 Sheet에 불러올 수 있다.
Part Type은 Logic의 Symbol과 Layout의 PCB Decal을 연결한 대표 이름이다.

방금 그린 Part는 Library Manager에서 확인해 볼 수 있다.

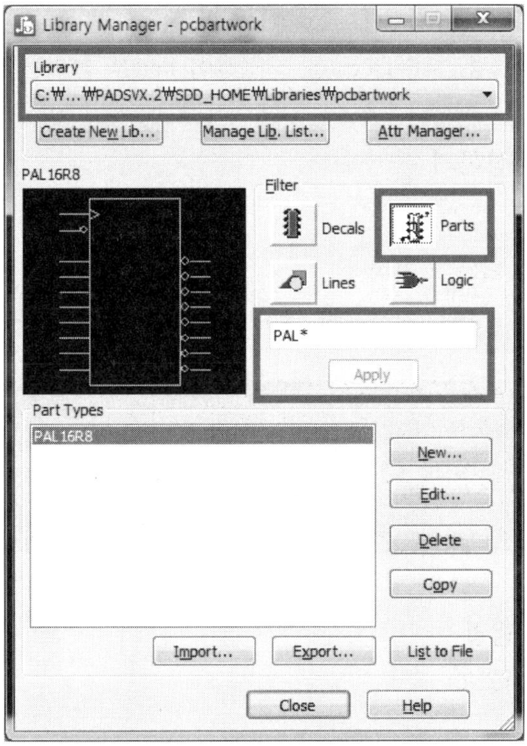

Library에서 내 폴더 지정 후 Filter에서 Parts를 클릭한다.
검색어에 PAL* 입력하여 Apply하면 확인할 수 있다.

File → Exit Part Editor 하여 회로 그리는 창으로 돌아간다.

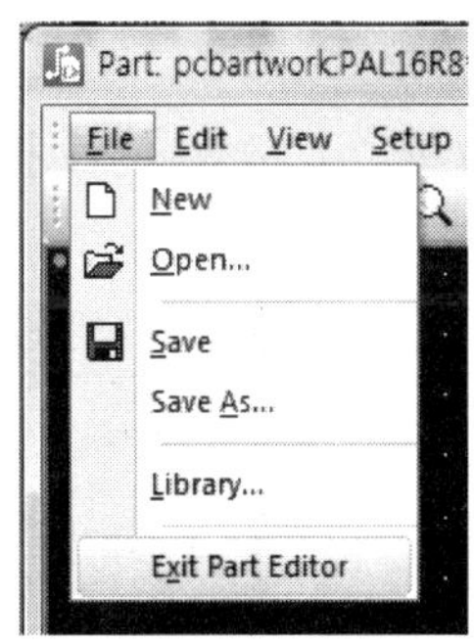

앞에서 Part Type 생성하는 방법을 알아보았다.
CAE Decal을 따로 생성하지 않고 Part Type을 저장할 때 임의로 이름만 넣었다. 이렇게 Part를 생성하여도 사용하는 데 무리가 없다. 하지만 Tool을 정석으로 사용하려면 CAE Decal을 생성하고, Part Type에 CAE Decal을 등록하여 사용하여야 한다. CAE Decal이 없어도 Part를 만들 수 있지만 이런 그리는 기능이 있다는 것은 CAE Decal이 필요한 부품이 있다는 것을 의미한다. 하나의 부품을 여러 개로 쪼개서 그려야 하는 경우가 그렇다. 핀의 수가 많아서 한 시트에

표현할 수 없는 경우, 하나의 부품을 Gate로 나눠 회로를 그려야 하는 경우가 이에 해당한다. 그럼 이제 아래의 그림처럼 CAE Decal을 생성하여 Part를 그리는 방법을 살펴보자.

2.3 CAE Decal 생성하기

CAE Decal이란?

: PART 의 뼈대를 그리는 작업이다.

: Pin Number, Pin Name은 지정하지 않고 핀의 위치만 지정하는 작업이다.

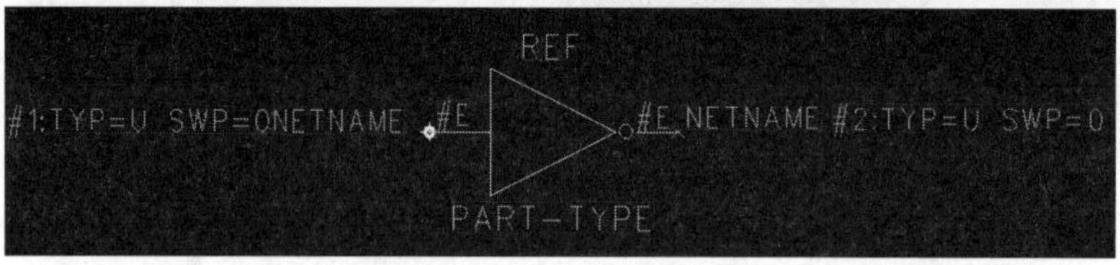

CAE Decal 생성하는 방법

경로 : Tools → Part Editor

File → New 하면 새로운 창이 뜬다.

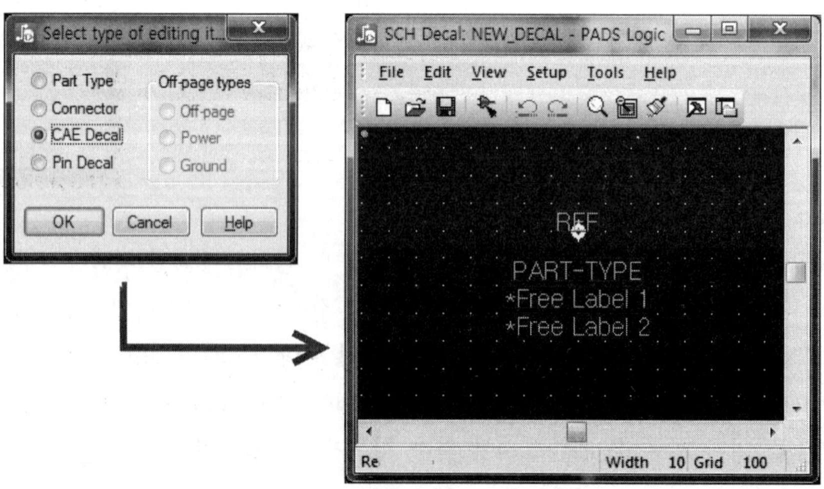

또는 Library Manager에서
Library : 내폴더 지정
Filter : Logic 선택 후 아래 New를 클릭하면 새로운 창이 뜬다.

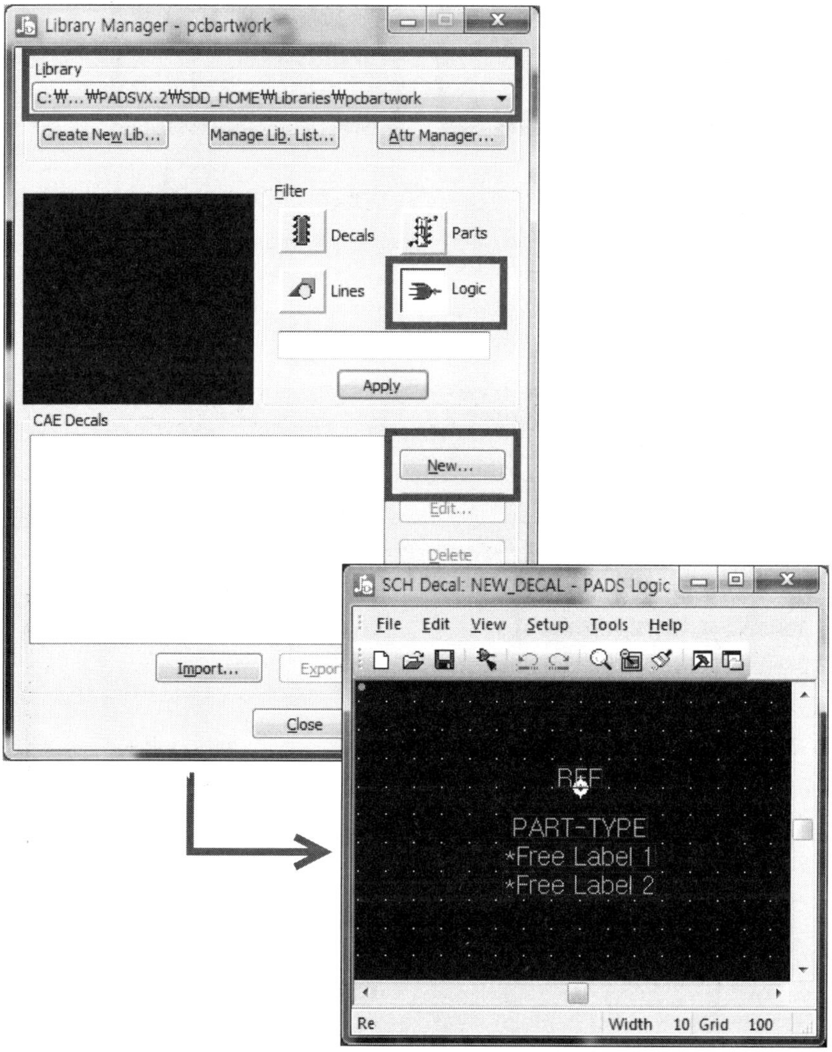

환경 설정 : CAE Decal을 그리기 앞서 환경설정을 한다.

① Grid를 지정하기
회로는 보통 Mils 단위로 그리고, 100mil 간격으로 핀을 배치한다.

G100 : 커서의 이동 간격이 100mils로 바뀐다.

GD100 : 화면의 흰 도트의 간격이 100mils로 바뀐다.

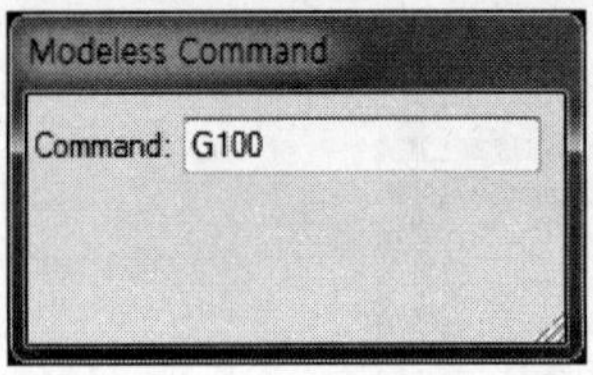

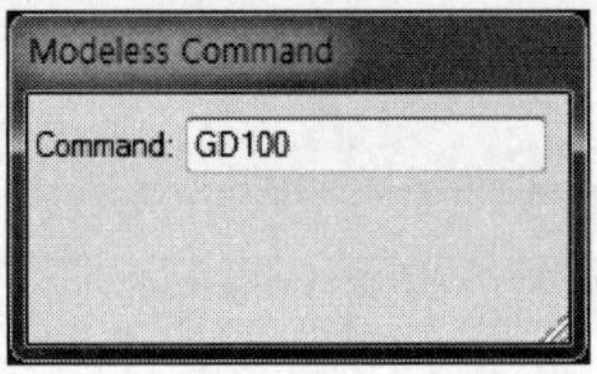

② Tools → Option

: Cursor Style을 Full screen으로 바꾼다.

(원하는 항목이 잘 선택되게 하기 위함이다.)

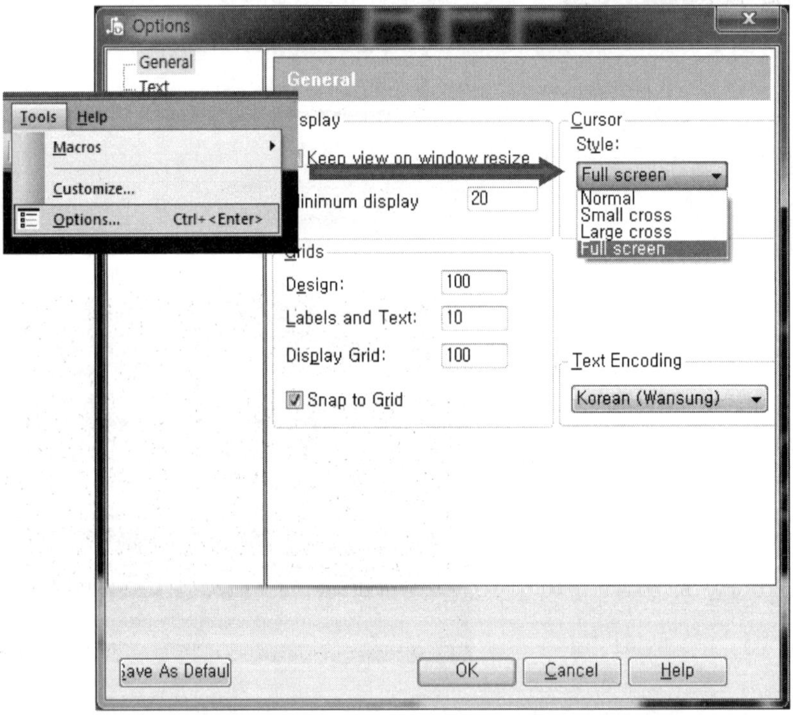

윗줄의 메뉴 바 중 Decal Editing Toolbar를 선택하면 메뉴가 나온다.

CAE Decal을 생성할 때는 Pin 추가와 2D Line 추가만 가능하다.

Pin Number, Pin Name 변경 불가능하다.

2.3.1 Pin 추가하기 : Add Terminal

 핀을 추가하는 아이콘이다. 원하는 모양의 핀을 선택하여 OK 한다.

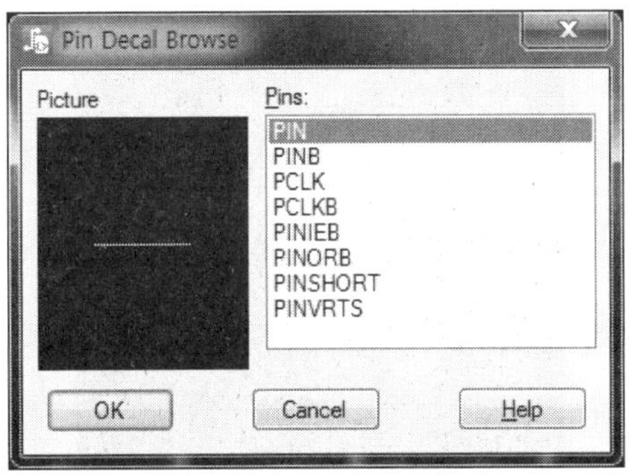

2.3.2 Pin Symbol 변경하기 : Change Pin Decal

 불러왔던 Pin의 타입을 바꿀 수 있는 아이콘이다.

2.3.3 2D Line 추가하기 : Create 2D Line

 Body Line이나 원하는 모양을 그리는 아이콘이다.
마우스 오른쪽을 눌러 4개의 option중 하나를 선택하여 그린다.

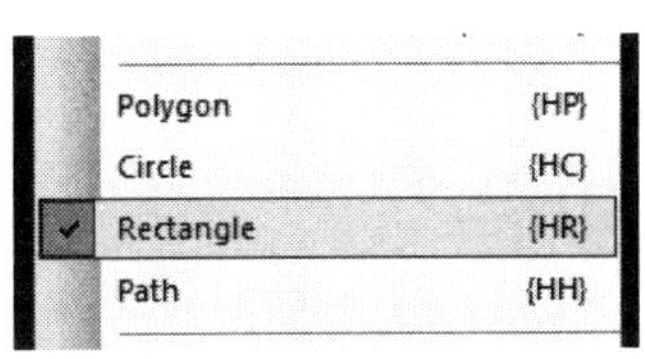

2.3.4 2D Line 수정하기 : Modify 2D Line

그렸던 2D Line을 수정하는 아이콘이다.
아이콘 클릭 후 라인을 클릭하여 마우스를 움직인다.

CAE Decal 그리기 예제

14Pin IC인 CD4069을 6개의 Gate로 쪼개서 그리기
7번 GND, 14번 +5V인 IC를 그리기

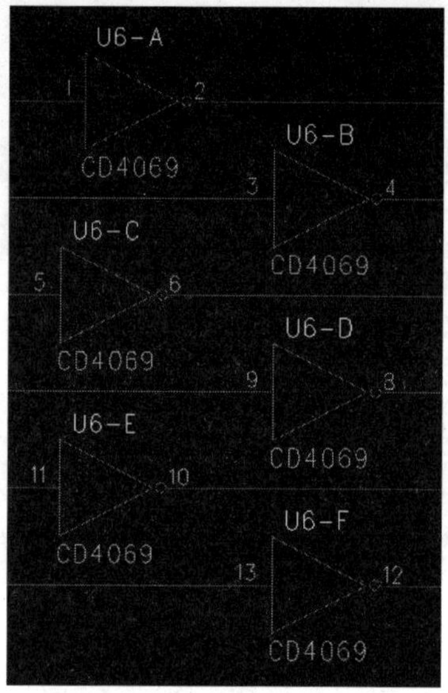

Logic에서 사용되는 Part

Part Name : CD4069
Pin Count : 14
Gate Count : 6
Signal Pin : 7(GND), 14(+5V)

위의 그림을 보면, IC의 총 핀은 14개인데 회로상에 보이는 핀은 7번, 14번을 제외한 12개의 핀만 존재한다.
7번, 14번은 보이지 않지만 Net은 생성되도록 Signal Pin으로 처리한다.

예제 2.3.1 Pin 추가하기 : Add Terminal

핀을 추가하는 아이콘이다. 원하는 모양의 핀을 선택하여 OK 한다.

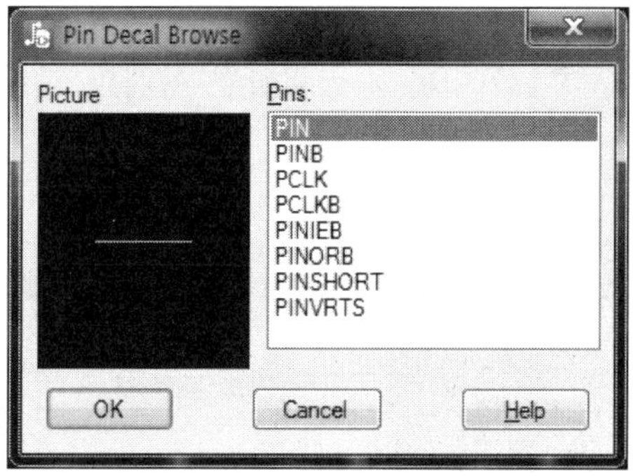

추가된 핀의 모양을 보면 한쪽 끝부분이 X로 되어 있다.
그 부분에서만 Connection (Net)이 그려진다.

오른쪽 핀도 X Mirror하여 두 핀을 놓는다.

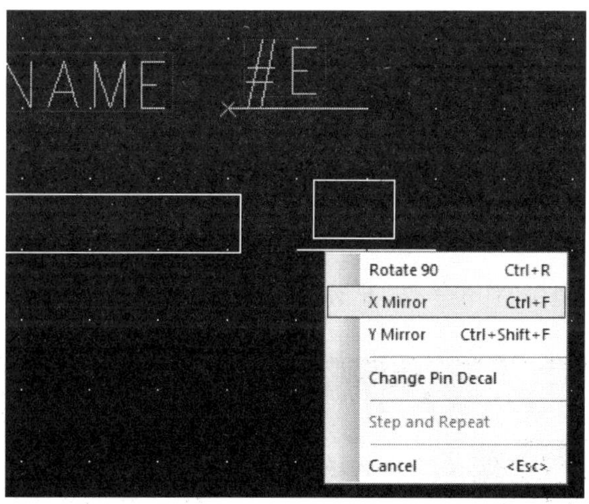

두 개의 핀 배열이 완료되었다.

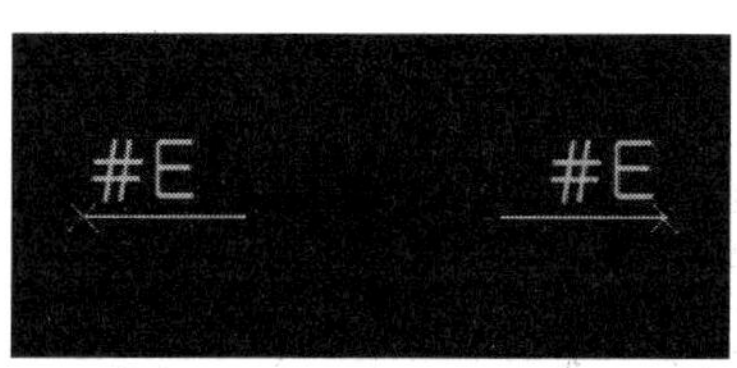

예제 2.3.2 Change Pin Decal : Pin 모양을 수정하기

 핀 모양을 수정하는 아이콘이다.

핀을 select 한 상태에서  아이콘을 클릭하면 아래의 창이 뜬다.
PINB를 선택하여 OK하면 핀 모양이 바뀐다.

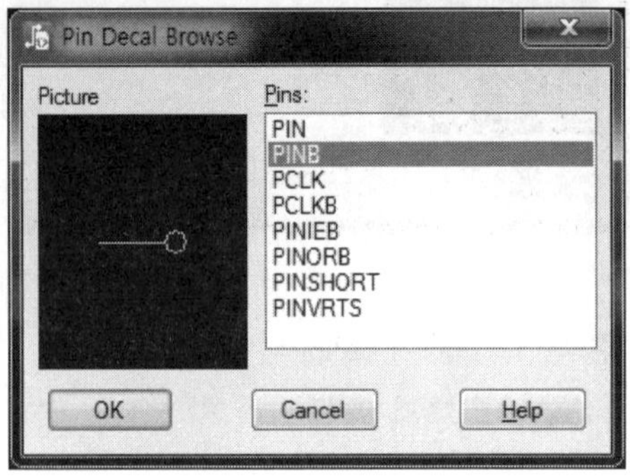

또는 핀을 클릭한 상태에서 마우스 오른쪽 버튼을 클릭하여 Properties...에 들어간다.

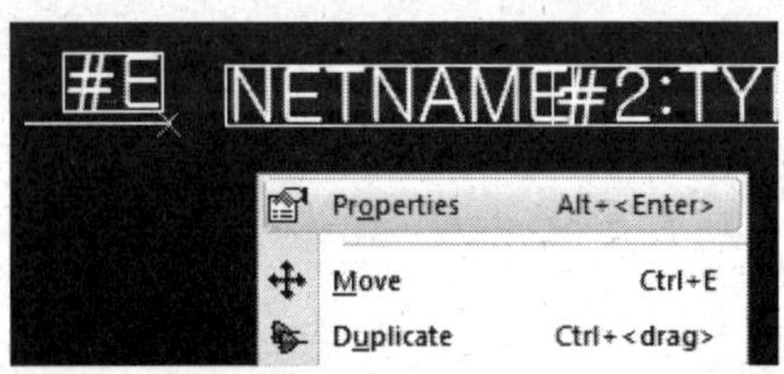

Change Decal을 클릭하여 원하는 핀 모양을 선택한다.

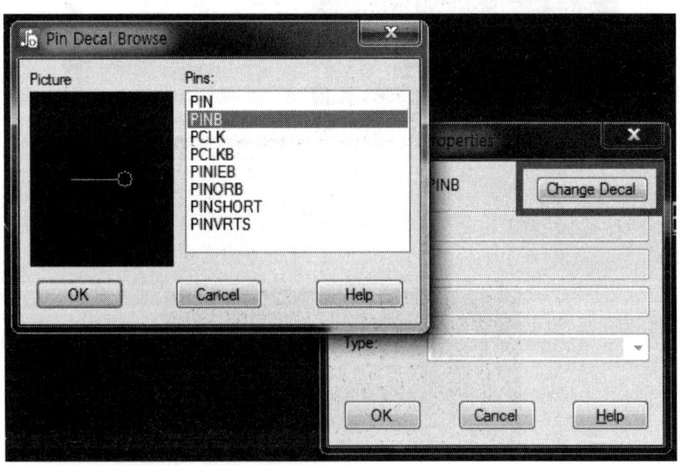

핀이 완성되었다.

핀 배열이 모두 끝나면 Create 2D Line을 이용하여 Body를 그린다.

예제 2.3.3 Create 2D Line 하기

Body Line이나 원하는 모양을 그리는 아이콘이다.
아이콘 클릭 후 마우스 오른쪽 눌러 Polygon 선택한다.

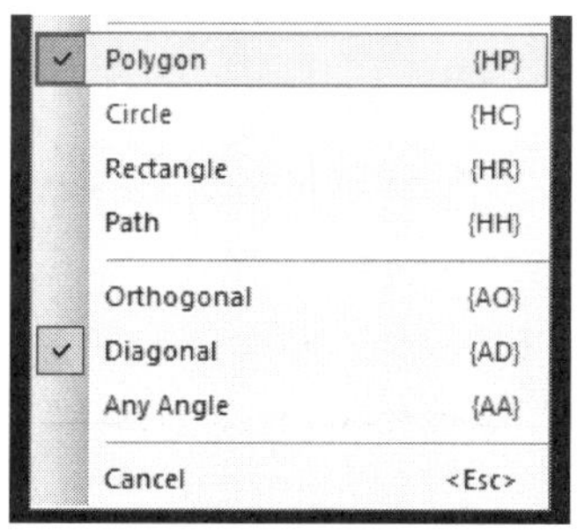

시작점에서 클릭하여 마우스를 움직여 보면 Line이 그려지기 시작한다. 마지막 지점에서 클릭한다. (드래그하면 그림이 안 그려진다.)

대략적인 세모 모양을 그린다.
100mil 간격으로 Line이 그려지기 때문에 미세한 조정을 해야 한다.

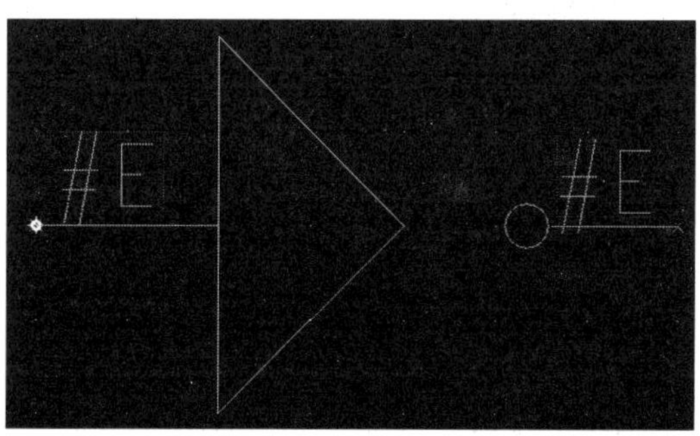

우선 Line의 위치를 보고 오른쪽 핀을 왼쪽 2D Line 모서리로 이동시킨다.
핀 이동 시에는 100mil 간격을 유지한다.

예제 2.3.4 Modify 2D Line 하기

그렸던 2D Line을 수정하는 아이콘이다.
아이콘 클릭 후 라인을 클릭하여 마우스를 움직인다.

- 핀은 100mil 간격으로 이동한다.
- 2D Line은 10mil 간격으로 이동한다.

회로를 100Mils 간격으로 그리기 때문에 Pin을 배열할 때는 Grid를 100으로 맞추지만 2D Line을 수정할 때는 Grid를 미세하게 조정하여 원하는 그림을 그린다.

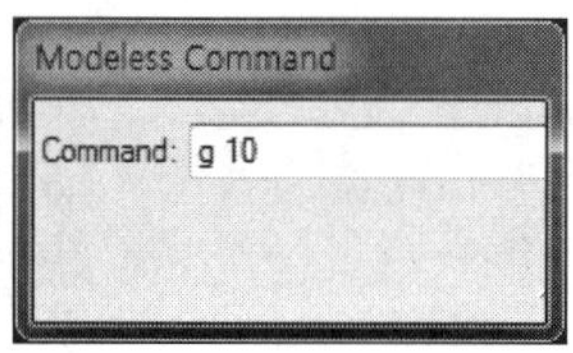

Modify 2D Line 아이콘 선택 후 라인의 모서리를 클릭하여 마우스를 움직여 보면 10mil 간격으로 미세하게 움직이는 것이 보인다.
더 미세한 작업을 원하면 마우스 오른쪽을 눌러 Any Angle을 선택한다.

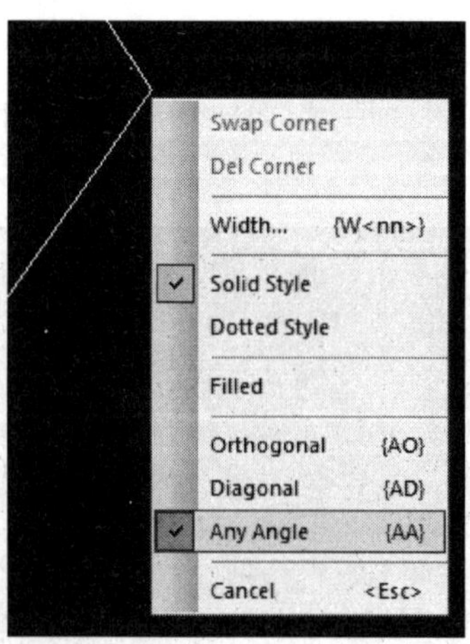

예제 2.3.5 Origin 옮기기

Setup → Set Origin 하여 Origin을 옮겨질 위치에 클릭

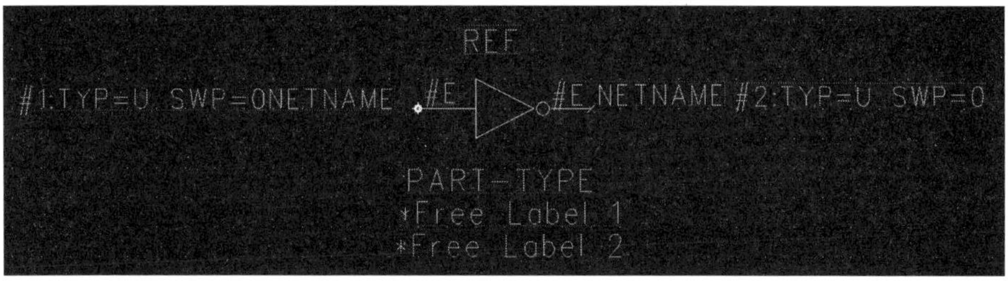

흰점(Origin : 0, 0 위치)은 왼쪽 핀의 X에 위치시킨다.
Logic에서 Part를 추가하거나 이동할 때 Origin을 기준으로 움직인다.

예제 2.3.6 Text 정리하기

마우스 오른쪽 Select Anything 한다.

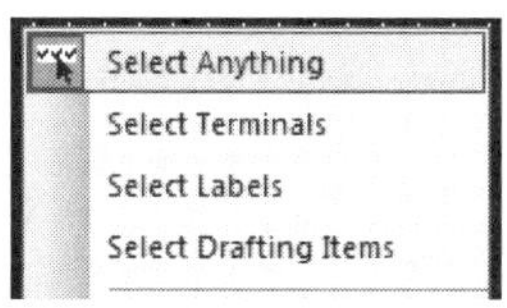

REF 클릭하여 잡아당긴다. 또는 Ctrl+E(Move) 한다.
아래 PART-TYPE도 마찬가지로 잡아당겨 이동한다.
CAE Decal 작성을 완료하면 Save 한다.

File → Save
대, 소문자 구분하지 않는다.

Library Manager에서 확인할 수 있다.

File → Library

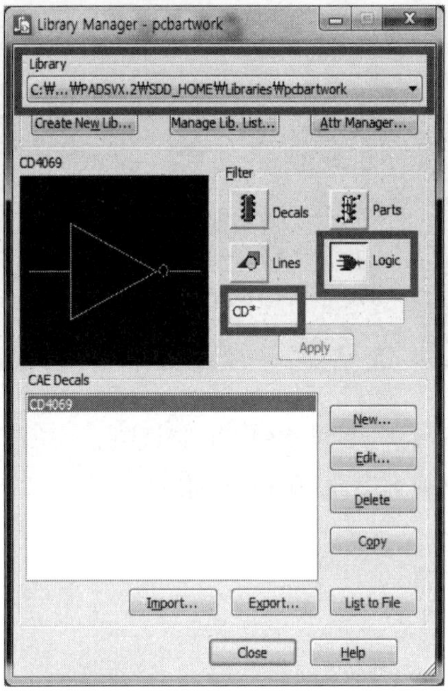

만든 CAE Decal을 이용하여 Part Type을 생성한다.

File → New 또는

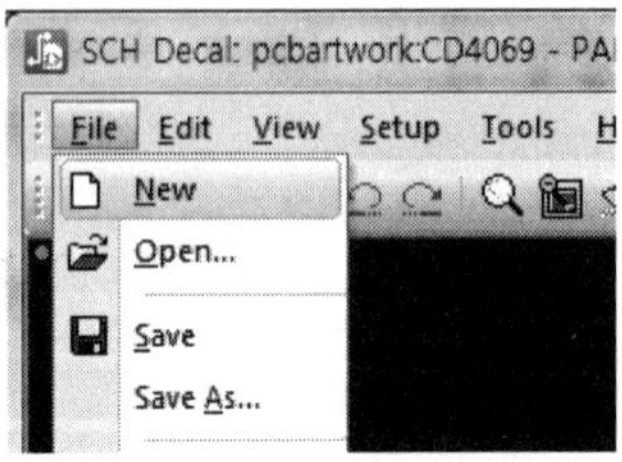

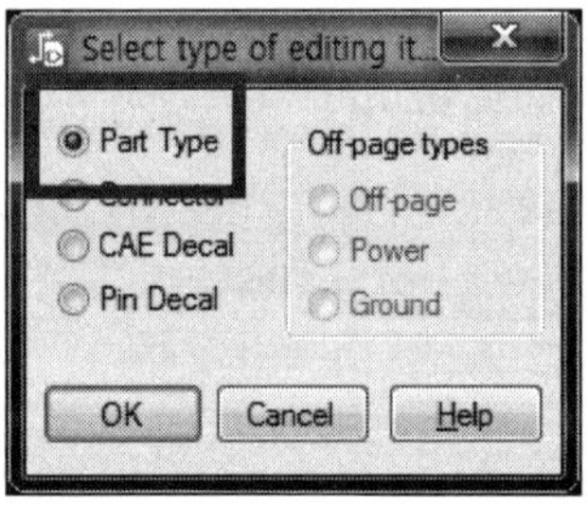

File → Library

Parts를 선택 후 아래 New…를 클릭한다.

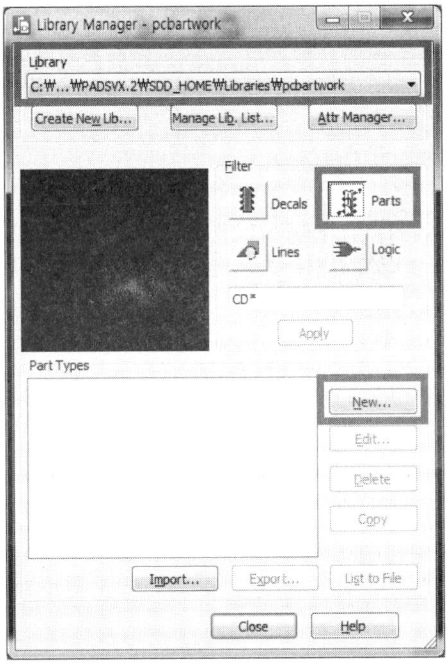

Part를 만들 새 창이 뜬다.

Edit Electrical을 선택하면 아래 창이 뜨는데 Gate 탭을 선택한다.
Add를 클릭하면 Gate에 A가 생성되고 CAE Decal1칸에서 더블클릭하면 …가 생긴다.
…를 클릭한다.

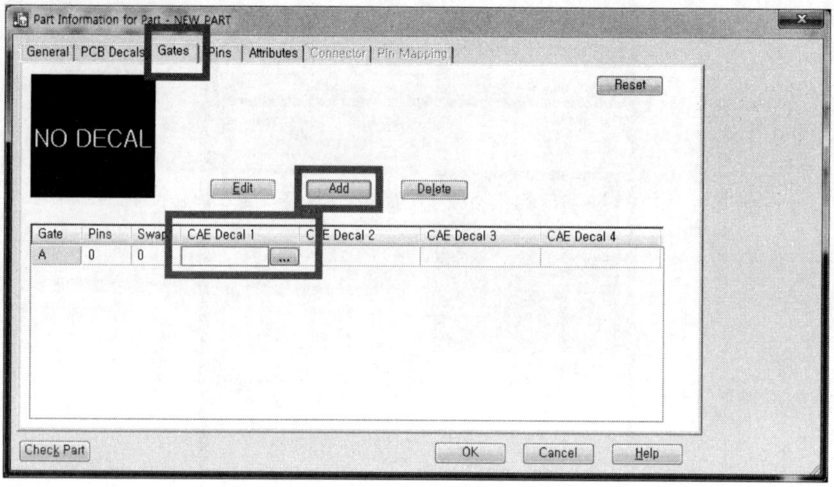

내 폴더 지정 후 Filter칸에 CD*를 입력 후 Apply 한다.
Assigned Decals에 Assign한다.

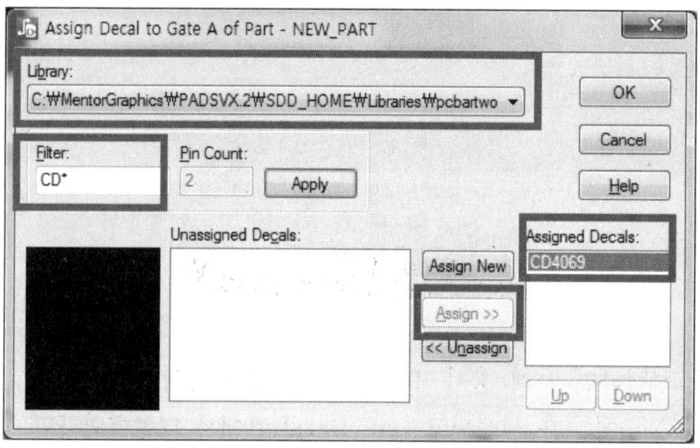

Add를 눌러 필요한 Gate의 수만큼 F까지 추가 후 CAE Decal1칸에 모두 Gate의 이름을 입력하거나 …를 눌러 등록한다.

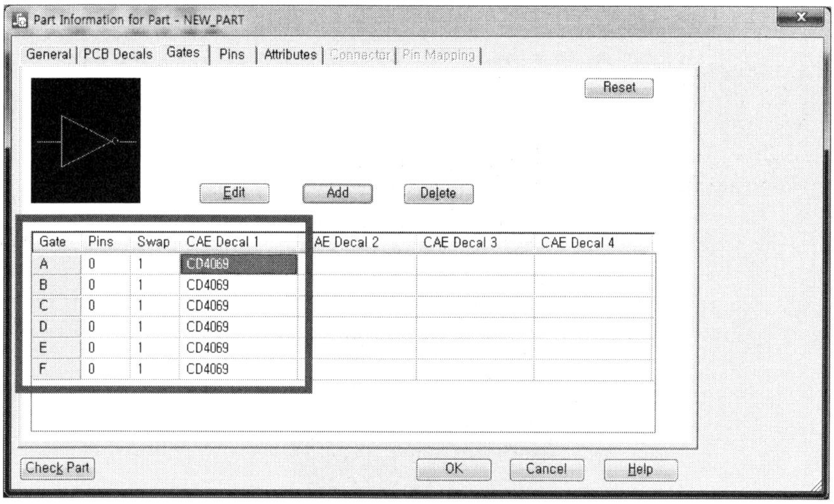

Gate를 모두 입력하고 Pins에서 Add Pin 하여 Signal Pin 입력한다.

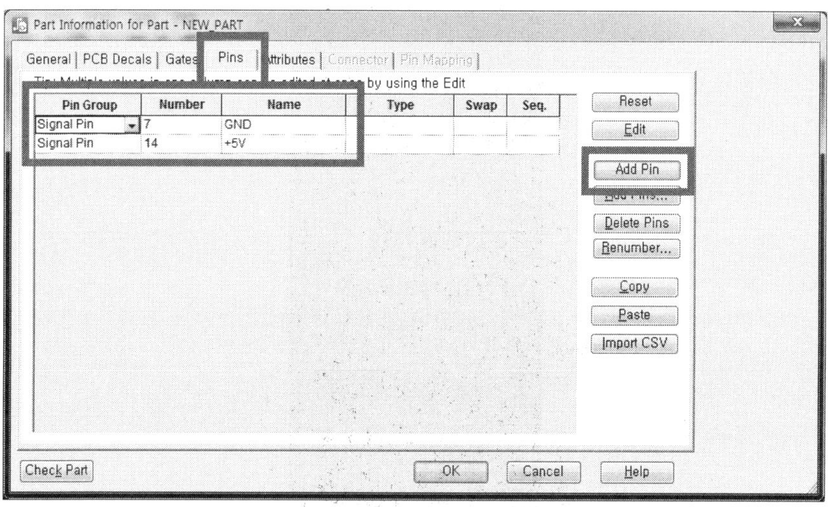

OK하면 아래의 메모장이 뜬다.
아직 Pin Number를 지정하지 않았기 때문에 뜨는 에러이다.
메모장을 닫는다.

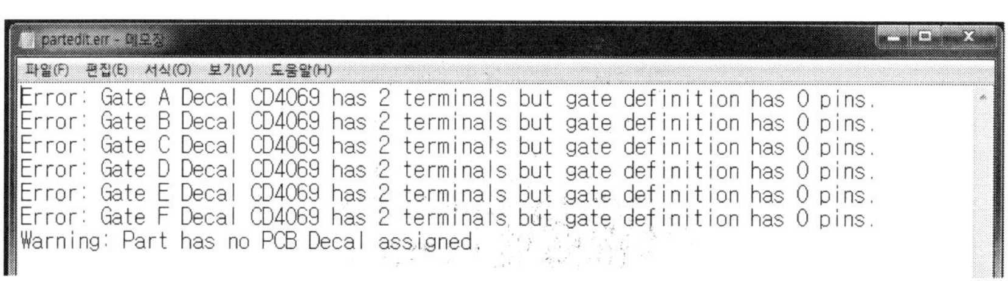

화면에는 아래의 그림이 보인다.

아직 Pin Number가 지정되지 않은 상태이기 때문에 Gate들의 Body만 보인다.

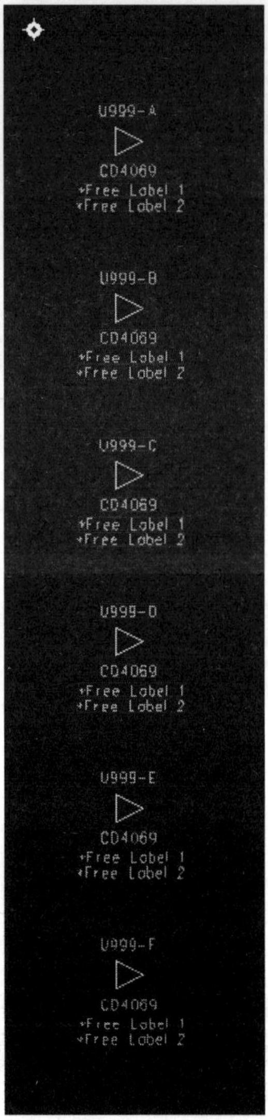

Edit Graphics를 선택한다.

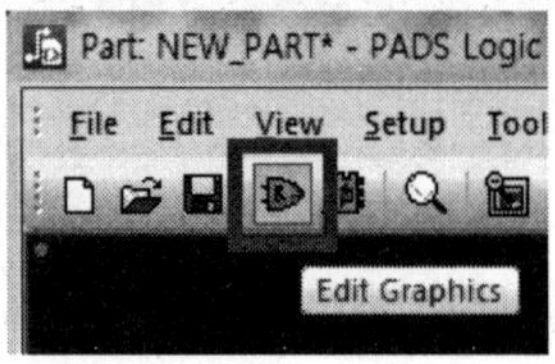

Gate A를 선택한 후 OK 한다.

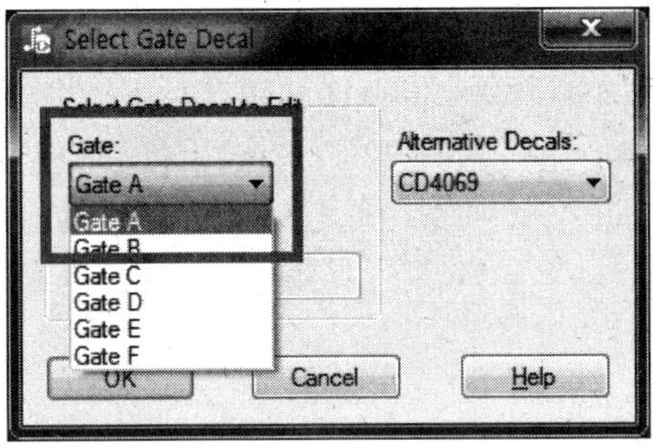

아래의 창이 뜨면 확인을 누른다.

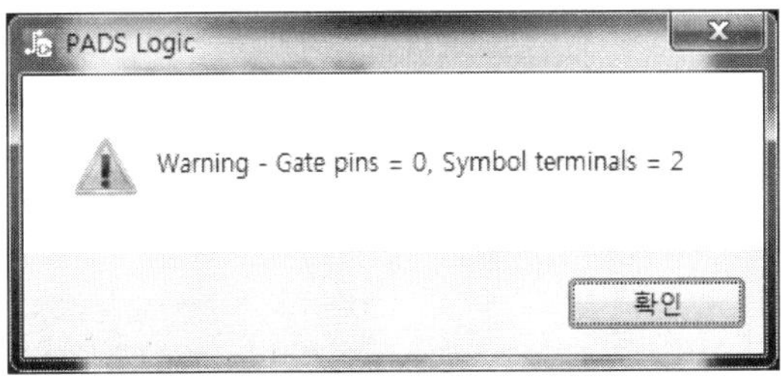

Decal Editing Toolbar를 클릭하면 메뉴들이 나타난다.

Set Pin Number를 선택한다.

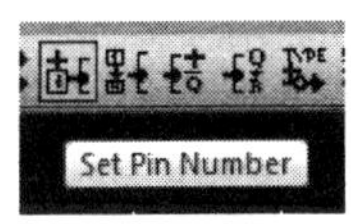

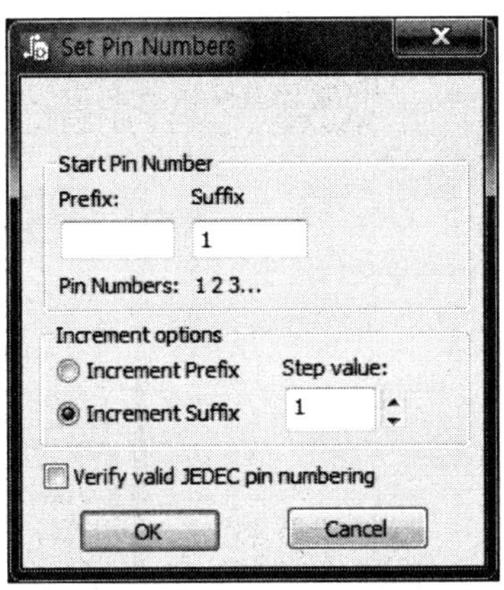

OK 한 뒤 처음에 1번 위치에 핀 클릭 그 다음 2번 위치에 핀 클릭한다.

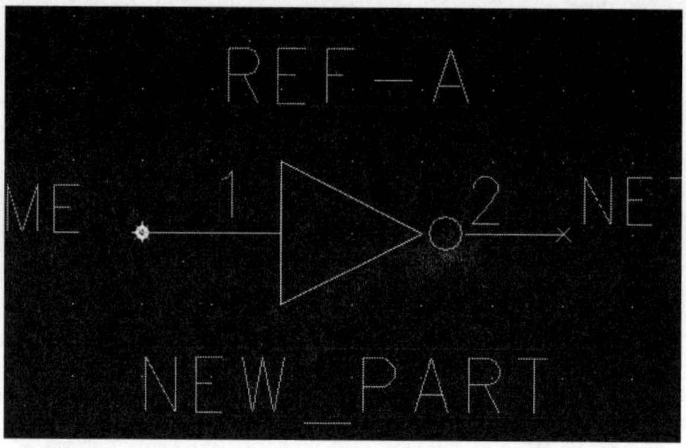

Pin Number가 완료되면 File → Return to Part 한다.

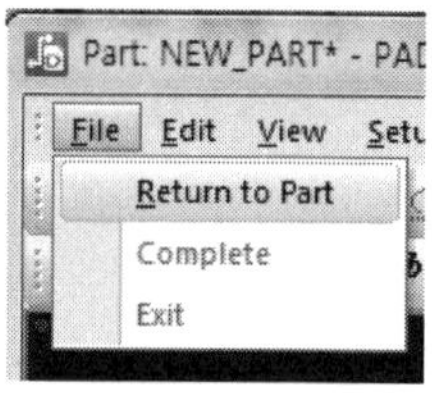

오른쪽의 창이 뜨면 예를 누른다.

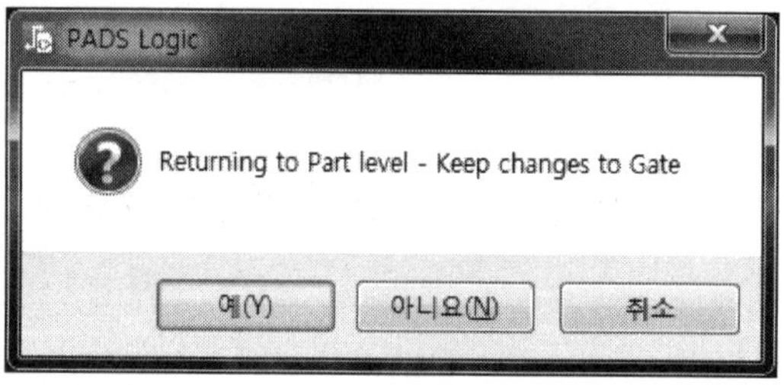

다시 Edit Graphics를 클릭한다.

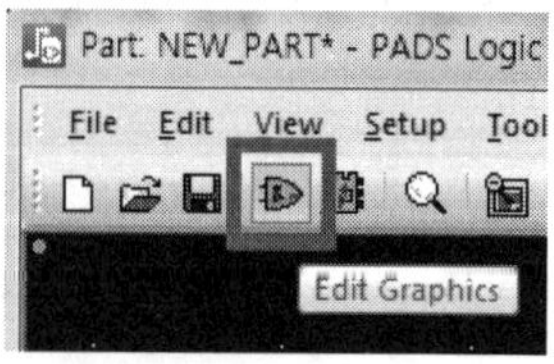

Gate B를 선택한다.

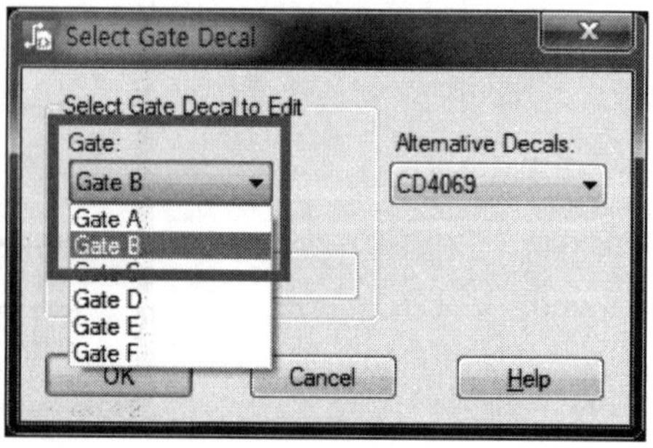

Decal Editing Toolbar를 클릭하면 메뉴들이 나타난다.

Set Pin Number를 선택

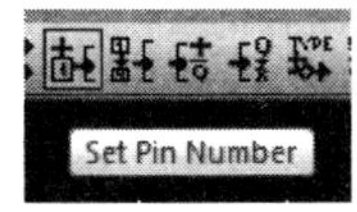

Suffix 칸에 3 입력하여 3, 4번 Pin Number 입력한다.

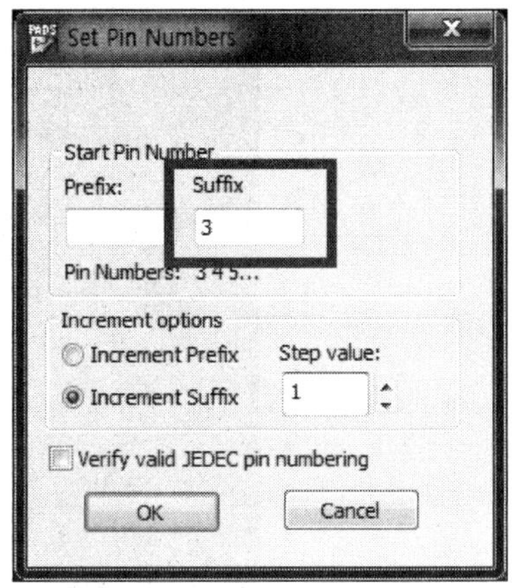

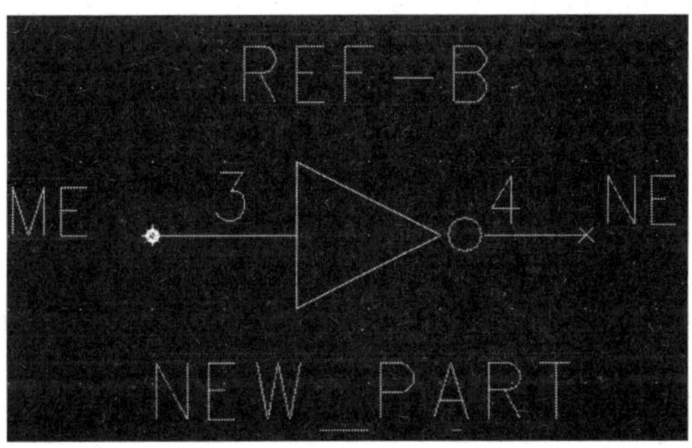

이렇게 A부터 F까지 반복하여 Pin Number를 입력한다.

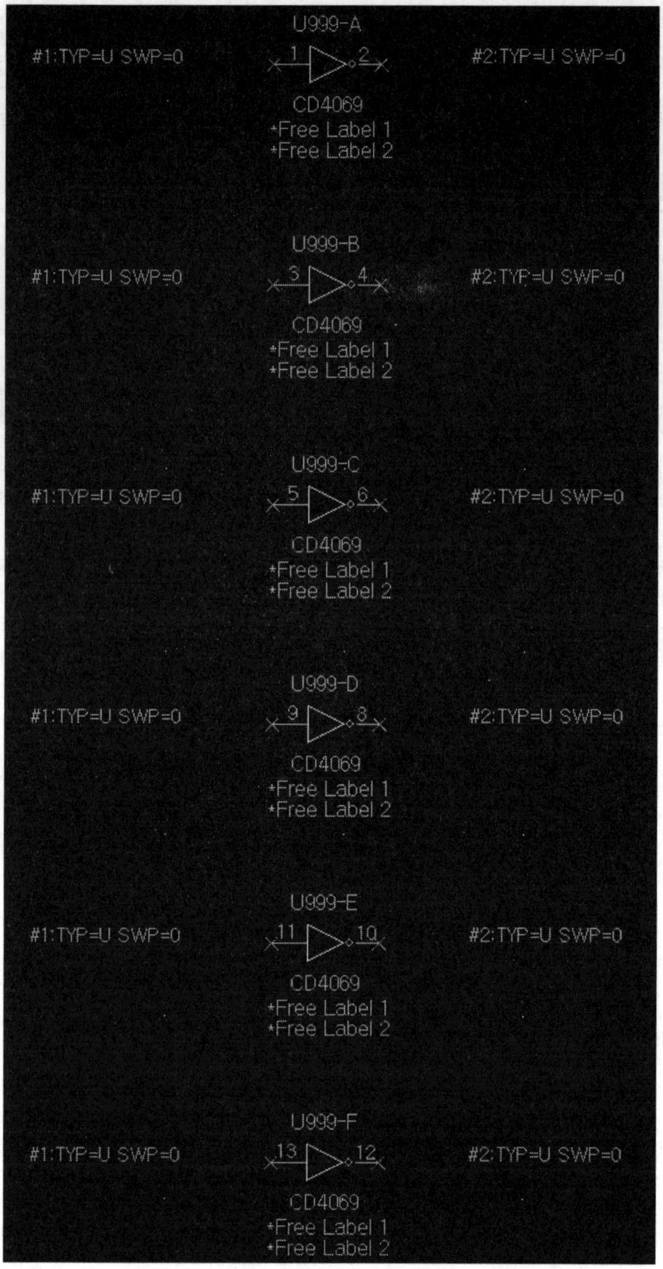
U999-A
#1:TYP=U SWP=0
1
2
#2:TYP=U SWP=0
CD4069
*Free Label 1
*Free Label 2
U999-B
#1:TYP=U SWP=0
3
4
#2:TYP=U SWP=0
CD4069
*Free Label 1
*Free Label 2
U999-C
#1:TYP=U SWP=0
5
6
#2:TYP=U SWP=0
CD4069
*Free Label 1
*Free Label 2
U999-D
#1:TYP=U SWP=0
9
8
#2:TYP=U SWP=0
CD4069
*Free Label 1
*Free Label 2
U999-E
#1:TYP=U SWP=0
11
10
#2:TYP=U SWP=0
CD4069
*Free Label 1
*Free Label 2
U999-F
#1:TYP=U SWP=0
13
12
#2:TYP=U SWP=0
CD4069
*Free Label 1
*Free Label 2

File → Save 한다.

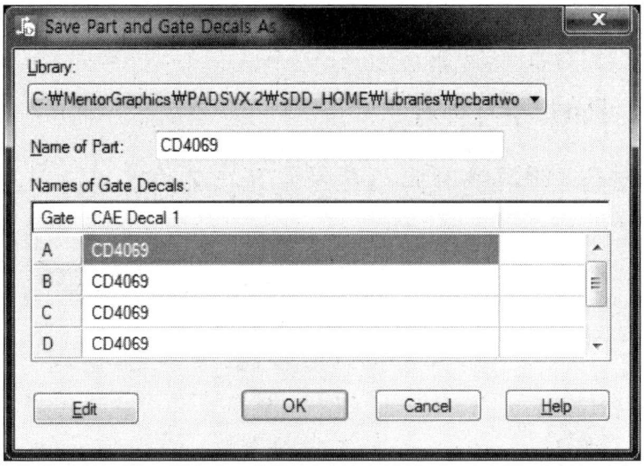

이렇게 CAE Decal을 이용하여 Part를 만들어 보았다.

Names of Gate Decals의 칸들을 보면 CAE Decal의 Gate가 A부터 F까지 동일한 이름이다. CD4069와 같이 Gate마다 동일한 모양의 Gate Decal이라면 하나의 CAE Decal을 생성하여 각 Gate에 동일하게 입력하면 되고, BGA타입과 같은 핀 수가 100핀 이상인 부품의 경우 부품의 기능을 나누어 그려야 해서 Gate Decal의 모양이 다르다. 이런 경우 원하는 CAE Decal을 Gate 수에 맞춰서 그려야 한다. 예를 들어 BGA부품을 3개의 Gate로 쪼개서 표현하고 싶은 경우 CAE Decal이 A부터 C까지 있고 각 Gate마다 모양이 다르므로 CAE Decal을 저장할 때 부품명_A, 부품명_B, 부품명_C 이런 식으로 다르게 저장하고 등록시킨다.

Part를 완성하였다면 File → Exit Part Editor 하여 Part 그리는 창을 나간다.
회로를 그리는 Sheet로 돌아간다.

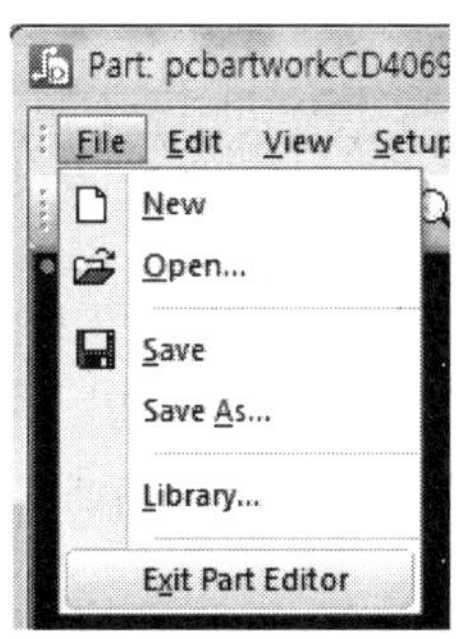

3 Schematic 그리기

3.1 Add Part : Part 추가하기

Logic의 Add Part 기능을 이용하여 새로 그린 부품 또는 기존에 있는 부품을 추가할 수 있다.

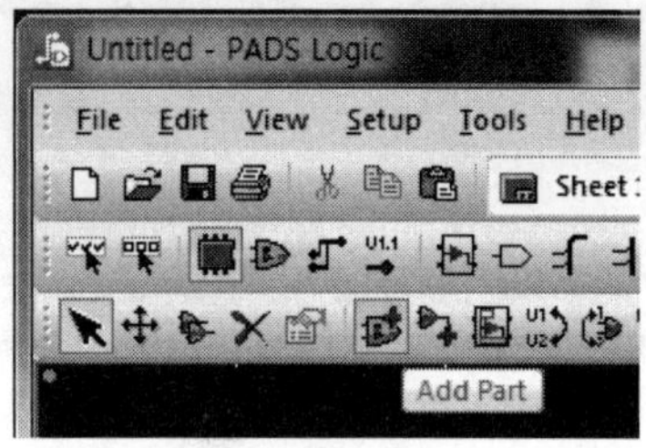

◉ PAL16R8 추가하기

내 Library 폴더 경로를 확인한 뒤, Items에 원하는 부품 이름의 앞자리를 입력하고 뒤에 *를 붙여서 Apply한다. PAL16으로 시작하는 모든 것을 의미한다.

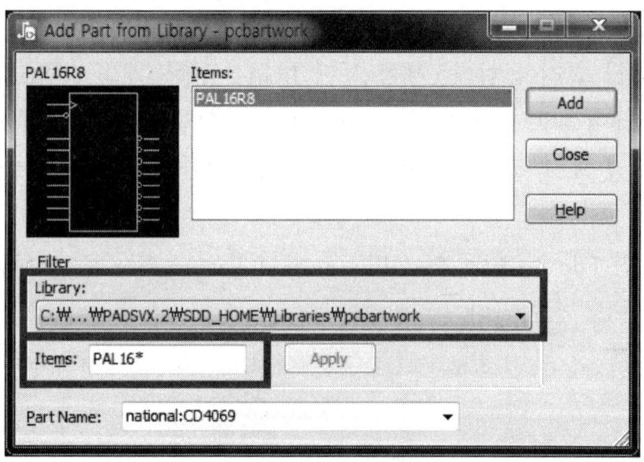

Add를 누르면 Component Alpha-Prefix for new part type을 넣으라고 나오는 경우가 있는데 이 칸에는 Reference를 숫자 빼고 알파벳만 넣으면 된다.

저항이면 R, IC인 경우 U, 캐패시터인 경우 C, 커넥터인 경우 CN이라고 입력하면 된다.

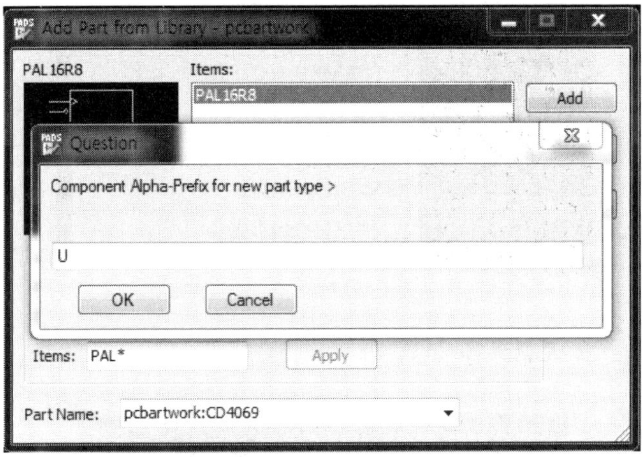

위의 메시지 창이 안 나오면 바로 회로 Sheet에 추가해서 사용하면 된다. Part 추가 창 바깥으로 마우스를 움직여 보면 Part가 커서를 따라 다니는 것이 보인다.

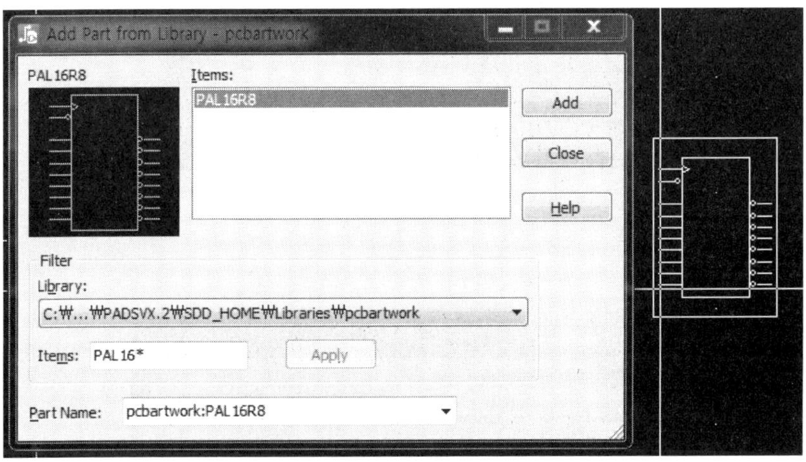

Add Part 창을 닫고 Sheet에 놓고 싶은 곳에 클릭하면 부품이 배치된다.

Part를 선택하려면 아무것도 Select 되지 않은 상태에서 마우스 오른쪽을 눌러 Select Part 한다.

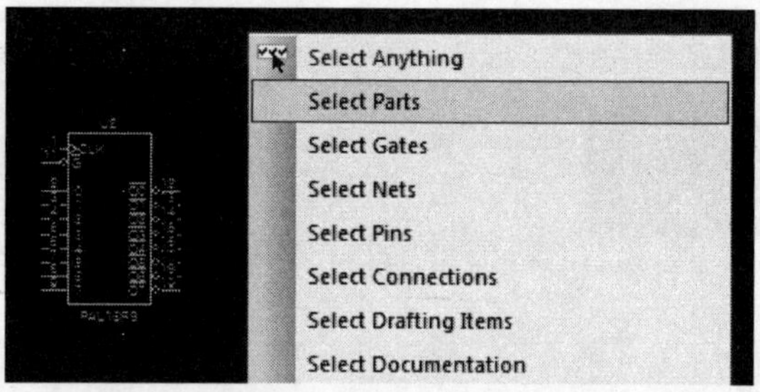

Part를 선택하고 마우스 오른쪽을 눌러 Properties 선택한다.

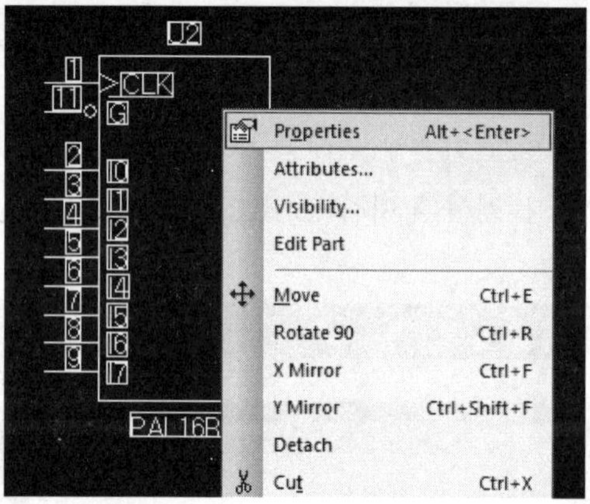

Part의 속성에 들어왔다.

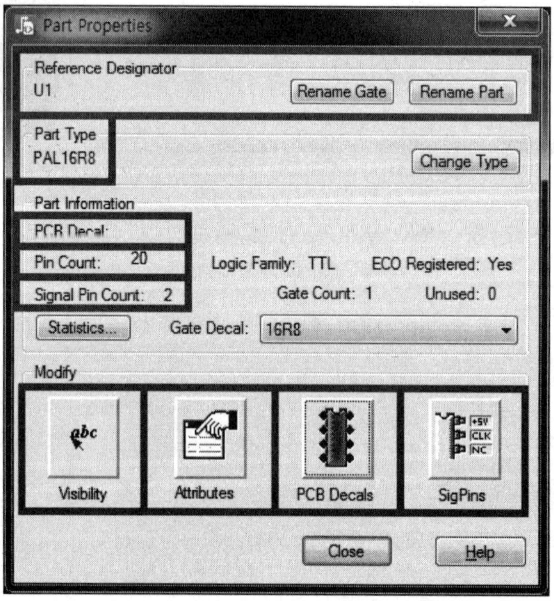

Reference Designator

· Rename Part를 선택하면 Reference값을 변경할 수 있다.
· 단, 다른 값과 중복될 수 없다.

Part Type

· 저장한 Part 이름이 들어가 있다.

Part Information

· PCB Decal은 선택하지 않았기 때문에 빈칸으로 되어 있다.
· PADS Layout에서 그려진 PCB Decal이 준비되어 있다면 

아이콘을 눌러 Part와 매칭되는 PCB Decal을 링크시킬 수 있다.
· Assigned in Schematic에 링크 되어있는 Decal이 PADS Layout에 올라간다.
Browse…를 눌러 PCB Decal을 검색한다.

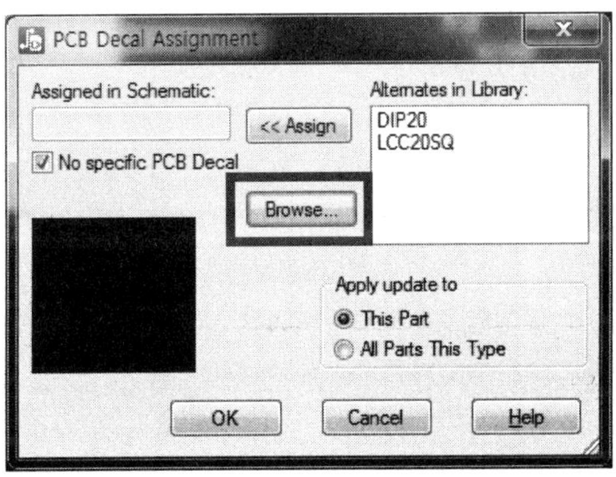

- Library : 폴더 경로를 확인한다.
- Items : PCB Decal 이름 앞자리 입력 후 * 붙인다.
- Pin Count : 입력하지 않는다.
- Show only Decals with pin numbers matching Part Type : 체크하지 않는다.

Logic의 Part와 Layout의 Decal의 핀 수가 다른 경우 검색이 안 될 수 있다.

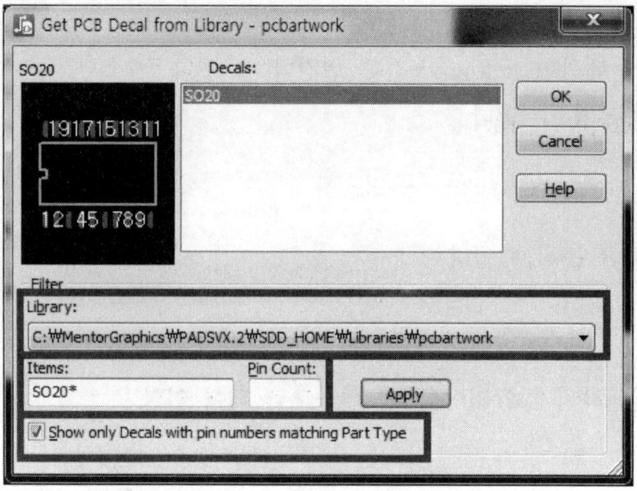

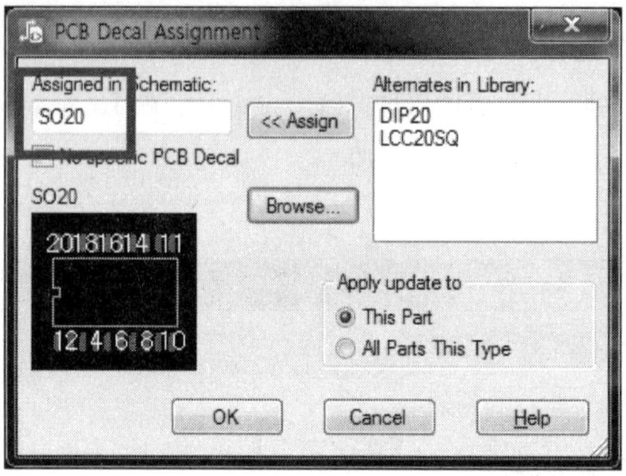

앞에서 다루었던 Part를 처음 생성할 때 PCB Decal을 링크시키는 방법도 있지만 이렇게 Part에 PCB Decal이 준비되어 있지 않으면 Browse를 눌러 PCB Decal을 검색해 등록하는 방법도 있다.

· Pin Count : 20Pin IC인 것을 알 수 있다.
· Signal Pin Count : 회로에 보이지 않는 전원 핀이 2개인 것을 알 수 있다.

회로에는 10, 20번핀이 보이지 않지만 Layout에서 PCB Decal을 보면 해당 핀에 GND, +5V Net이 형성되어 있는 것을 의미한다.

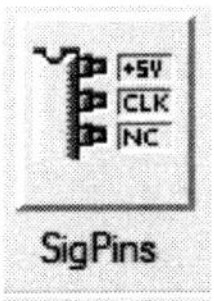

Part Signal Pins

SigPins를 클릭해 보면 어떤 핀이 해당되는지 알 수 있다.

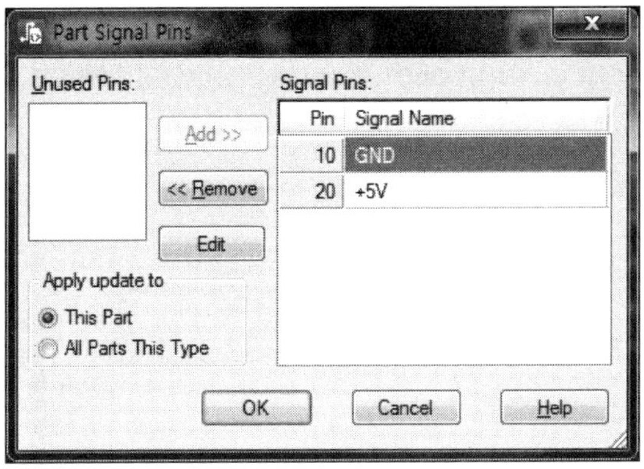

Part Attributes

Part의 Value값을 입력할 수 있다.
Add를 클릭하면 새로운 칸이 생성되는데 Name 칸에 클릭하여 항목을 선택할 수 있다.
원하는 항목은 추가 삭제하여 부품의 설명을 입력할 수 있다.

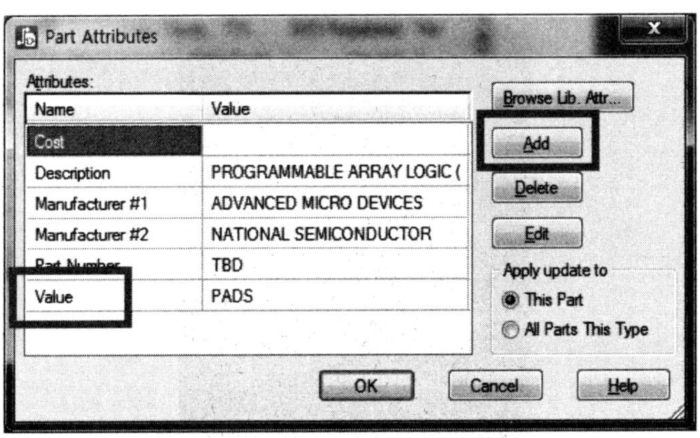

Part Text Visibility

체크된 각 항목들이 회로에서 보인다.
Part Attributes에서 새로 추가한 항목들도 선택하여 보이게 할 수 있다.

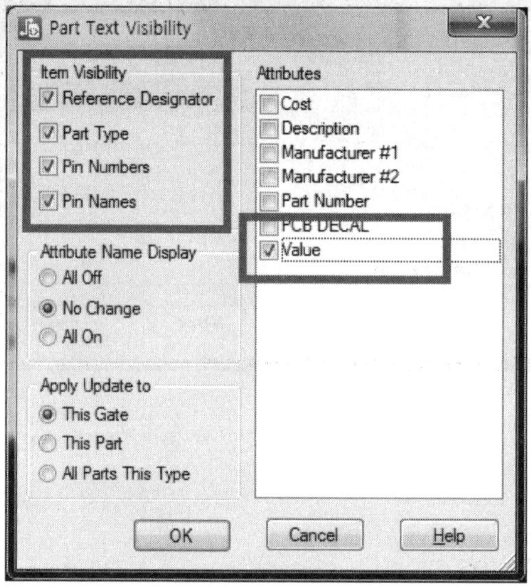

Attributes에 추가한 Text를 Visibility에 check 하면 Part Name 아래 추가된다.
원하는 코멘트가 있거나, 저항과 캐패시터의 Value를 입력할 때 사용한다.
Part를 완성했다.

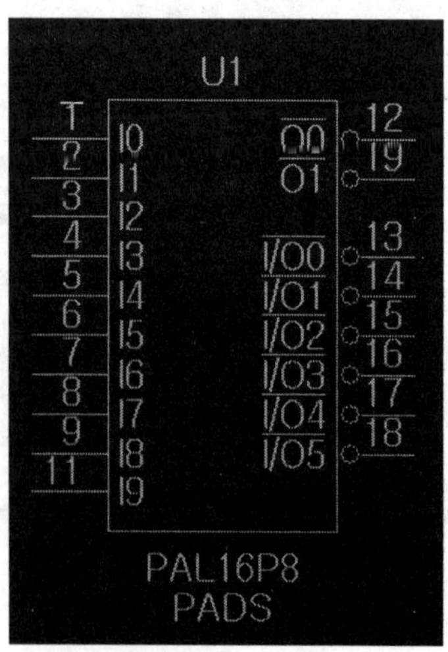

• CD4069 추가하기

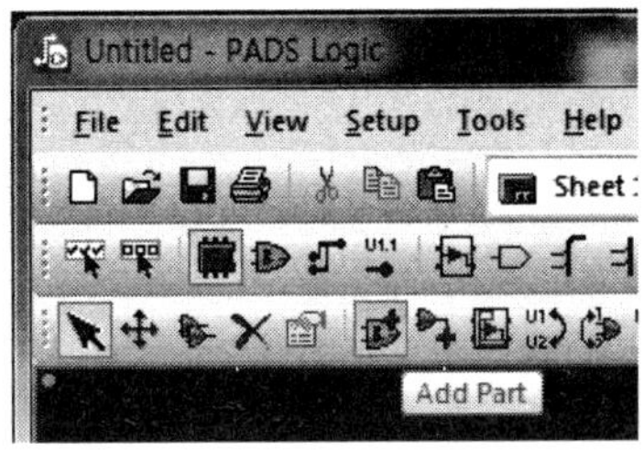

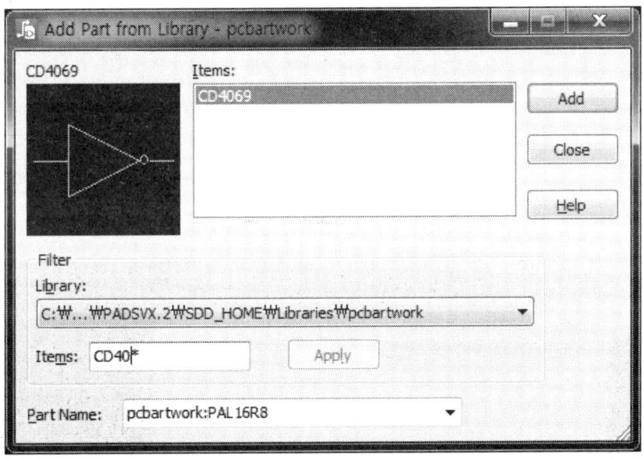

내 Library 폴더 경로를 확인한 뒤, Items에 원하는 부품 이름의 앞자리를 입력하고 뒤에 *를 붙여서 Apply한다. CD40으로 시작하는 모든 것을 의미한다.

Add를 누르면 Component Alpha-Prefix for new part type을 넣으라고 나오는 경우가 있는데 이 칸에는 Reference를 숫자 빼고 알파벳만 입력한다.

저항이면 R, IC인 경우 U, 캐패시터인 경우 C, 커넥터인 경우 CN이라고 입력한다.

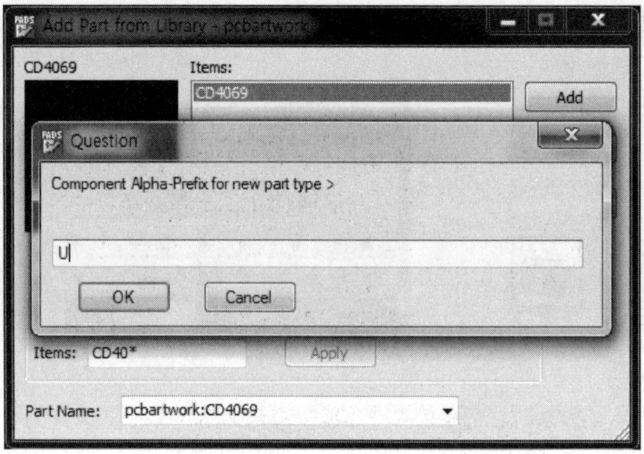

위의 메시지창이 안 나오면 바로 회로 Sheet에 추가해서 사용하면 된다.
Part 추가 창 바깥으로 마우스를 움직여 보면 Part가 커서를 따라다니는 것이 보인다.

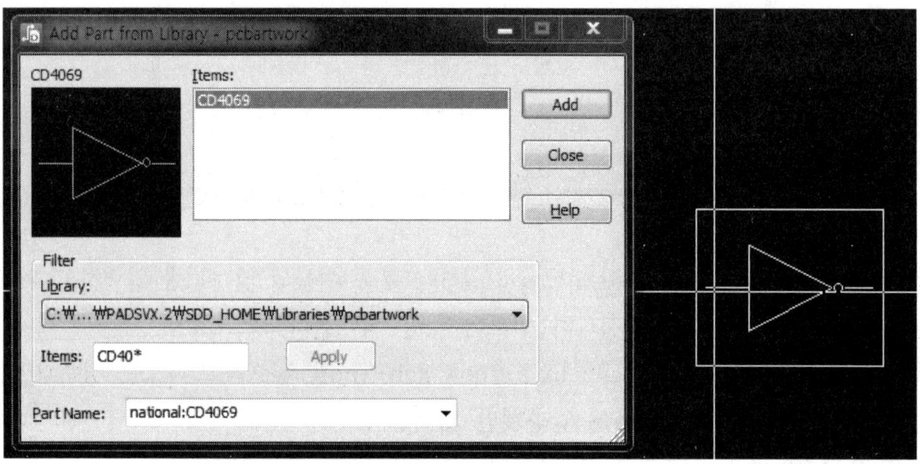

Add Part 창을 닫고 Sheet 상에 놓고 싶은 곳에 클릭하면 부품이 배치된다.
아무것도 Select 되지 않은 상태에서 마우스 오른쪽을 눌러 Select Gate 한다.
마우스 오른쪽을 눌러 Select Gates 한다.

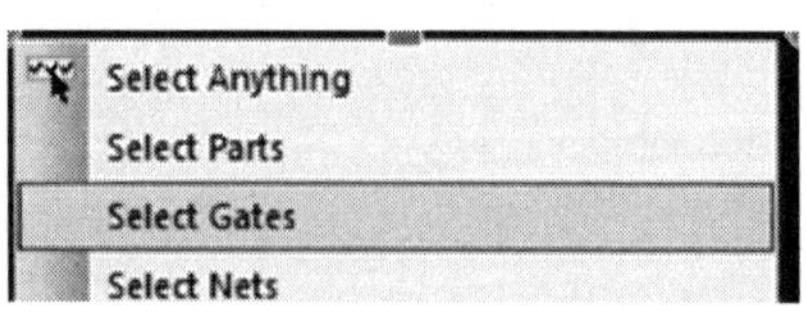

Gate를 클릭하여 Select하고 마우스 오른쪽을 누른 후 Properties 선택한다.

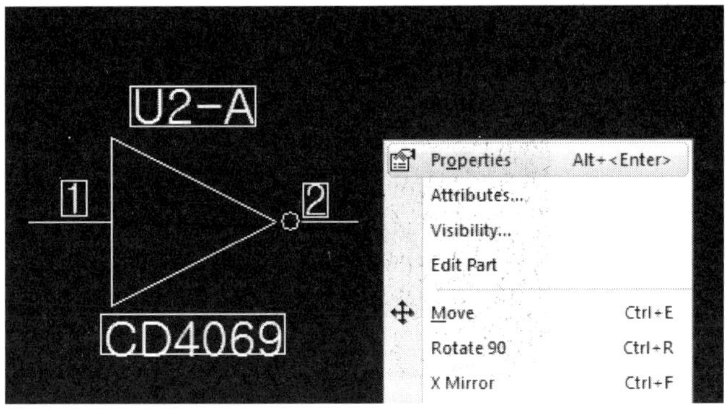

Part의 속성에 들어와서 Rename Gate 한다.

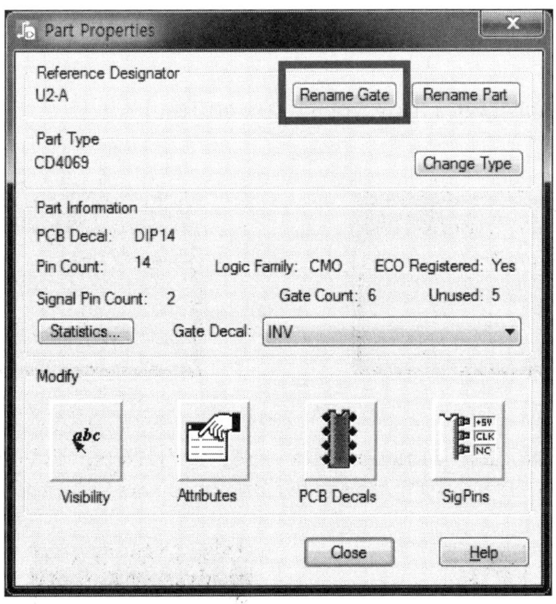

Reference Designator → Rename Gate 클릭 뒤의 -A를 -B로 바꾸면

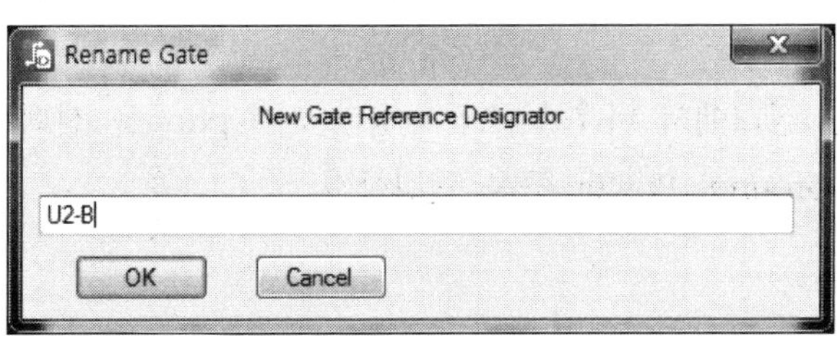

Gate B에 해당하는 3, 4번 핀으로 바뀐다.
단, 앞의 U2가 동일해야 하나의 Part로 인식한다.

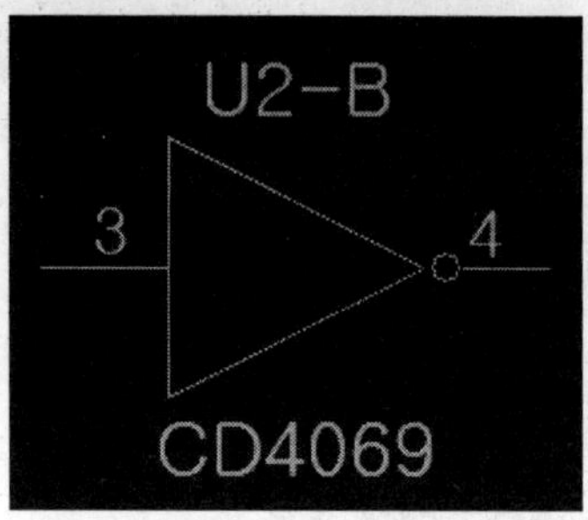

3.2 Add Connection : Off-page, Ground, Power : Net 연결하기

Sheet에 Part를 모두 불러왔다면 이제 Part의 Pin과 Pin들을 연결하는 Connection(Net)을 그린다.
Part 그릴 때와 동일하게 G와 GD는 100mils로 설정한다.

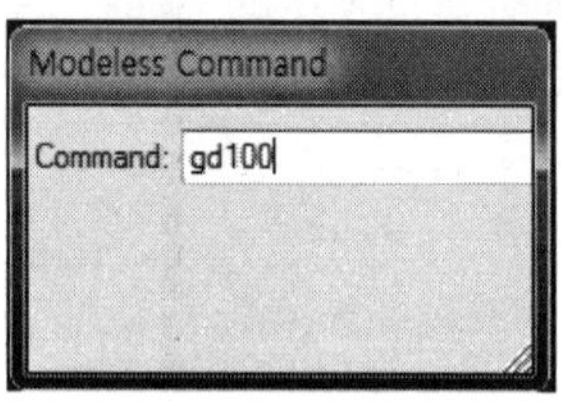

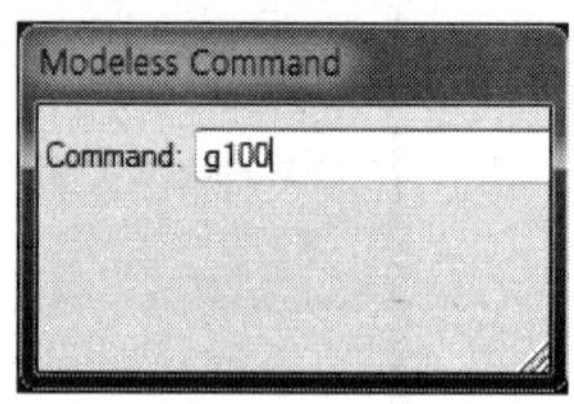

아이콘 Add Connection 또는 Function Key F2를 눌러 Net을 그린다.

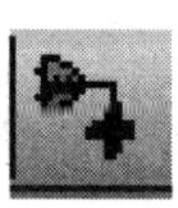

위의 아이콘이 선택하고 NET이 연결될 핀 끝에서 클릭하고 마우스를 움직여 보면 하얀 라인이 그려지기 시작한다.
Net이 그려지고 있는 상태에서 마우스 오른쪽을 눌러 Option을 선택한다.
Option : Off-page, Ground, Power 등을 연결한다.

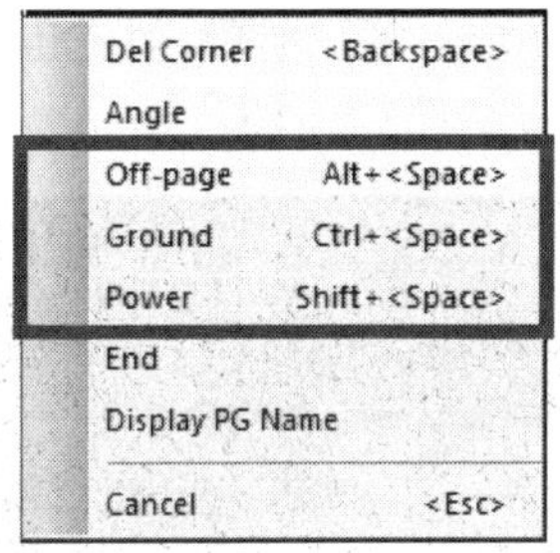

- Off-page (Alt+Space) : 다른 페이지에 있는 핀과 연결하는 기능이다.
- Ground (Ctrl+Space) : Ground Symbol을 선택하고 Ground Net을 연결한다.
- Power (Shift +Space) : VCC Symbol을 선택하고 VCC Net을 입력한다.

1) Off-page (Alt+Space)

Net이 그려지고 있는 상태에서 마우스 오른쪽 버튼을 클릭하여 Off-page를 선택한다.

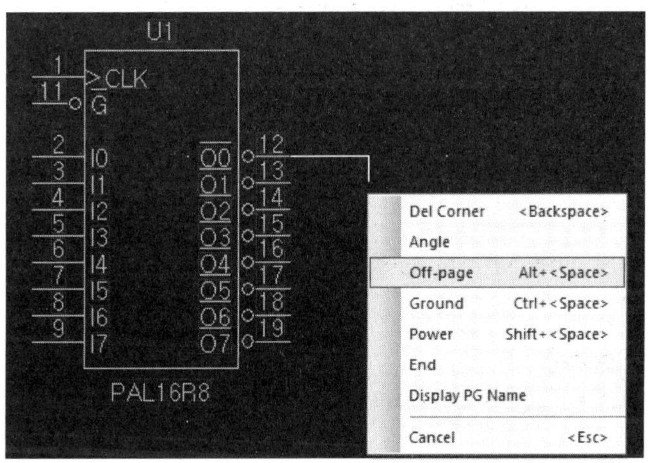

Off-page가 나오면 마우스 오른쪽 버튼을 클릭하여 Alternate 하면 Net의 연결 방향 Symbol을 선택할 수 있다.

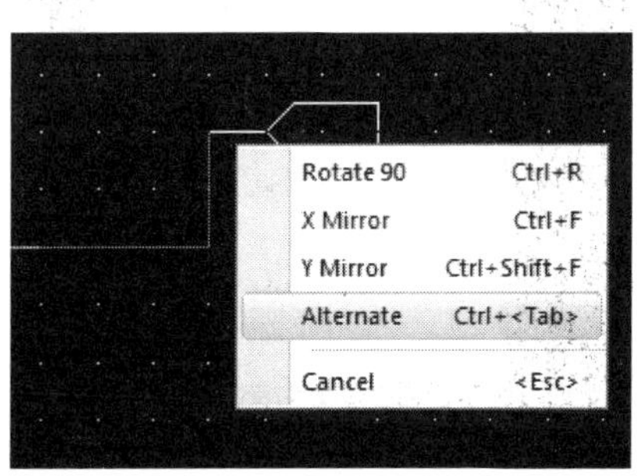

다시 마우스 오른쪽 클릭한다. X Mirror를 선택하여 Off-page 방향을 맞춘다.

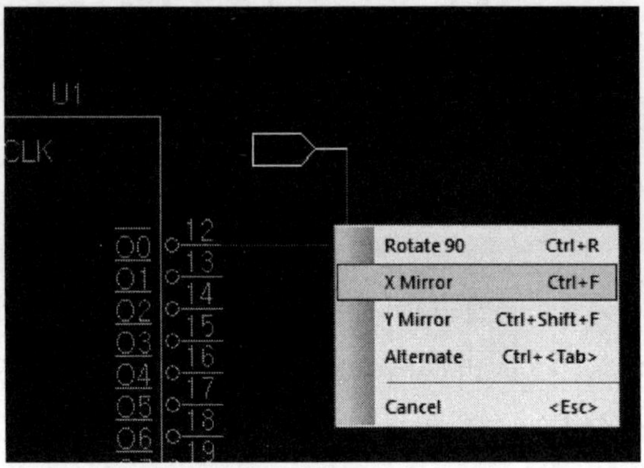

클릭하여 Off-page를 내려놓으면 Net Name을 입력하는 창이 나온다.

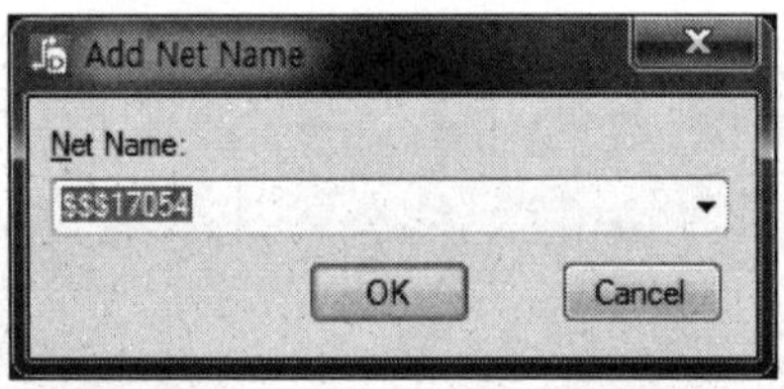

다른 페이지에 연결될 핀의 NET Name과 동일하게 입력한다.

2) Ground (Ctrl+Space)

Ground 선택 후 마우스 오른쪽 클릭한다.

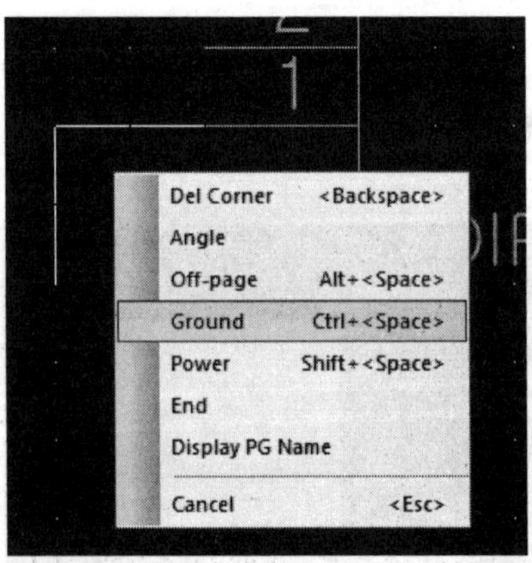

Ground가 나오면 마우스 오른쪽 버튼을 클릭하여 Alternate 하면 다른 종류의 Ground Symbol을 선택할 수 있다.
Symbol을 정하였다면 클릭하여 내려놓는다.

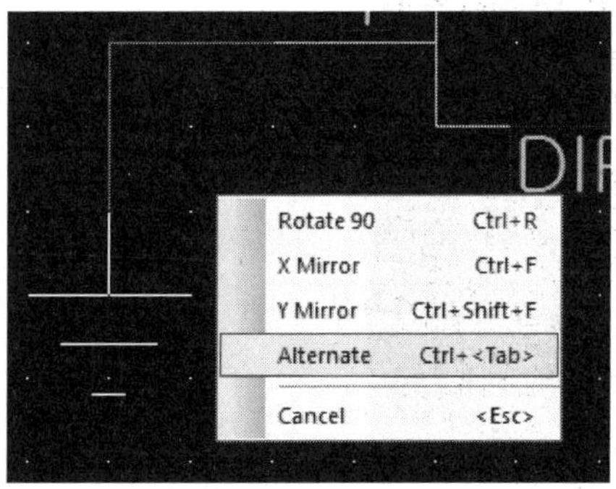

Ground Symbol에 NET Name 넣으려면 Select mode를 Select Anything으로 하고 Ground Symbol 선택한다.

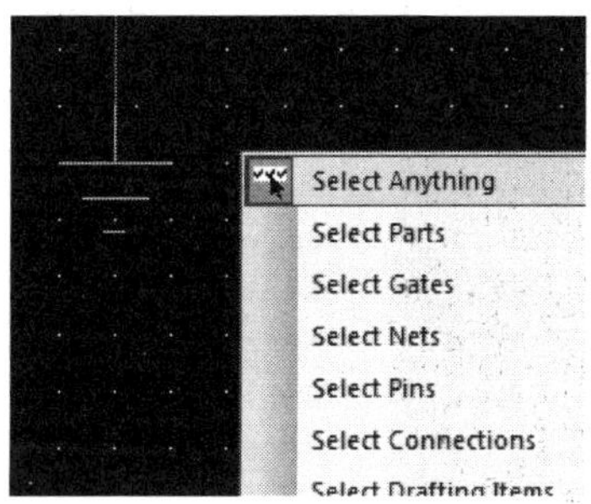

Ground Symbol을 선택하고 마우스 오른쪽 버튼을 클릭하여 Properties를 선택한다.

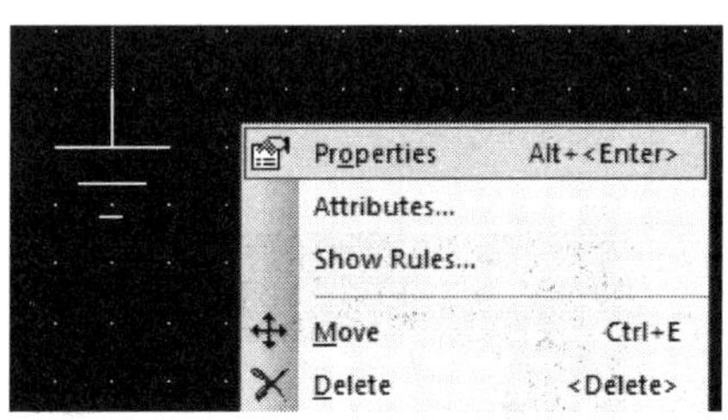

Net Name Label을 체크하면 회로에 Ground Name이 보인다.

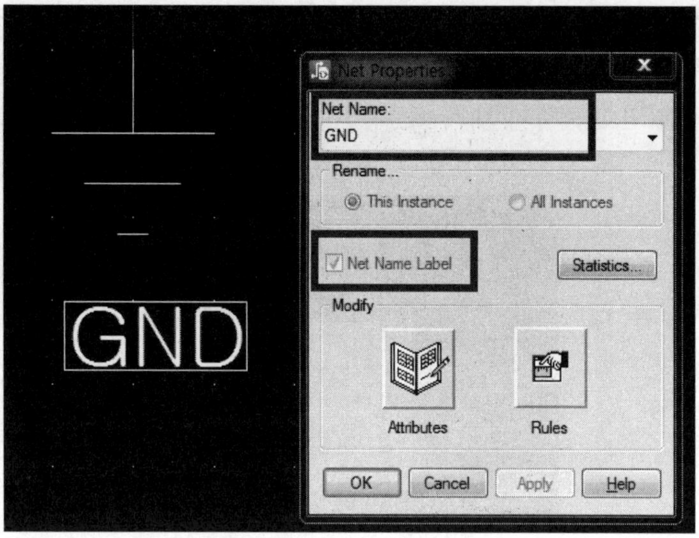

3) Power (Shift + Space)

Power 선택 후 마우스 오른쪽 클릭한다.

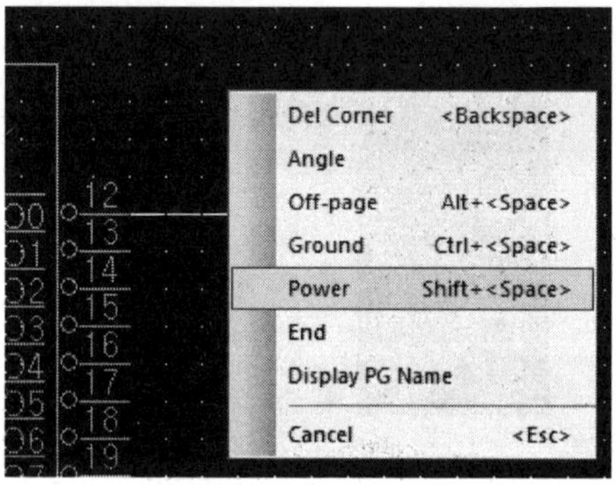

Power가 나오면 마우스 오른쪽 버튼을 클릭하여 Alternate 하면 다른 종류의 Power Symbol을 선택할 수 있다.

Symbol을 정하였다면 클릭하여 내려놓는다.

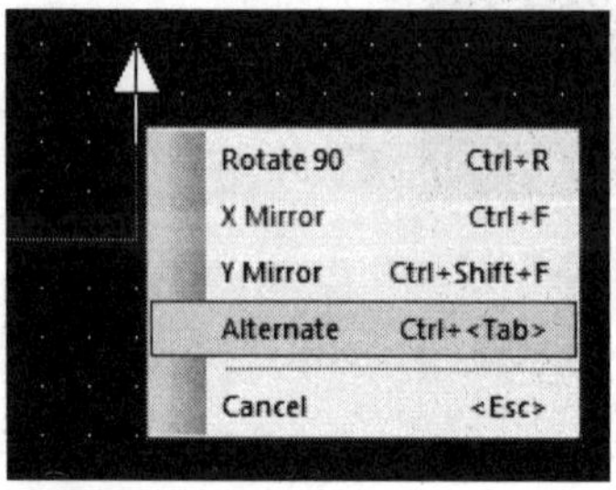

Power Symbol에 NET Name 넣으려면 Select mode를 Select Anything으로 하고 Power Symbol 선택한다.

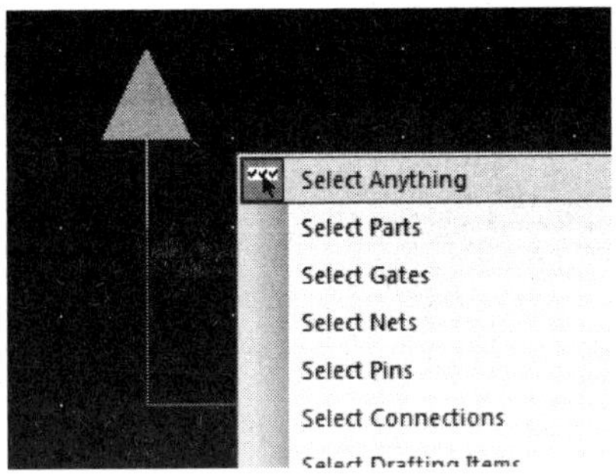

Power Symbol을 선택하고 마우스 오른쪽 버튼을 클릭하여 Properties를 선택한다.

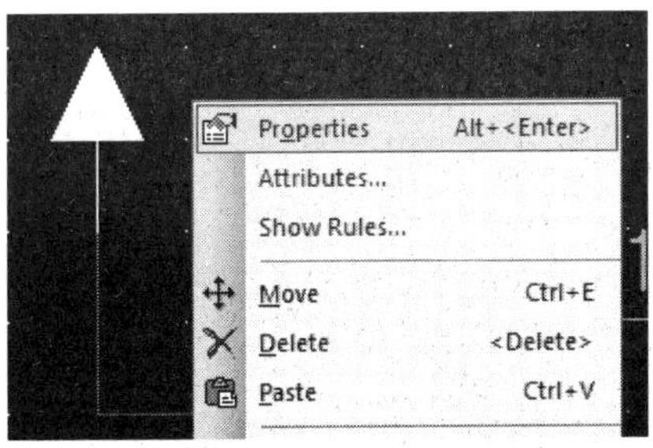

Properties 창이 뜨면 Net Name을 입력한다.
Net Name Label을 체크하면 회로에 VCC Name이 보인다.

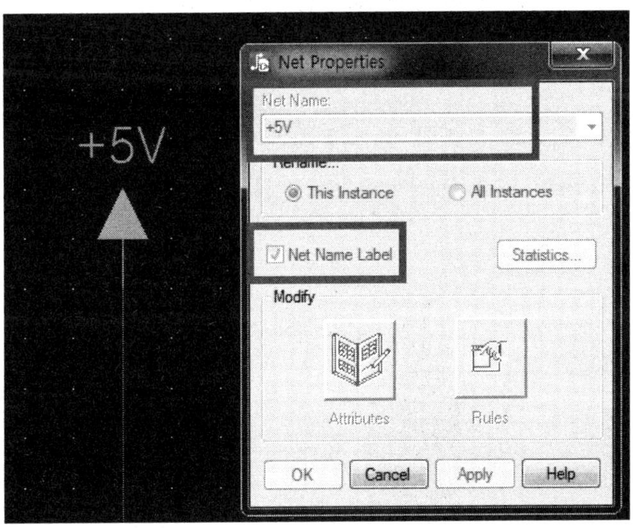

3.3 Add Bus : Bus로 Net 연결하기

아이콘 Add Bus 선택하여 여러 Net을 하나의 Line으로 다 같이 연결한다.

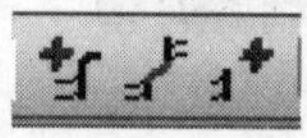

위의 아이콘을 선택한 뒤, 핀들 근처에서 클릭하고 움직이면 하얀 라인이 그려지기 시작한다. "ㄱ"자 모양으로 그림을 그리고 끝에서 더블 클릭하면 Bus Name 입력하는 창이 뜬다.

핀과 너무 가깝게 Bus Line을 그리면 Net Name 들어갈 공간이 부족하므로 적당한 간격을 두고 Bus Line을 그리는 것이 좋다.

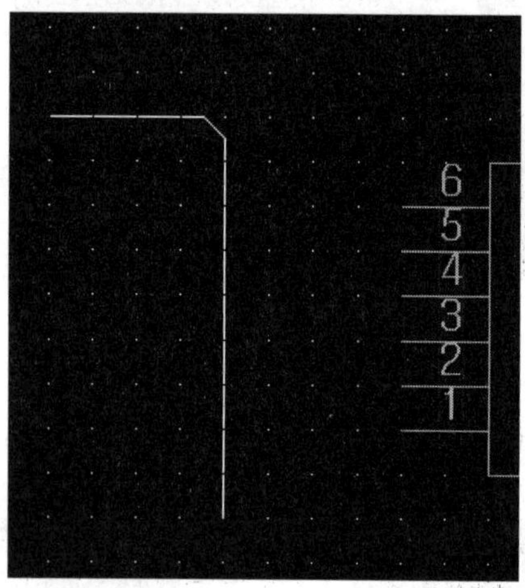

Bus Name 칸에 Bus Type에 선택된 형식에 맞게 입력한 뒤 OK 한다.
Bus Type에서 Bit Format - XXXX[NN:NN]에 맞춰 Bus Name을 입력한다.

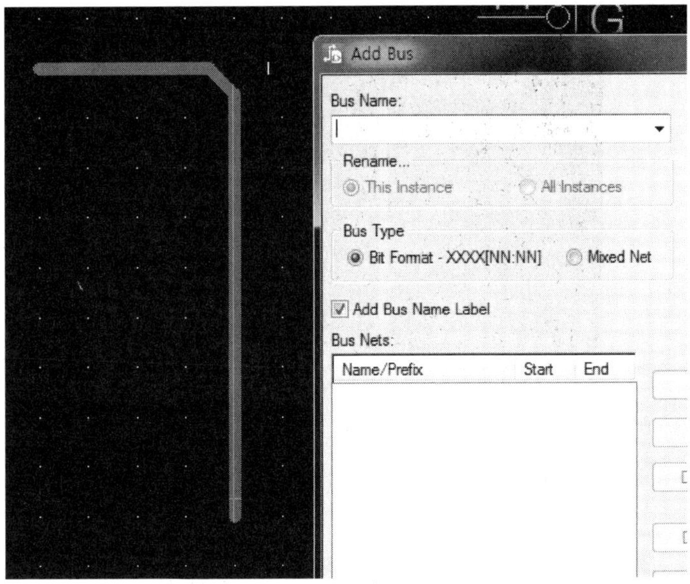

Bus Type이 XXXX[NN:NN]이므로 Bus Name은 ADD[00:15]로 입력한다.

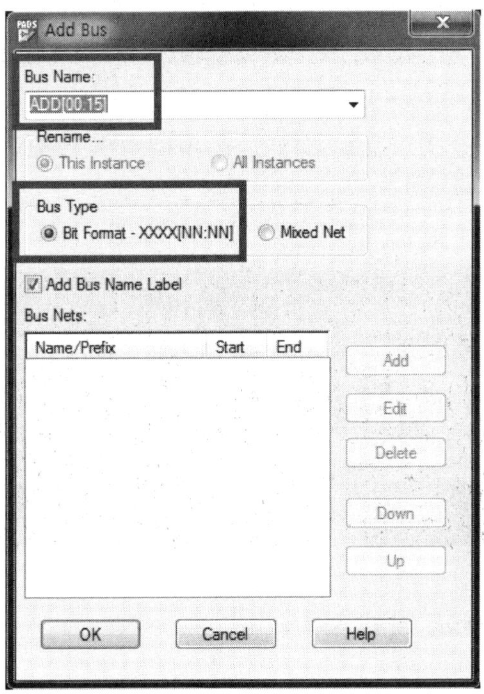

하얀 박스가 나타나면 "ㄱ"자 Bus위에 클릭한다.

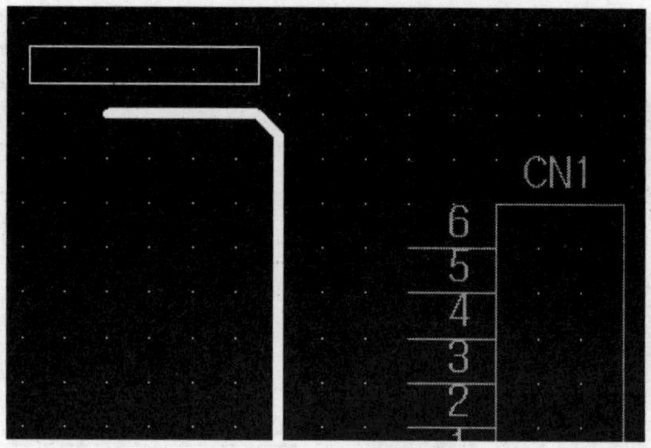

입력한 Bus Name이 나타난다.
이 버스 에서는 ADD00~ADD15까지의 Net만 연결할 수 있다.

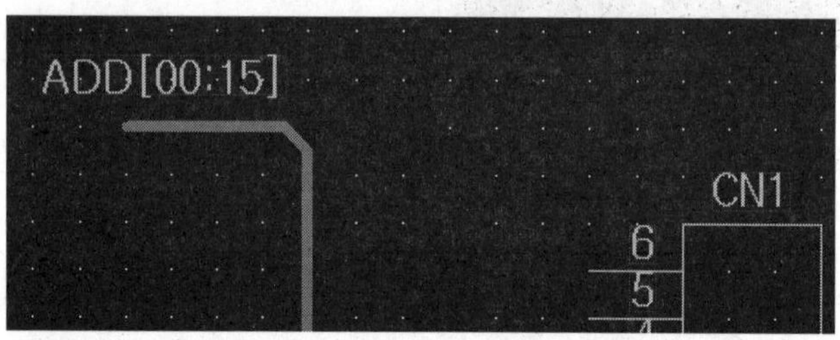

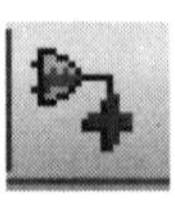

Add Connection 아이콘을 선택한 후 ADD00의 위치에서 핀 먼저 클릭 후 버스 라인을 클릭한다.

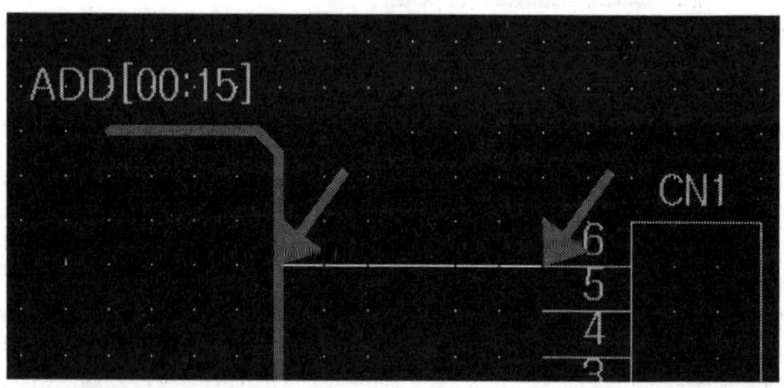

새로운 창이 뜨면 Net Name 확인 후 OK

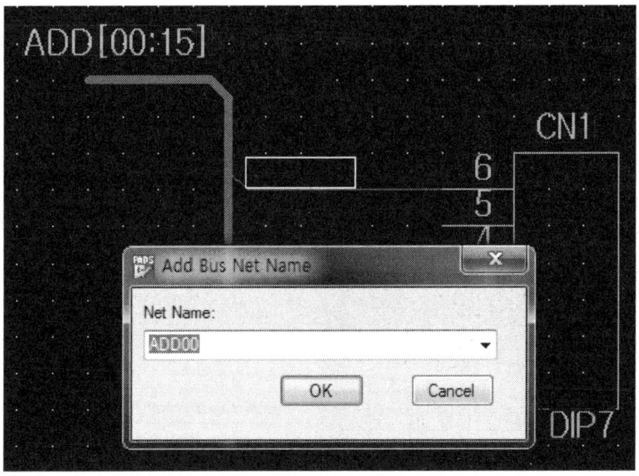

Connection의 왼쪽 꺾인 선은 Bus를 인식하면 자동으로 꺾인다.
Net Name이 하얗게 나타난다.

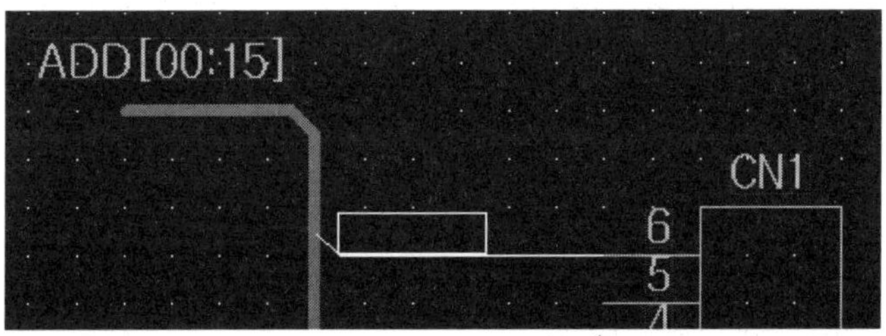

빈 곳을 클릭하거나 ESC를 누르면 Net Name이 나온다.

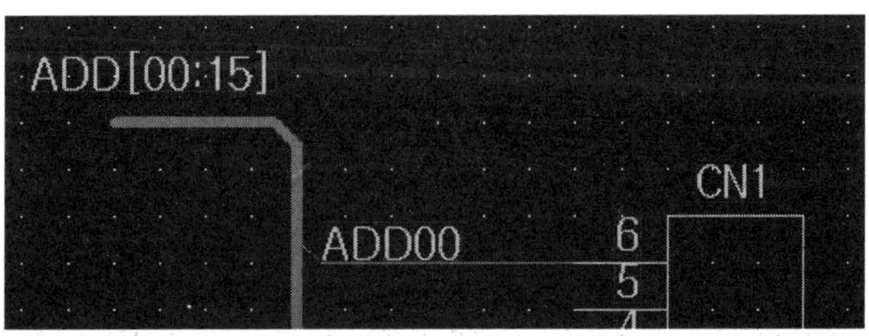

만들어진 ADD00 Net으로 필요한 수만큼 Connection을 Copy한다.

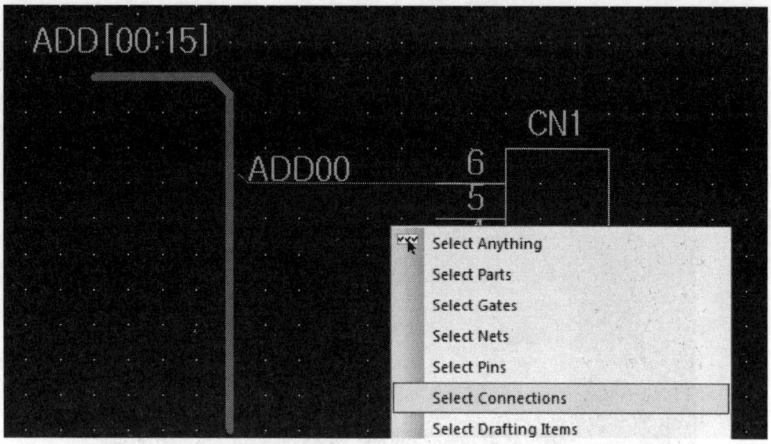

마우스 오른쪽 클릭 후 Select Connection을 선택한다. Copy할 Connection을 Select하고 마우스 오른쪽 버튼을 클릭하여 Copy 기능인 Duplicate를 선택한다.

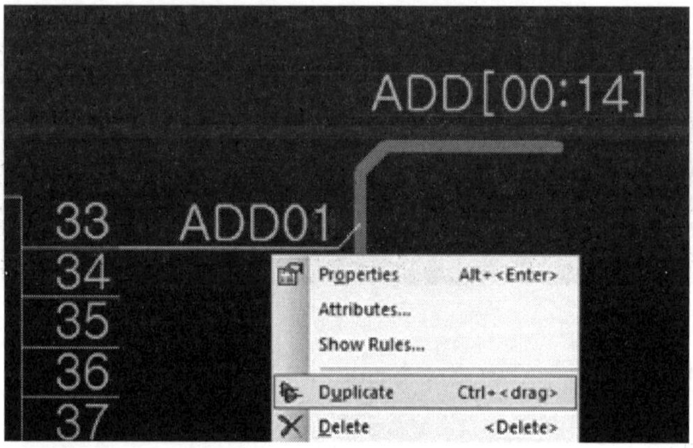

Connection 하나가 커서를 따라 움직이기 시작한다.

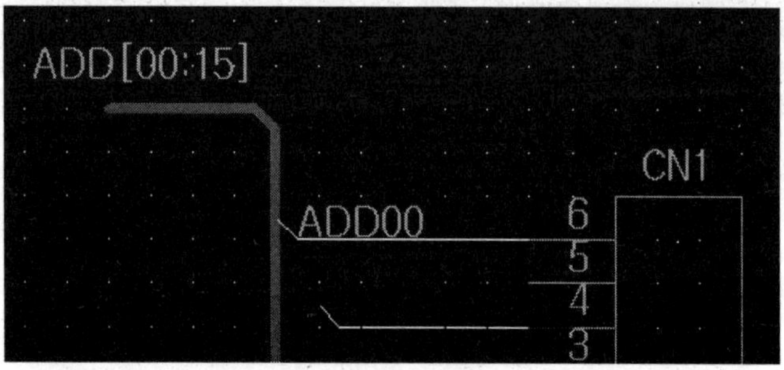

그 상태에서 다시 마우스 오른쪽 클릭 Step and Repeat 선택한다.

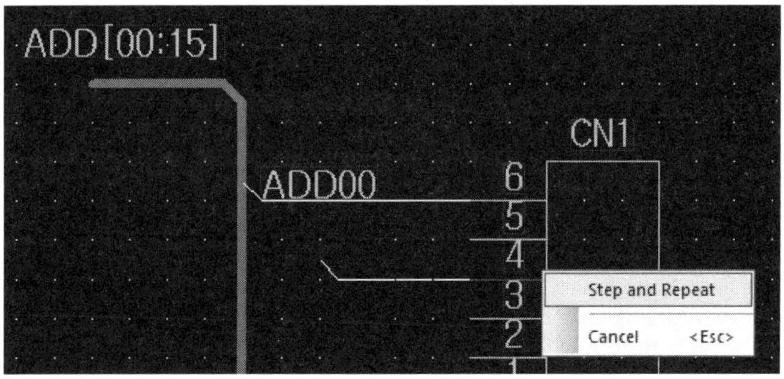

Step and Repeat 창이 뜬다.

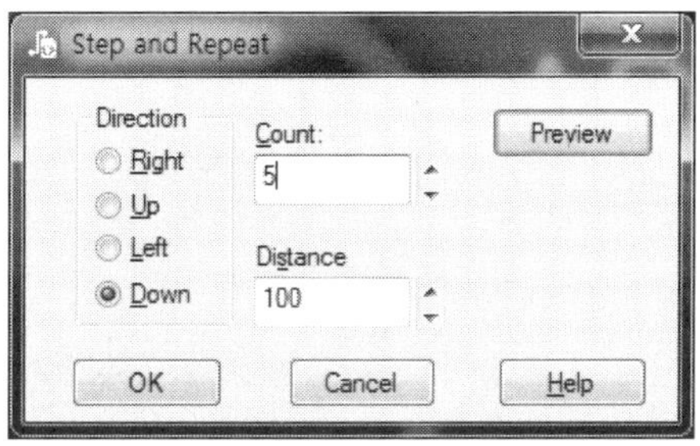

- Direction : Connection이 Copy될 방향이다.
- Count : 필요한 Connection의 수이다.
- Distance : Connection의 거리이다. (핀의 간격이 100이기 때문이다.)

OK 클릭하면 Connection들이 5개가 카피되어 나온다.

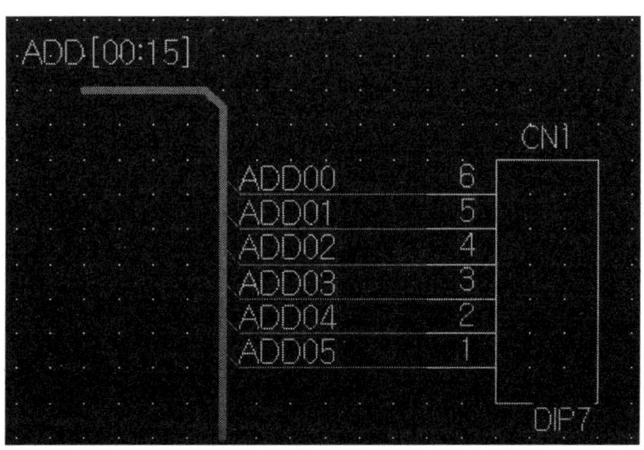

Bus의 길이를 늘리거나 줄여야 할 때는 Add Bus 오른쪽의 두 개의 아이콘을 이용한다.

Bus를 늘릴 때 클릭 후 사용한다.

Bus를 줄일 때 클릭 후 사용한다.

Part 02

PADS Layout 시작하기

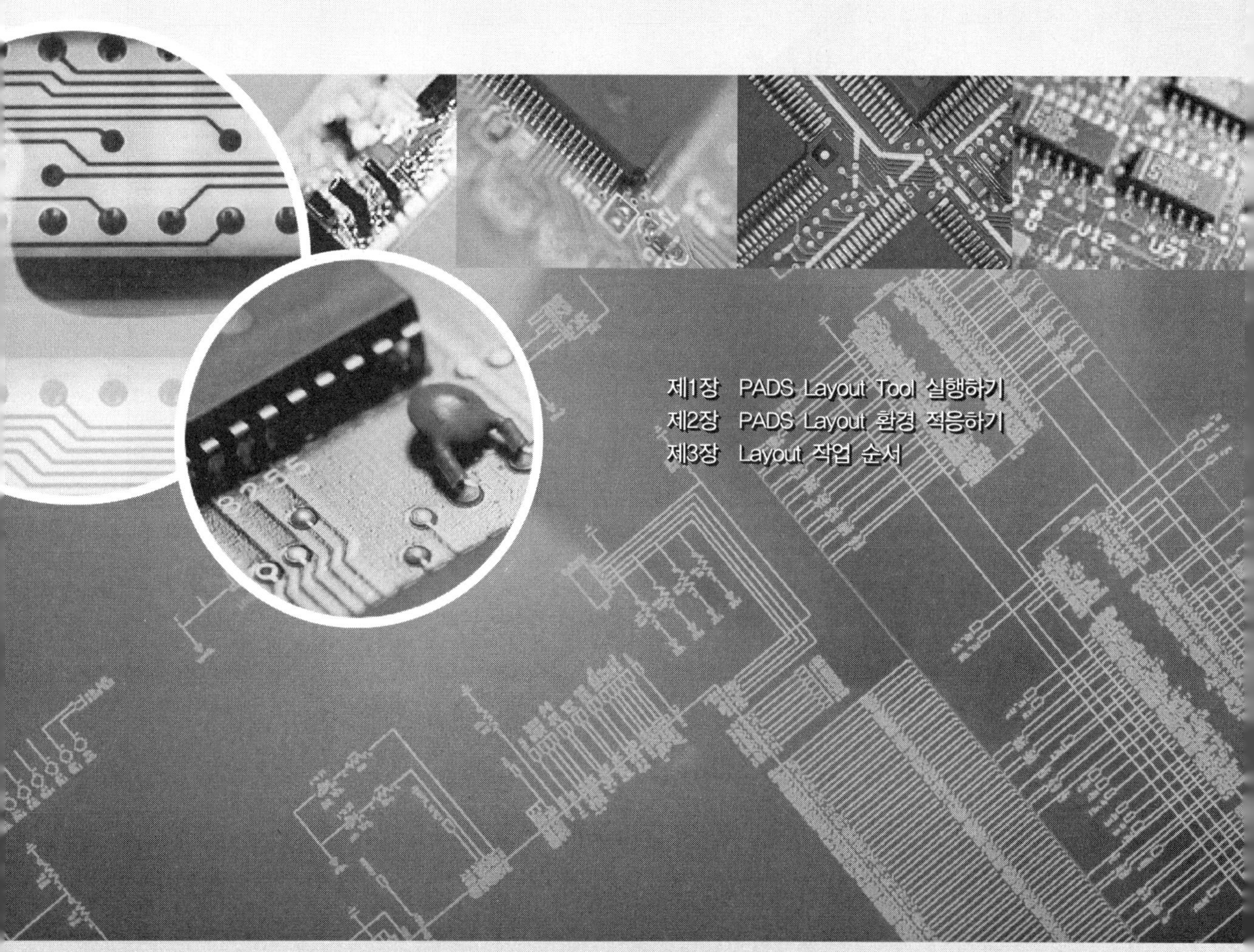

제1장 PADS Layout Tool 실행하기
제2장 PADS Layout 환경 적응하기
제3장 Layout 작업 순서

Layout의 작업 과정을 보면,

1. 회로 설계하기
2. 부품작성 및 등록하기
3. ECO to PCB 하기 (Logic의 부품과 Net을 Layout에 보내기)
4. 환경설정하기 (Design Unit, Layer Definition, Design Rule, Via size, Display Color, Net Color)
5. Board Outline 그리기
6. 배치하기
7. 배선하기
8. 전원분리, 전원 보강하기
9. 에러 체크하기
10. 실크 정리하기
11. Gerber Data 생성하기

이렇게 11개의 과정으로 정리할 수 있다.

각 과정의 작업 순서에 따라 필요한 기능들을 꺼내어 쓸 수 있도록 정리하였다.

특히 부품 작성시에 Datasheet에서 필요한 치수를 쉽게 꺼내어 볼 수 있도록 하였고 배치와 라우팅을 하며 필요한 편리한 기능들 위주로 설명하였다.

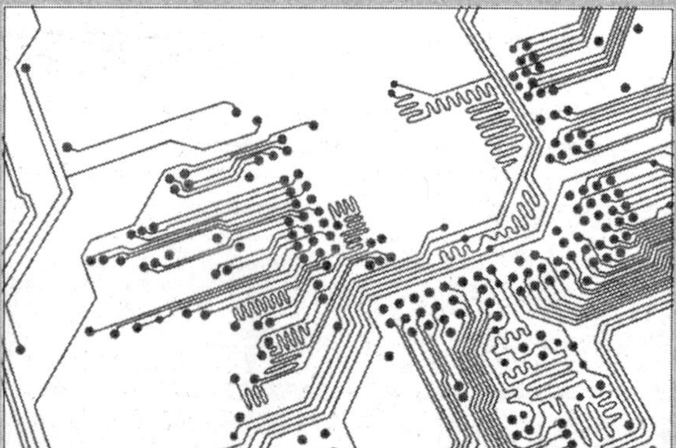

PADS Layout Tool 실행하기

01 CHAPTER

1 PADS Layout은 두 가지 방법으로 실행할 수 있다.

❶ 바탕화면에 아이콘 클릭

❷ 경로 : 윈도우 작업표시줄의 시작버튼 à 모든 프로그램
→ Mentor Graphics SDD → PADS9.5
→ Design Layout & Routing → PADS Layout 실행한다.

아이콘을 클릭하거나 File → New를 선택하면 아래의 창이 뜬다.

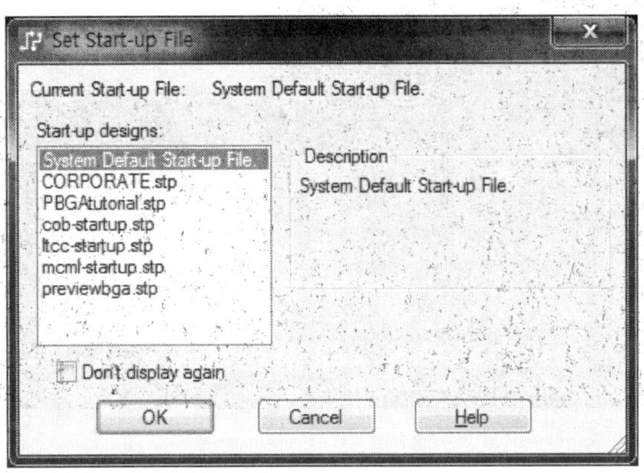

기본적으로 어떤 환경에서 작업할지 선택하는 것인데 보통은 System Default Start-up File을 선택한다.

추후에 환경설정을 한 상태에서 File → Set Start-up File을 하고 저장하면 다음 작업 시작할 때 내가 설정했던 이름을 선택하여 환경설정 값을 편하게 불러올 수 있다.

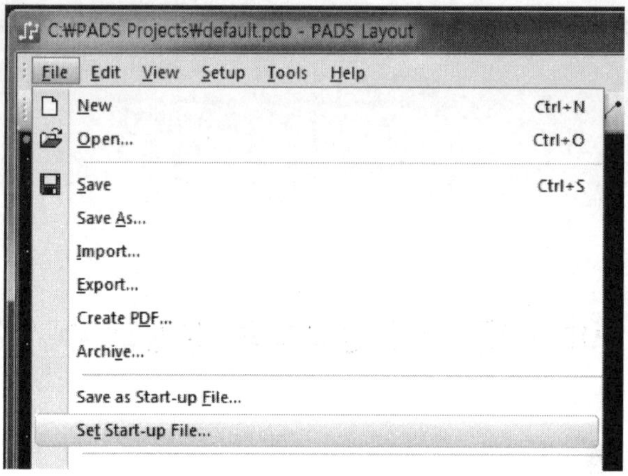

Start-up File을 선택하여 OK 하면 Layout의 새로운 창이 뜬다.

이 상태에서 키보드를 쳐보면 Modeless Command가 나온다.

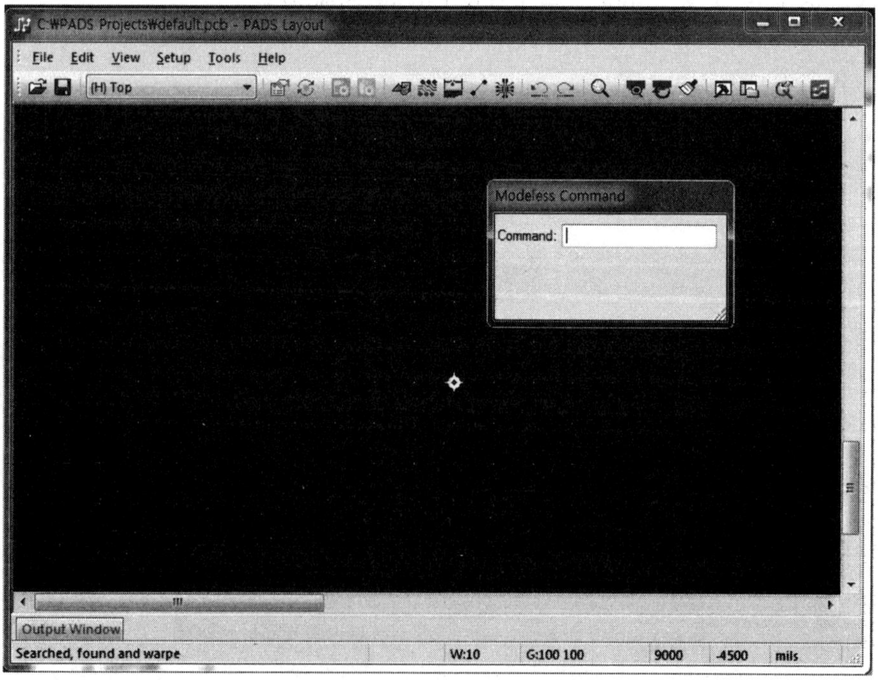

CHAPTER 02

PADS Layout 환경 적응하기

1 화면 확대, 축소, 이동

확대	· 마우스 휠을 누른 상태에서 위로 드래그 · Page Up · Ctrl + 마우스 휠 up
축소	· 마우스 휠을 누른 상태에서 아래로 드래그 · Page Down · Ctrl + 마우스 휠 down
이동	· 마우스 휠 클릭 · Shift + 휠 up & down
시트 전체보기	· Home Key

2 Modeless Command

: 원하는 명령어를 화면상에서 키보드를 눌러 바로 실행

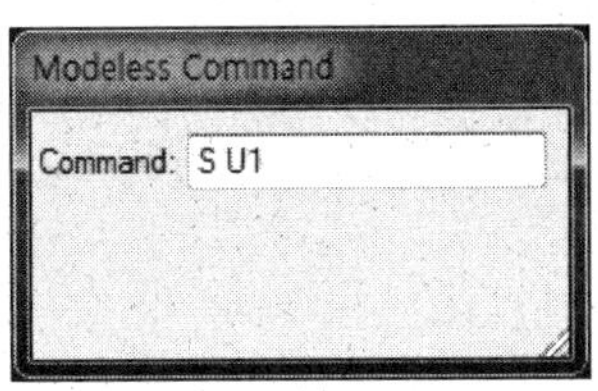

Ex) S U1이라고 입력하면 Layout의 Reference중 U1을 찾는다.

더 많은 Modeless Command들은 뒤의 내용에서 필요한 것들로 정리하였다.

3 마우스 오른쪽 : Select Mode

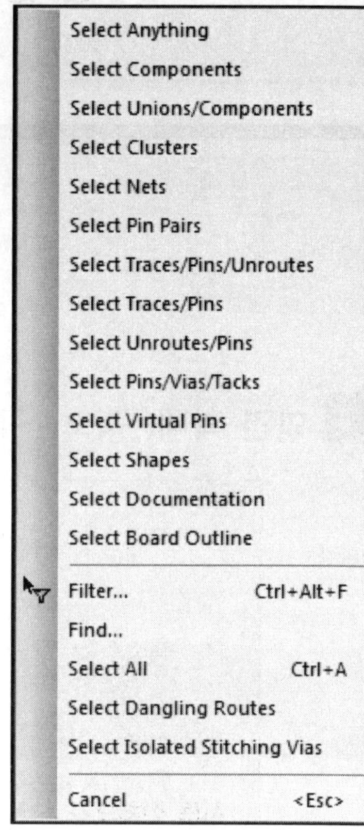

- Select Anything - Board Outline을 제외한 모든 것을 선택한다.
- Select Components - 부품을 선택한다.
- Select Unions/Components - Union된 부품을 선택한다.
- Select Nets - Net 선택 (Function Key = F6)
- Select Shapes - Board Outline을 제외한 라인의 전체를 선택한다.
- Select Documentation - Board Outline을 제외한 라인의 한 면만 선택한다.
- Select Board Outline - Board Outline만 선택
- Filter - 각 항목에 해대 복수 선택 가능하다.
- Find - 원하는 것을 찾아서 select 할 수 있다.

4 마우스 오른쪽 : Filter (Selection Filter)

Object, Layer를 선택해서 원하는 항목을 체크해서 사용한다.
Selection Filter에 체크된 것들만 Layout에서 선택된다.

5 마우스오른쪽 : Find

Find by의 칸을 눌러 원하는 항목을 찾아 Select 한다.

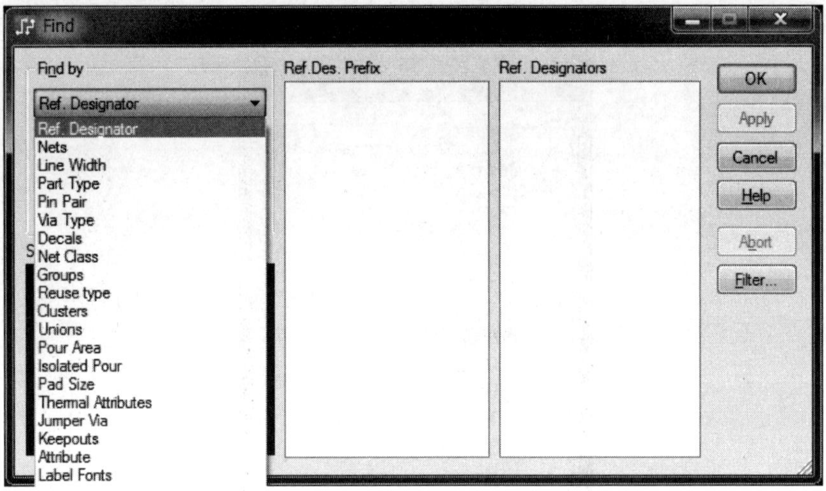

Find by에서 찾고자 하는 항목을 선택하고 Referance를 선택하면 보드의 어느 부분에 있는지 Selected items에서 미리보기 하여 보여주고 실제 Layout에서는 C1이 Select 된다.

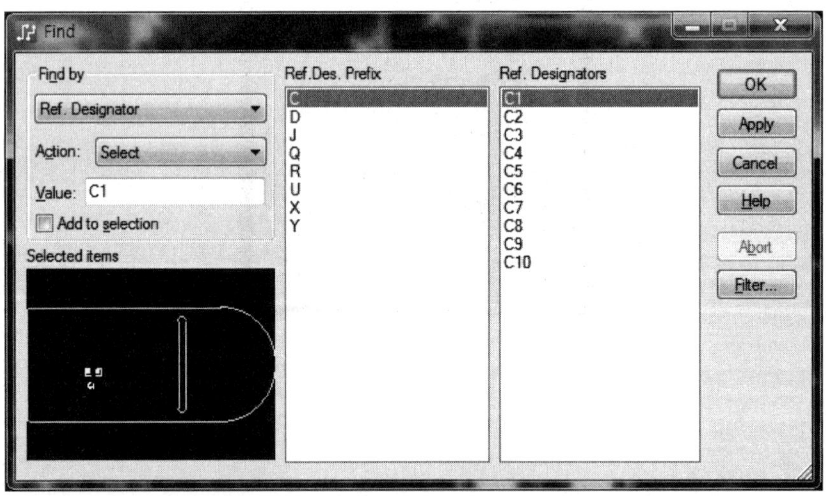

6 파일 열기, 내보내기 (Open, Import, Export)

- File → Open : 동일하거나 낮은 버전의 PADS Layout에서 작업한 파일을 불러온다.
- File → Import : 아래의 형식을 불러올 수 있다.
  - 높은 버전의 Layout File을 다운시킨 .asc를 불러온다.
  - DXF File(기구도)을 불러온다.

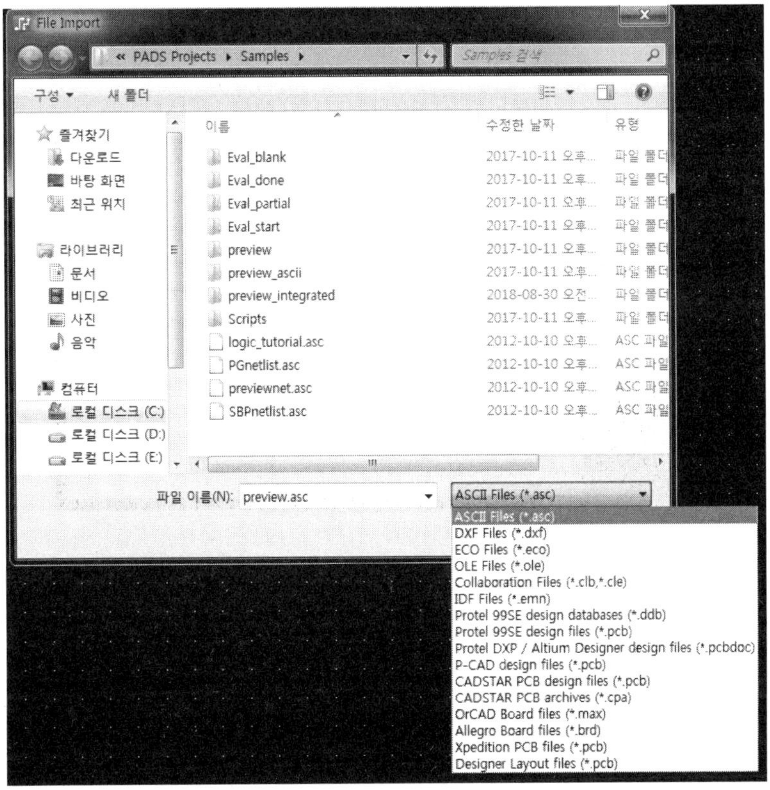

• File → Export : 아래의 형식으로 저장할 수 있다. 낮은 버전으로 다운시키면 .asc 파일로 저장한다. 3D file을 emn, emp file로 저장한다.

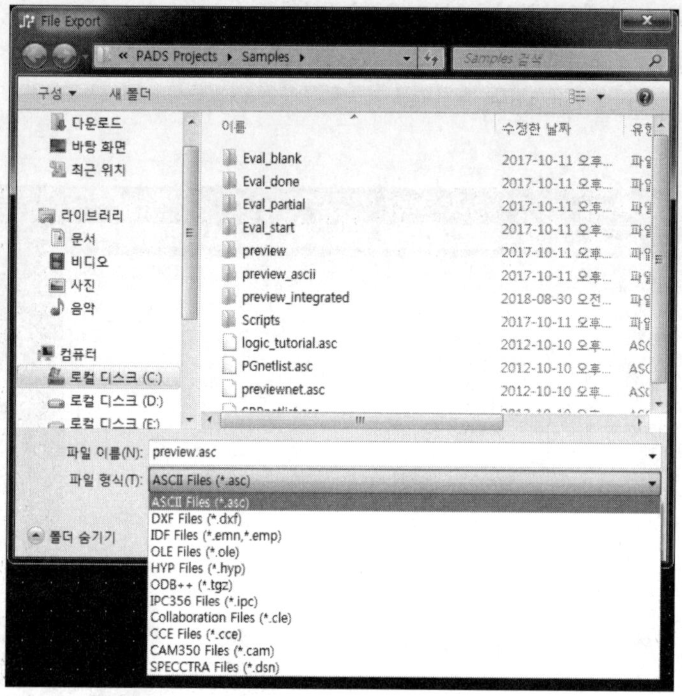

Layout 작업 순서

CHAPTER 03

작업 순서를 기억하고 흐름에 따라 작성한다.

1. PCB Decal 관리 및 작성하기

1.1 Logic에서 만든 Library 폴더를 Library Manager에 등록하기

1.2 PCB Decal (PCB에 실장 되는 부품) 작성 및 등록하기

① Design Unit

② Pad Stack

③ Pin Pitch, Row Pitch

④ Silk

1.3 규격화되지 않은 핀 그리기 (Associate)

2. Layout에 부품 띄우기

Logic의 Part와 Net을 Layout에 ECO to PCB 하기

3. 환경설정 하기

3.1 Unit, Minimum Display (Tools Design Unit 설정하기)

3.2 Via 만들기(Setup → Pad Stacks)

3.3 Design Rule 설정하기 (Setup → Design Rule)

3.4 Layer 설정하기 (Setup → Layer Definition)

3.5 Display Color 설정하기 (Setup → Display Color)

3.6 Net Color 설정하기 (View → Net)

4. Board Outline 그리기

4.1 Board Outline and Cut Out

4.2 Board Outline 수정하기 (Select Board Outline)

4.3 DXF file 불러오기

5. 배치하기

5.1 Logic과 Layout 연동하기

5.2 부품 펼치기 : Tools → Disperse Component

5.3 Select Mode (Component)

5.4 Grid - G, GD

5.5 Move - Ctrl + E, Rotate - Ctrl + R, Flip Side - Ctrl + F

5.6 Glued

5.7 Union

5.8 Snap to Object

5.9 Keepout : 금지영역설정

6. 배선하기

6.1 Select Mode (Anything)

6.2 Grid 설정하기

6.3 Option, Layer Pair 설정하기

6.4 라우팅 시작 : Function Key F2 사용

6.5 Via 뚫기 : Function Key F4 사용

6.6 Function Key F5, F6

6.7 End Via Mode (Ctrl + 클릭)

6.8 배선 폭 조정하기 : W

6.9 Stretch

6.10 Customize 하기

6.11 Z 기능

6.12 Active layer comes to front

6.13 Error Check → Clearance

7. Copper 작업하기 (전원분리, 전원보강)

7.1 Copper 그리기

7.2 Copper Pour 그리기

7.3 Plane Area (전원분리) 그리기

7.4 Thermals Option 설정하기

7.5 GND 보강 Via 뚫기

7.6 Error Check → Connectivity

8. Silk 정리하기(Reference 정리하기)

8.1 Display Colors Setup

8.2 Filter..

8.3 Text 삽입

8.4 회사 Logo 삽입

9. Error Check 하기

9.1 Clearance

9.2 Connectivity

10. Gerber Data 출력하기

10.1 4층 기준 Gerber Data 만들기

10.2 CAM File Import, Export 하기

11. ECO Toolbar 사용하기

1 PCB Decal 관리 및 작성하기

1.1 Logic에서 만든 Library 폴더를 Library Manager에 등록하기(Library 폴더 관리)

Logic에서 만든 Library 폴더를 Layout Library Manager에 등록한다.
(Logic에서 Library 부품리스트에 폴더를 등록했다 하더라도 Layout의 Library Manager에 등록되어있지 않으면 Logic의 Part에 링크된 PCB Decal을 사용할 수 없다.)
(All Libraries)를 클릭하여 이미 내 Library 폴더가 등록되어 있다면 이 과정은 넘어가도 된다.

File → Library
Manage Lib. List… 클릭 → Add 클릭한다.

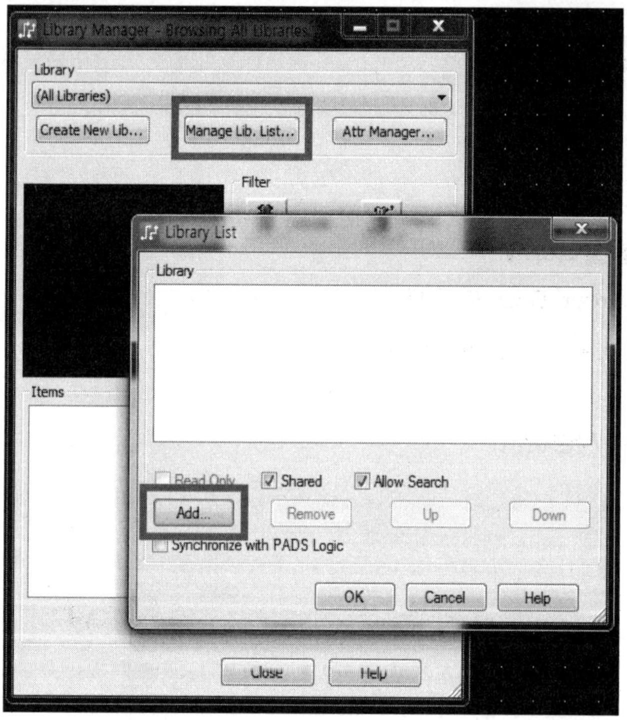

Logic에서 만든 폴더를 검색하여 리스트에 추가한다.
C/MentorGraphics/PADSVX.2/SDD_HOME/Libraries/의 경로에 들어간다.
pcbartwork.pt9 파일을 선택하여 열기한다.

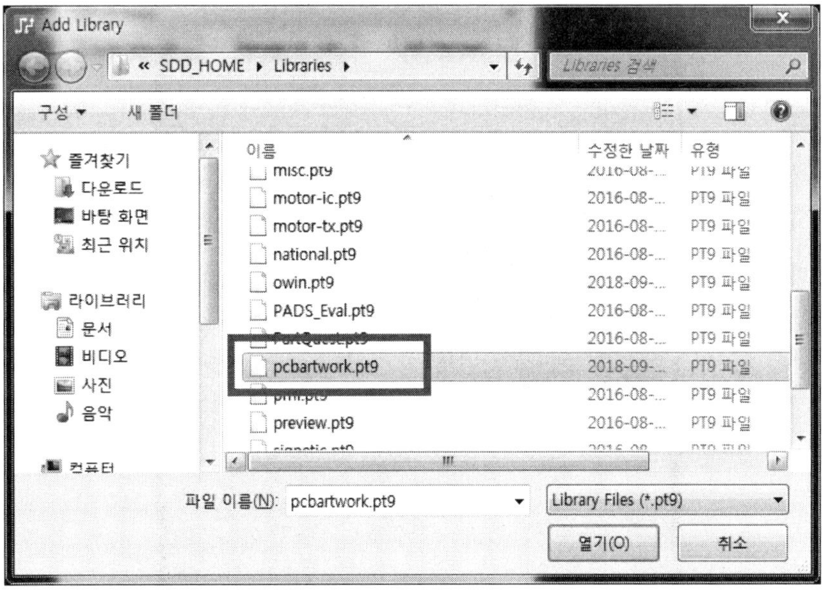

OK 클릭한다.

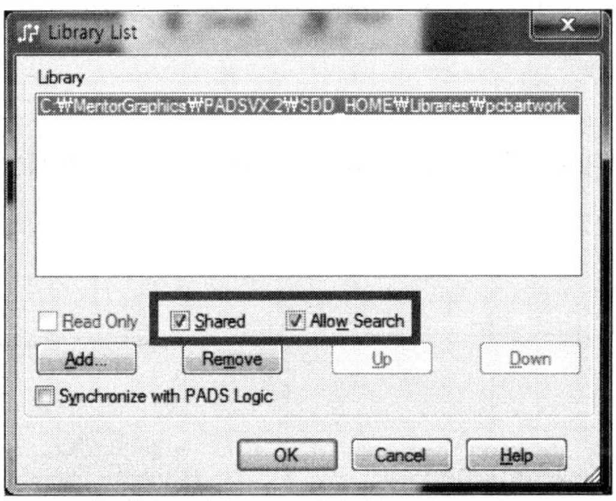

Logic과 Layout의 부품들이 연동되게 하기 위해서 Shared, Allow Search에 체크한다. All Libraries를 클릭하면 추가한 Library 폴더가 들어있는 것을 볼 수 있다.

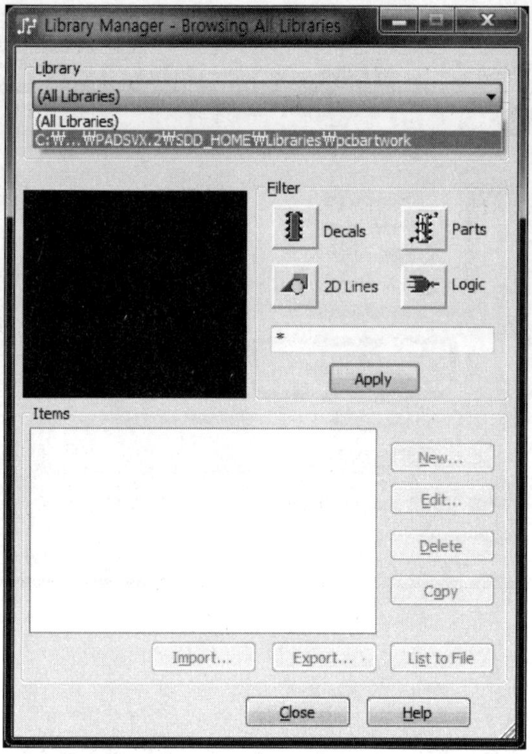

1.2 PCB Decal(PCB에 실장 되는 부품) 작성 및 등록하기

패키지 타입은 크게 SMD와 DIP Type 두 가지로 나눌 수 있다.

DIP Type

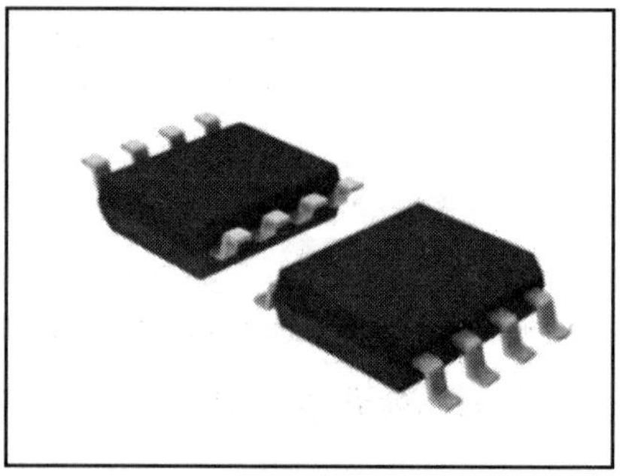

SMD Type

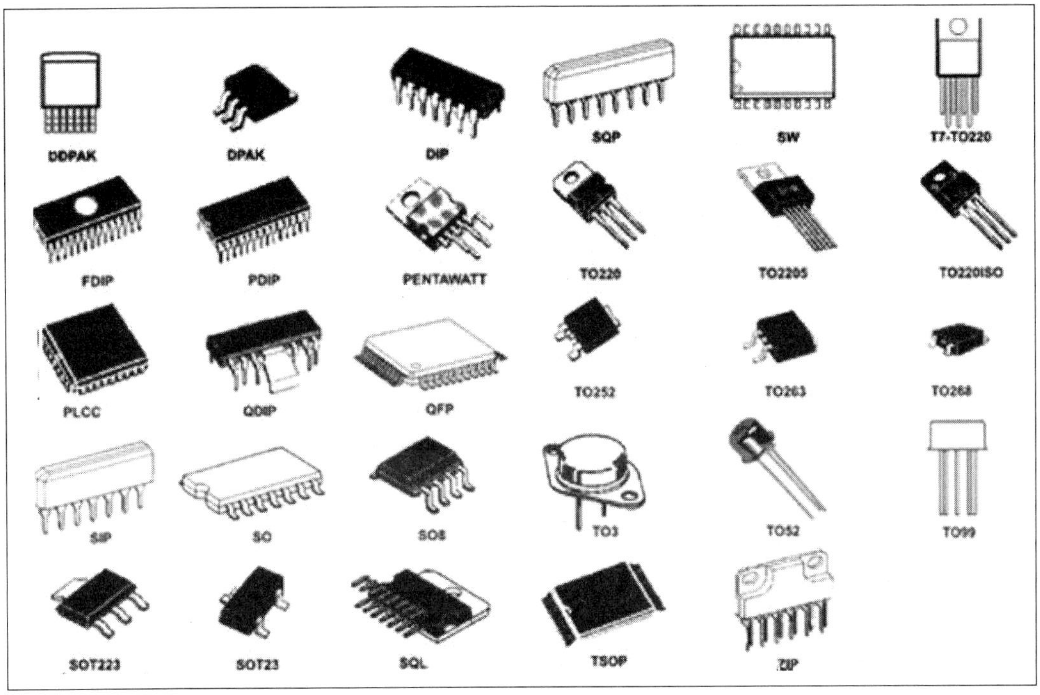

패키지 타입

PCB Decal 작성이란?

회로에 있는 Part를 실제 PCB에 실장 될 부품 형상으로 Layout에서 그리는 작업이다.
PCB Decal을 작성하기 위해서는 Datasheet를 준비한다.
모든 Datasheet에는 3개 방향의 그림과 치수를 보여준다.

- DIP Type

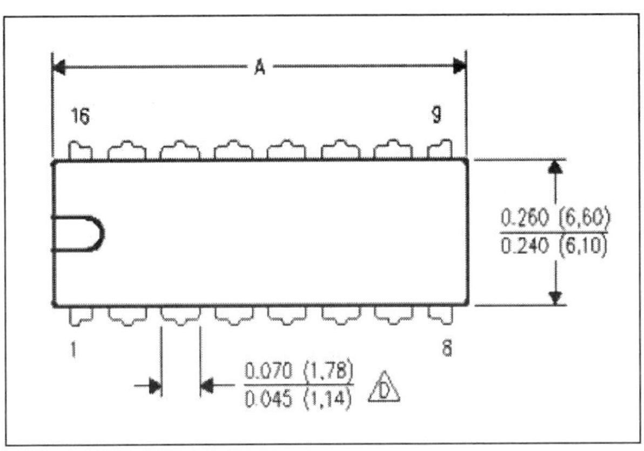

위에서 내려 본 그림

Body line을 그리기 위해 A 치수를 확인한다.

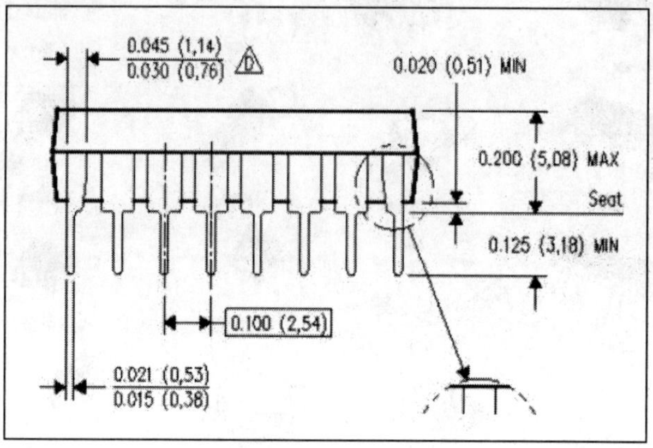

측면에서 본 그림

핀의 두께와 핀의 간격의 치수를 확인한다.
핀이 Body를 기준으로 아래로 내려가 있다.

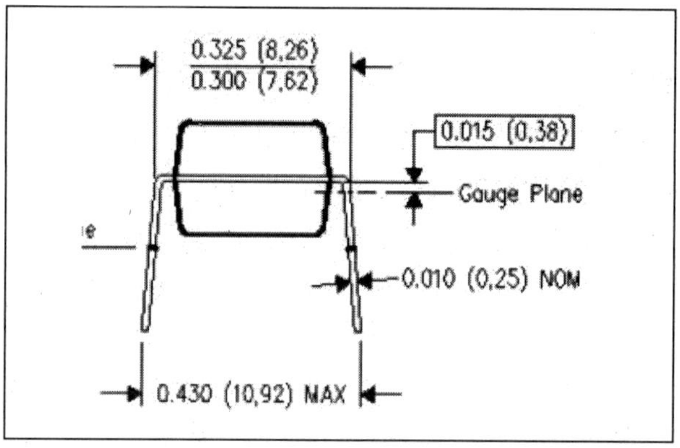

측면에서 180도 돌려서 본 그림

핀의 열 간격의 치수를 확인한다.

SMD Type

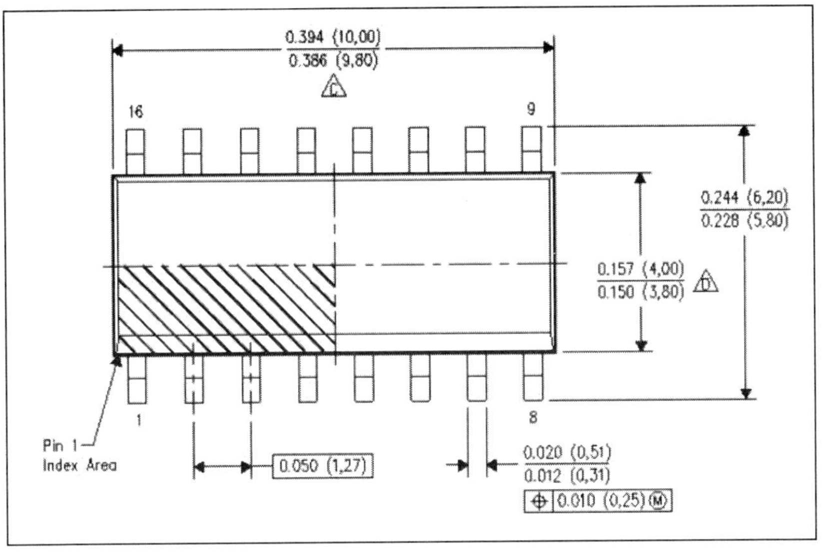

위에서 내려 본 그림

Body line을 그리기 위해 Body 폭의 치수를 확인한다.
핀의 간격과 열 간격을 확인한다.
핀의 폭 치수를 확인한다.

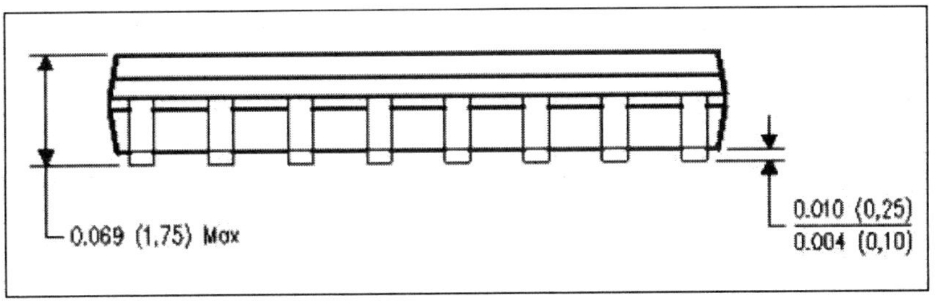

측면에서 본 그림

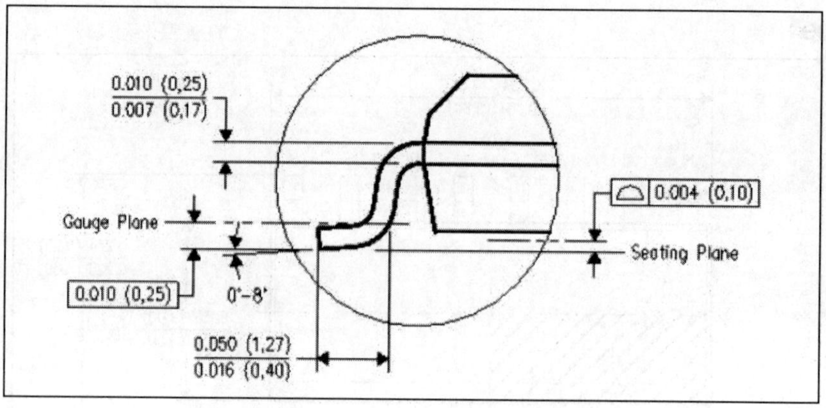

측면에서 180도 돌려서 본 그림

핀의 길이의 치수를 확인한다.

아래의 Datasheet를 보면 All linear dimensions are in inches(milimeters)라고 표기되어 있다. 이처럼 일반적으로 Datasheet의 단위는 inch(mm)로 되어 있다.
PCB Artwork은 보통 Mils 단위 또는 MM단위로 많이 설계하는데 Inch와 MM단위만 나와 있으므로 Mils 단위로 설계하고자 할 때는 Inch를 Mils로 변환해야 한다.
1inch = 1000mil이다.
Datasheet를 보면 0.100처럼 소수점 셋째자리까지 표현을 해주는데 0.을 뺀 나머지 숫자를 보고 mil로 생각하며 그리면 쉽다. 예를 들면 0.100inch는 0.을 뺀 나머지 숫자 100mil로 0.020inch는 0.을 뺀 나머지 숫자 20mil로 생각하면 쉽다.

이제 PCB Decal을 작성하기 위하여 Datasheet의 치수 중 필요한 4가지를 찾아낸다.

① Design Unit (단위지정)
보통 Dip Type은 Mils로, SMD Type은 MM로 설계한다.

② Pad Stack (핀 사이즈)
- Add Terminal을 이용하여 핀 하나를 추가한 뒤 핀의 Size에 맞게 수정한다.
- DIP : DRILL SIZE(중간 값) + 20Mil
- SMD : Width(핀의 폭) = 동일하거나 마진을 조금만 준다.
  Length(핀의 길이) = 길이(중간 값)의 2배 준다.

☞ 위의 설명대로 하여도 틀린 것은 아니나 마진율은 보드 사이즈나 제조에 따라 달라지므로 환경에 맞춰 그리면 된다.

☞ Datasheet에 간혹 PCB Layout 이나 Land pattern recommandation 또는 Foot print라고 쓰여 있으면 마진을 따로 주지 않고 그대로 그리면 된다.

③ Pin Pitch, Row Pitch (핀의 간격과 핀 열의 간격)

- 핀의 간격과 핀들의 열 간격에 맞춰 배열한다.

④ Silkscreen (부품 body)

- 부품 외곽에 맞춰 2D Line을 그린다.
- SMD Type인 경우 Origin을 부품의 센터로 옮긴다.

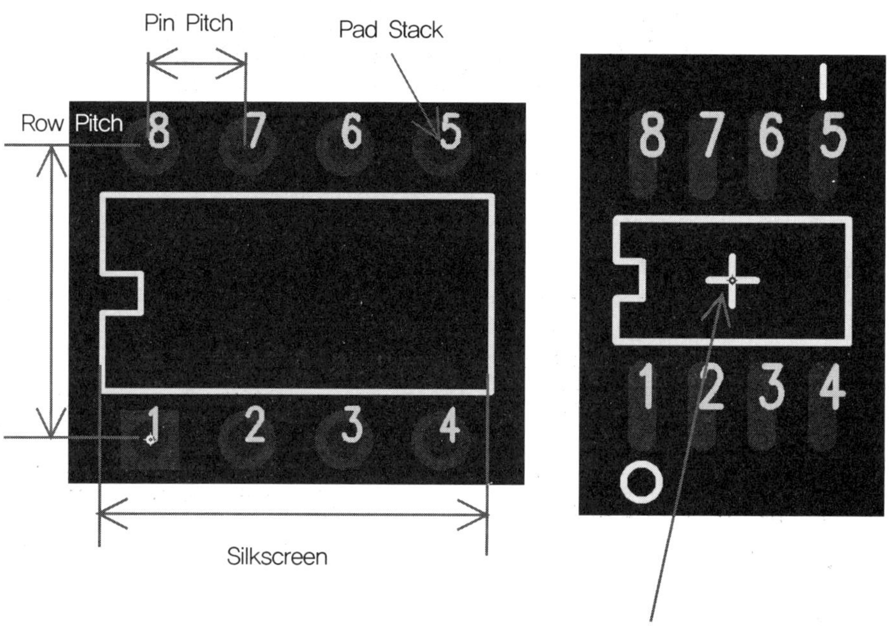

Tools → PCB Decal Editor에 들어가 PCB Decal 작성하기

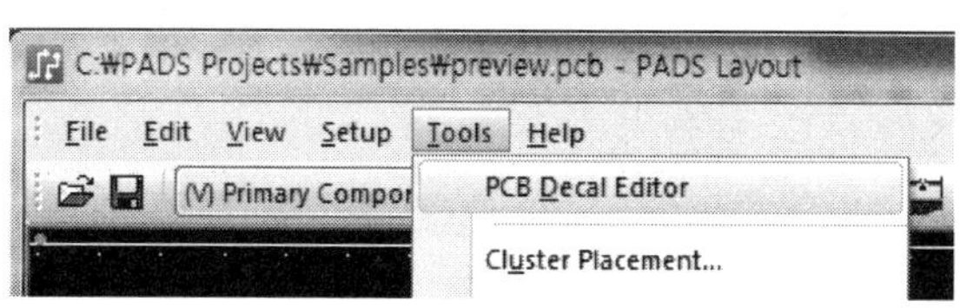

PCB Decal을 작성할 새로운 창이 뜬다.

Drafting Toolbar를 클릭한다.

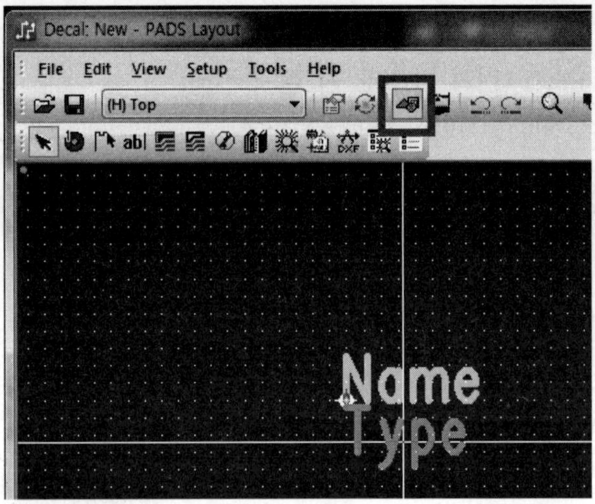

Datasheet를 보고 필요한 4가지를 찾아 부품작성을 한다.

• DIP Type Decal 만들기

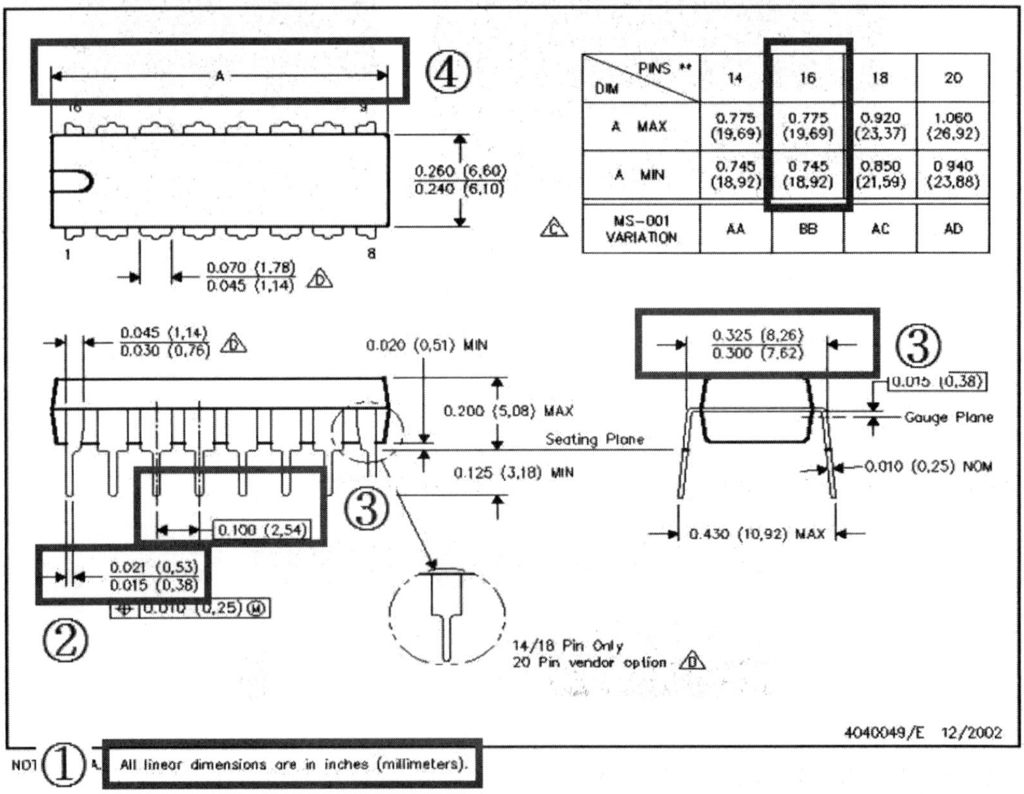

① Design Unit (단위지정)

Mils

② Pad Stack (핀 사이즈)

Drill : (max21/min15의 중간 값)18mil + α (20mil) = 38mil

Diameter : Drill + Drill size의 70% = 70mil

③ Pin Pitch, Row Pitch (핀의 간격과 핀 열의 간격)

100mil, 300mil

④ Silkscreen (부품 body)

760mil

이제 Datasheet에서 4개의 정보를 다 찾았다면 그리기 시작한다.

(1) Design Unit (부품의 단위 지정)

모든 데이터시트의 단위는 Inch 또는 Millimeters로 표현한다.

Datasheet의 All Linear dimensions are shown in inches (Millimeters) 참고한다.

- PCB Layout 설계 시 Inch 단위는 잘 사용하지 않으므로 Inch로 된 치수를 Mils로 변환하여 그림을 그린다.
- DIP Type은 통상적으로 mils단위로 그린다.

1inch = 1000mil 0.100inch = 100mil

데이터시트에서 단위는 inch이지만 표기를 소수점 3째 자리까지 보여준다.

앞에 0.을 빼고 읽으면 Mils 단위로 설계하기 쉽다.

단위변경은 Modeless Command "UM" 또는

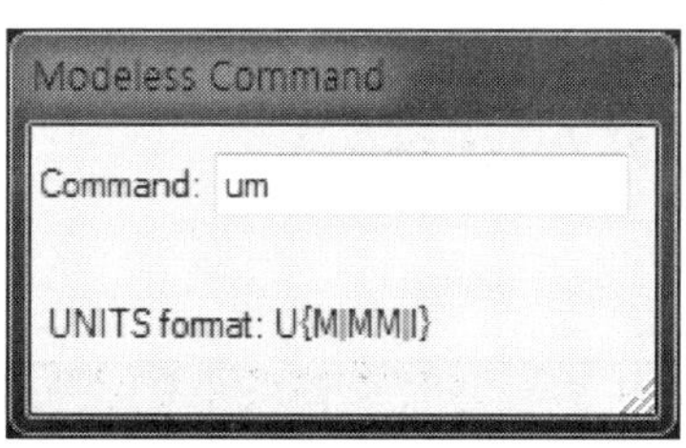

Tools → Options에 들어간다.

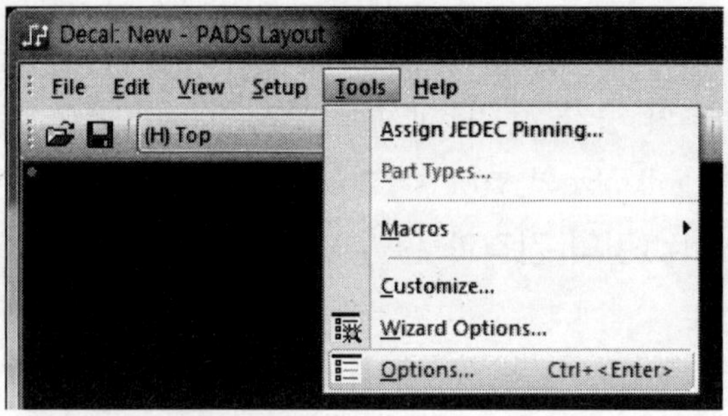

오른쪽 아래 Design Units에서 Mils을 선택한다.

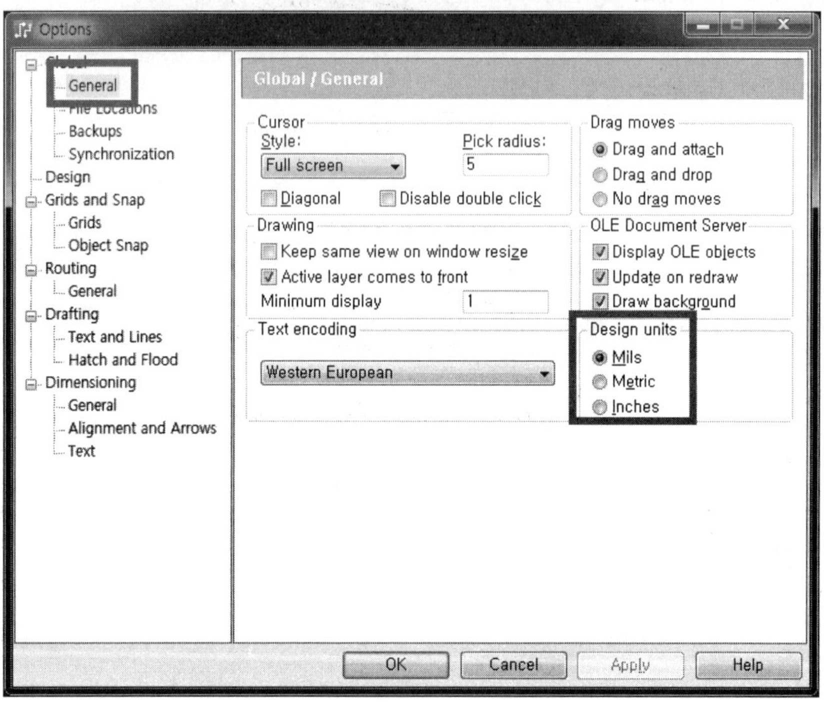

(2) Pin 추가하기, Pin 수정하기 (PAD Stack)

Drafting Toolbar를 선택한다.

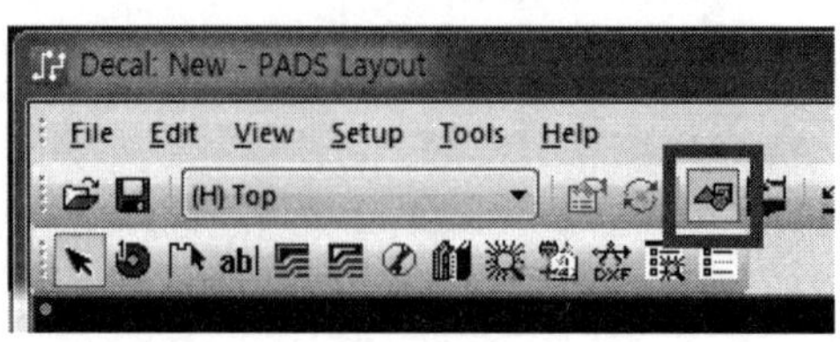

Terminal 아이콘을 선택한다.

Add Terminals 창이 뜬다.
Suffix 칸에 시작할 핀 번호 입력한 뒤 OK 한다.

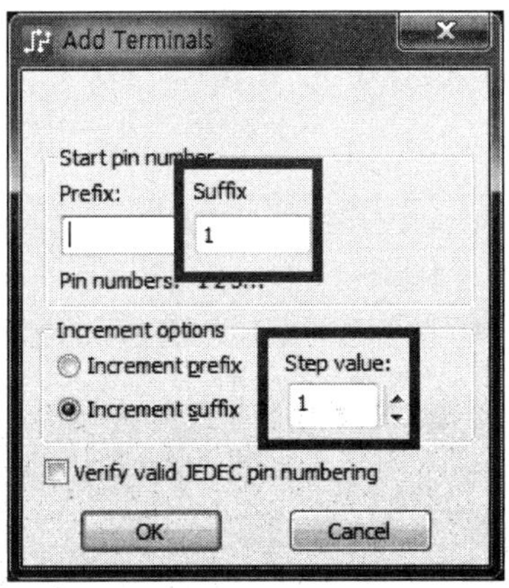

Suffix
추가될 핀 번호이다.

Step value
증가될 핀 번호이다.

OK 한 뒤 Termianl 아이콘이 선택 된 상태에서 Modeless Command의 Search 기능을 이용하여 "S 0 0"을 입력하여 엔터한다.
좌표라고 해서 ","를 입력하지 않는다.

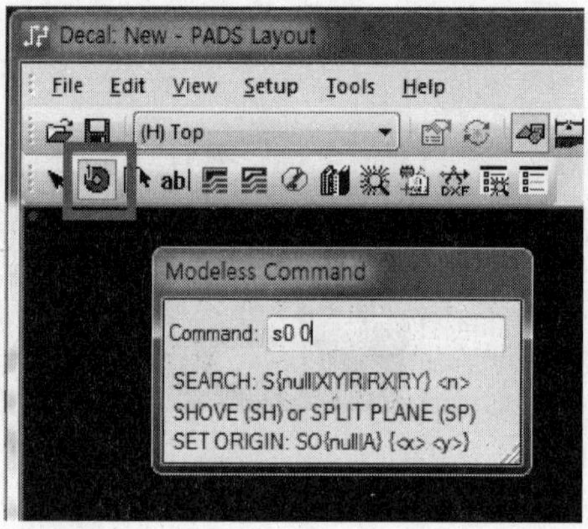

- Origin (0, 0)에 커서가 이동하면 Space Bar를 누른다.
- Space Bar와 마우스 클릭은 동일한 기능이다.
- 마우스로 클릭하면서 좌표가 틀어질 수 있기 때문에 Space Bar로 클릭한다.

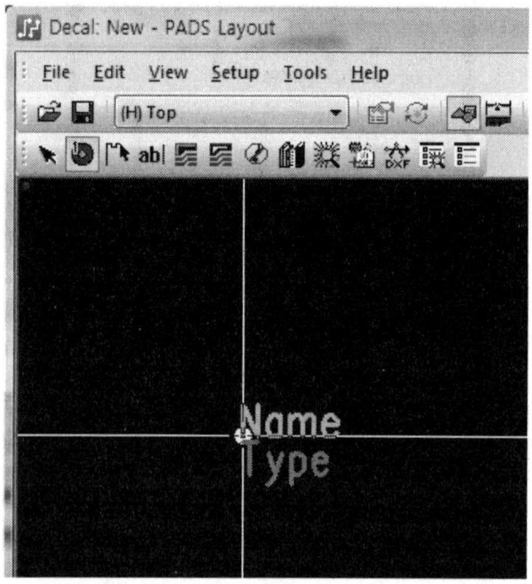

(0, 0)Origin에 Terminal(Pin) 하나가 추가되었다.

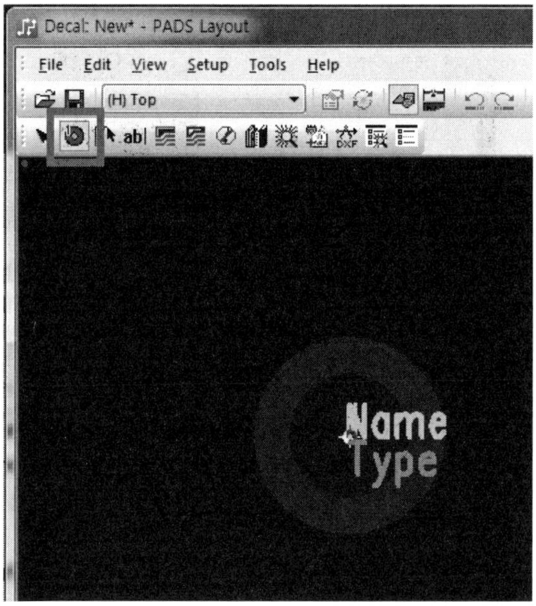

Terminal 아이콘이 선택되어 있으면 계속 핀이 추가되므로 핀을 하나 갖다 놓았다면 Select 아이콘을 선택한다. (ESC 누른다)

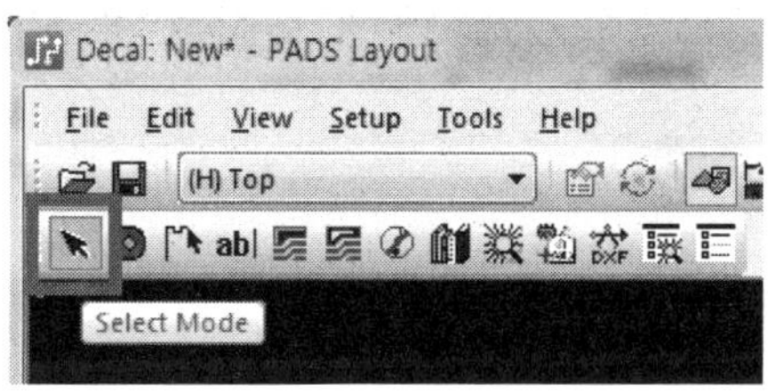

마우스 오른쪽을 눌러 Terminal이 선택될 수 있도록 Select Mode를 바꾼다.

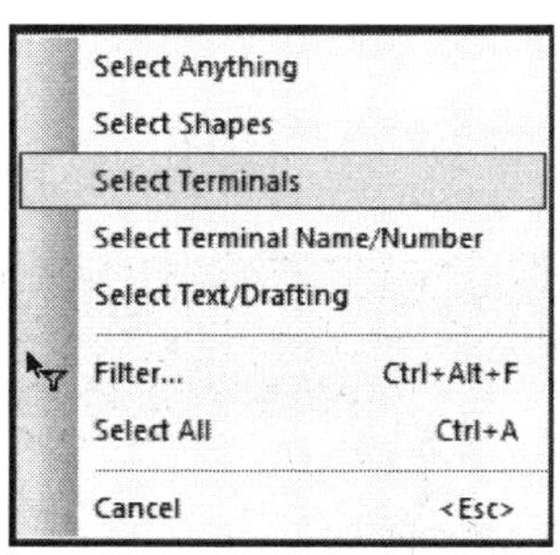

!! 핀이 Origin으로 가지 않았다면 터미널을 선택해 놓은 상태에서 Setup → Set Origin 한다.

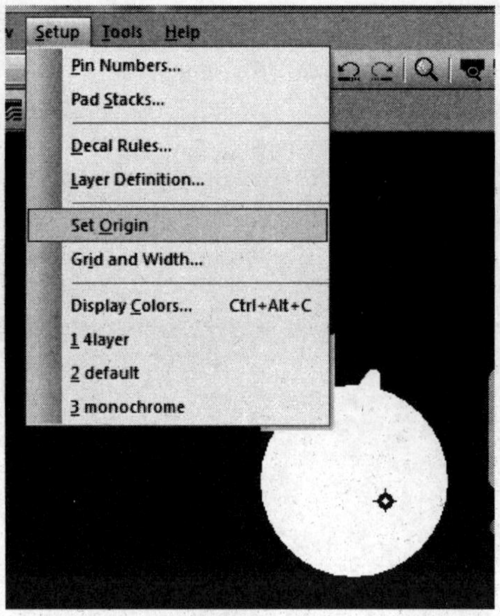

OK 한다.

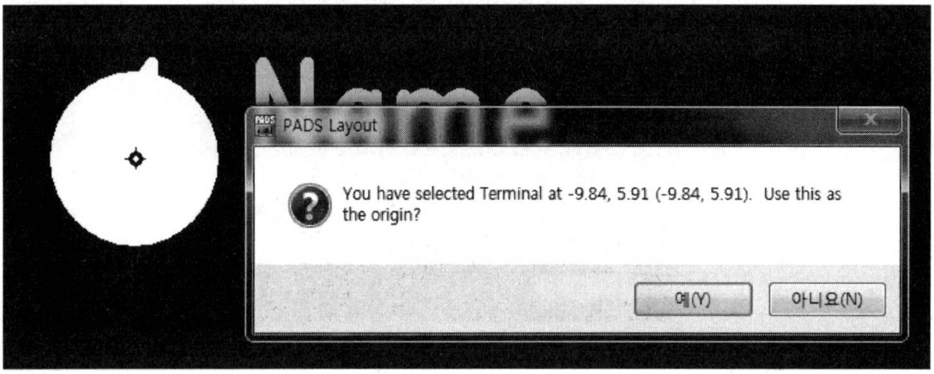

추가된 핀 수정하기

핀 선택 후 마우스 오른쪽 Pad Stacks을 클릭한다.

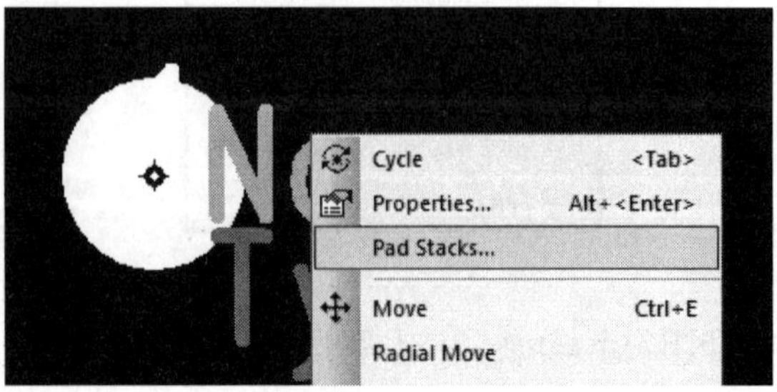

Datasheet에서 찾아보면 핀 사이즈가 Max : 22mils, Min : 14mils이다.

- Drill Size(HOLE) : Max와 Min의 중간 값(18mils) + 20mils
- Diameter(PAD) : Drill Size(38mils) + 26mils (납이 묻을 자리)

Diameter는 무조건 정해져 있는 값이 없고 대략 Drill Size의 70~80% 정도로 하는데 핀 간격을 고려하여 값을 넣는다.
보통 DIP IC들은 Drill Size가 35~40이고 핀 간격이 100이므로 Diameter는 60~70mils 정도로 한다.

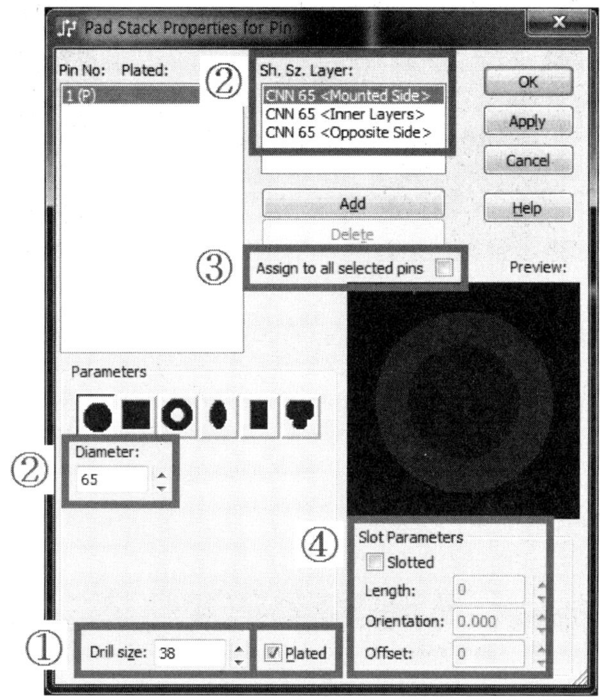

① Drill size : 38
(납이 있어야 하는 hole은 Plated에 체크한다. 납이 없고 구멍만 있어야 하면 Plated 체크를 끈다.)

② Diameter : 65
(Mounted Side, Inner Layer, Opposite Side 동일하게 한다.)

③ Assign to all selected pins : 여러 핀을 한 번에 잡고 동일한 size로 변경할 때 체크한다.

④ Slot Parameters : 장공을 뚫어야 할 때 Slotted에 체크하여 Length와 Orientation의 값을 넣는다.

(3) Pin Pitch, Row Pitch를 이용하여 핀 배열하기 (핀의 간격과 핀 열의 간격)

1번 Terminal을 선택 후 마우스오른쪽 눌러 Step and Repeat 한다. (Pin Copy하여 배열하는 기능)

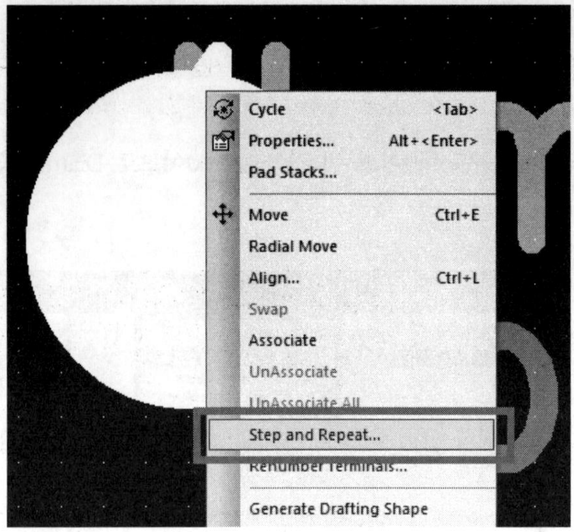

오른쪽으로 7개의 핀이 필요하고 핀 간격이 100mil이기 때문에 아래 그림처럼 입력한다.

- Direction : Copy될 핀의 방향
- Count : Copy될 핀 수
- Distance : 핀 간격

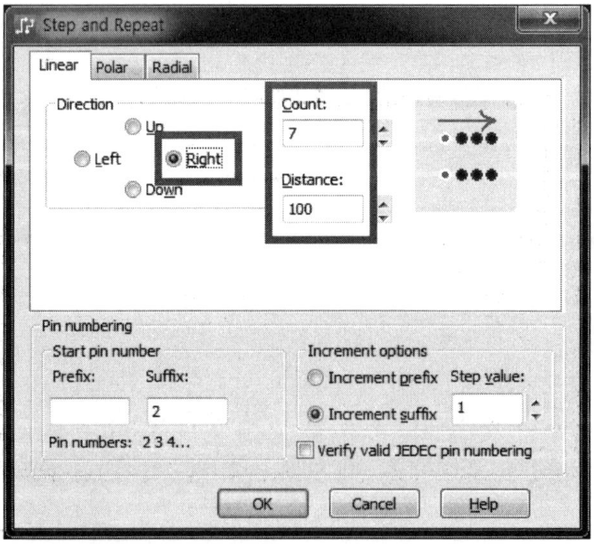

1번 오른쪽으로 핀 7개가 추가되었다.

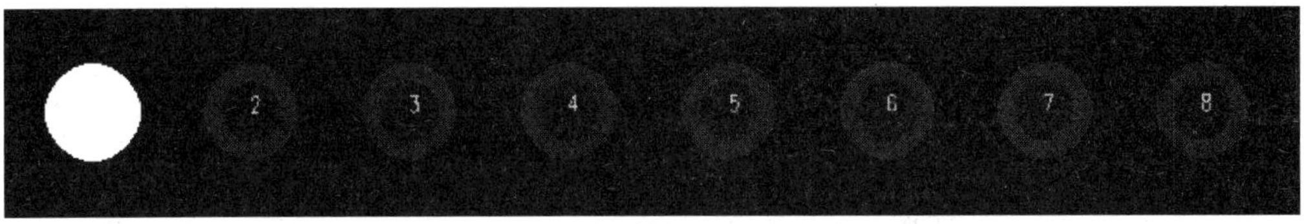

더 필요한 개수만큼 핀을 추가한다.
추가된 핀을 모두 선택하여 다시 Step and Repeat 한다.

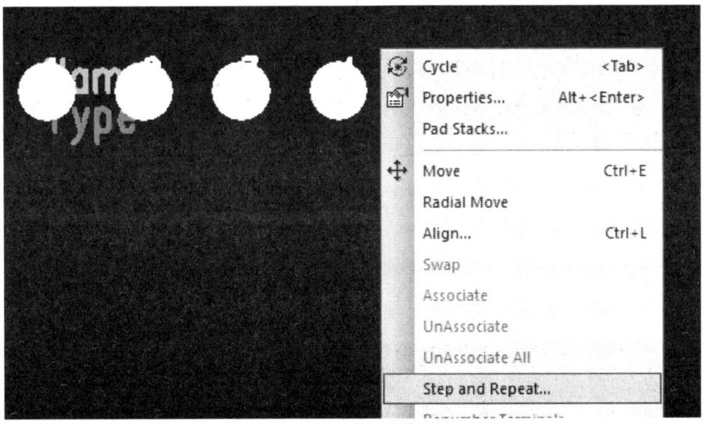

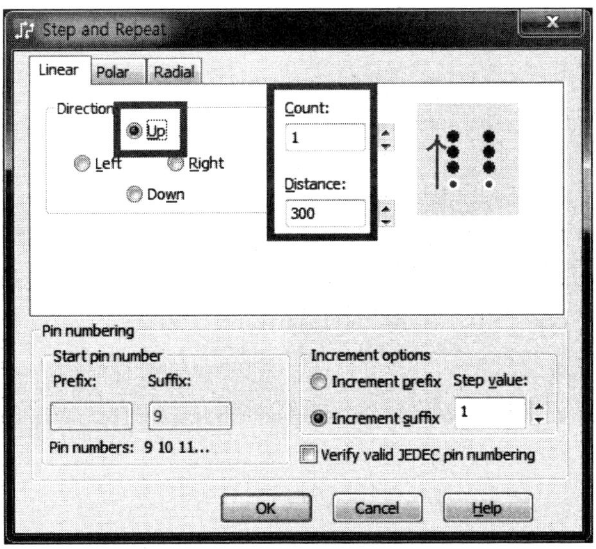

핀 윗줄이 추가된다.

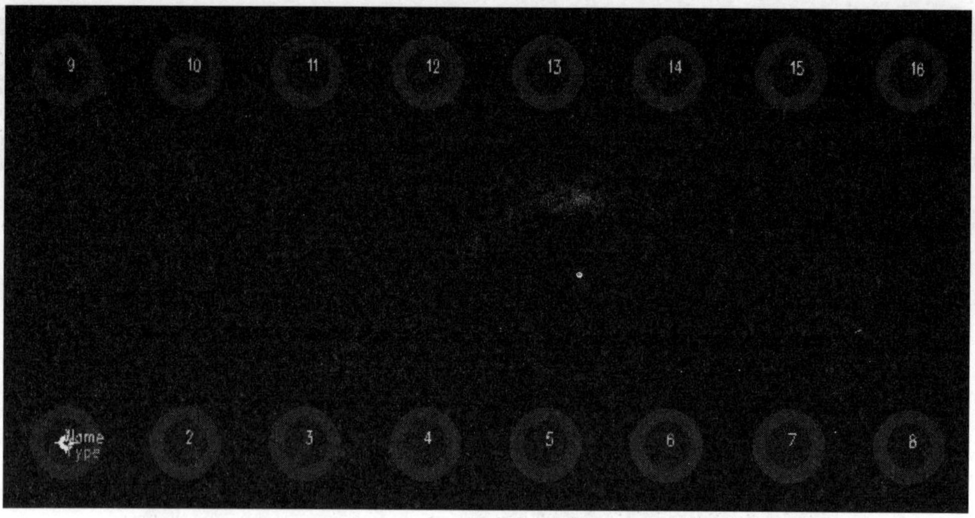

핀을 모두 추가하였다면 핀 번호에 맞춰 배열을 바꾼다.
바꿀 핀을 선택한 후 마우스 오른쪽 Renumber Terminals…을 선택한다.

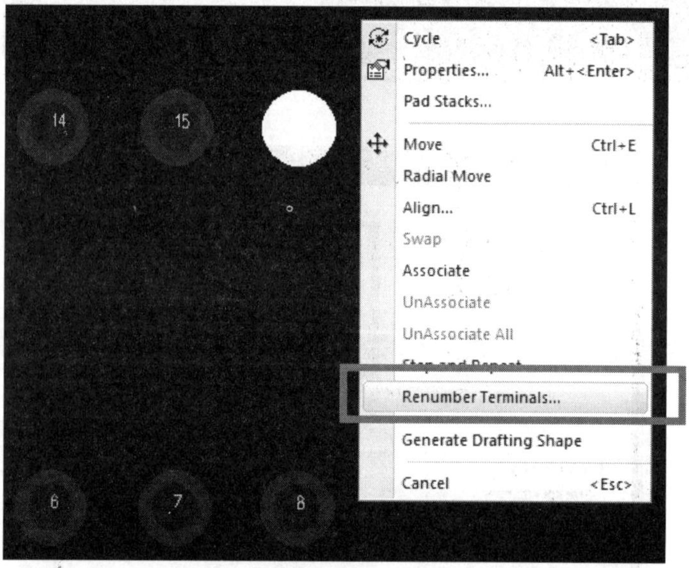

9번부터 시작하면 되므로 Suffix에 9를 입력한다.
Increment suffix에 step value가 1로 되어 있으면 Pin number가 1씩 증가하며 Renumber된다.

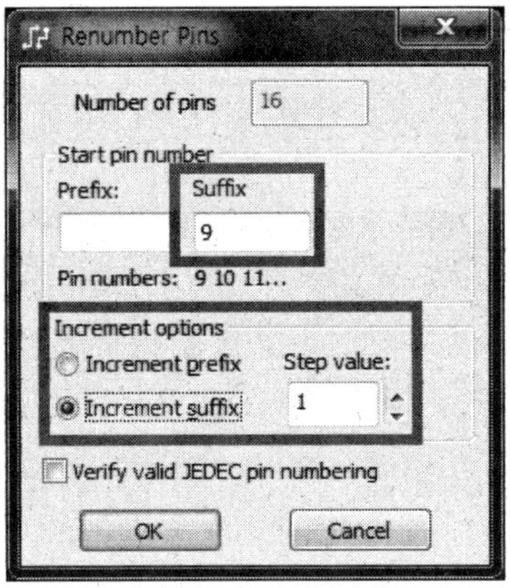

다음 10번 핀이 될 곳에 마우스 클릭하고 마지막에 더블 클릭하여 완료한다.

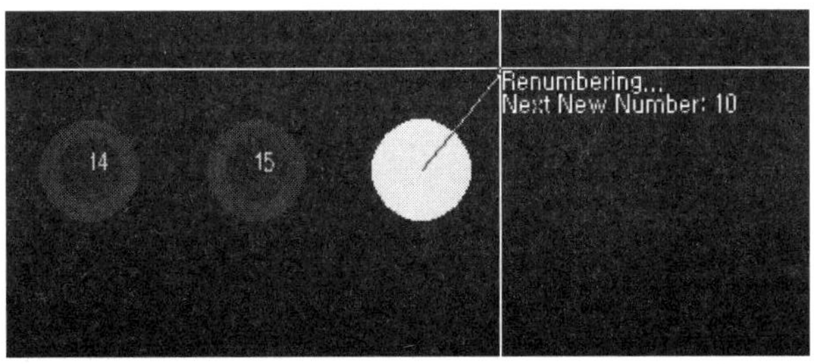

다음 번 핀에 클릭이 잘 안된다면 Grid가 너무 커서 그럴 수도 있으므로 Grid를 10 정도로 줄인다.

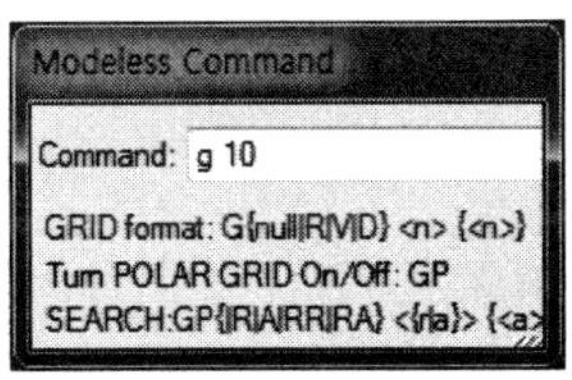

핀 배열이 완성되었다.

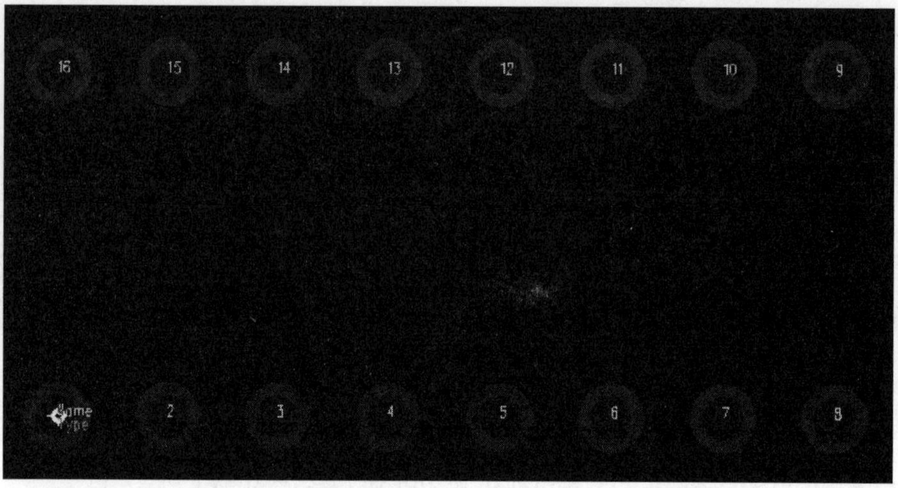

(4) Silkscreen 그리기

2D Line을 선택한다.

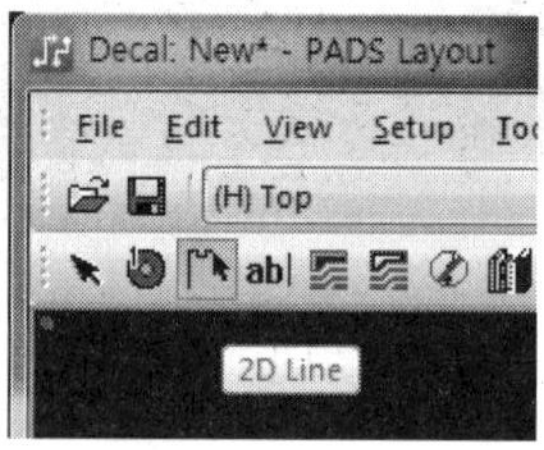

마우스 오른쪽을 눌러 Rectangle을 선택한다.

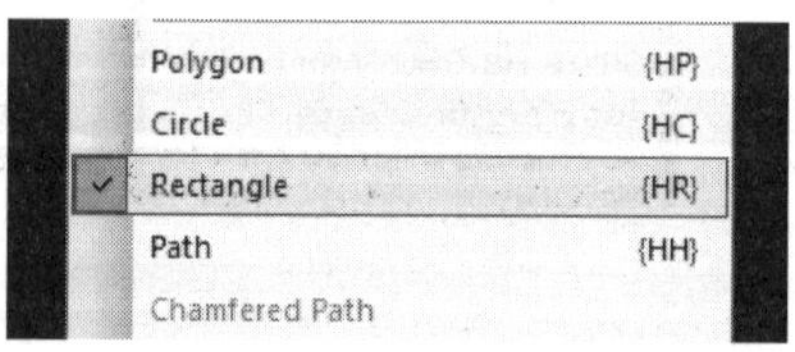

시작점과 끝점에서 한 번씩 클릭하면 그림이 완성된다. (드래그하면 안 그려짐) 치수와 상관없이 대략적으로 그리면 된다.

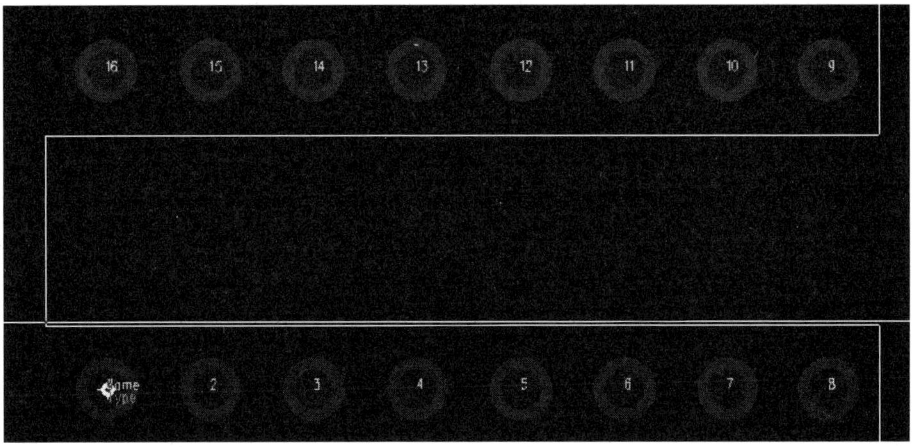

2D Line 아이콘이 선택되어 있으면 Select가 안되므로 Select 아이콘을 선택한다. (ESC 누른다)

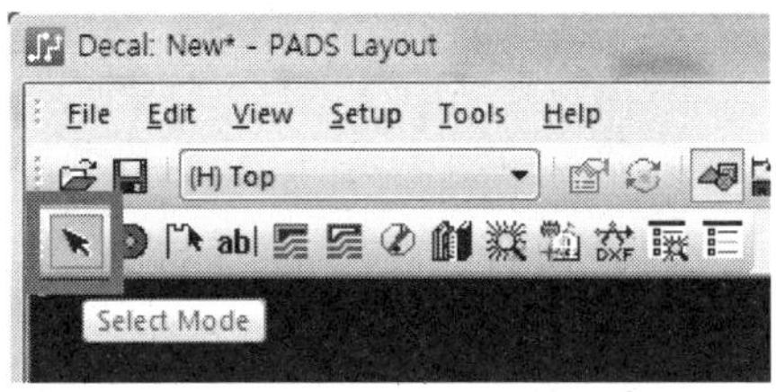

라인의 한쪽 면을 잡기 위해 마우스 오른쪽 Select Mode를 Select Anything 한다. Select Shapes를 하면 라인 전체가 잡혀서 수정이 어렵다.

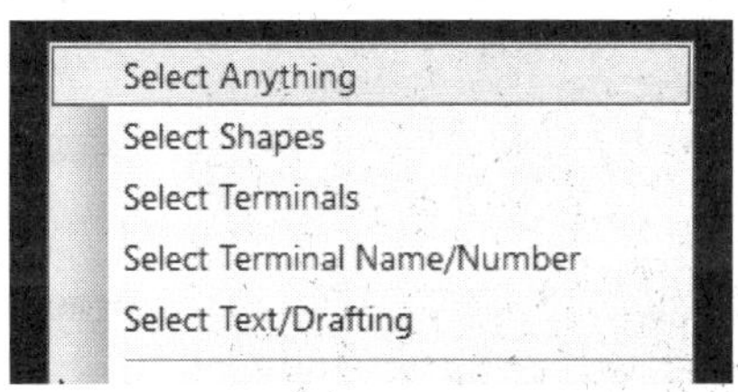

body Line을 Decal의 센터로 맞추기 위해 왼쪽이나 오른쪽 라인 중 한 라인을 잡아서 마우스 오른쪽 properties 창을 열어 좌표를 넣는다. (라인을 더블클릭해도 된다.)
데이터시트의 치수를 보면 body 총 폭이 (A 값) max 775~min 745이므로 중간 값 중 편한 값으로 760 정도로 그린다.

모든 항목에는 좌표가 존재한다. 1번의 센터의 흰 점이 (0, 0)이다.
1번을 기준으로 다른 항목들의 좌표가 정해진다. 8번까지의 x좌표가 700이므로 760−700=60

이고 60을 반으로 나누면 30이므로 왼쪽 라인의 x좌표는 −30, 오른쪽 라인의 x좌표는 730이 된다. 그렇게 했을 때 좌측과 우측의 라인 총 폭이 760이 된다.

왼쪽 라인을 잡고 마우스 오른쪽 Properties를 누르면 x1, x2에 −30을 입력한다.
오른쪽 라인을 잡고 마우스 오른쪽 Properties를 누르면 x1, x2에 730을 입력한다.

- X1, X2의 의미는 라인의 두 끝점의 좌표를 의미한다.
- 라인을 좌우로 움직일 때는 X 좌표를 동일하게 맞추고, 상하로 움직일 때는 Y 좌표를 동일하게 맞춘다.

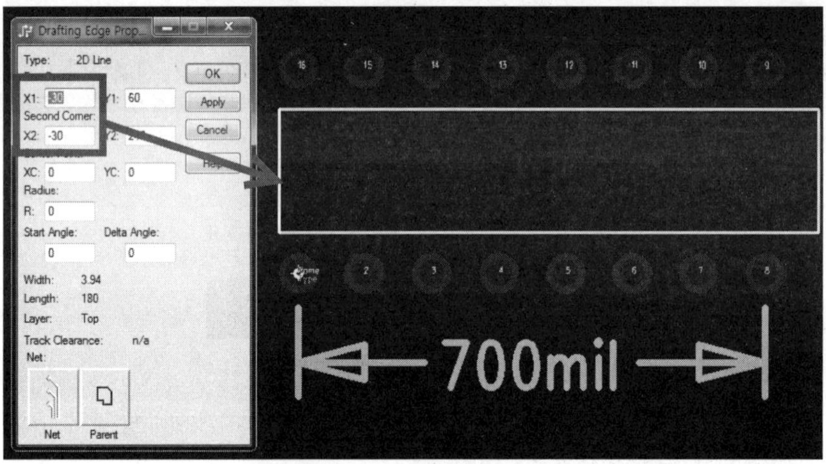

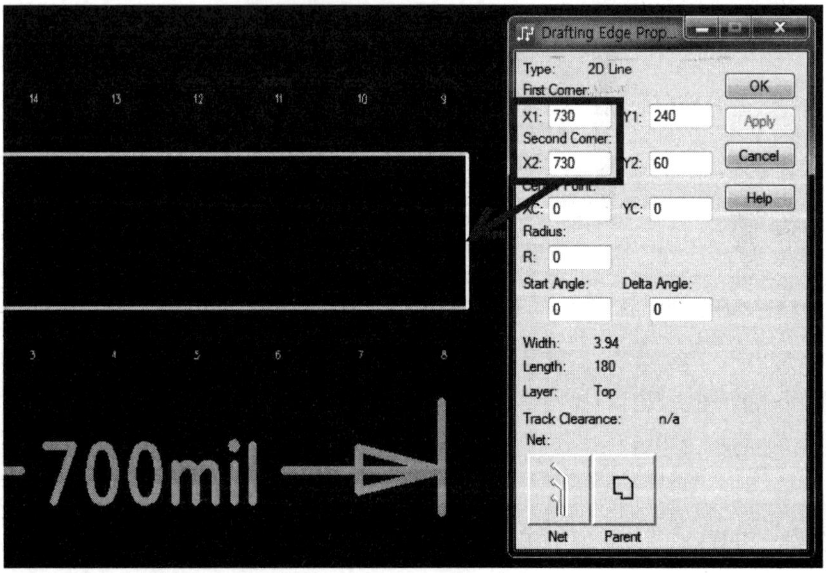

위, 아래 Line은 핀과 겹치지 않게 핀 간격에 맞춰 안쪽으로 그린다.
DIP Type 패키지를 보면 부품의 1번 쪽에 반달 모양으로 홈이 파여 있는 것이 보인다.

DIP Type은 수삽을 하기 때문에 부품의 방향을 잘 표시한다.

- Silk의 1번 쪽에 홈을 판다.
- 1번 핀은 정사각형으로 패드를 바꾼다.

Split을 이용하여 라인을 쪼갠다. 적당한 위치에서 클릭한다.

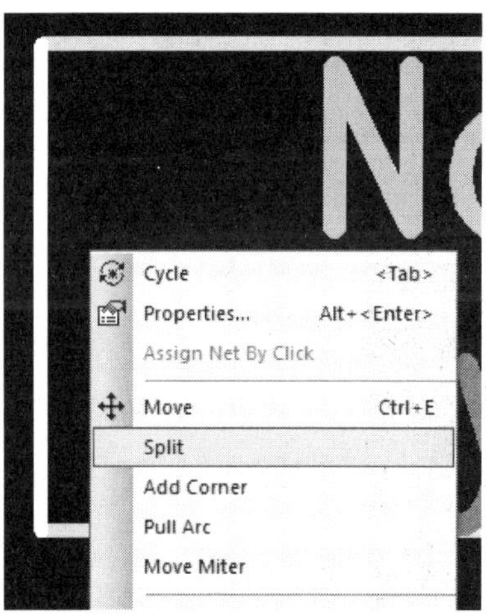

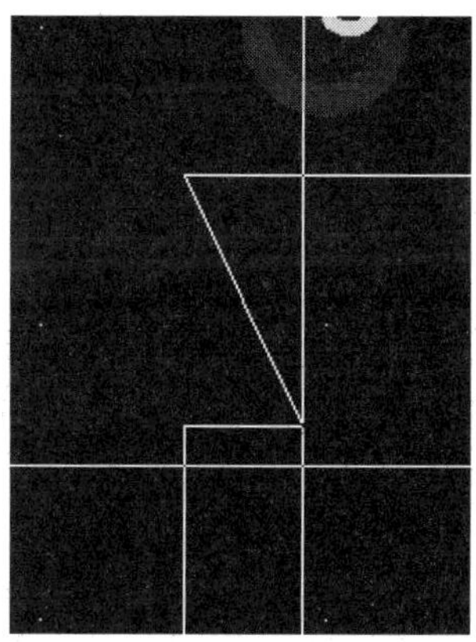

Add Corner를 이용하여 라인에 각을 넣는다. 적당한 위치에서 클릭한다.

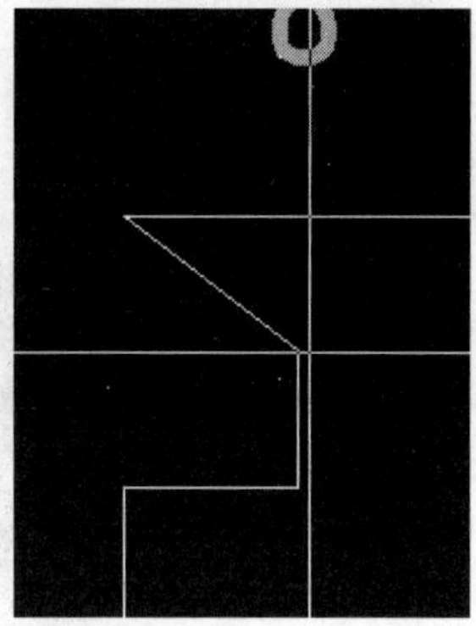

닫혀있는 라인에 Split을 한번 하여 쪼개고 그 이후에는 Add Corner를 이용하여 원하는 모양의 라인을 완성한다. 이제 Decal이 완성되었다.
라인의 위치가 이상하면 라인을 잡아 당겨서 이동시킨다.

File → Save
Decal의 이름을 입력하고, 저장되는 경로를 꼭 확인한다.

간혹 Part Type을 저장하겠냐는 물음에는 아니요 하면 된다.
만약 ORCad로 회로를 그렸다면 예를 눌러 Part Type이름을 저장하고 회로의 Footprint 값에 Part Type 이름을 입력하여 Net list를 추출하여 Layout에서 Import하여 사용할 수 있다.

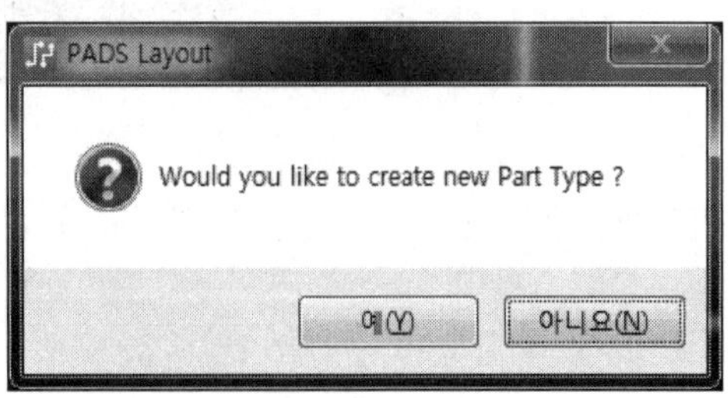

이미 Logic에서 Part를 그려 놓았기 때문에 Logic으로 돌아가서 회로에 추가해둔 Part에 Decal을 링크시키면 된다.

참고 Logic에서 2. Part Type 생성

Library Manager에서 저장한 Decal을 확인할 수 있다.
Filter에서 Decals 선택하고 DIP*을 입력하여 Apply 한다.

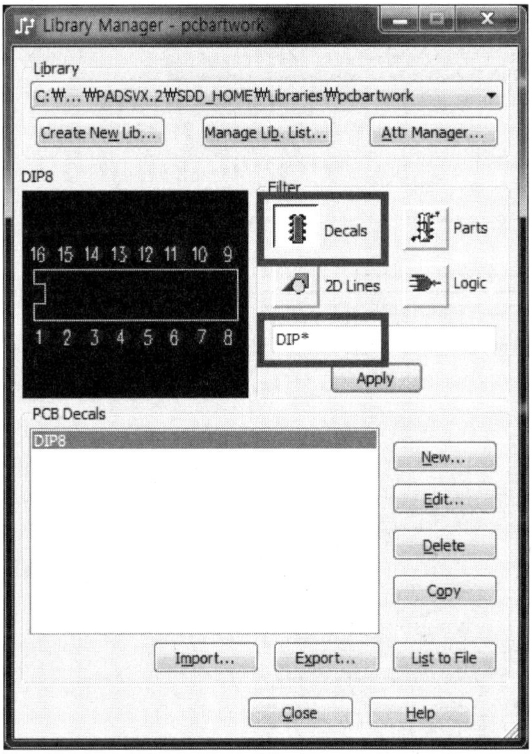

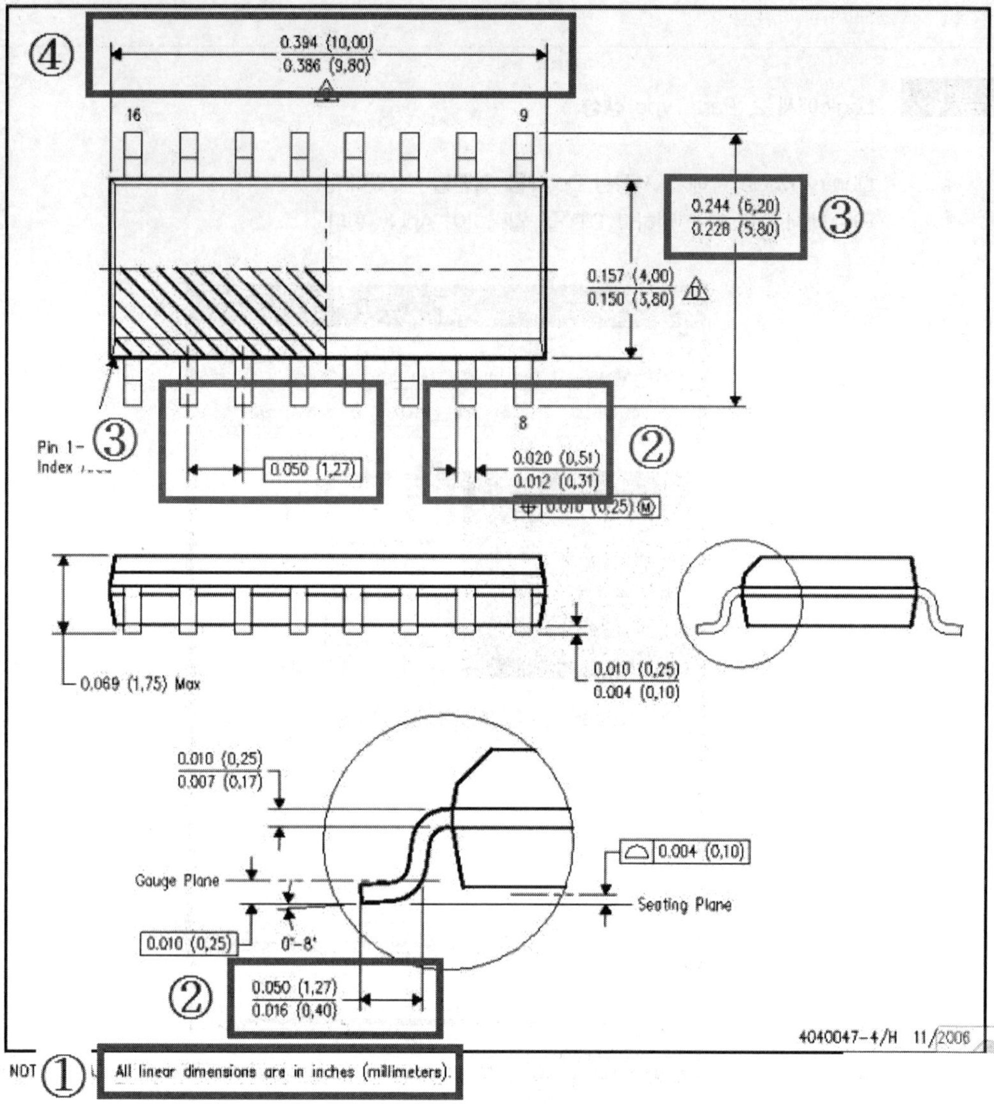

① Design Unit (단위지정)

Metric

② Pad Stack (핀 사이즈)

Width : (Max : 0.51 ~ Min : 0.31) 0.4mm

Length : (Max : 1.27 ~ Min : 0.4) 0.8mm×2 = 1.6mm

③ Pin Pitch, Row Pitch (핀의 간격과 핀 열의 간격)

1.27mm, (Max : 6.2 ~ Min : 5.8) 6.0mm

④ Silkscreen (부품 body)

(Max : 10mm ~ Min : 9.8mm) 10mm

* 핀에 마진을 주어야 하는데, SMD Type은 PCB Layout, Footprint, Land Pattern Recommended 등으로 표기되어 있으면 그 치수 그대로 그림을 그린다.

(1) Design Unit (부품의 단위 지정)

모든 데이터시트의 단위는 Inch 또는 Millimeters로 표현한다.

Datasheet의 All Linear dimensions are shown in inches(Millimeters)를 참고한다.

- SMD Type은 통상적으로 mm 단위로 그린다.

단위변경은 Modeless Command "UMM" 또는

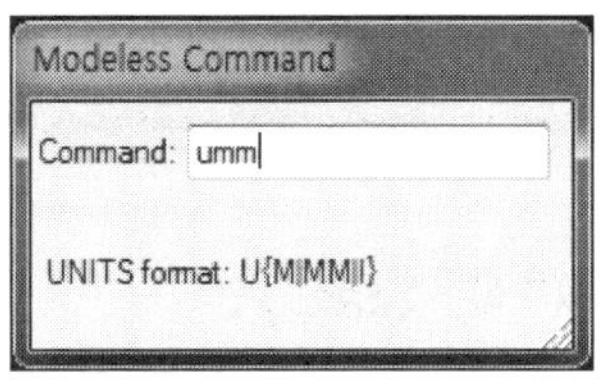

Tools → Options에 들어간다.

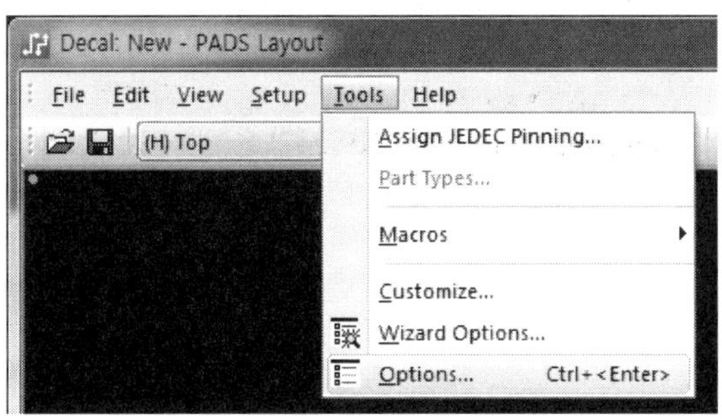

오른쪽 아래 Design Units에서 Metric을 선택한다.

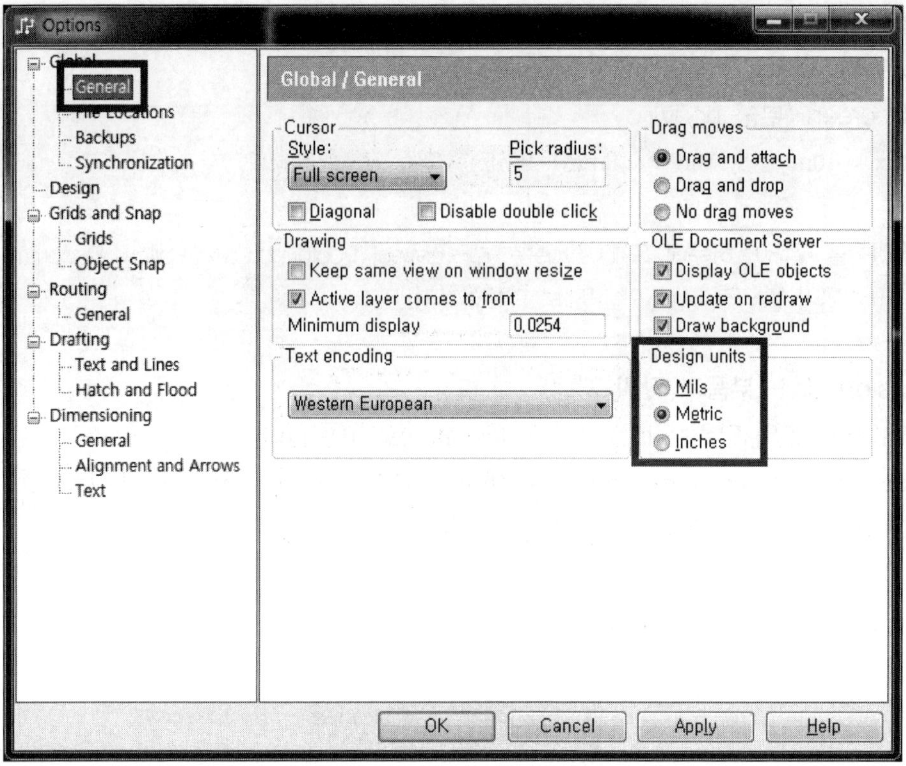

(2) Pin 추가하기, Pin 수정하기 (PAD Stack)

Drafting Toolbar를 선택한다.

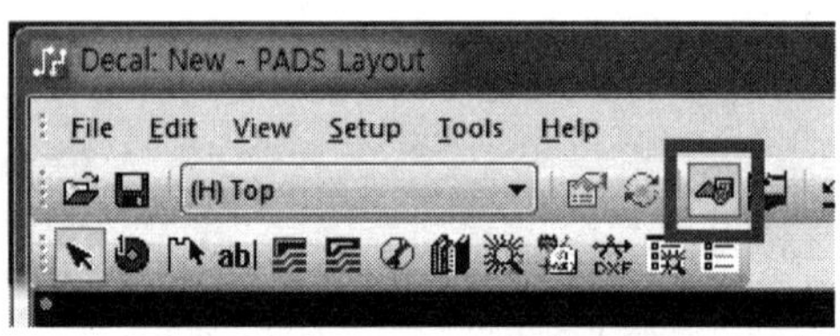

Terminal 아이콘을 선택한다.

Add Terminals 창이 뜬다.
Suffix 칸에 시작할 핀 번호 입력한 뒤 OK한다.

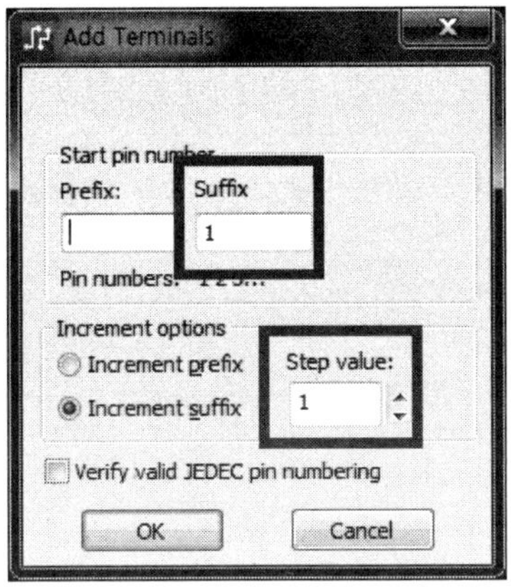

Suffix
추가될 핀 번호이다.

Step value
증가될 핀 번호이다.

OK한 뒤 Termianl 아이콘이 선택 된 상태에서 Modeless Command의 Search 기능을 이용하여 "S 0 0" 입력하여 엔터한다.
좌표라고 해서 ","를 입력하지 않는다.

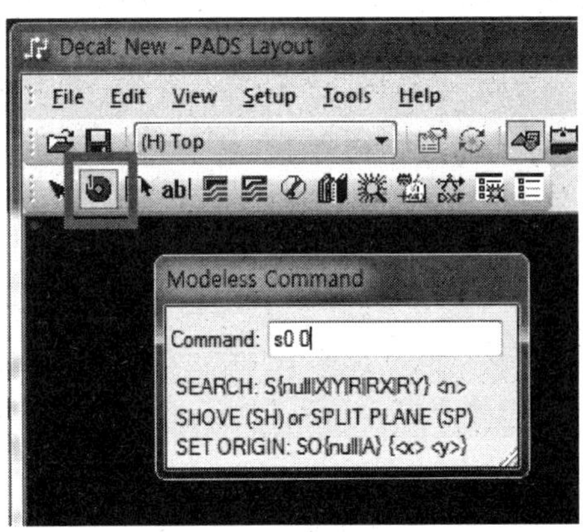

Origin (0, 0)에 커서가 이동하면 Space Bar를 누른다.

- Space Bar와 마우스 클릭은 동일한 기능이다.
- 마우스로 클릭하면서 좌표가 틀어질 수 있기 때문에 Space Bar로 클릭한다.

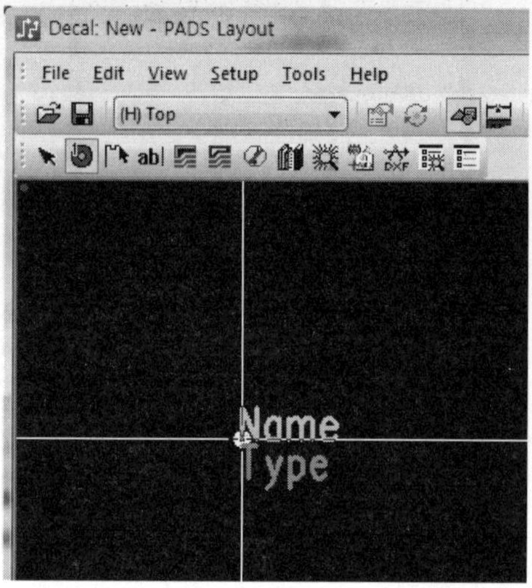

(0, 0)Origin에 Terminal(Pin) 하나가 추가되었다.

Terminal 아이콘이 선택되어 있으면 계속 핀이 추가되므로 핀을 하나 갖다 놓았다면 Select 아이콘을 선택한다. (ESC 누른다)

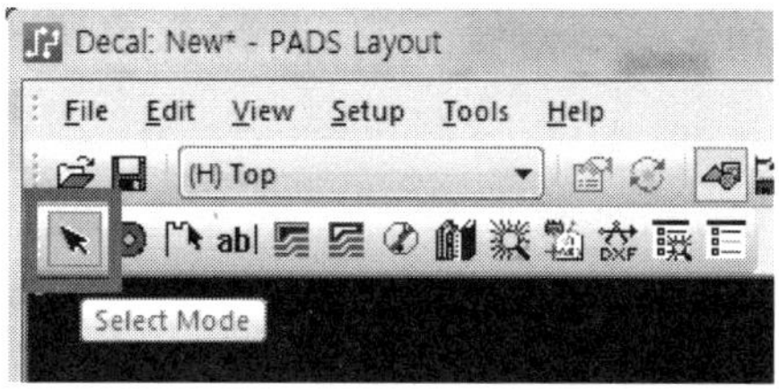

마우스 오른쪽을 눌러 Terminal이 선택될 수 있도록 Select Mode를 바꾼다.

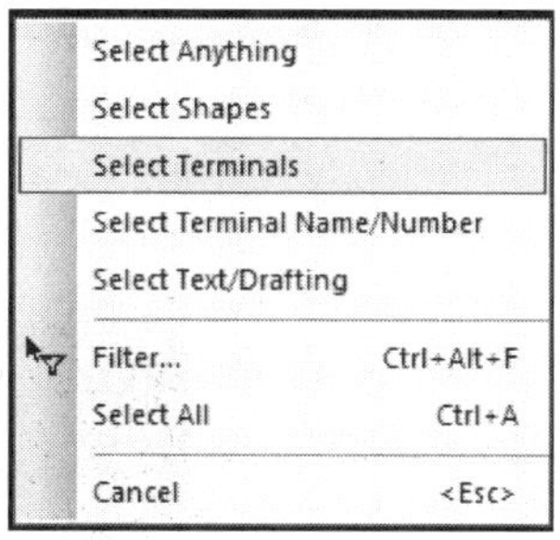

추가된 핀 수정하기

핀 선택 후 마우스 오른쪽 Pad Stacks을 클릭한다.

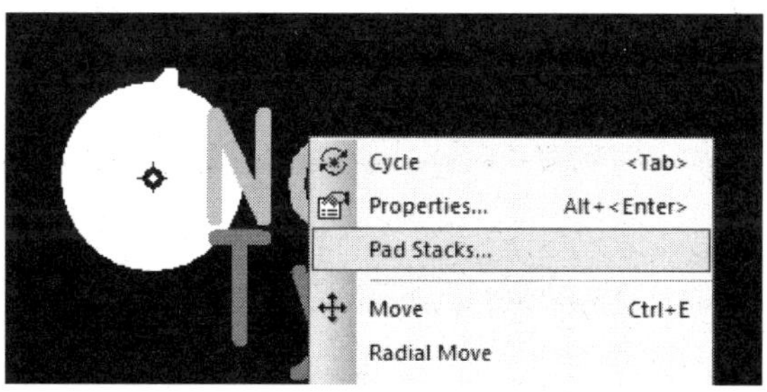

보통은 실제 핀 사이즈보다 마진을 더 주어야 하는데 Datasheet에 PCB Layout이나 Footprint로 표시되어있는 부분은 그대로 그리면 된다.

Width와 Length의 치수 중 작은 치수를 Width에 넣고 Orientation을 90으로 회전시킨다. (세로로 긴 핀을 그릴 때는 Orientation을 90, 가로로 긴 핀을 그릴 때는 Orientation을 0을 입력한다.)

1) Drill size : 0 (SMD Type이기 때문)

2) Sh. Sz. Layer : Mounted Side 선택

3) Parameters : ■ 직사각형 선택

Width : 0.4mm / Length : 1.6mm / Orientation : 90

4) Sh. Sz. Layer : Inner Layers 선택 → Parameters : 0,

Opposite Side 선택 → Parameters : 0

parameters는 Circle로 한다.

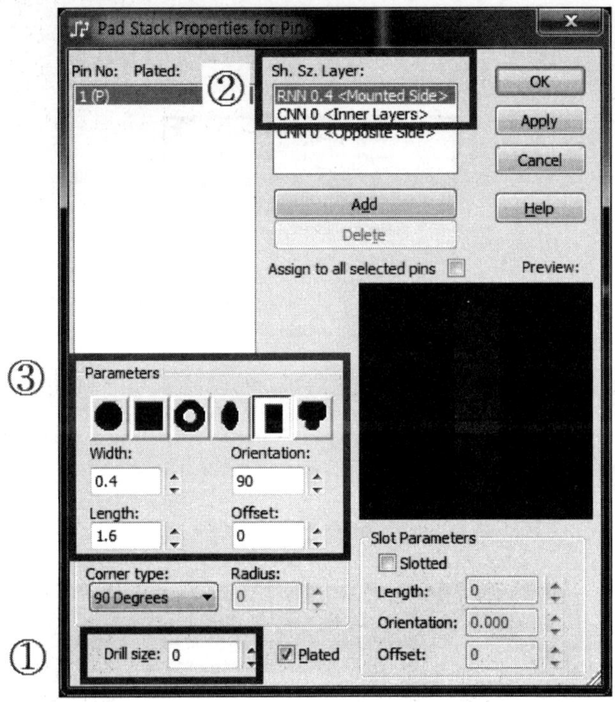

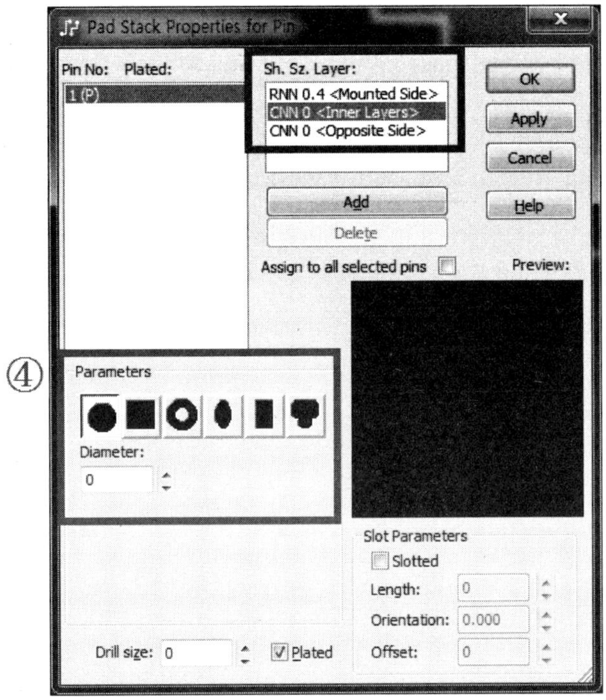

(3) Pin Pitch, Row Pitch를 이용하여 핀 배열하기 (핀의 간격과 핀 열의 간격)

Pin Size 조정 후 1번 Terminal을 선택 후 마우스 오른쪽 눌러 Step and Repeat 한다. (Pin Copy 하여 배열하는 기능)

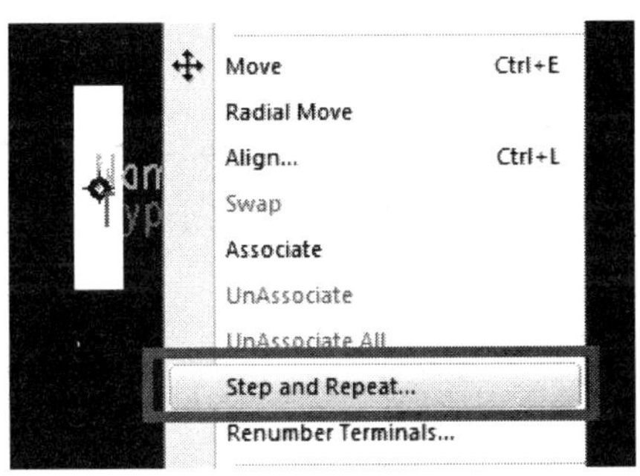

오른쪽으로 7개의 핀이 필요하고 핀 간격이 1.27mm이기 때문에 아래 그림처럼 입력한다.

- Direction : Copy될 핀의 방향
- Count : Copy될 핀 수
- Distance : 핀 간격

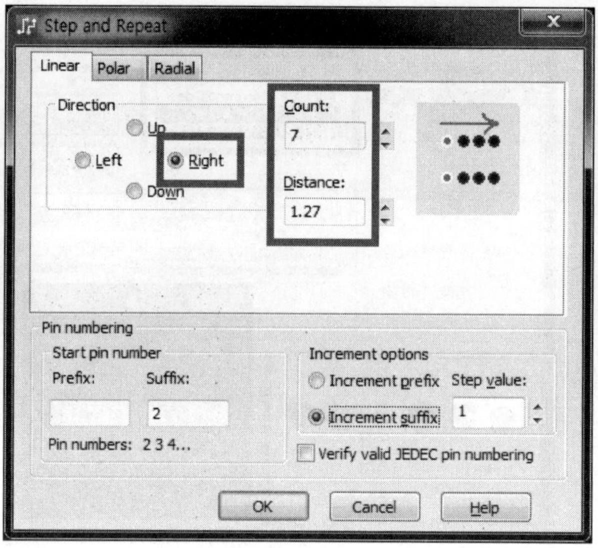

1번 오른쪽으로 7개의 핀이 더 추가되었다.

8번을 Select 한 후 마우스 오른쪽 버튼을 눌러 Step and Repeat… 한다.

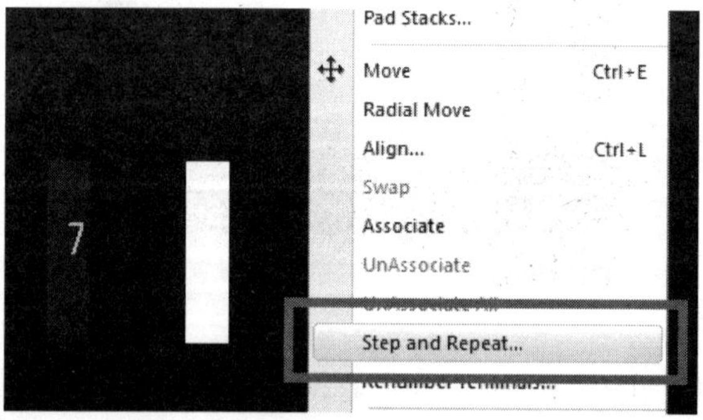

위로 1개의 핀을 추가한다. 핀의 간격은 6mm이다.

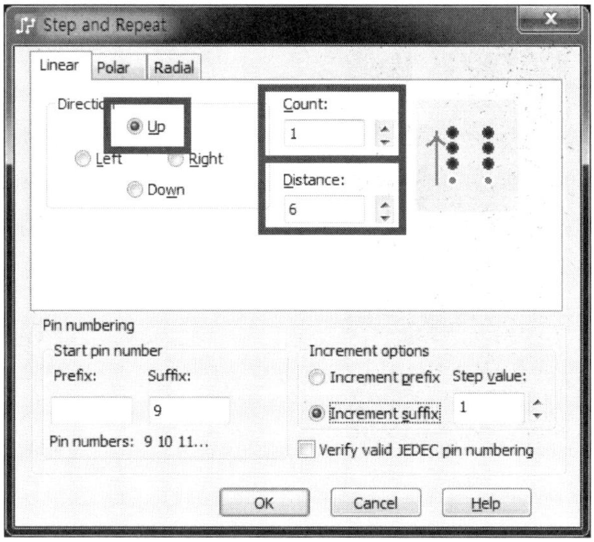

9번이 추가되었다.

9번을 Select 한 후 마우스 오른쪽 버튼을 눌러 Step and Repeat… 한다.

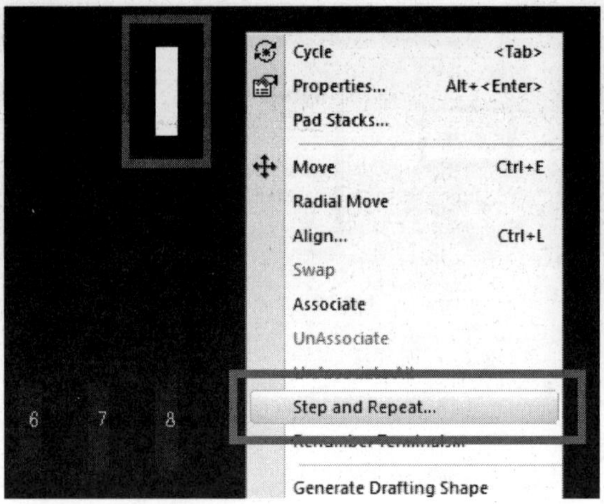

왼쪽으로 7개의 핀이 1.27mm 간격으로 추가된다.

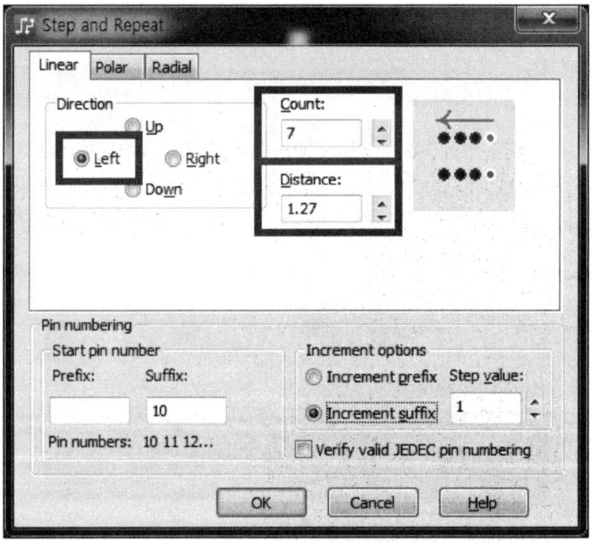

핀 배열이 완성되었다.

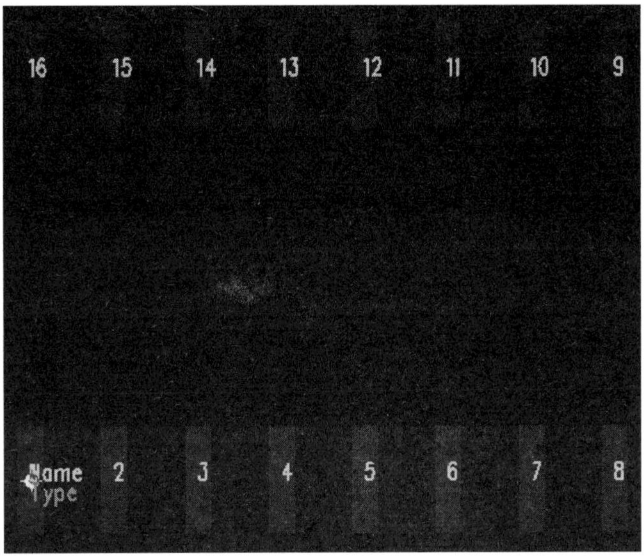

이렇게 핀 배열을 하면 Renumber Terminal...을 할 필요가 없다.

만약 핀 배열이 잘못되었다면 다시 배열할 핀을 선택한 후 마우스 오른쪽을 눌러 Renumber Terminals...을 선택한다.

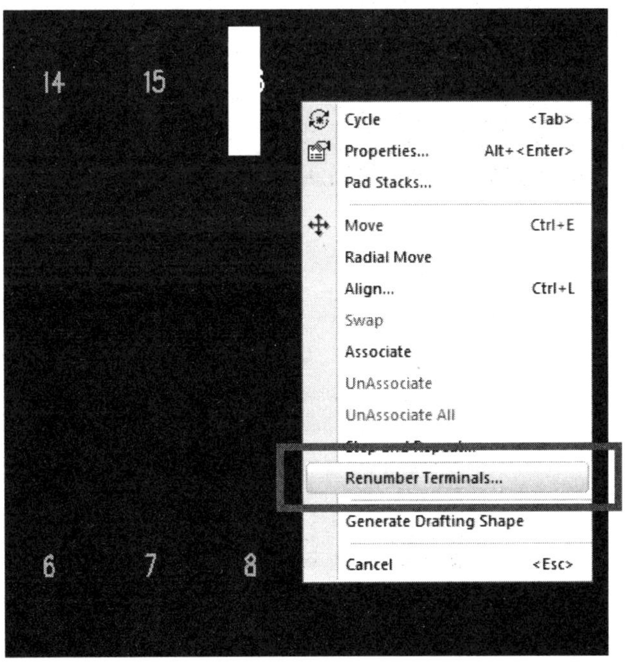

Dip type 설계와 동일하게 Suffix 칸에 9를 입력한다.

Increment suffix에 step value가 1로 되어 있으면 Pin number가 1씩 증가하며 Renumber된다.

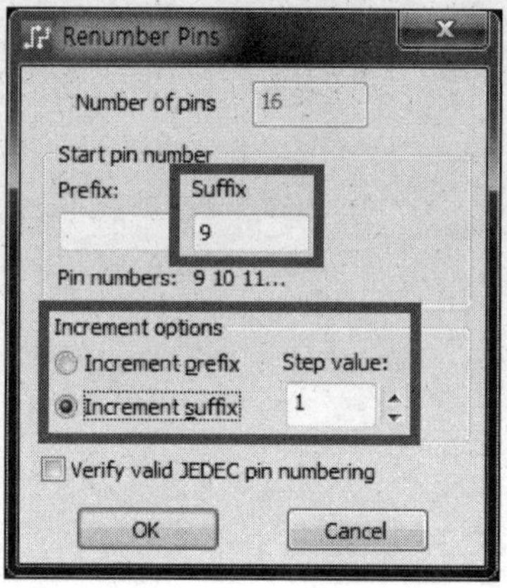

핀 번호가 10으로 바뀌면서 다음 번호 11일 곳을 선택하면 핀 번호가 11으로 바뀐다. 마지막에 더블클릭하면 완료된다.

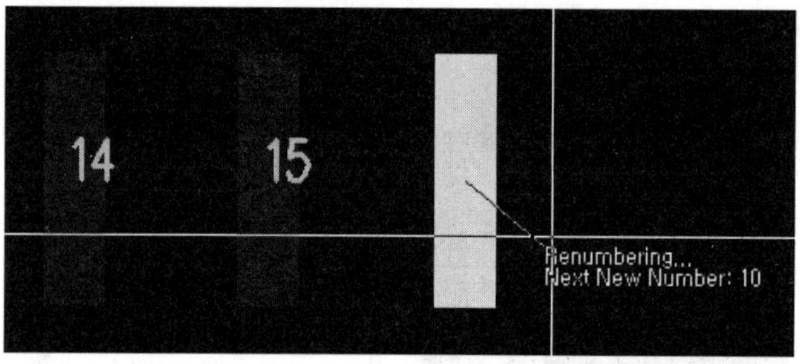

다음 번 핀에 클릭이 잘 안된다면 Grid가 너무 커서 그럴 수도 있으므로 Grid를 0.1 정도로 줄인다.

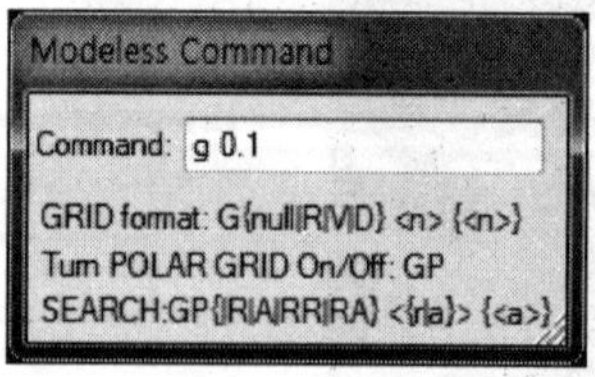

핀 배열이 완성되었다.

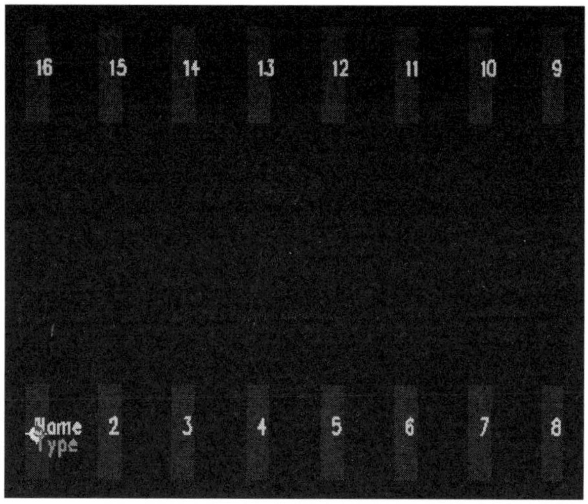

(4) Silkscreen 그리기

Silk를 그리기 전에 SMD Type은 부품의 중앙에 Origin을 두어야 한다.

우선 핀들의 센터 위치를 알아보기 위해 1번(0, 0)의 대각선 끝 9번 핀의 좌표를 확인한다. 핀을 선택한 후 마우스 오른쪽을 눌러 Properties..를 선택하면 핀의 좌표가 나온다.

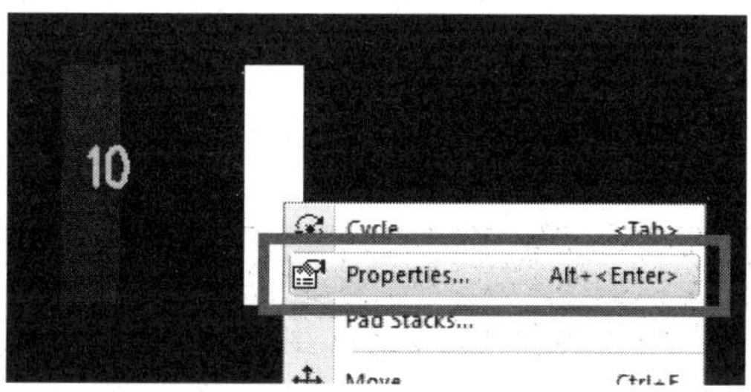

9번의 좌표는 (X: 8.89, Y: 6)이다.

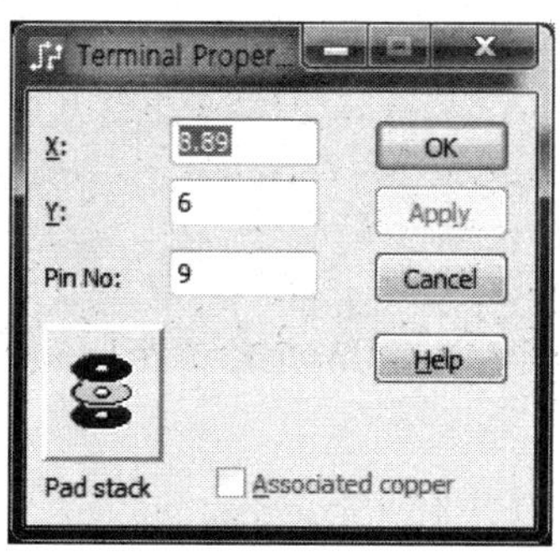

- X 좌표의 반값 4.445mm
- Y 좌표의 반값 3mm

이 좌표가 Origin으로 이동해야 할 좌표다.

Origin 이동하기 위해 Setup → Set Origin 실행 후

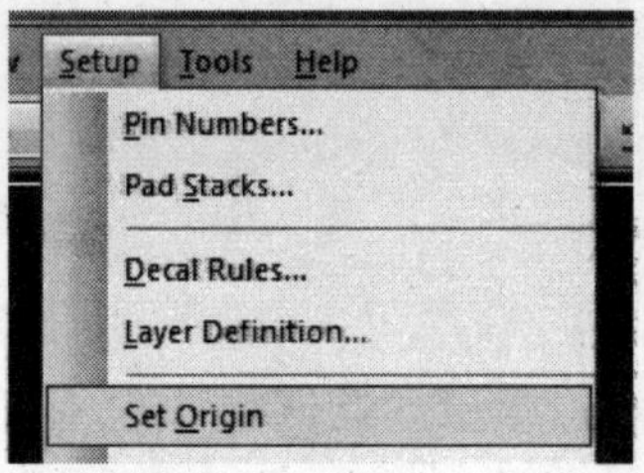

Modeless Command창에 좌표를 넣고 엔터한다.

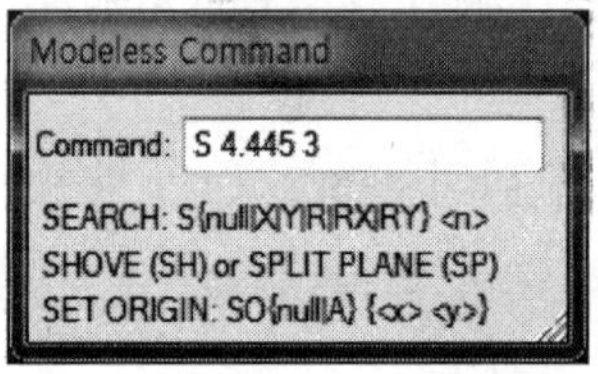

커서가 좌표로 이동한다.

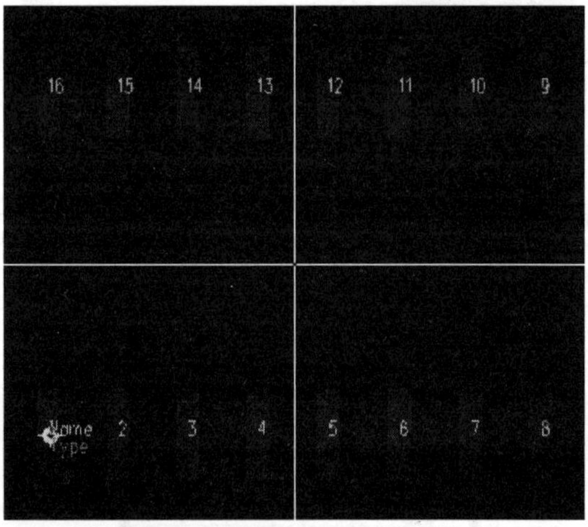

Spacebar를 눌러 Origin을 이동시킨다. (Spacebar = 마우스 왼쪽 클릭)

마우스를 클릭하면 좌표가 틀어질 수 있기 때문에 Spacebar로 클릭한다.

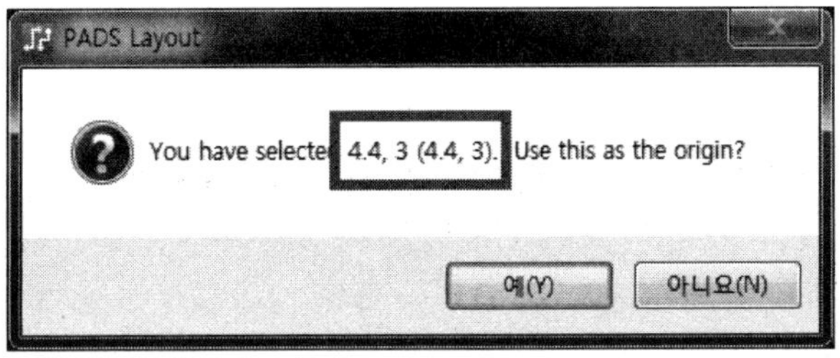

원하는 좌표가 나왔는지 꼭 확인한다.
원하는 좌표가 아니므로 아니요 한다.
원하는 좌표는 (4.445, 3)인데 (4.4, 3)으로 이동한다는 메시지 창이 뜬다.
커서의 이동범위가 원하는 좌표로 못 들어갔기 때문이다.
툴 창 오른쪽 아래 G:로 표기되어있는 부분을 확인하여 현재 Grid를 파악한다.

커서는 Grid를 기준으로 이동하기 때문에 Origin을 이동하기 전에 Grid부터 조정해야 원하는 좌표로 이동할 수 있다.

Grid 조정한 뒤 Setup → Set Origin 한 후 다시 Modeless Command창에 좌표를 넣고 엔터 한다.

아래 창이 뜨면 Yes 하고 Spacebar를 누른다.

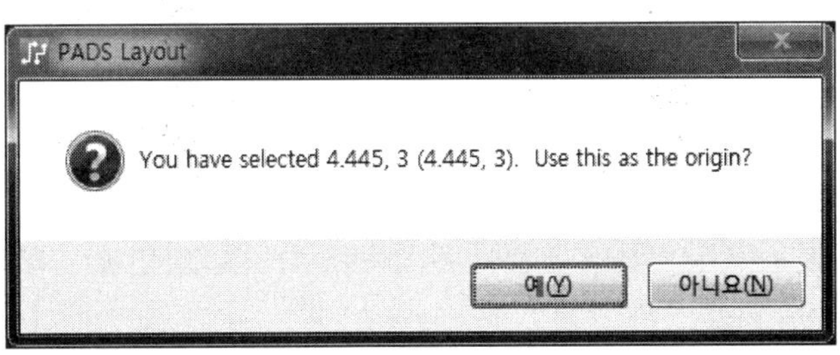

흰점(Origin)이 핀들의 중앙(부품의 센터)으로 이동했다.

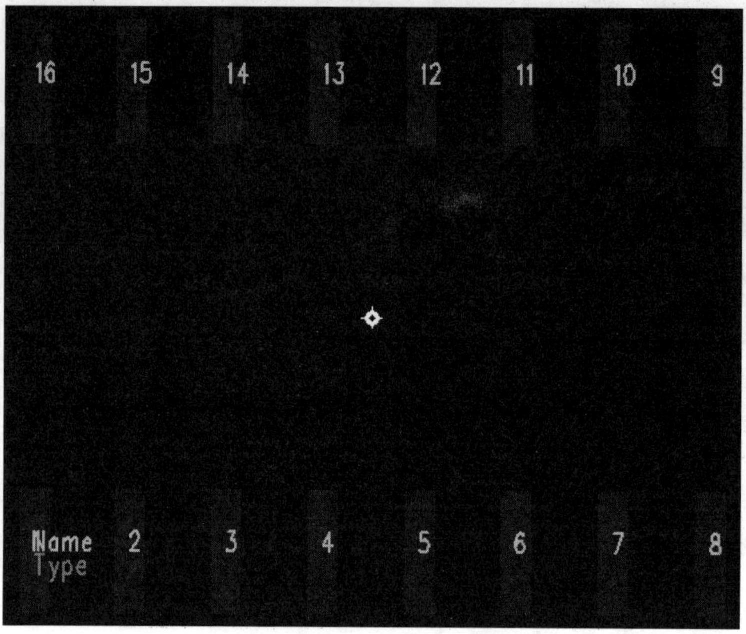

2D Line을 선택한다.

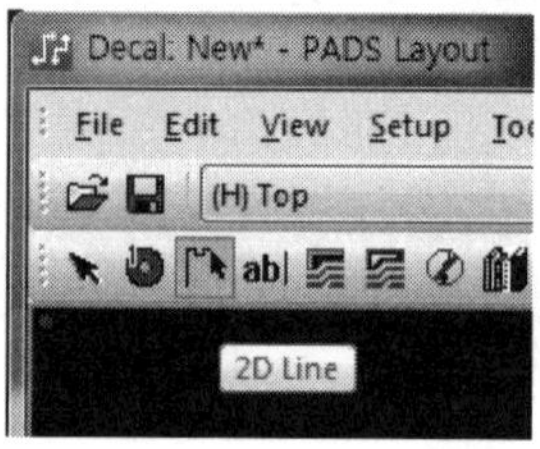

마우스 오른쪽을 눌러 Rectangle을 선택한다.

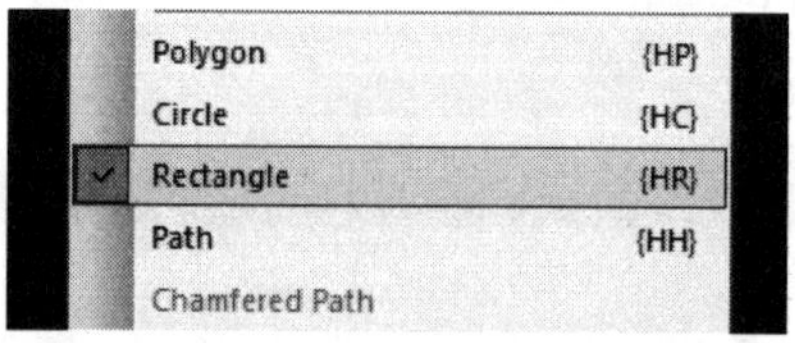

시작점과 끝점에서 한 번씩 클릭하면 그림이 완성된다. (드래그하면 안 그려짐) 치수와 상관없이 대략적으로 그리면 된다.

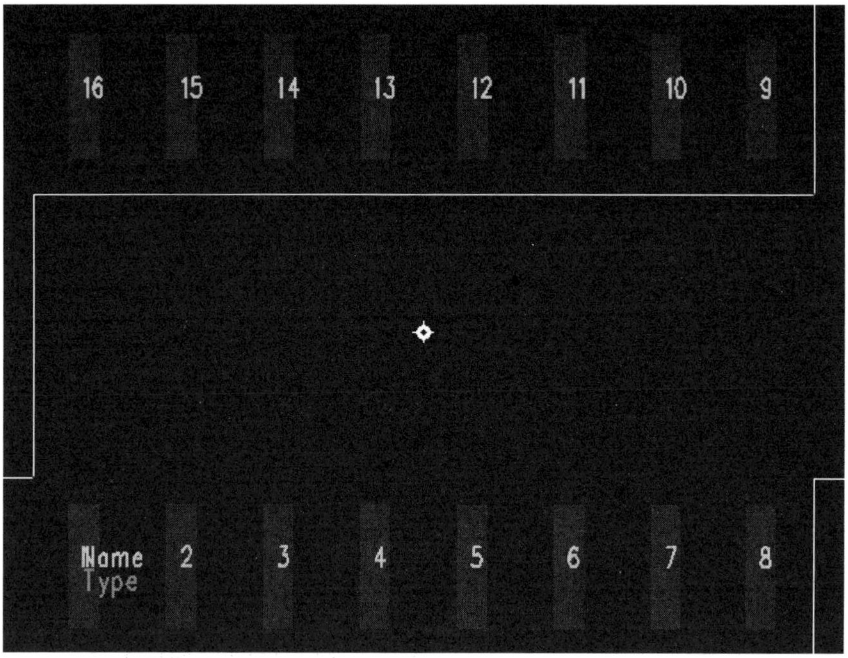

2D Line 아이콘이 선택되어 있으면 Select가 안되므로 Select 아이콘을 선택한다. (ESC 누른다)

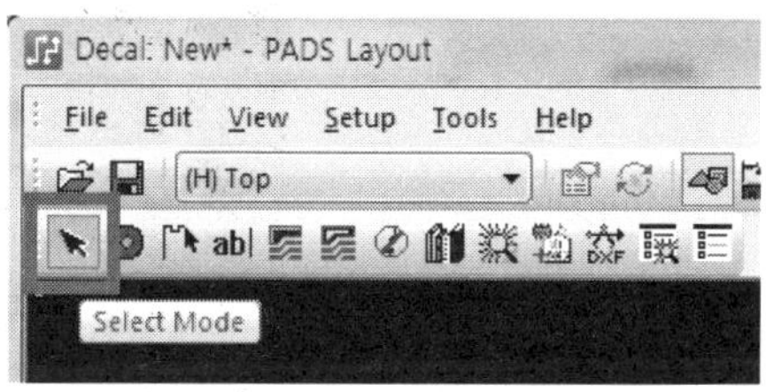

라인의 한쪽 면을 잡기 위해 마우스 오른쪽 Select Mode를 Select Anything 한다. Select Shapes를 하면 라인 전체가 잡혀서 수정이 어렵다.

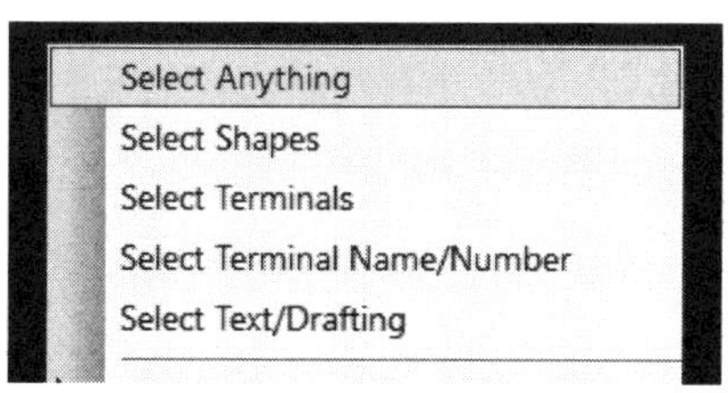

body Line을 Decal의 센터로 맞추기 위해 왼쪽이나 오른쪽 라인 중 한 라인을 잡아서 마우스 오른쪽 properties 창을 열어 좌표를 넣는다. (라인을 더블클릭해도 된다.)

데이터시트의 치수를 보면 body 총 폭이 9.8mm ~ 10mm이므로 10mm 정도로 그린다.

모든 항목에는 좌표가 존재한다. Origin을 핀들의 센터로 옮겼기 때문에 흰 점 (0, 0)을 기준으로 라인의 좌우 X좌표를 -5, +5로 입력하면 총 폭이 10mm가 된다.

왼쪽 라인을 잡고 마우스 오른쪽 버튼을 클릭하여 Properties에 들어가 x1, x2에 -5를 입력한다. 오른쪽 라인을 잡고 마우스 오른쪽 버튼을 클릭하여 Properties에 들어가 x1, x2에 5를 입력한다.

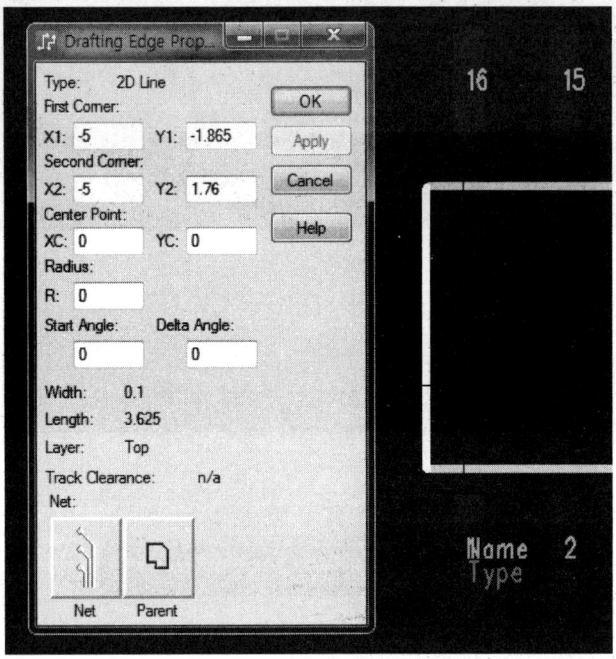

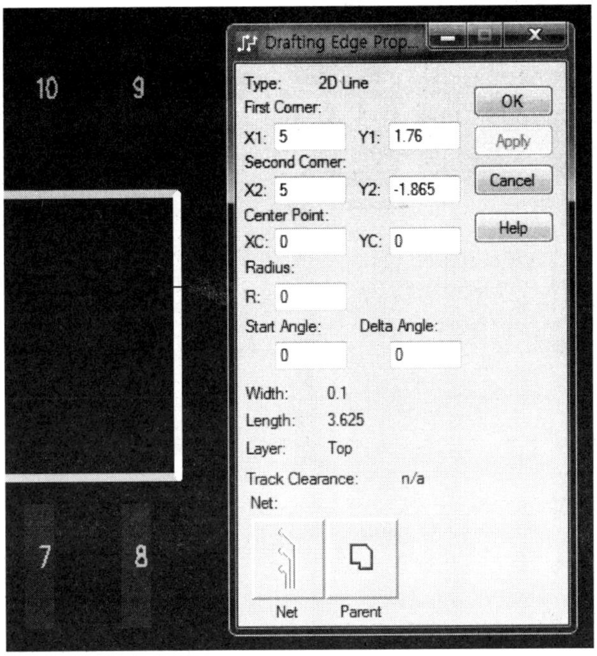

위, 아래 Line은 핀과 겹치지 않게 핀 간격에 맞춰 안쪽으로 그린다.

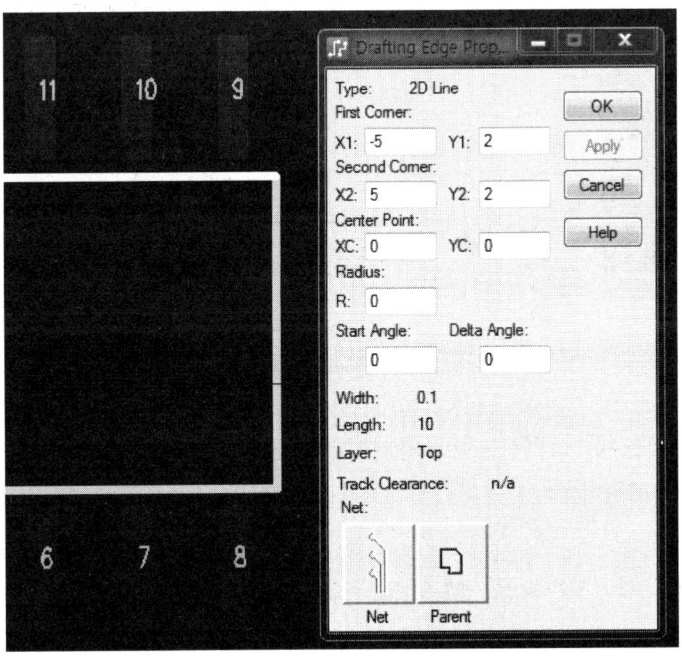

1번 쪽 방향을 표시하기 위해 Split을 이용하여 라인을 쪼갠다. 적당한 위치에서 클릭한다.

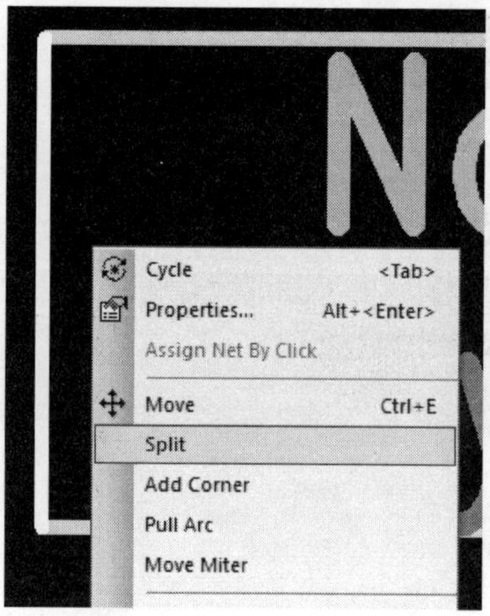

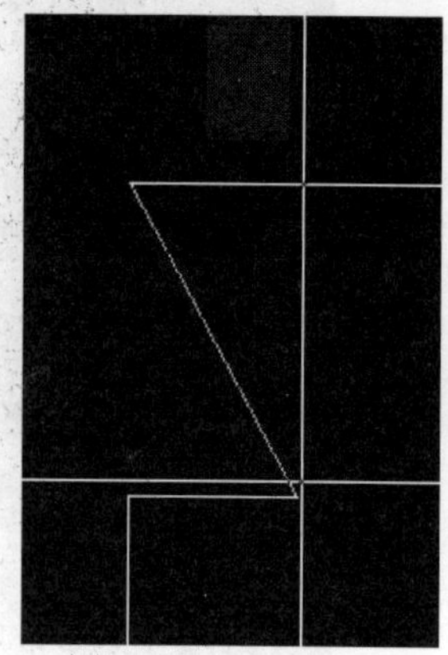

Add Corner를 이용하여 라인에 각을 준다. 적당한 위치에서 클릭한다.

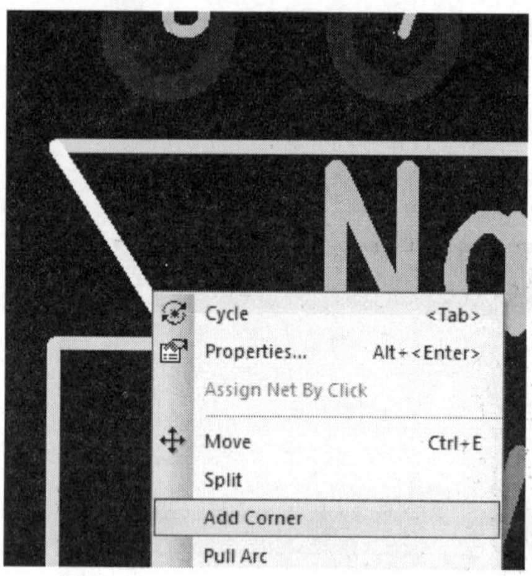

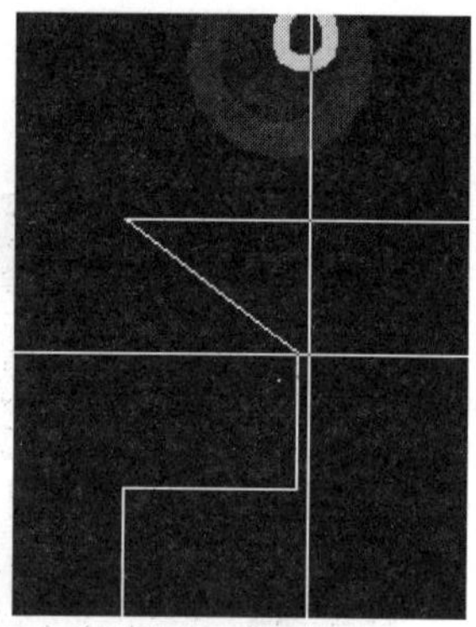

닫혀있는 라인에 Split을 한번 하여 쪼개고 그 이후에는 Add Corner를 이용하여 원하는 모양의 라인을 완성한다.
라인의 위치가 이상하면 라인을 잡아 당겨서 이동시킨다.
Body Line을 완성하였다.

Line을 Split하거나 Add Corner할 때 90도 각도가 깨지면 Grid를 조정하여 라인의 각도를 맞춘다. 또는 Properties...창에서 좌표를 동일하게 입력한다.

SMD Type은 데칼 Center에 십자가 표시를, 1번에 Circle 표시를 한다.

2D Line을 선택한다.

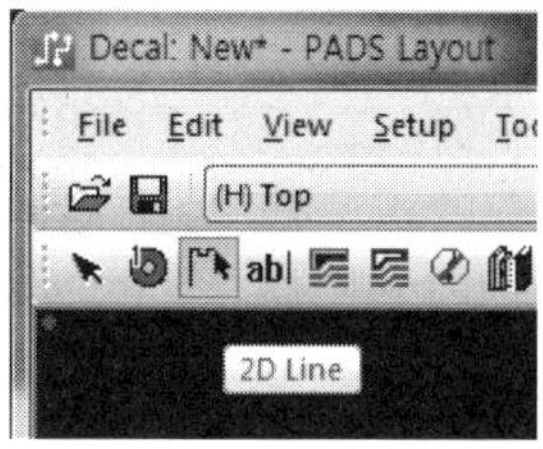

마우스 오른쪽 버튼을 클릭한다.

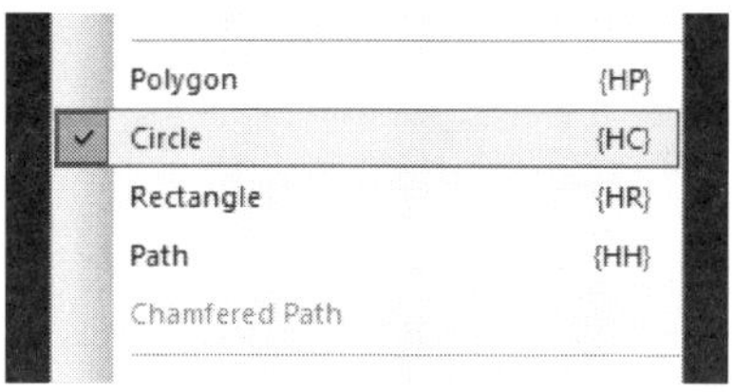

부품의 1번 핀 표시할 때 사용한다.

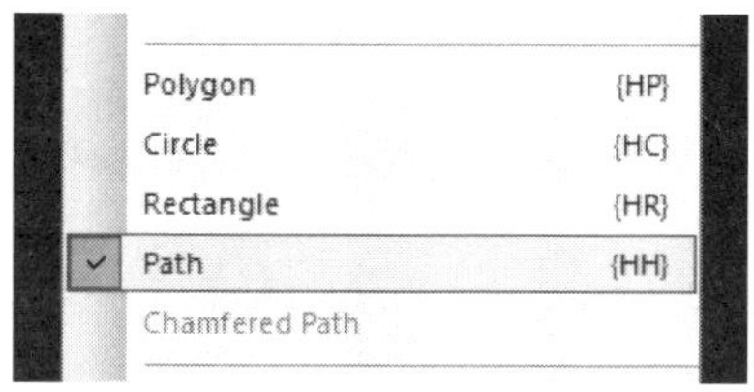

부품의 Origin 표시할 때 사용한다.

PCB Decal을 완성하였다.

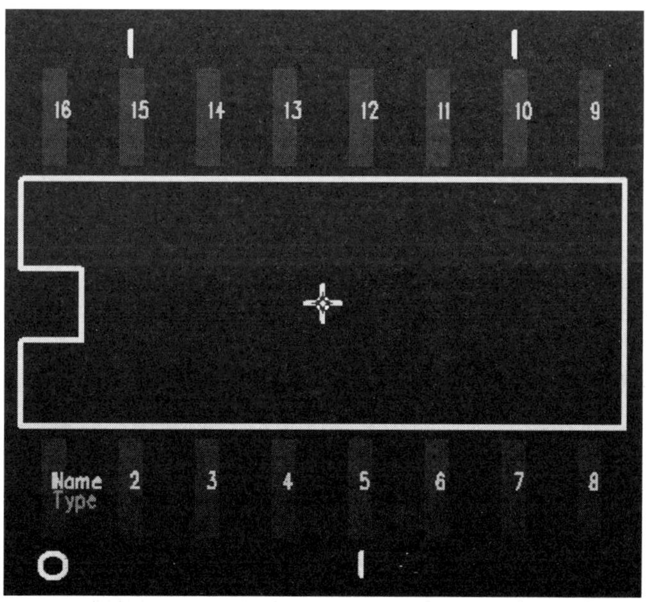

File → Save Decal 또는 기존의 PCB Decal을 불러와 수정하여 저장하는 경우에는 Save Decal As... 한다.

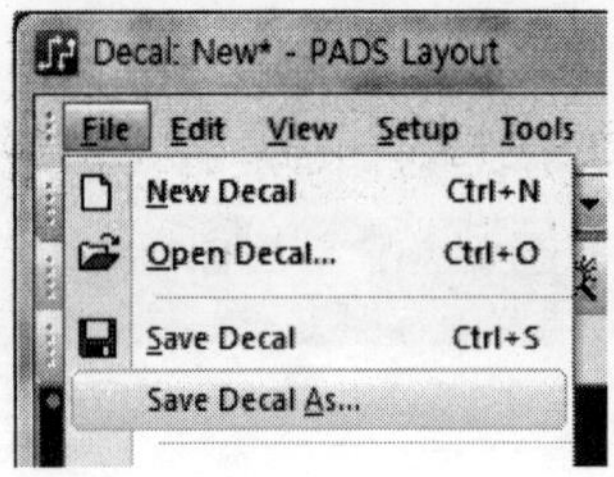

저장 후 아래의 창이 뜨면

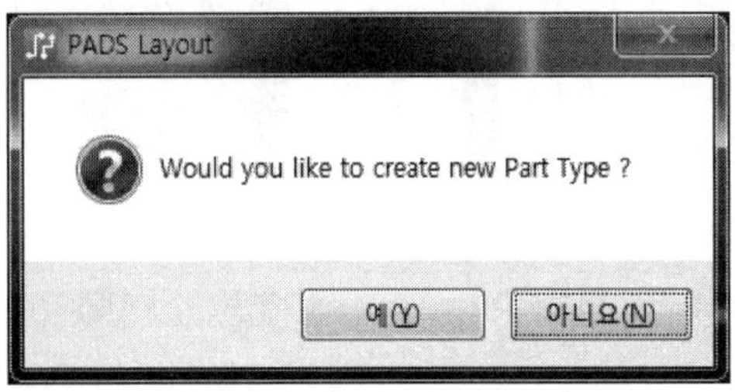

Part Type을 새로 생성할지 물으면 Yes 또는 No를 선택한다.
Part Type은 회로의 Part Symbol과 Layout의 PCB Decal을 링크시킨 대표 이름이다. 일반적으로 Part Type을 Part Name으로 한다.

No 한다.

PADS Logic으로 회로를 작성한 경우 PCB Decal을 저장하고 Logic의 Part Symbol에 등록하여 사용한다. 이때 Logic의 Part Symbol이 Part Type이 된다.

Yes 한다.

PADS Logic이 아닌 다른 툴로 회로를 그린 경우이다.

Layout에서 인식할 수 있는 Logic의 Part Symbol이 없기 때문에 임의로 생성해야 한다. 예를 들면 Orcad로 회로를 그린 경우 OK를 눌러 Part Type 이름을 생성한다.

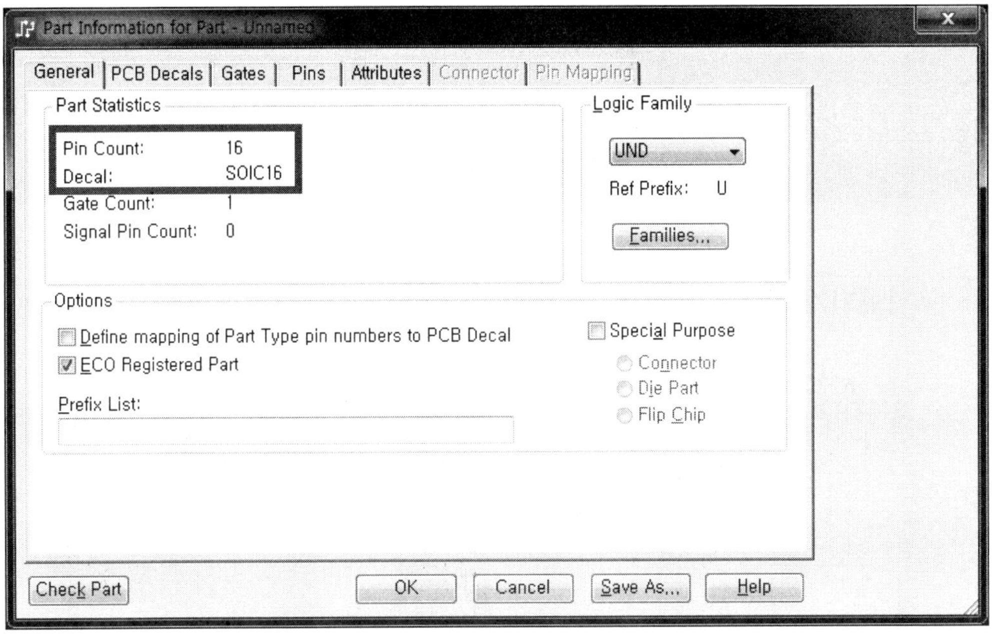

이렇게 Decal이 등록되어있는 것을 확인한 후 OK를 클릭하면

PADS Logic Symbol은 없지만 임의로 Part Type 이름을 줄 수 있다.

생성한 Part Type 이름을 Orcad의 Footprint값에 입력하여 Netlist 생성하면 PADS Layout에 PCB Decal과 Net을 불러올 수 있다.

PCB Decal을 그린 후 Layout창으로 돌아가려면 File → Exit Decal Editor 한다.

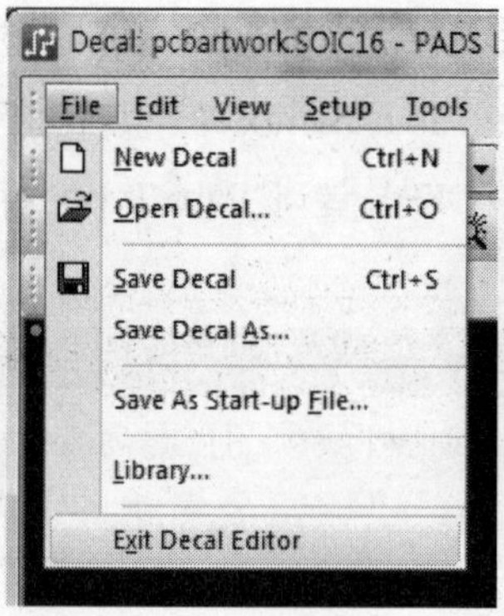

1.3 규격화되지 않은 핀 그리기 (Associate)

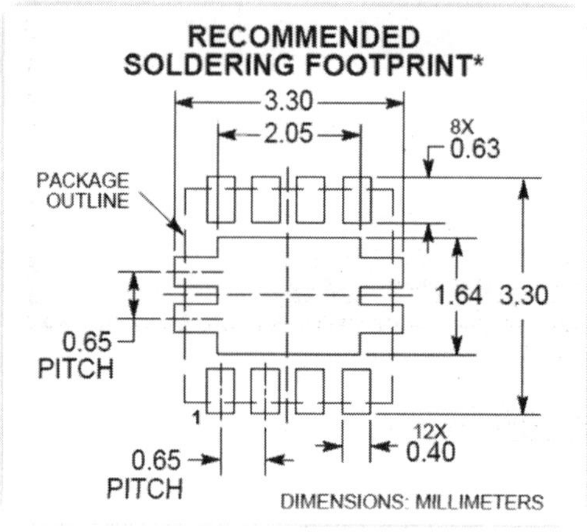

Datasheet

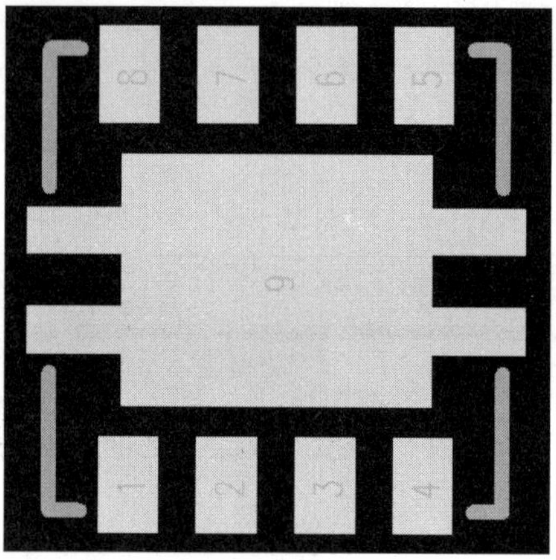

PCB Decal

1번부터 8번은 Step and Repeat 기능을 이용하여 배열한다.

Origin을 부품의 Center로 옮긴다.

9번은 Center에 핀 하나 놓고 그 위에 Datasheet의 치수를 참고하여 Copper를 그린다.

Drafting Toolbar → Copper 를 선택한다.

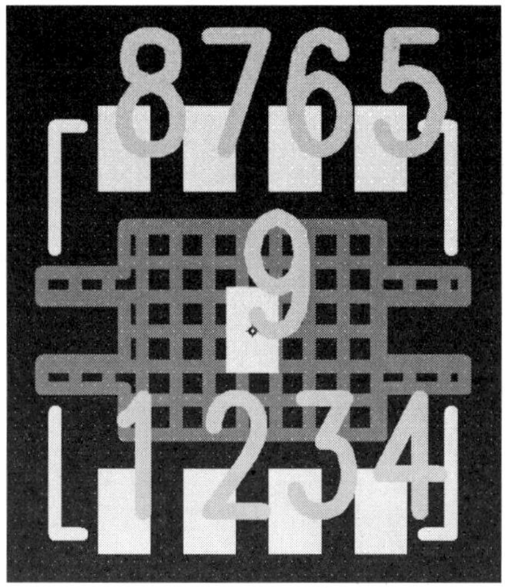

핀을 Select 한 상태에서 마우스 오른쪽 Associate하고 Copper 클릭한다.

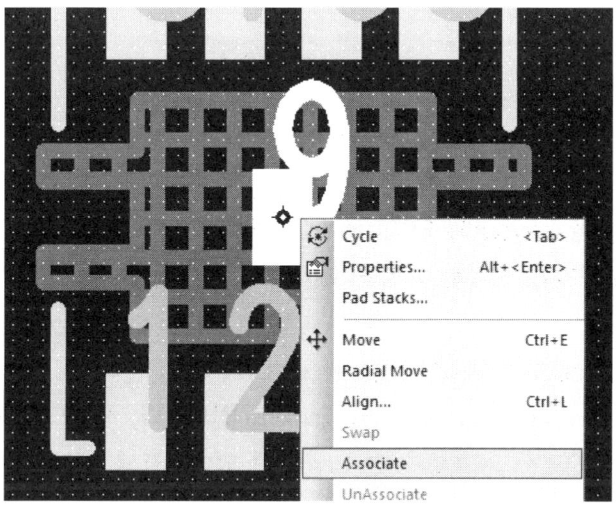

2 Layout에 부품 띄우기

Logic과 Layout 연동시키기

PADS Logic에서 Tools → PADS Layout... 또는

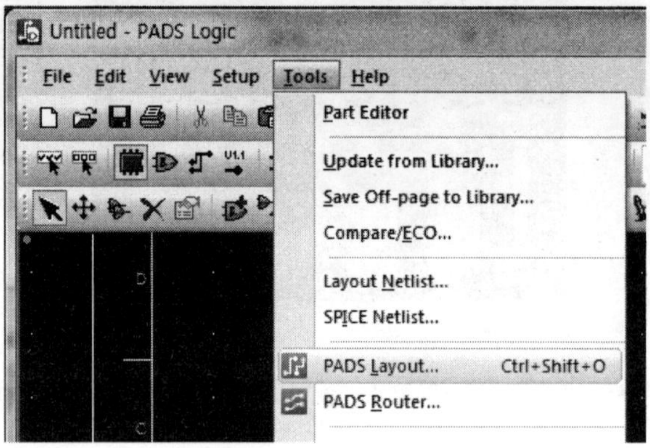

오른쪽 상단에 PADS Layout 아이콘 

을 클릭한다.

Logic의 Part와 Net을 Layout에 ECO to PCB 하기

Layout에 회로를 보내거나 수정한 회로를 Layout에 업데이트 하는 기능이다.

Tools → PADS Layout... 하면 PADS Layout Link 창이 뜬다.

Preferences 탭에서 Compare PCB Decal Assignments 선택한다. 선택되어 있지 않으면 나중에 회로 수정 시 다시 ECO to PCB를 하면 Layout에 업데이트되지 않는다.

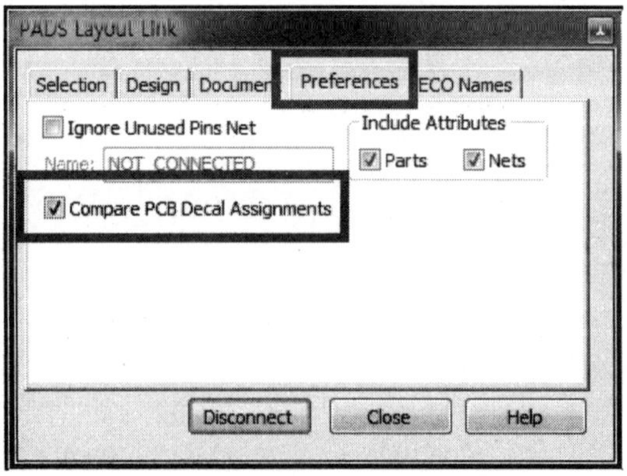

Design 탭에서 ECO To PCB 클릭한다.

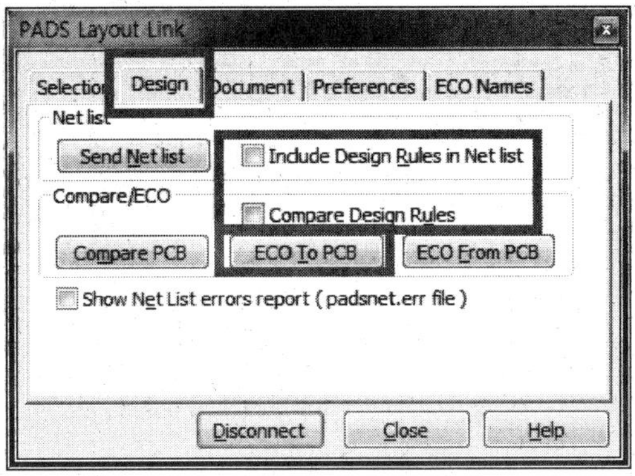

Include Design Rules in Net list, Compare Design Rules에 체크를 하면 회로의 Design Rules이 따라오므로 체크를 끈다.
회로에서 Design Rules을 입력하고 Include Design Rules in Net list, Compare Design Rules에 체크를 켜서 사용해도 된다.

Compare PCB 는 Schematic과 Layout을 비교하는 기능이다.
비교했을 때 회로와 Layout의 다른 점을 확인할 수 있다.

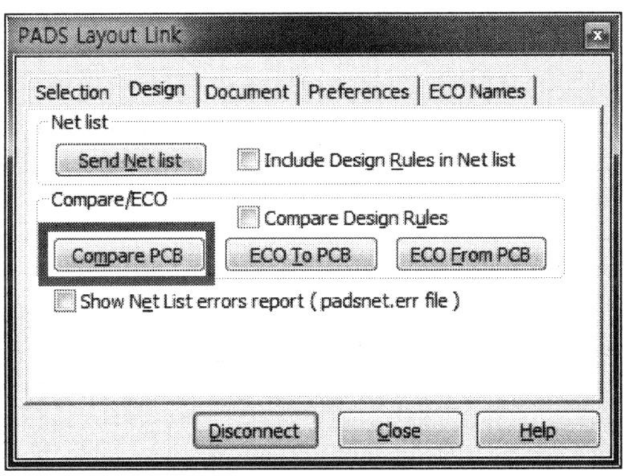

PADS Layout 상에 PCB Decal과 Net들이 Origin에 뭉쳐져서 올라오고 올라오지 못한 Part나 Net들에 대한 eco.err 메모장이 함께 뜬다.
아래의 메시지가 안 나올 때까지 회로와 PCB Decal을 확인하여 작업을 진행한다.

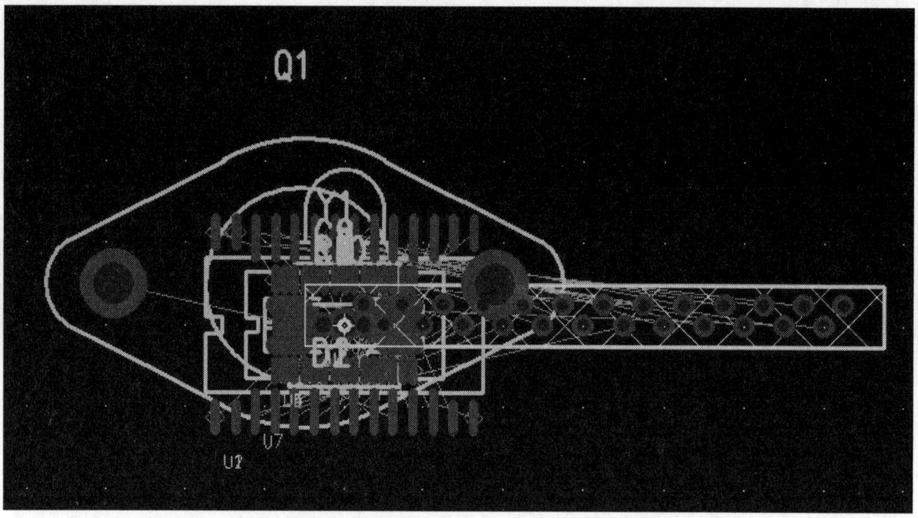
Q1
U7

eco.err - 메모장
파일(F) 편집(E) 서식(O) 보기(V) 도움말(H)
** ECO In Report **
Mon Oct 01 02:04:47 2018
Input File : C:₩PADS Projects₩eco2pcb.eco
Current Job : Untitled
Line 6 , Section *PART*
Q1 +5VREG@TO-213AA
* Failed to get +5VREG from library
Line 7 , Section *PART*
Y1 24-576MHZ@OSC
* Failed to get 24-576MHZ from library
Line 35 , Section *NET*
U4.14 U3.14 U2.20 U1.20
* Part name U4 not found
* Part name U3 not found
* Part name U2 not found
* Part name U1 not found
Line 37 , Section *NET*
U4.13 U3.13 U2.22 U1.22
* Part name U4 not found
* Part name U3 not found
* Part name U2 not found
* Part name U1 not found

3 환경설정하기

3.1 Design Unit 설정하기

Tools → Options··· 또는 Ctrl+〈Enter〉 한다.

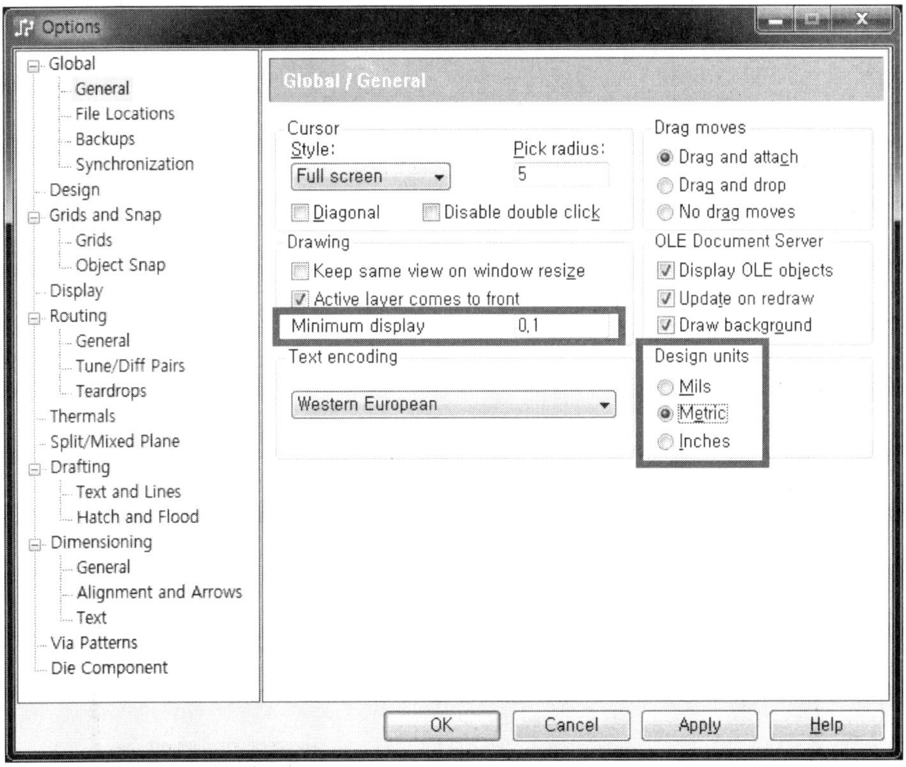

Design Units

SMD Type의 부품이 많이 들어가는 보드는 Metric(mm)으로, DIP Type의 부품이 많이 들어가는 보드는 Mils로 설계한다.

Minimum display

화면에 Display 되는 라인들의 최소값을 의미한다.
위의 그림처럼 설정되어있는 경우에는 0.1mm 이하의 라인은 모두 Display 되지 않는다.
보통 Default 한 라인의 두께는 4Mils, 또는 0.1mm이므로 단위에 맞게 값을 입력하면 된다.
만약 이 두께보다 더 얇게 설계해야 되는 경우에는 그 두께에 맞춰 Minimum display 값을 입력하면 된다. (여기서 라인은 부품 외곽 실크, 보드아웃라인, Trace, Copper등 Layout 화면에 보이는 모든 라인을 의미한다.)

3.2 Via 만들기

Setup → Pad Stacks…에 들어간다.
Trace를 연결하는 중 다른 층으로 이동해야 하는 경우 뚫는 Hole이다.

Pad Stack Type을 꼭 Via를 선택 후 Via를 만든다.
Decal name: STANDARDVIA 선택한다.
Drill size : 0.3mm(12mil) 입력 (Hole size를 의미한다.)
Diameter : 0.6mm(24mil) 입력 (Pad size를 의미한다. Drill size의 두 배로 한다.)
(Start에서 0.6을 입력한 후 아래 Copy 버튼을 클릭하고 Inner Layers, End를 드래그하여 선택한 상태에서 Paste 버튼을 클릭한다.)
일반적으로 PCB를 관통하는 Through Hole Type으로 생성한다.

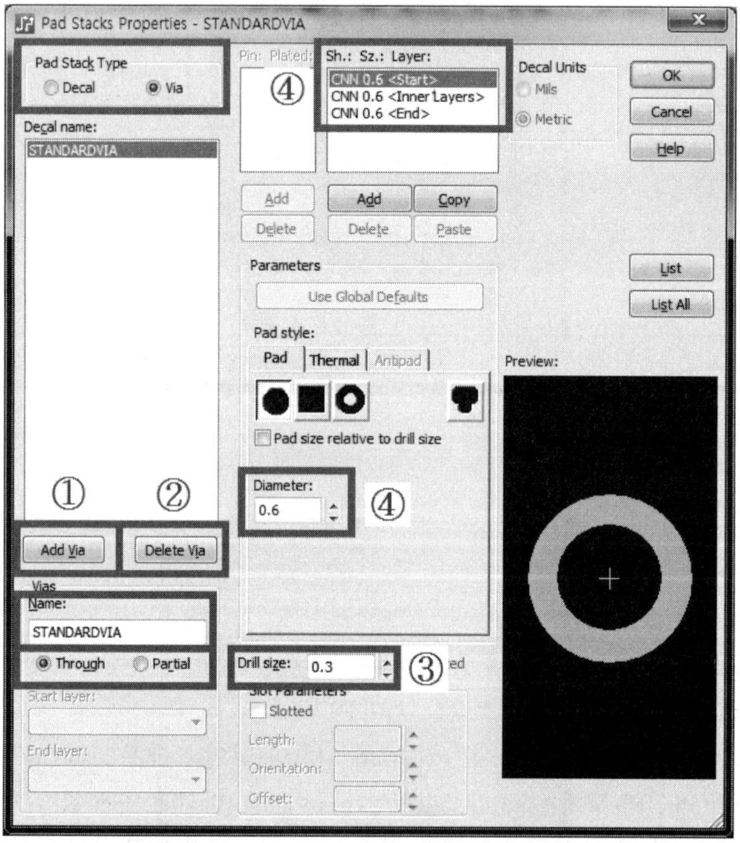

① Add Via : 새로운 Via 타입을 생성할 때 선택한다.
Name칸에 원하는 이름을 넣는다.

② Delete Via : Via 타입을 삭제할 때 선택한다.
Layout에 삭제할 Via가 존재하지 않아야 Via List에서 삭제할 수 있다.
③ Drill size : Hole Size를 넣는다.
④ Diameter 3개 값을 입력한다. Diameter는 Drill size의 두 배로 설정한다.

Add Via를 누르면 아래창이 뜬다.

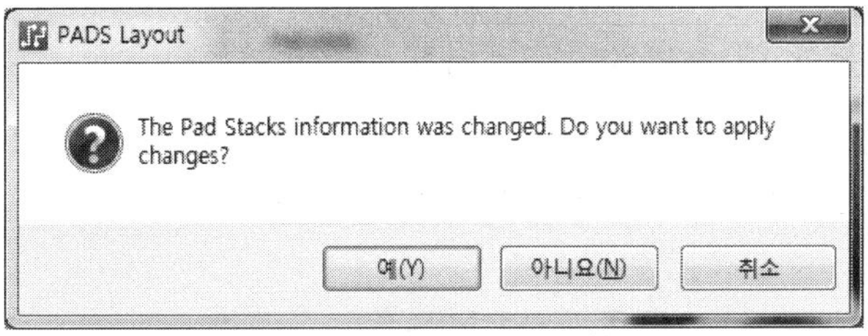

예를 누르고 새로운 Via 타입을 만든다.
0.2mm via를 만들었다. 보통 Via의 Pad Size는 Drill Size의 두 배로 한다.

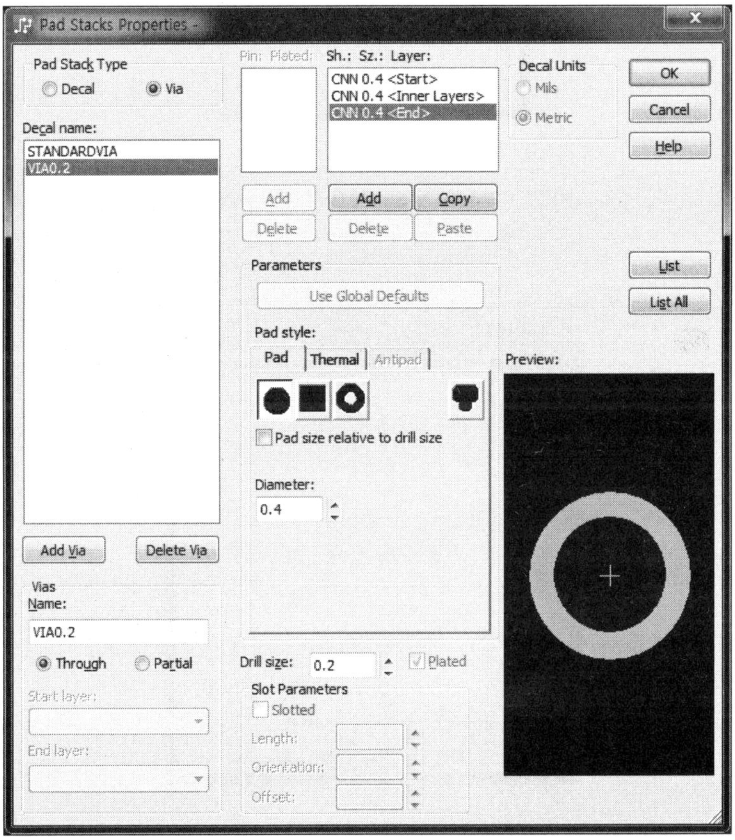

Via 타입이 여러 개라면 Modeless Command 창에서 V enter하여

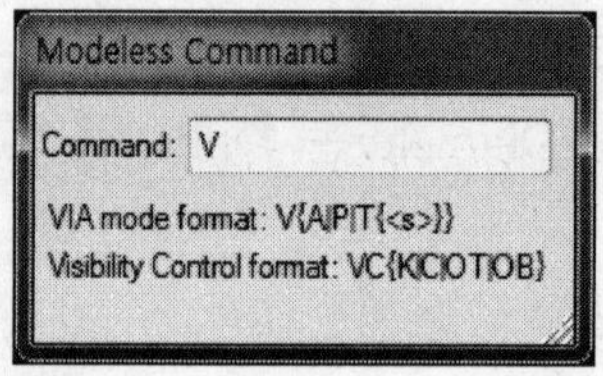

라우팅 시 Layer 이동할 때 쓰일 Via를 선택할 수 있다.
Via0.2를 선택하고 OK하면 라우팅 시 Layer 이동할 때 VIA0.2로 뚫린다.
따로 적용하지 않으면 Routing시에 Standard via가 뚫린다.

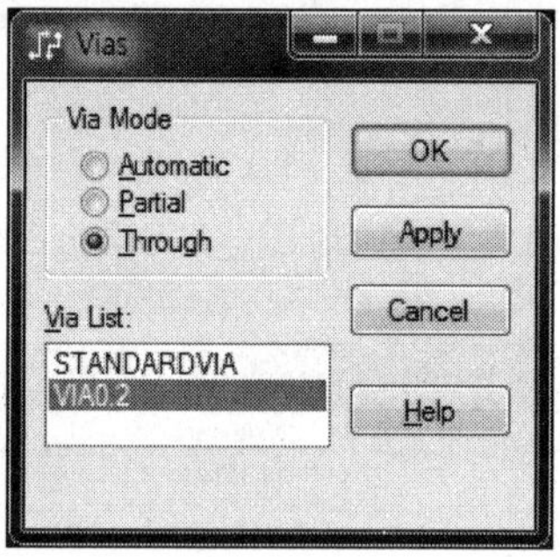

이미 뚫린 Via는 Via를 Select하고 마우스 오른쪽 버튼을 클릭하여 Properies 창에서 Via Name을 선택한다.

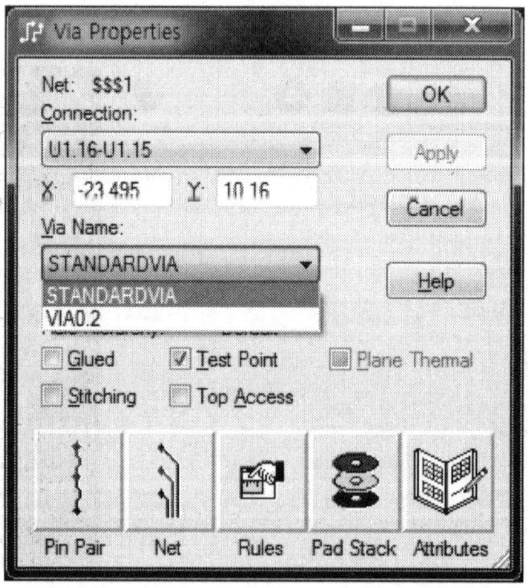

3.3 Design Rules 설정하기

Setup → Design Rules⋯ → Default → Clearance에 들어간다.

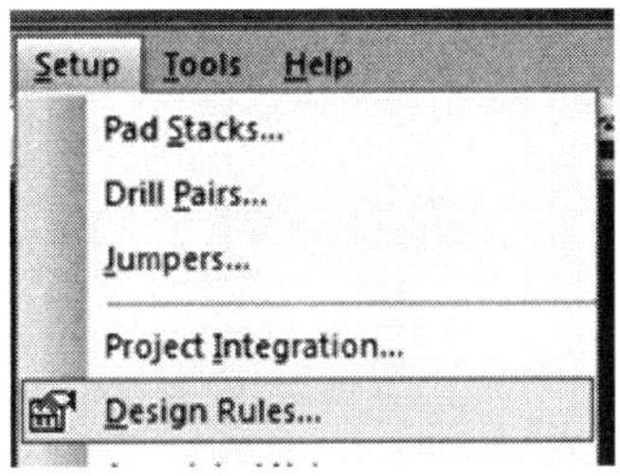

아래의 창이 뜰 때까지 들어간다.

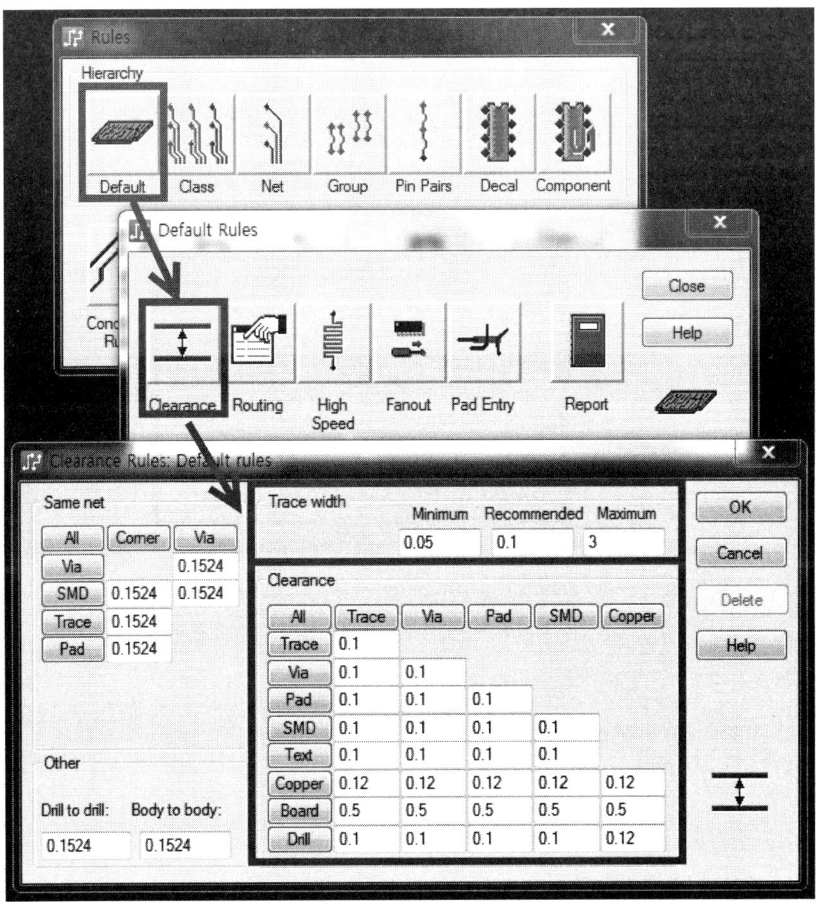

- Trace width : 배선을 위한 선(Trace)의 두께를 Recommended에 넣는다.
  Minimum과 Maximum값은 Trace의 폭의 범위를 의미한다. 이 범위보다 얇거나 두꺼운 값의 Trace는 그릴 수 없다.
- Clearance : 각 항목에 대한 최소한의 이격 거리를 의미한다. All 버튼을 눌러 모든 항목을 바꾼 후 각 항목에 대해 하나씩 또는 한 줄씩 바꿀 수 있다.
  Trace width의 값에 따라 Clearance 값이 바뀐다.

Ex) Trace width : 0.1mm Clearance : 0.1mm.
Trace width : 0.2mm Clearance : 0.2mm.
Trace width 가 두꺼워질수록 Clearance도 키우는 것이 좋다.
Copper도 넓은 면적을 채워야하기 때문에 Clearance를 키운다.

Trace width의 Recommended값을 0.1mm로 할 경우 아래와 같이 입력한다.

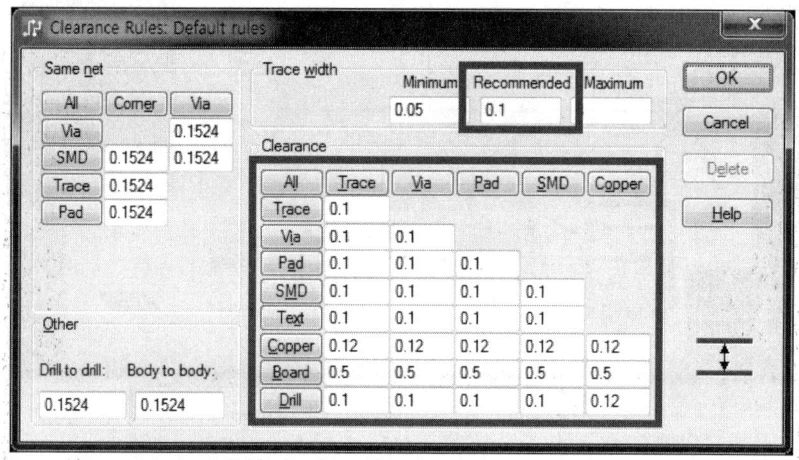

Trace와 Trace의 간격을 0.1mm 이상 떨어뜨려야 에러가 발생하지 않는다.

All 버튼 클릭 Input Clearance Value 창이 뜨면 0.1 입력하면 아래의 칸들이 모두 0.1로 바뀐다.

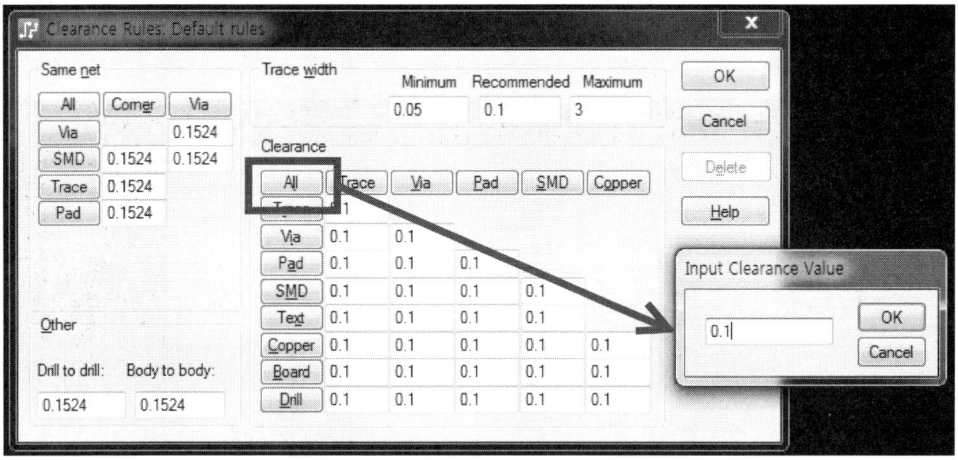

Copper와 다른 항목들과의 간격은 왼쪽 줄의 Copper를 선택한다.

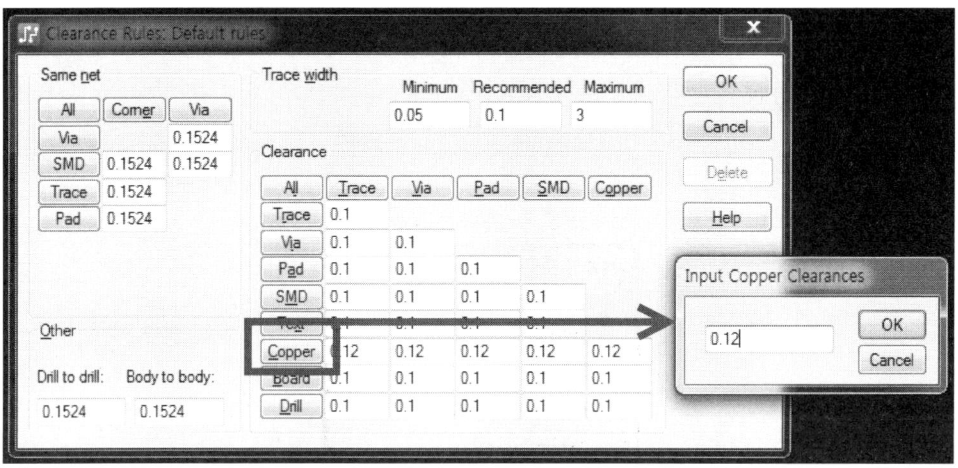

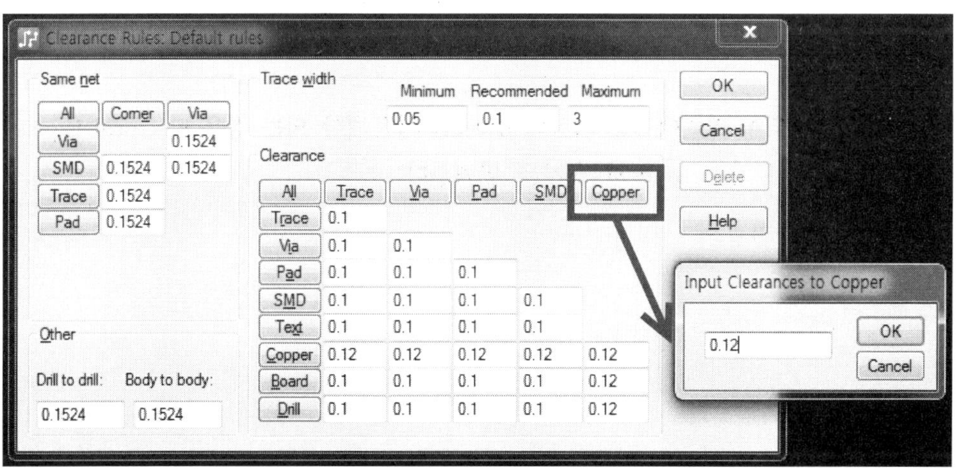

Board Outline과 항목들과의 간격은 왼쪽 줄의 Board를 선택한다.

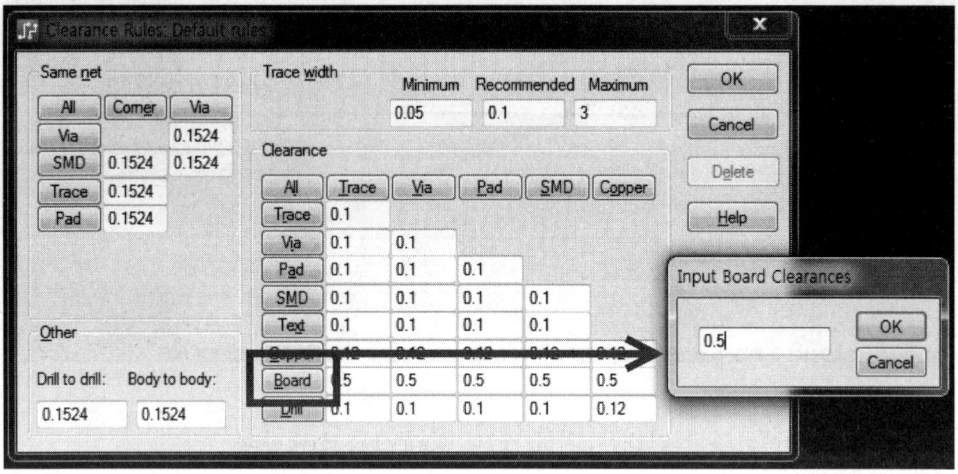

3.4 Layer 설정하기

Setup → Layer Definition... 한다.

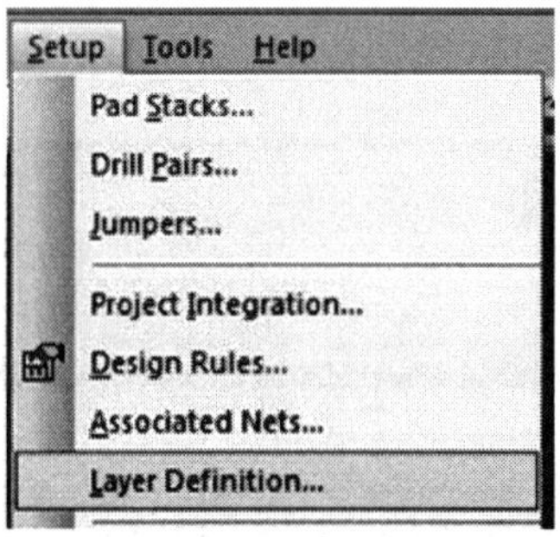

기본 2층으로 설정되어 있는데 4층 이상의 Layer를 사용해야 되는 경우 Electrical Layers에서 Modify를 누른 후 원하는 Layer의 숫자를 입력한다.

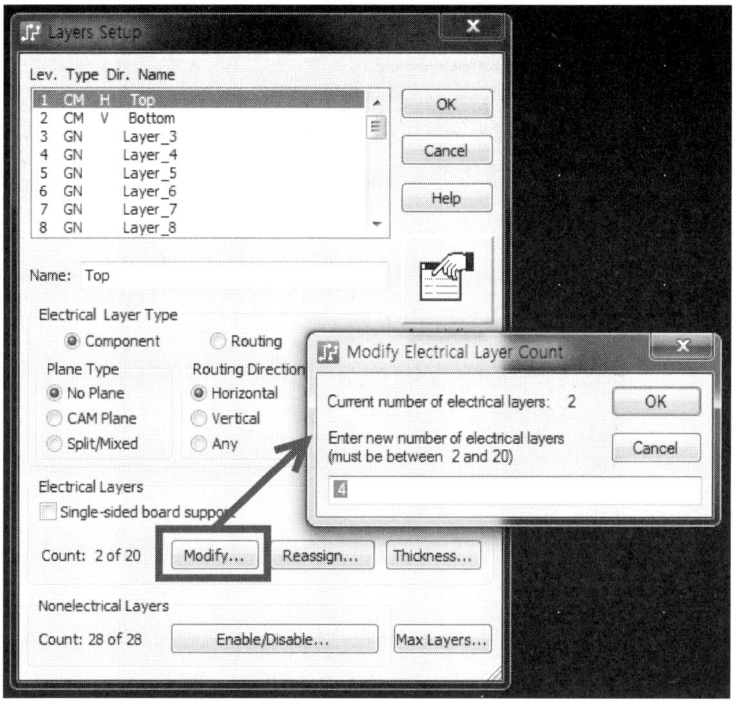

Modify를 누르면 창이 뜨는데 4층으로 변경한다는 의미이다. 원하는 숫자를 넣어 층을 증가 또는 감소시킬 수 있다. Bottom이 2층이었는데 4층으로 된다는 의미이다.

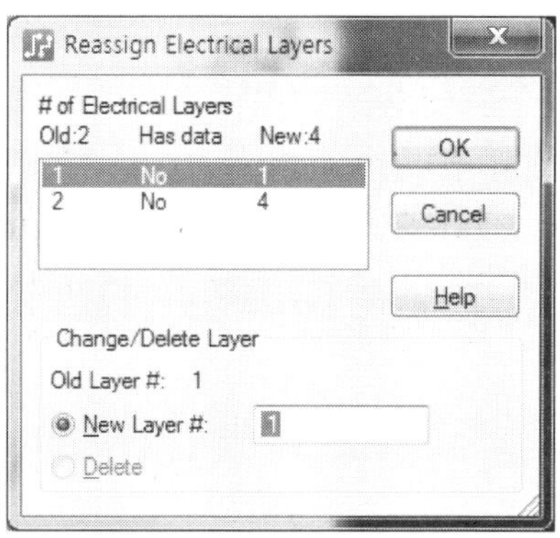

2, 3층에 Inner Layer 2, Inner Layer 3이 새로 생성되고 Bottom은 4층으로 내려갔다.

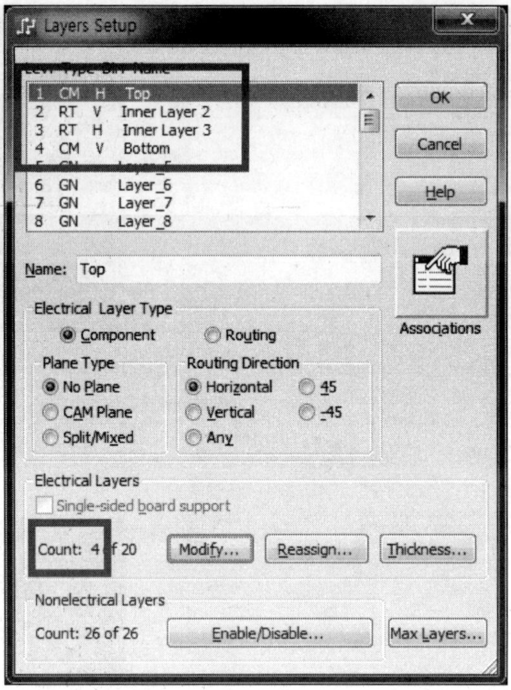

2층 설계 시 Top, Bottom층만 있으므로 전원 층을 별도로 만들지 않는다.
4층 설계 시 일반적으로 2층은 GND, 3층은 VCC 층으로 설정한다.
6층 이상 설계 시 원하는 특정 층을 전원 층으로 설정한다.

- Name : Inner Layer 2를 GND로, Inner Layer 3을 VCC로 바꿀 수 있다.
- Plane Type : 층 타입을 바꿀 수 있다.

일반 Signal 층이면 No Plane, 전원 층이면 Split/Mixed를 선택한다.

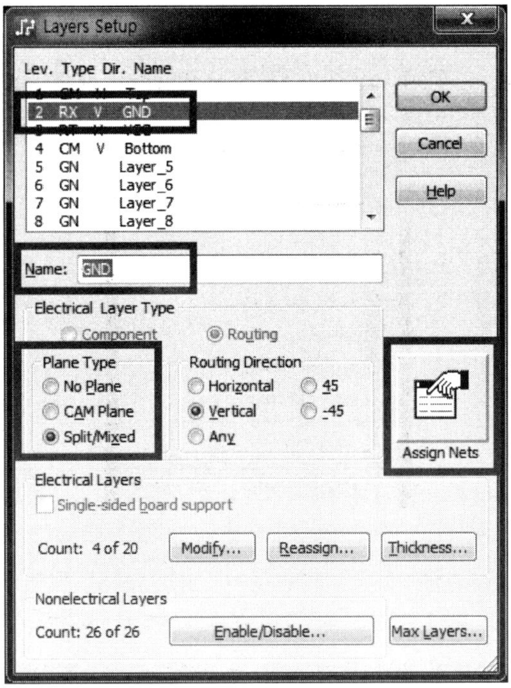

Plane Type을 Split/Mixed로 선택하면 Assign Nets 아이콘이 생성된다.

- Assign Nets : GND층을 선택하고 Plane Type을 Split/Mixed로 하면 Assign Nets 아이콘이 생성된다.

Assign Nets 아이콘을 클릭하면 아래 창이 뜬다. 전원 넷을 왼쪽 칸에서 선택하여 Add를 눌러 Assigned net 시킨다.

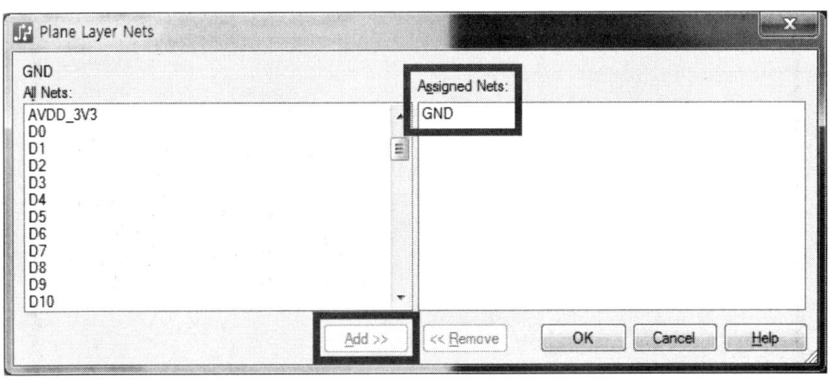

2층에서 GND Net의 Copper만 그려진다.

3층도 VCC Net을 Assigned Nets 하여 VCC Net의 Copper만 그린다.

3.5 Display Color 설정하기

Setup → Display Colors... 한다. : 층별 각 항목에 대한 색을 설정할 수 있다.

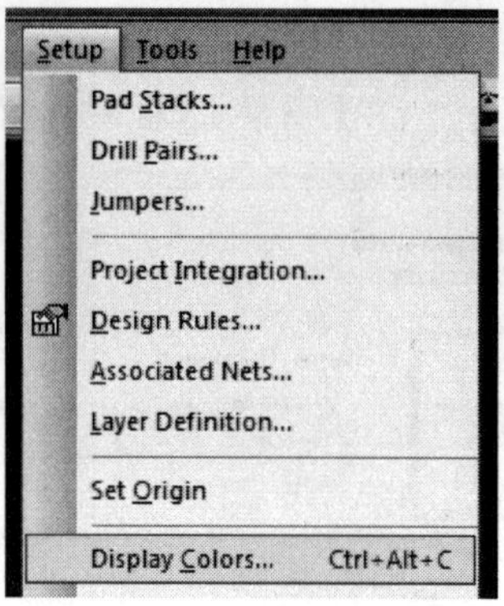

2층을 4층으로 늘려놓았기 때문에 2,3층의 색이 검정색으로 되어 있다.
Other에서 Background의 색과 같은 색으로 채워진 곳은 Display 되지 않는다.
현재는 Background의 색이 검정이기 때문에 검정색으로 된 칸들은 Layout에 어떤 항목이 있어도 보이지 않게 된다.
2, 3층에 Line이나 Trace, Text 등이 있어도 Display 되지 않는다. 그래서 작업해야 하는 층은 항상 색깔을 넣어놓고 켜두는 것이 좋다.

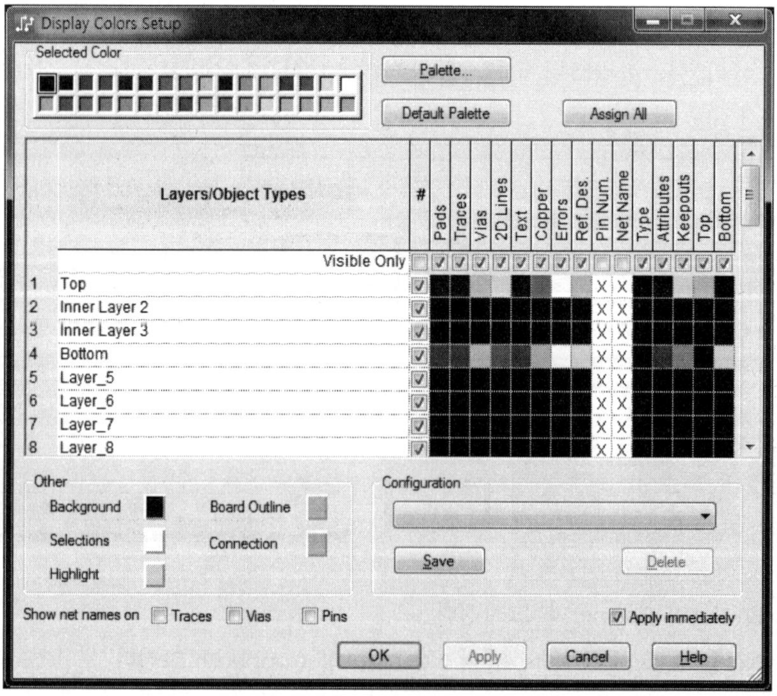

아래의 그림처럼 세팅한다.

보통 같은 Layer끼리 같은 색으로 지정하는 것이 작업하기 편하다. Pads ~ Copper까지 같은 색으로 지정한다.
1층부터 4층까지의 색 지정도 해야 되지만 더 아래로 내려 보면 Soldermask, Silkscreen층 등의 색도 지정한다.

우선 팔레트에서 색을 선택한 뒤 원하는 칸에 클릭하면 색이 바뀐다.
작업한 것이 없어 Display되지 않아도 되면 Background와 같은 색인 검정색 칸으로 둔다.
Display되어야 하는 항목들은 한 칸씩 모두 클릭하여 색을 지정한다.

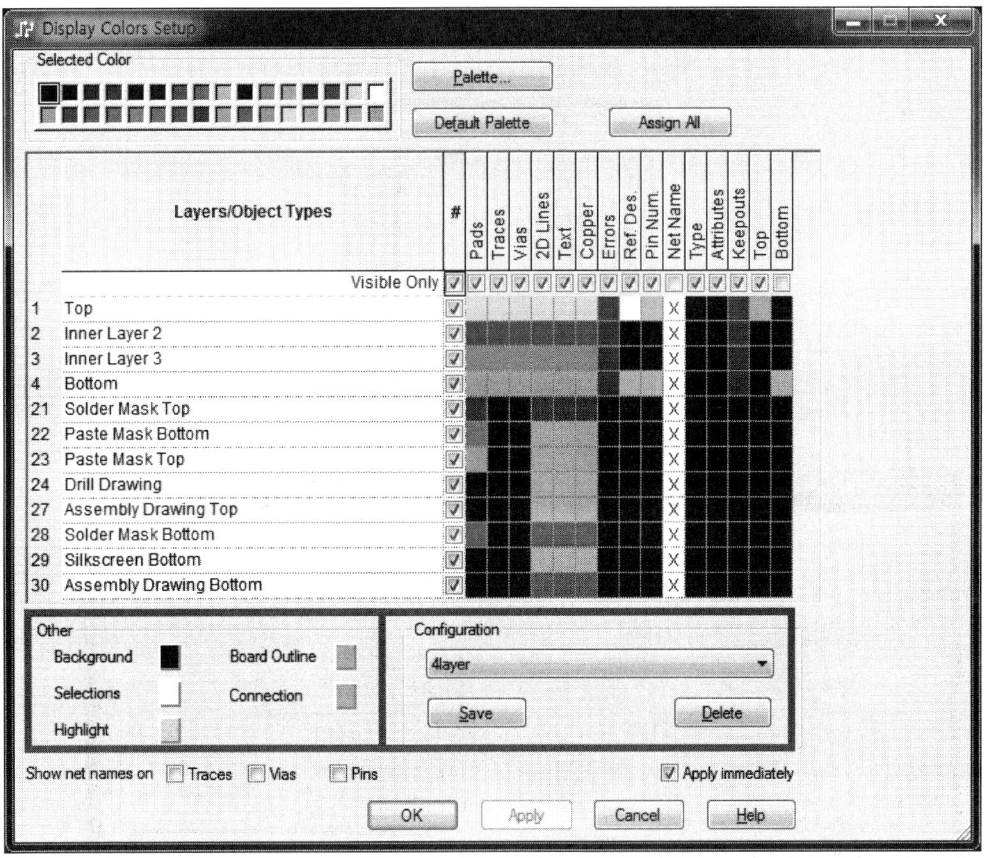

Top의 Pads부터 Copper까지 노란색으로 보인다.
Errors는 빨간색 Top에 있는 부품의 Silk는 분홍색으로 보인다.
이렇게 각 항목에 대하여 색을 지정한다.

Other에서

- Background : 화면 배경색을 설정한다.
- Board Outline : 보드 아웃라인 색을 설정한다.
- Selections : 어떤 것을 선택했을 때 하이라이트 되는 색을 설정한다.
- Connection : 연결된 선(NET)의 색을 설정한다.

Configuration에서

Save 버튼을 클릭하여 4Layer라고 입력한 후 저장한다.

현재 설정한 4Layer의 색을 다른 파일에서 재사용 가능하다

3.6 Net Color 설정하기

View → Nets… 한다. : 특정 Net의 색깔을 설정할 수 있다.

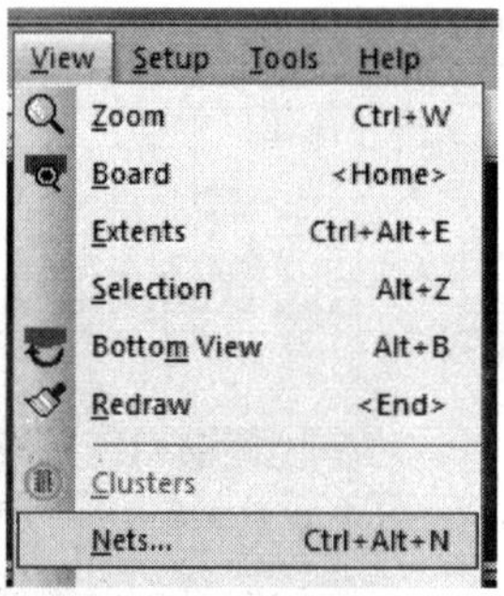

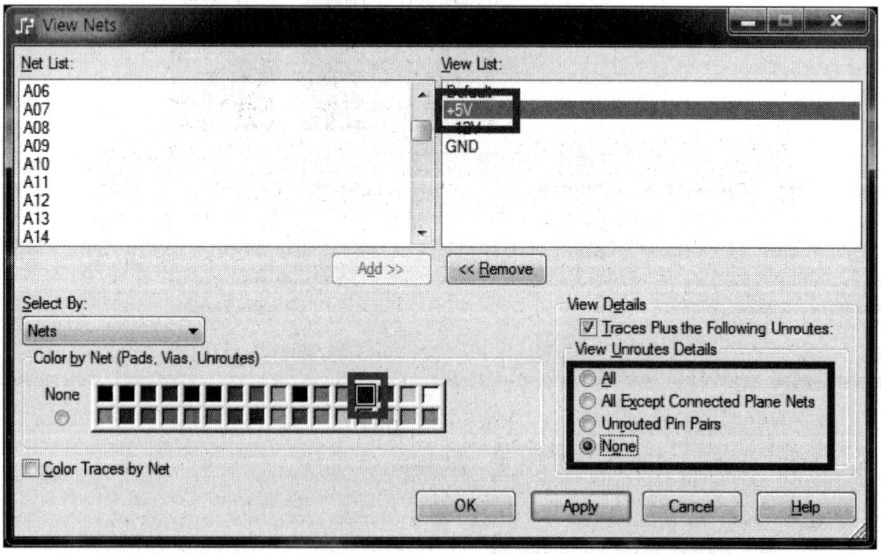

원하는 Net을 Add하고 Net을 선택하면 아래 기능이 활성화된다.
Color by Net에서 색 지정하면 그 Net의 Pin과 Connection들의 색이 바뀐다.

• View Details : Connection의 활성화를 의미한다.
Connection을 보이게 하려면 All Except Connected Plane Nets을 선택한다.
Connection을 안보이게 하려면 None을 선택한다.

전원층에서 연결할 VCC, GND Net들은 라우팅 하지 않고 Via처리를 하기 때문에 Connection이 보이지 않게 None 처리한다.

색을 넣고 Connection을 끄기 때문에 핀의 속성을 바로 알 수 있다.

4 Board Outline 그리기

4.1 Board Outline and Cut Out 실행하기

Board Outline은 보드의 왼쪽 아래가 Origin(0, 0)이 되어야 하는데 그 Origin에 Part와 Net이 올라와진 상태이므로 부품을 다른 쪽으로 펼친 후에 Outline을 그린다.
Tools → Disperse Components 하면 Origin에 뭉쳐져 있던 Part 들이 먼 쪽으로 펼쳐진다.

Board Outline and Cut Out 아이콘을 선택한다.

Drafting 아이콘을 클릭하면 Board Outline and Cut Out 아이콘이 보인다.

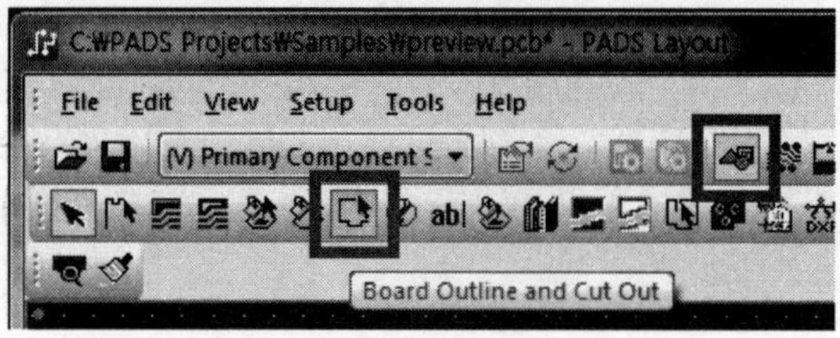

마우스 오른쪽 버튼을 클릭하여 Rectangle을 선택한다.

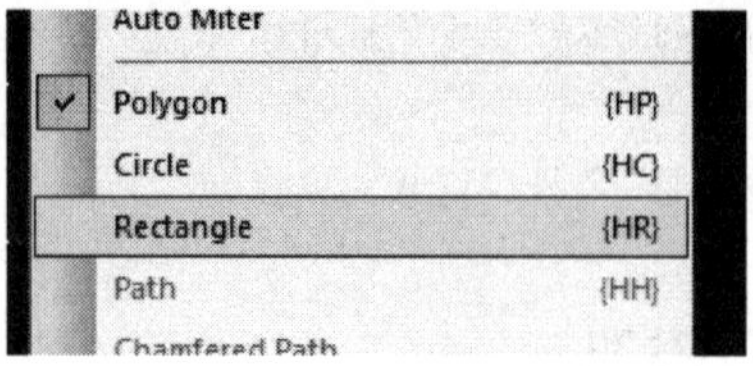

(0, 0)을 보드의 Origin으로 생각하고 오른쪽 위로 그림을 그린다.

Origin(0, 0)을 보드 왼쪽 아래로 가게 하기 위해서 "s 0 0"을 한 뒤 Space Bar 한다.

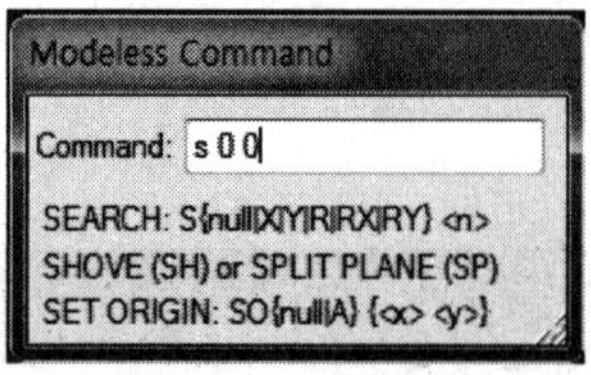

마우스를 움직이면 Rectangle이 그려지기 시작한다.

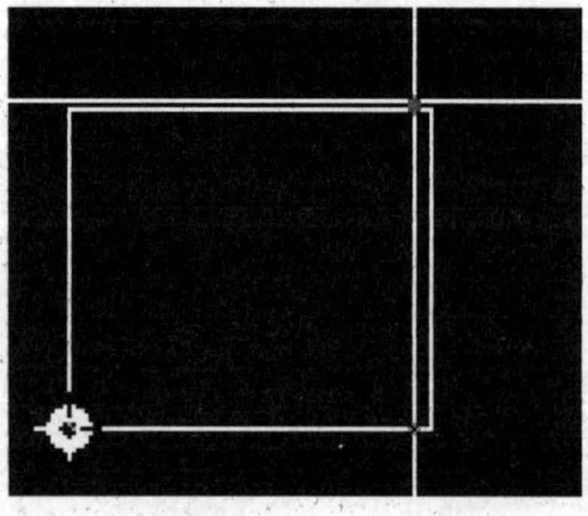

오른쪽 위 임의 자리에 클릭하여 Board Outline을 완성한다.

4.2 Board Outline 수정하기 (Select Board Outline)

Board Outline을 수정하기 위해서는 Select Mode를 Select Board Outline으로 한다.

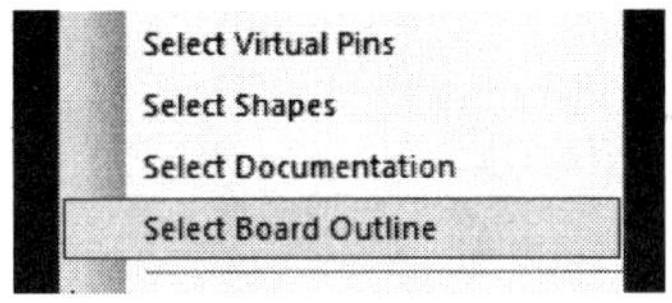

◉ Board Outline의 좌표 수정하기

수정할 한쪽 라인을 클릭하고 마우스 오른쪽을 클릭하여 Properties...에 들어간다.

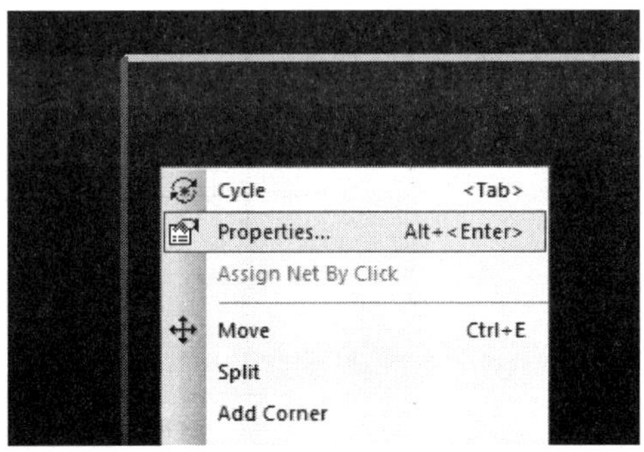

Board Outline을 그릴 때 Origin 기준으로 그렸기 때문에 X1, X2는 0인 것을 확인할 수 있다.

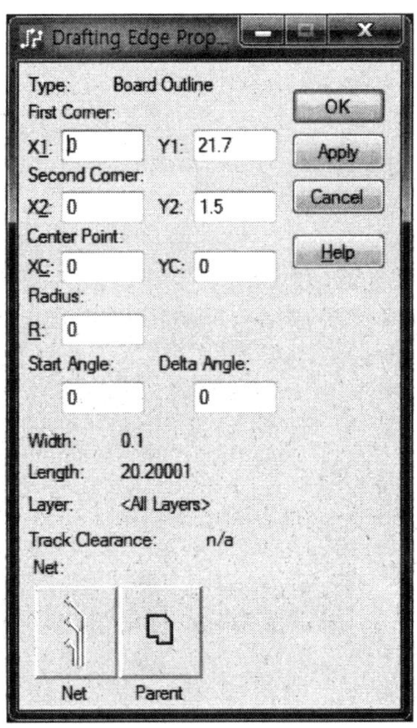

만약 Board Outline의 Size가 100*50일 때 오른쪽 라인을 잡고 Properties...에 들어가서 X1, X2의 값에 100을 입력한다. 위의 라인을 잡고 Properties...에 들어가서 Y1, Y2의 값에 50을 입력한다.

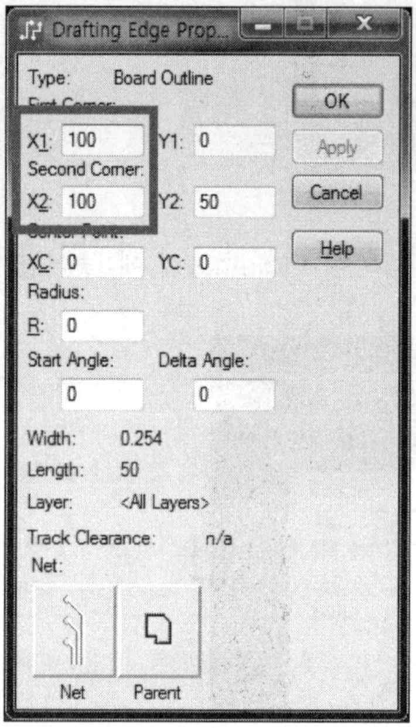

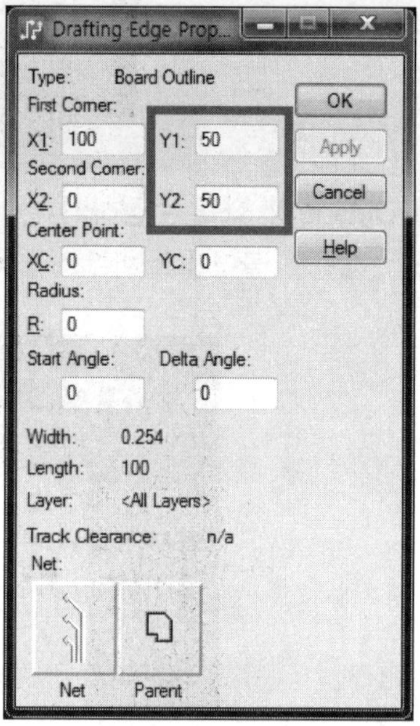

좌우로 움직이는 라인은 X좌표를, 상하로 움직이는 라인은 Y좌표를 통일시킨다.

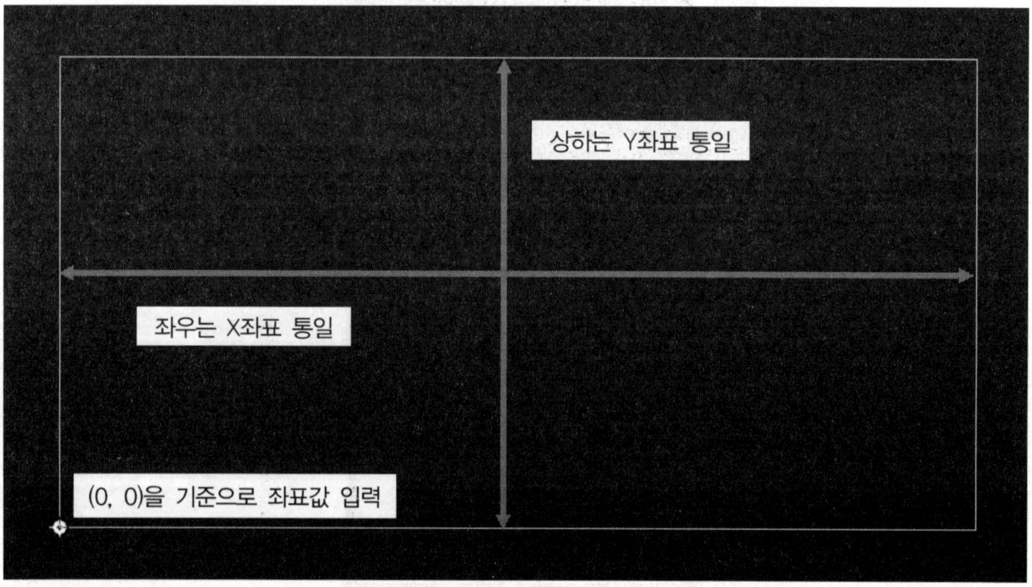

◉ Split : Board Outline 쪼개기

라인을 잡은 후 마우스 오른쪽 버튼을 클릭한다.

Split을 선택하여 쪼개기 한 다음 다시 마우스 오른쪽 버튼을 누르면 angle에 대한 옵션이 나온다.

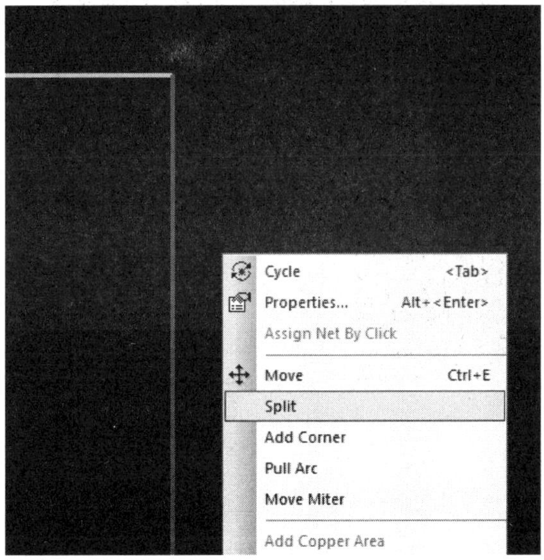

◉ Add Corner : Board Outline 각주기

라인을 잡은 후 마우스 오른쪽 버튼을 클릭한다.

Add Corner를 선택하고 임의의 자리에 클릭하여 각을 추가한다.

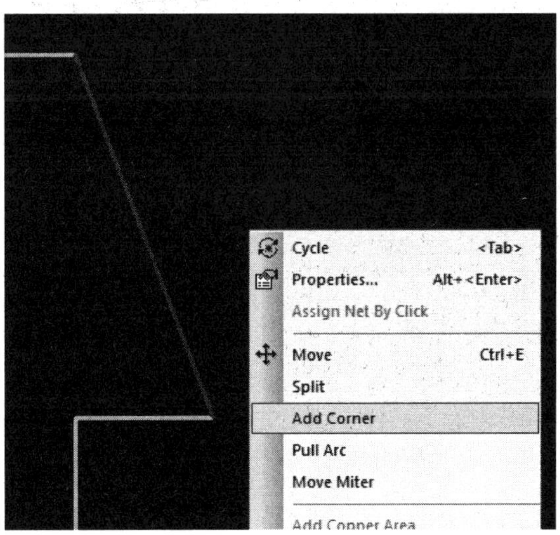

◉ Pull Arc : Board Outline 호주기

라인을 클릭 후 마우스 오른쪽 버튼을 클릭한다.
Pull Arc를 선택하고 임의의 자리에 클릭하여 호를 추가한다.

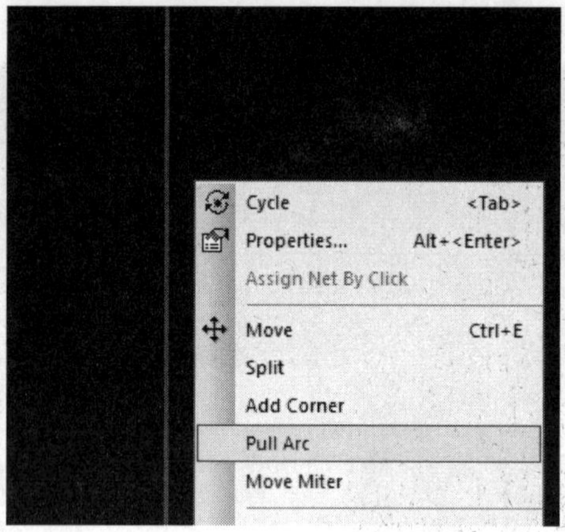

라인을 선택한 상태에서 마우스 오른쪽 버튼을 클릭하여 Properties...에 들어가 R 값을 입력한다.

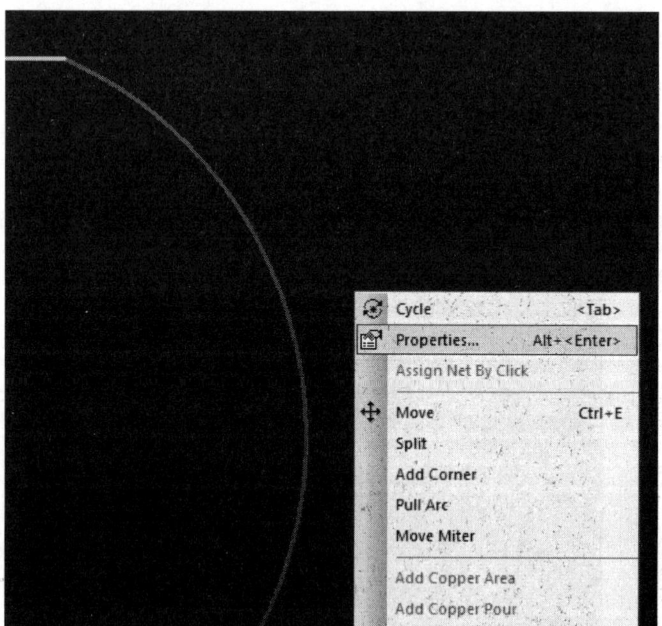

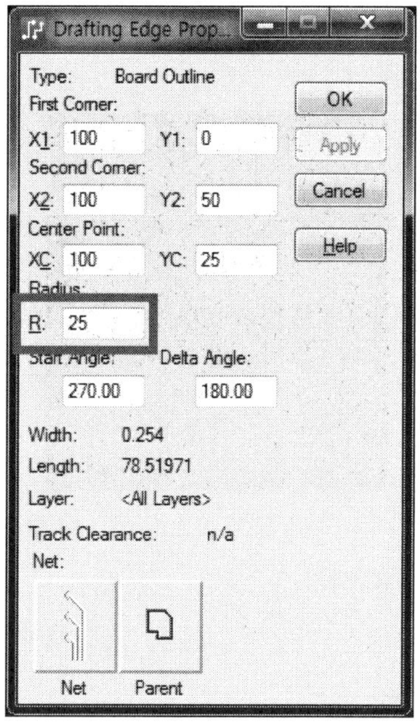

◉ **Add Miters : Board 외곽 모따기**

보드의 네 귀퉁이의 모 따기를 하려면 보드 전체를 드래그 하여 마우스 오른쪽 버튼을 클릭하고 Add Miters를 하여 반지름 0.5입력한다.

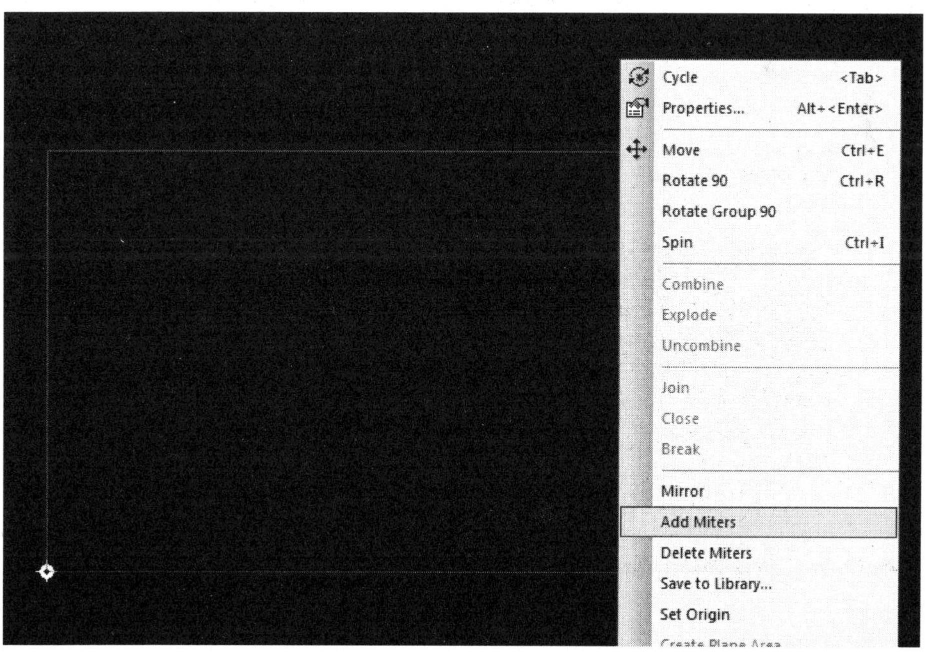

모서리의 뾰족한 부분에 모따기 한다.

Tools → Options → Global에 들어간다.

Miters를 보면 모따기를 Diagonal로 꺾을지 Arc로 꺾을지 설정할 수 있다.

Ratio는 각의 반지름을 의미한다.

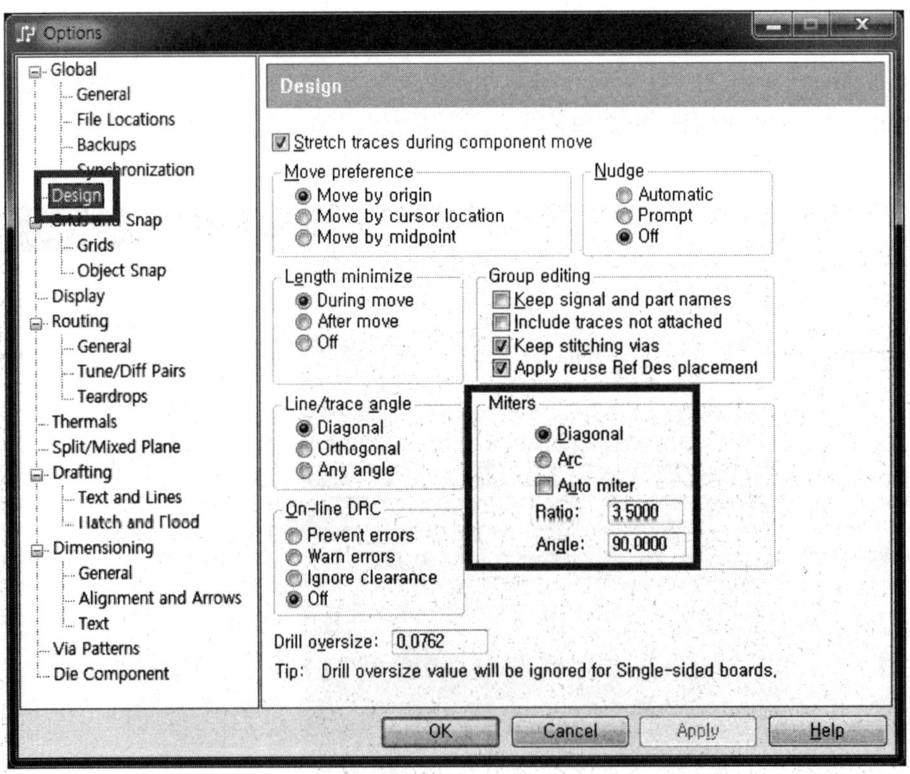

• Move Miter : 45도로 꺾인 Line을 잡고 Move Miter하면 각이 더 커진다.

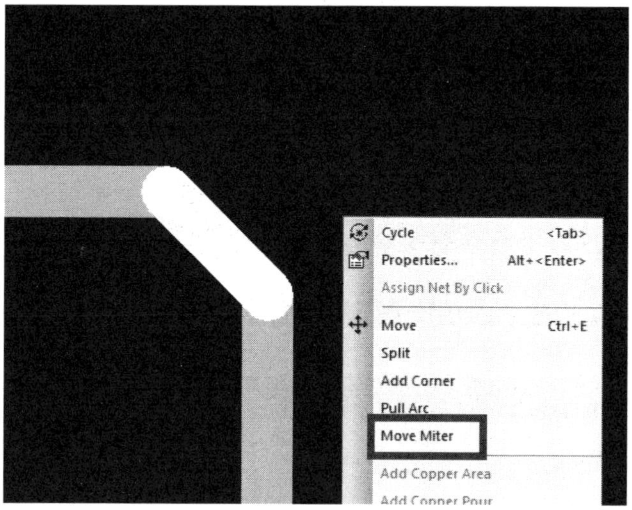

Board 안에 Cut처리를 해야 된다면 한 번 더 Board Outline and Cut Out을 선택한다. 아래의 메시지창이 뜨면 확인을 누르고 Board 안에 라인을 그린다.

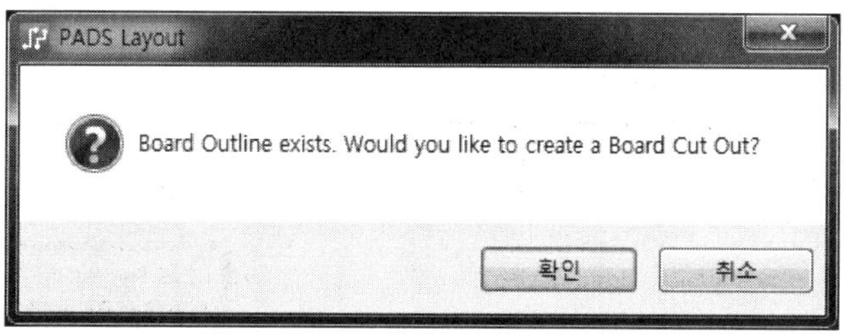

Cut Out은 보드 안에만 그려지고 그 부분은 보드가 뚫린 상태로 배치나 배선을 했을 때 Error 체크 시 Error가 난다.

4.3 DXF File 불러오기

Drafting Toolbar → Import DXF File하여 불러온다.

Import한 Line을 Board Outline으로 사용 가능하다.

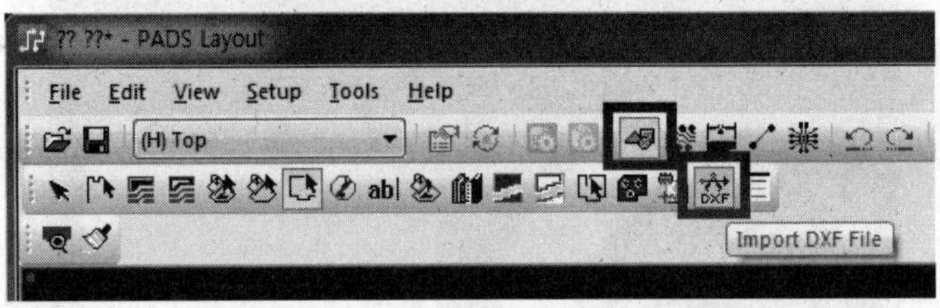

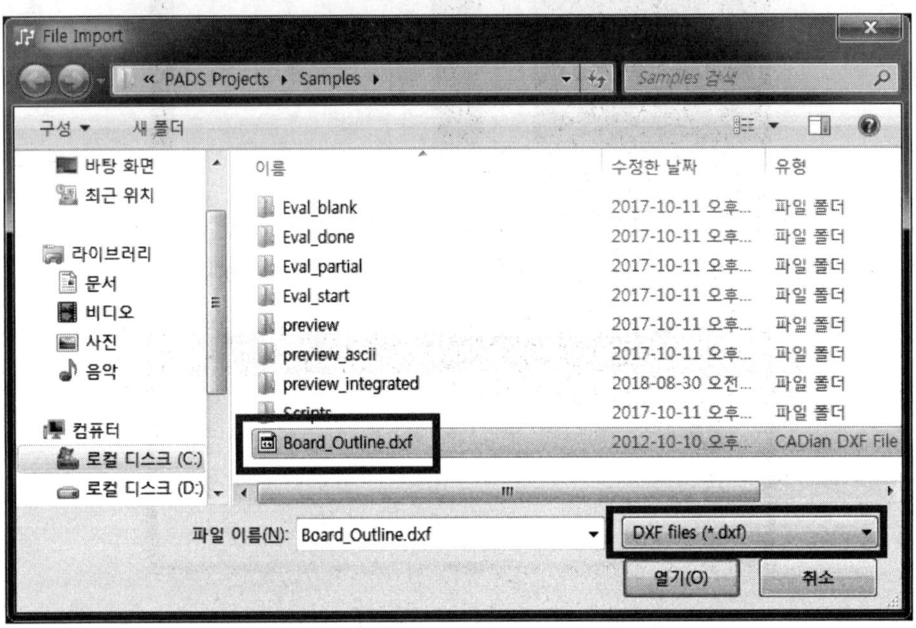

불러온 기구 그림이다.

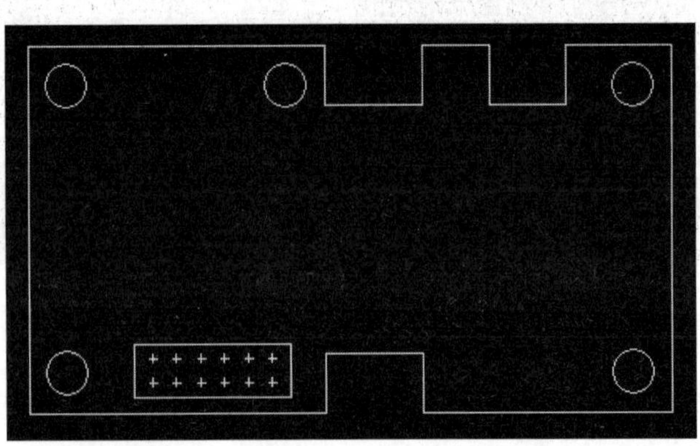

마우스 오른쪽 버튼을 클릭하여 Select Shapes 한다.

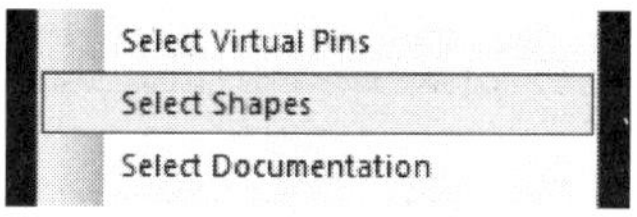

보드로 사용할 외곽 라인을 Select 하고 마우스 오른쪽 버튼을 클릭하여 Close를 선택한다. 쪼개져있던 라인을 Close시켜 하나의 닫힌 라인으로 인식시킨다.

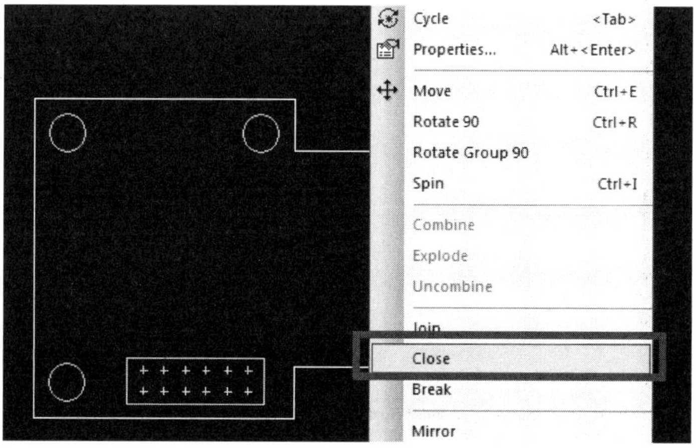

마우스 오른쪽 버튼을 클릭하여 Properies...를 선택한다.

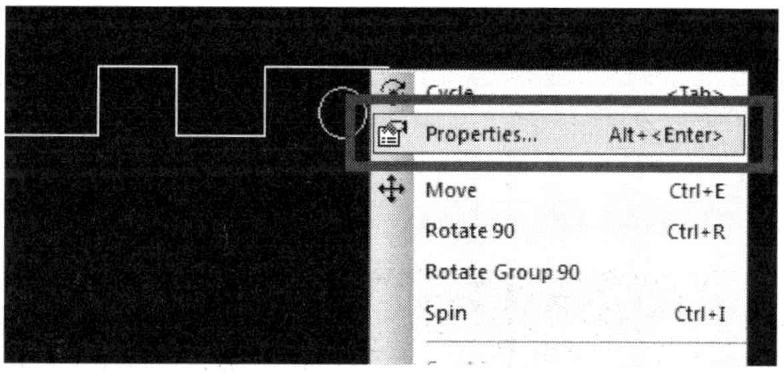

Properties 창이 뜨면 Type을 Board Outline으로 바꿀 수 있다.

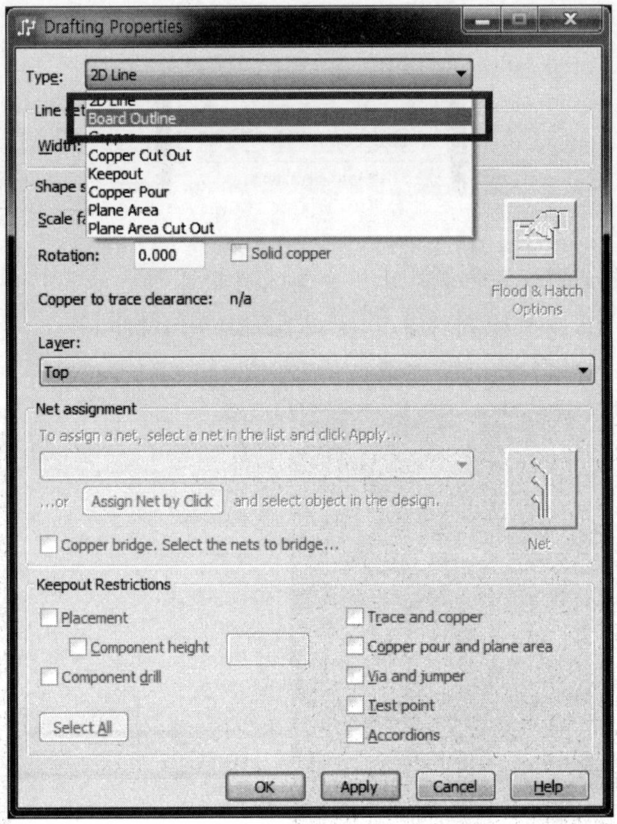

기구도면을 불러오면 Origin이 보드 왼쪽 아래에 없기 때문에 Setup → Set Origin 선택 → 마우스 오른쪽 버튼 클릭 → Snap to Objects 한다. → Origin이 될 부분에 마우스를 가까이 가져간다.

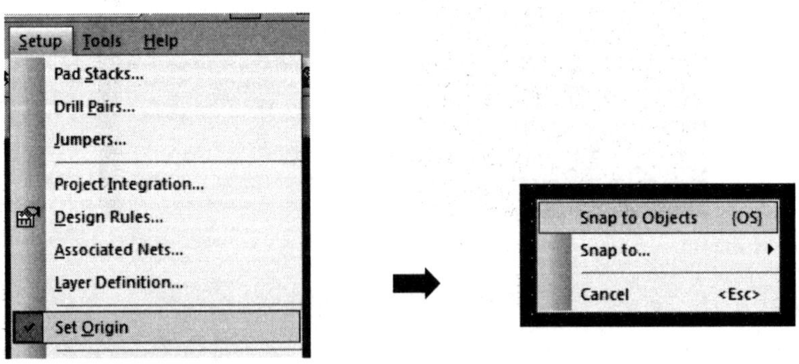

마우스를 보드 왼쪽 아래 모서리 근처로 가져가면 사각형 모양이 생긴다.
마우스를 클릭하여 Origin을 왼쪽 아래로 지정한다.

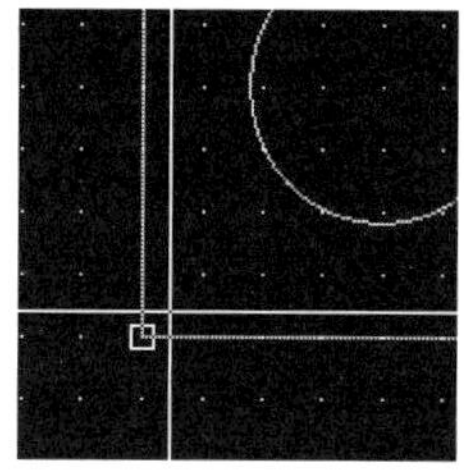

Origin이 이동한 좌표 값이 나타나고 흰 점은 보드 왼쪽 아래로 이동한 것이 보인다. 예를 누르면 Origin이동이 완료된다.

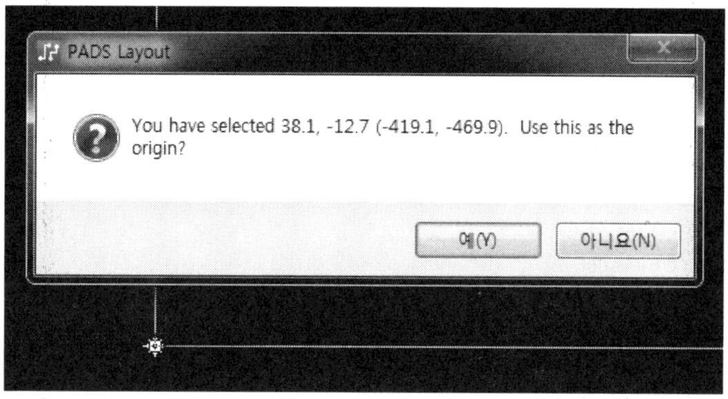

Snap을 컨 상태이기 때문에 Modeless Command창에 os를 입력하고 엔터하면 Snap이 다시 꺼진다.
다시 os를 치고 엔터하면 Snap이 켜진다.

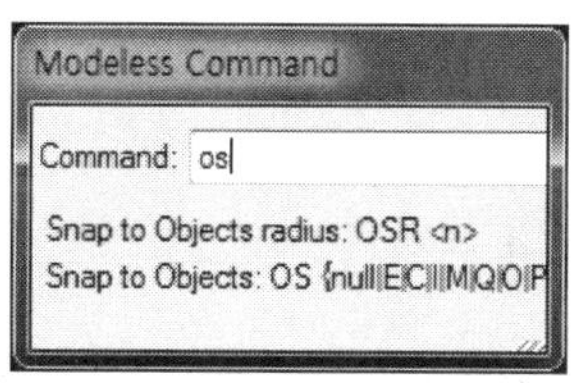

나머지 부품의 위치를 나타내는 Line들은 모두 드래그하고 마우스 오른쪽 버튼을 클릭하여 Properties에 들어가 Assembly Drawing Top층에 놓는다.
Top면 기구도는 Assembly Drawing Top층에 Bottom면 기구도는 Assembly Drawing Bottom층에 넣어 배치 또는 라우팅시 참고한다.

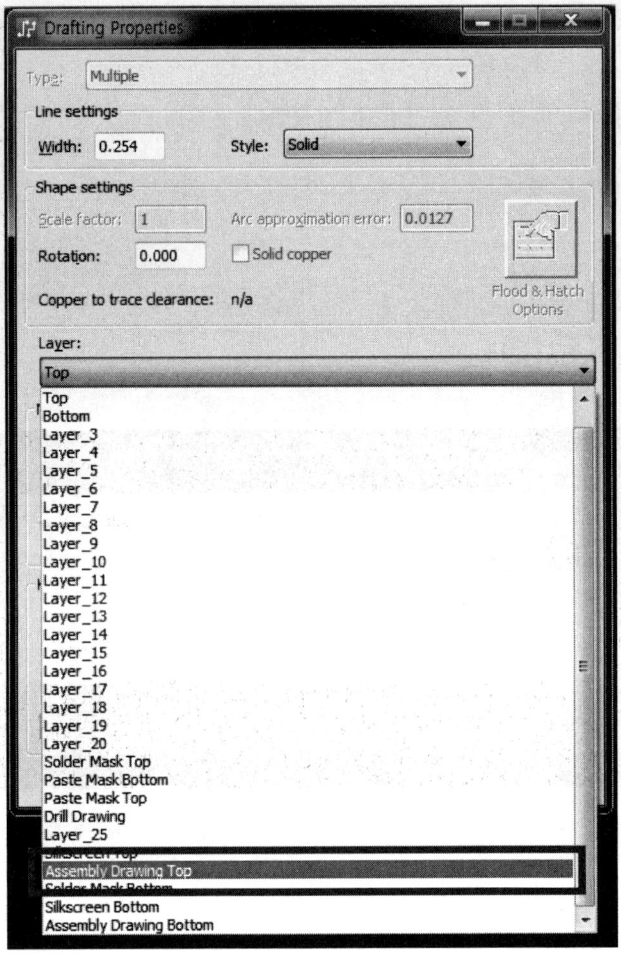

5 배치하기

5.1 Logic과 Layout 연동하기

회로를 보며 배치를 해야 하기 때문에 배치를 시작하기 전 Logic과 Layout을 연동시킨다. 회로에서 선택한 Part가 Layout에서 해당부품이 Select 된다.

Logic에서 Tools → PADS Layout 또는 PADS Layout 아이콘을 클릭한다.

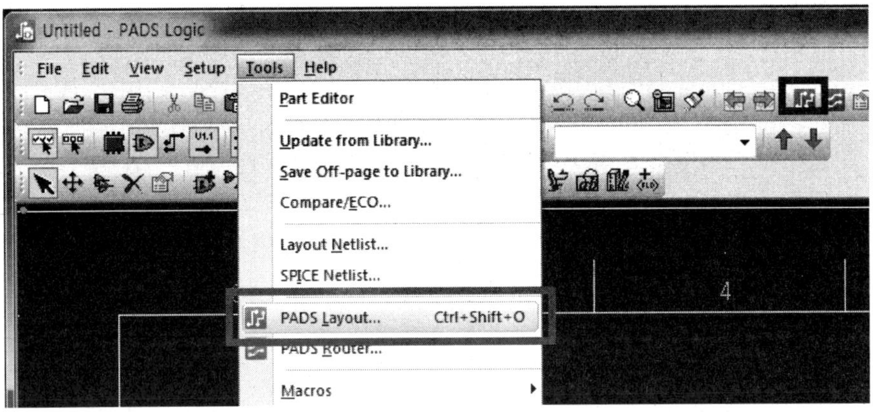

PADS Layout Link 창이 뜨면 Logic과 Layout이 연동된 상태가 된다.

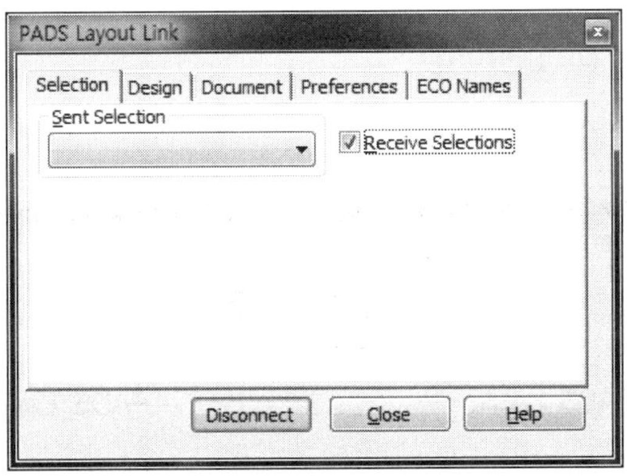

5.2 부품 펼치기 : Tools → Disperse Components

Board Outline이 완성되었다면 다시 부품을 펼친다.
Board Outline 가까이로 부품이 다시 펼쳐진다.

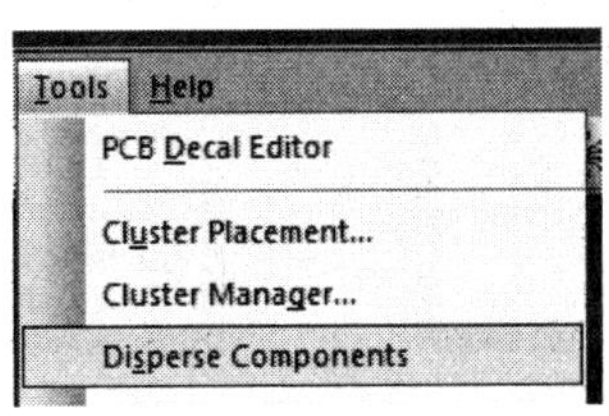

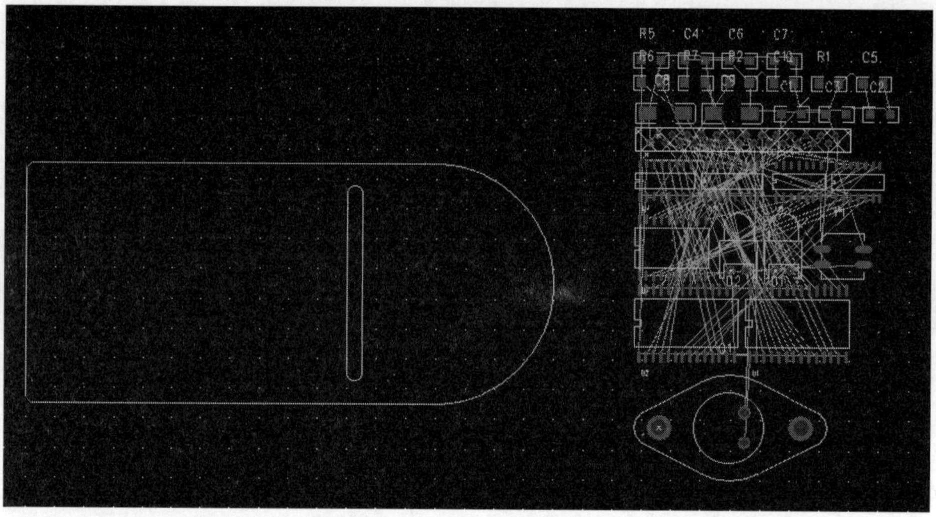

5.3 Select Mode (Component)

부품 이동이 편하려면 마우스 오른쪽 버튼을 클릭하여 Select Components 한다.

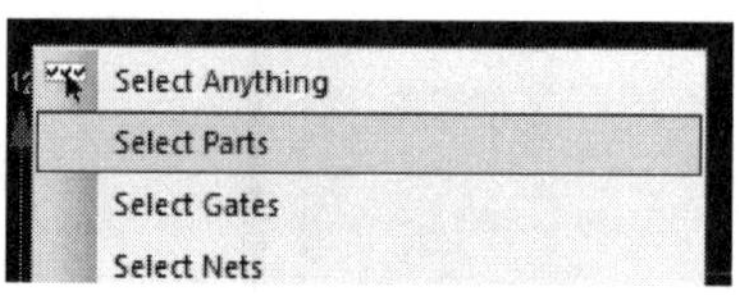

PADS Logic

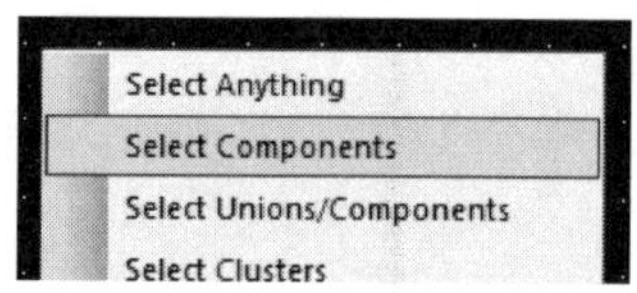

PADS Layout

5.4 Grid - G, GD

부품이 움직이는 간격을 조정한다.

보드가 작은데 간격을 크게 하면 세밀한 배치가 불가능 하고, 보드가 큰데 간격을 작게 하면 균일한 배치가 어렵다. 보드 사이즈와 부품의 수에 따라 Grid를 고려하여 정한다.

Grid는 0.2mm로 설정하면 GD는 두 배인 0.4mm로 설정한다.

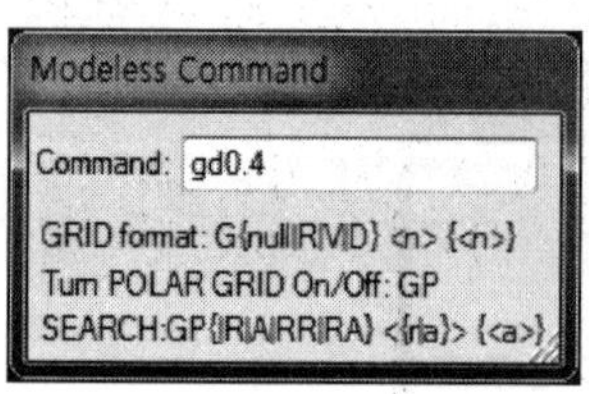

GD는 Grid Display로 화면상에 보이는 흰 점의 간격을 의미한다.

Grid의 두 배로 설정하면 커서 두 번 이동할 때 흰 점은 한 칸 이동하게 된다.

5.5 Move - Ctrl+E, Rotate - Ctrl+R, Flip Side - Ctrl+F

부품을 선택하고 마우스 오른쪽 버튼을 클릭하여 단축키를 참고한다.

- Move(부품 이동) : Component 클릭 후 Ctrl + E 또는 잡아당긴다.
- Rotate 90(부품 회전) : Ctrl + R 또는 부품이 이동하고 있을 때는 Tab키를 이용한다.
- Flip Side(부품의 층 변경) : Component 클릭 후 Ctrl + F 한다.

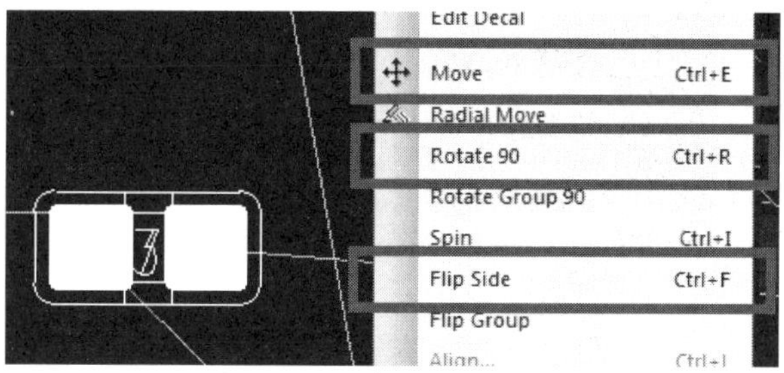

Layout 작업 시 Bottom의 부품은 Mirror 되어 보인다.
Top의 부품을 Bottom으로 내려 배치하고 그것을 투시해서 본 형태로 설계한다.
그래서 핀 배열, Reference 모두 반대로 보이는 것이 정상이다.

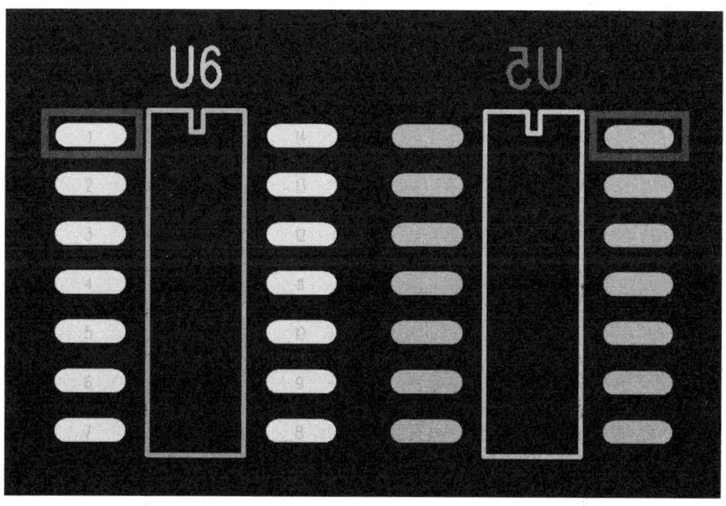

5.6 Glued

Connector같은 고정부품은 Part를 선택 후 마우스 오른쪽 버튼을 클릭하여 Properties...에서 Glued 한다.

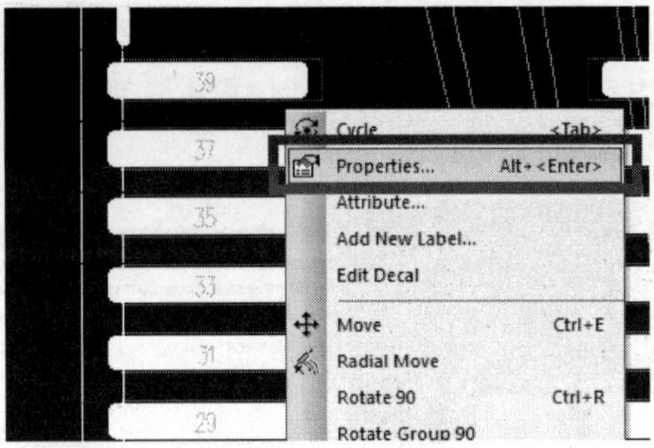

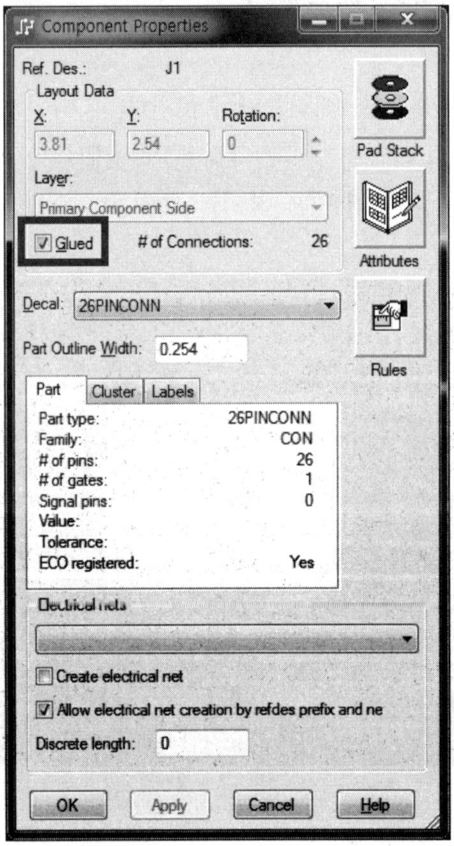

마우스 오른쪽 버튼을 클릭하여 Filter..를 선택하면 Selection Filter 창이 뜬다.

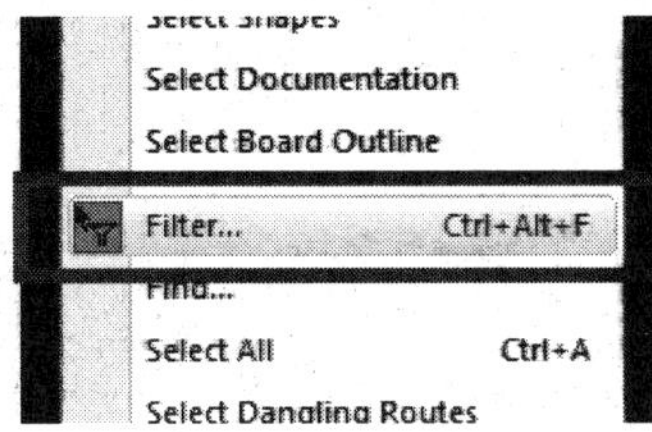

배치 시 Glued된 부품이 선택되지 않게 하려면 Glued parts 선택을 끈다.

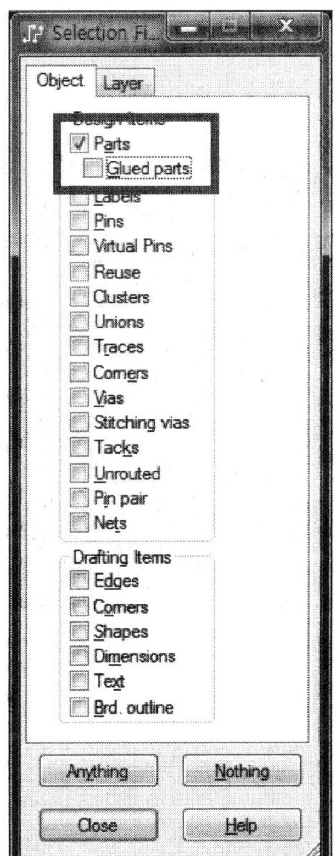

5.7 Union

회로 블록을 하나의 부품처럼 관리할 수 있는 기능이다.

Logic에서 하나의 블록인 Part들을 Select하면 Layout에서 Component들이 Select 된다.

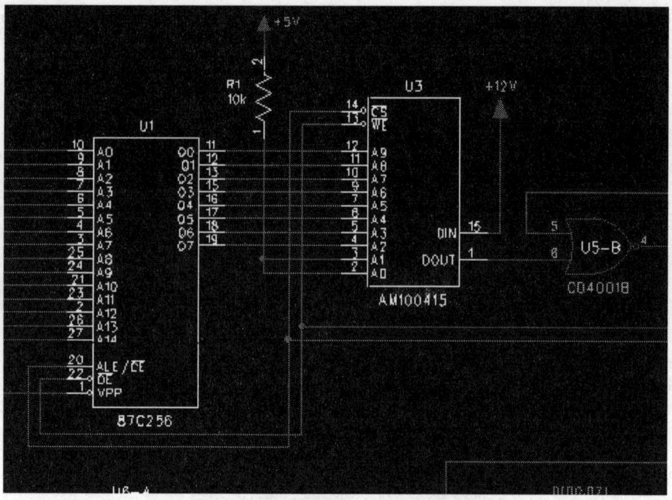

Logic에서 Part들을 Select 한 모습

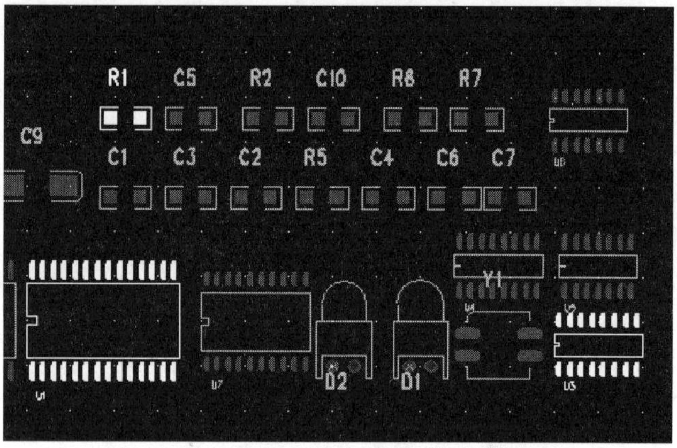

Layout에서 Component들이 Select된 모습

Layout에서 부품들이 Select 된 상태에서 마우스 오른쪽 Create Union 한다.

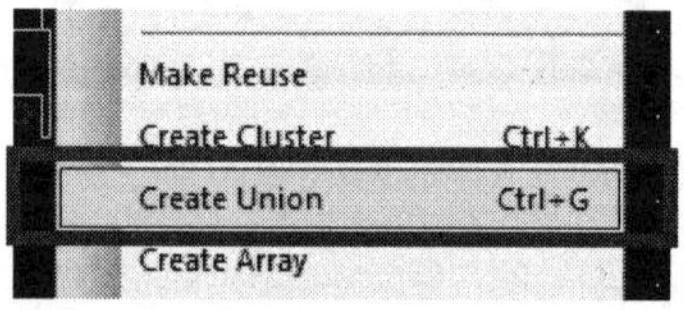

OK 한다.

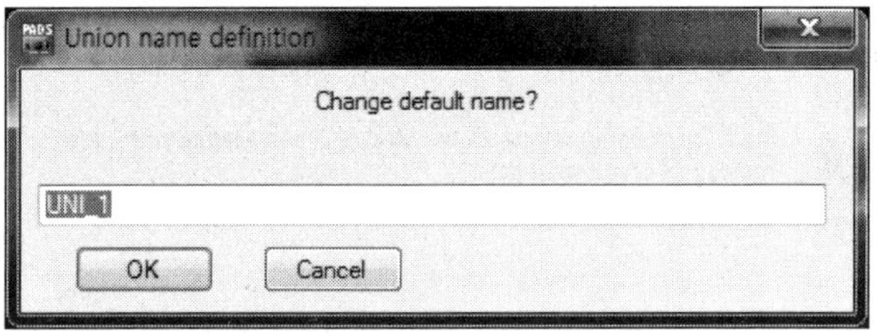

마우스 오른쪽 버튼을 클릭하여 Select Unions/Components 선택한다.

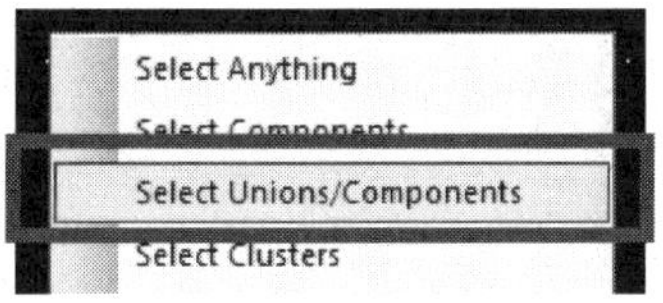

Select된 Union을 이동 (Ctrl+E)하여 펼쳐진 부품들에서 가지고 나온다.
보드 바깥 적당한 곳에 둔다.

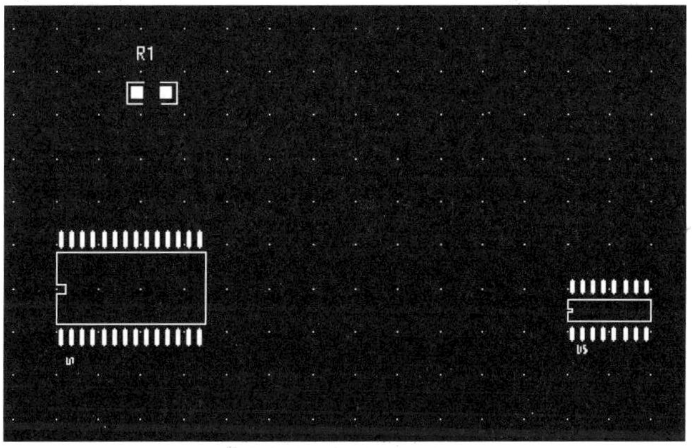

Union member중 하나의 Part만 이동하고 싶을 때는 Select Mode를 Select Components로 한다.

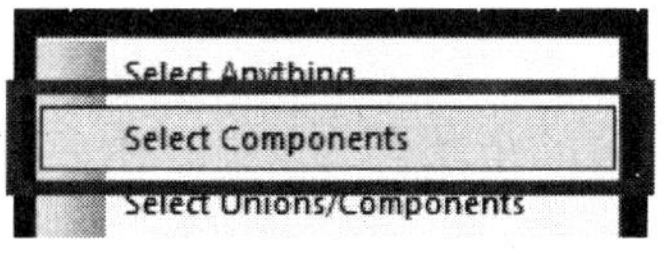

부품 하나를 잡고 이동시켜 보면 아래의 메시지가 뜬다.

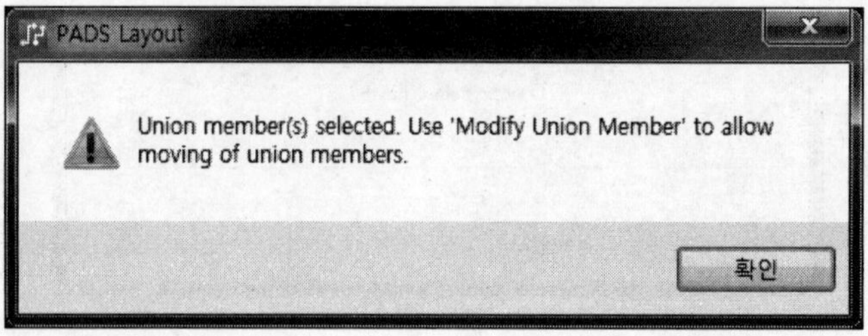

그래서 하나의 부품만 Select 하고 마우스 오른쪽 Modify Union Member한다.

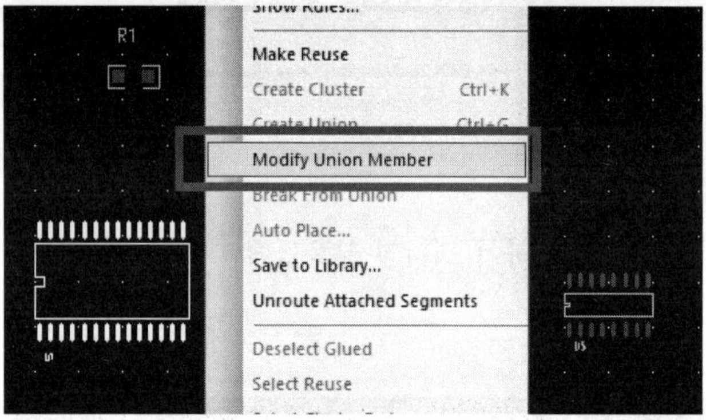

하나의 부품을 잡고 이동하여 블록이 정리가 되면 Select Unions/Components하여 블록을 이동한다.

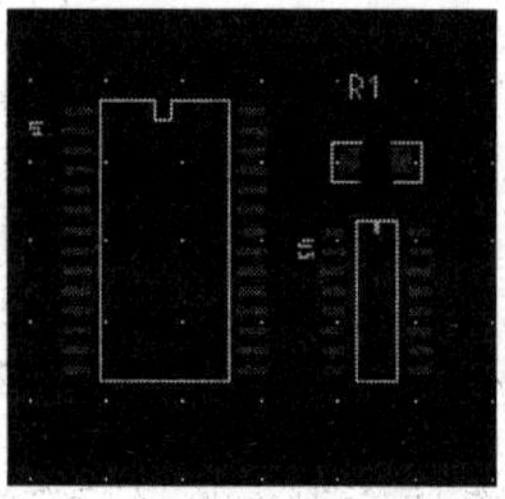

이렇게 하면 블록을 쉽게 알 수 있고 하나의 블록을 하나의 부품처럼 이동, 회전이 용이해진다. 만약 Union을 해제하고 싶다면 Union을 선택하고 마우스 오른쪽 버튼을 클릭하여 Break Like Unions 한다.

모든 Union을 해제하려면 Break All Unions한다.

5.8 Snap to Object

기구 도면에 고정부품 위치 자동 맞추기

Setup → Display Color에서 Assembly Drawing Top 층을 켠다.

DXF File을 Import할 때 같이 올라온 나머지 라인이 보인다.

부품을 이동하고 있는 상태에서 마우스 오른쪽 버튼을 클릭하여 Snap to Objects를 선택한다.

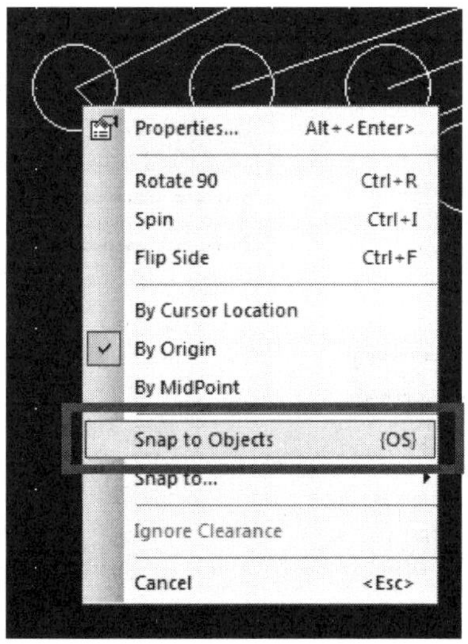

부품을 기구의 Line에 가까이 가져가면 Snap이 잡혀 정확한 위치에 배치가 가능하다.

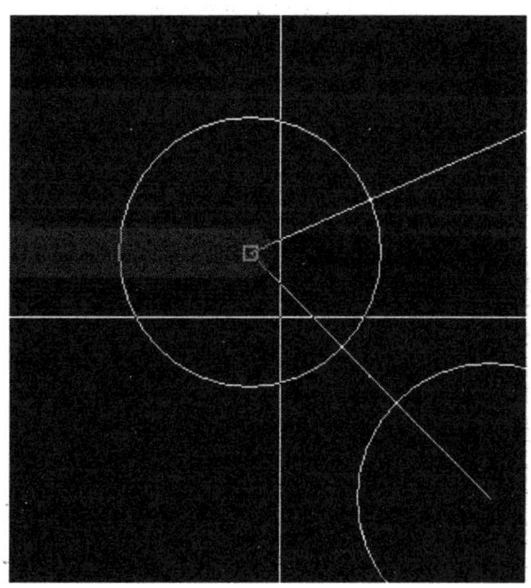

Modeless Command에 os를 입력하고 엔터하면 Snap 기능이 켜지고 다시 os 엔터하면 Snap 기능이 꺼진다.

또는 Tools → Option / Object Snap하여 체크를 끄거나 켠다.

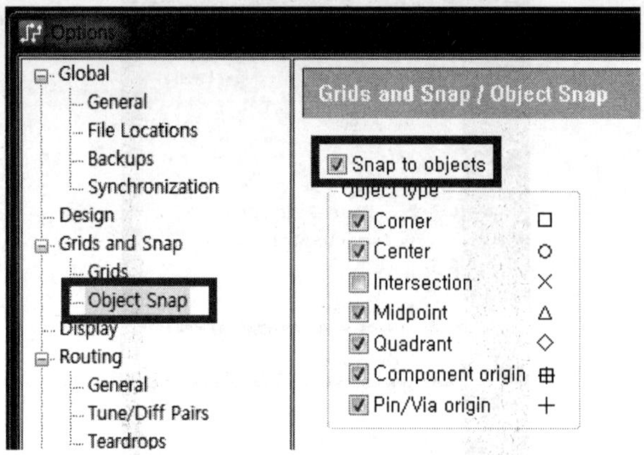

5.9 Keepout : 금지영역 설정

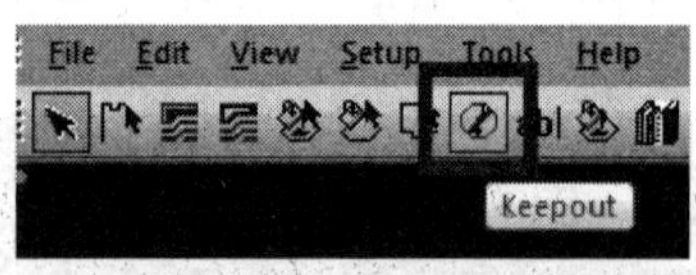

아래의 그림에서 노란색 또는 하늘색의 그물영역이다.

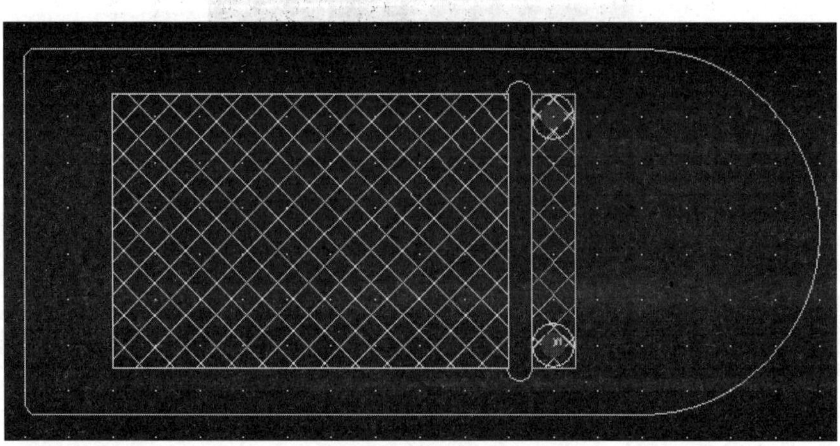

Copper를 그리듯이 Keepout 선택 후 마우스 오른쪽 버튼을 클릭하여 Polygon 또는 Rectangle 선택 한다.

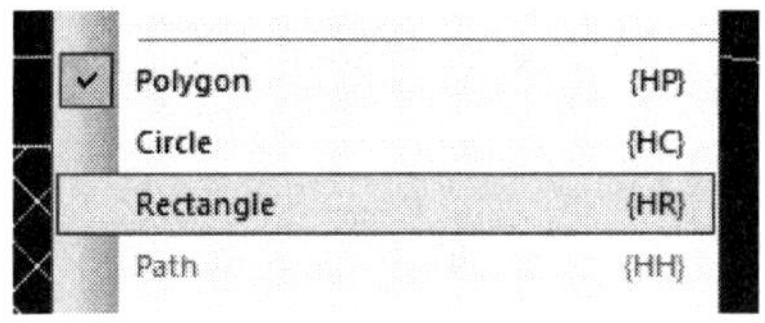

원하는 영역에 그림을 그린다. Rectangle모드에서 드래그 하면 안 그려진다.
빗금 친 영역이 생성되며 아래의 창이 뜬다.

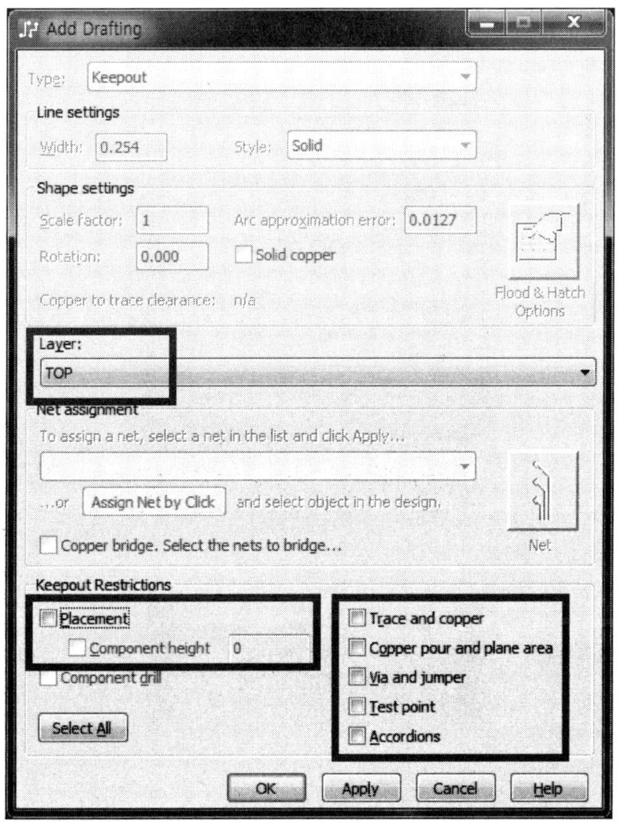

- Layer : 금지 영역의 층을 결정한다.
- Placement 체크 시 : 부품금지 영역이 된다.
- Component Height 체크 시 : 설정한 값 이상의 부품금지 영역이 된다.

밑의 5개의 항목도 중복 또는 개별적으로 체크하여 설정할 수 있다.

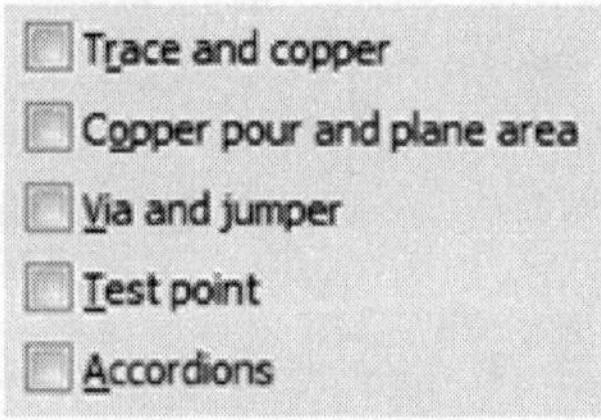

Tools → Verify Design → Clearance → Setup에 Keepout 체크
Clearance Error check시 Error를 표시한다.

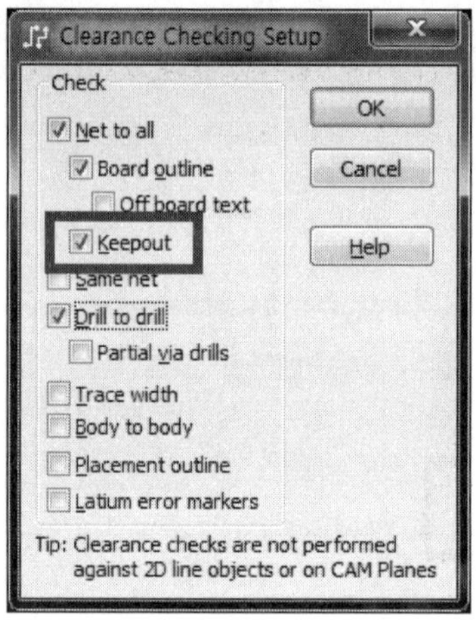

Keepout영역을 수정하고 싶으면 마우스 오른쪽 버튼을 클릭하여 Select Documentation 한다.

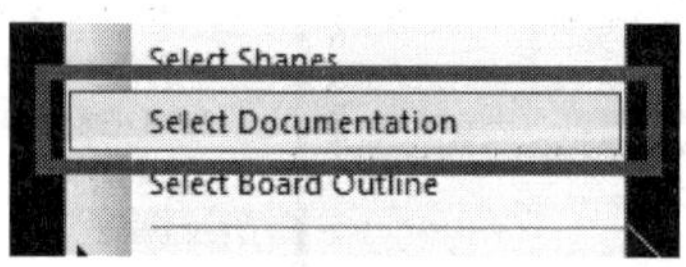

라인을 클릭 후 마우스 오른쪽 버튼을 클릭하여 Move, Split, Add Corner, Pull Arc, Move Miter 등을 할 수 있다.

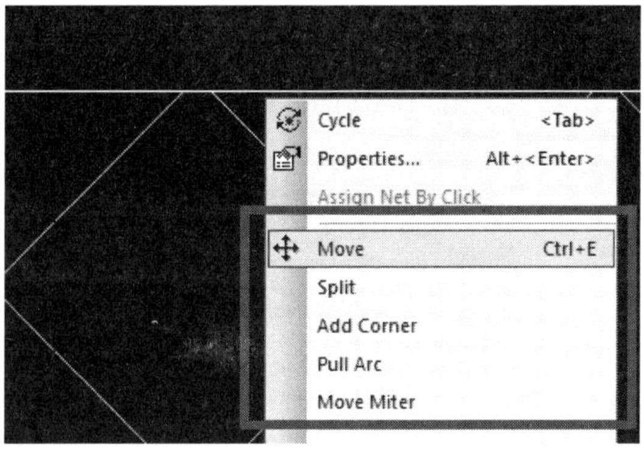

Keetout영역의 속성을 바꾸고 싶으면 마우스 오른쪽 버튼을 클릭하여 Select Shapes 한다.

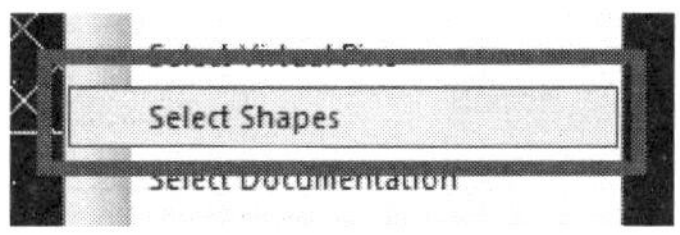

Keepout영역을 Select 한 뒤 마우스 오른쪽 버튼을 클릭하여 Properties... 한다.

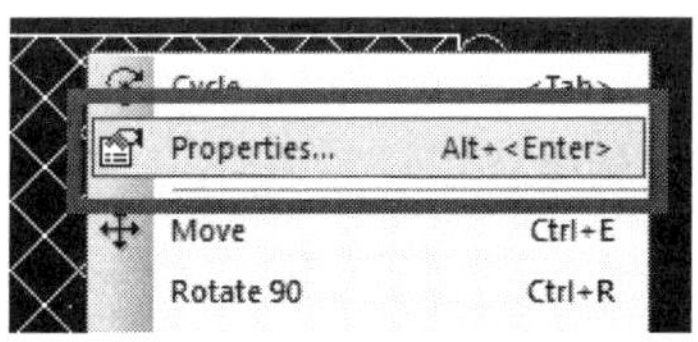

6 배선하기

핀과 핀을 선으로 연결하는 작업이다.
Routing 또는 배선이라 한다.

기본적으로 Setup → Design Rules → Default → Clearance에서 설정한 Trace width의 Recommended 값으로 라우팅이 시작한다.

6.1 Select Mode (Anything)

라우팅 시에는 마우스 오른쪽 버튼을 클릭하여 Select Anything으로 시작한다.

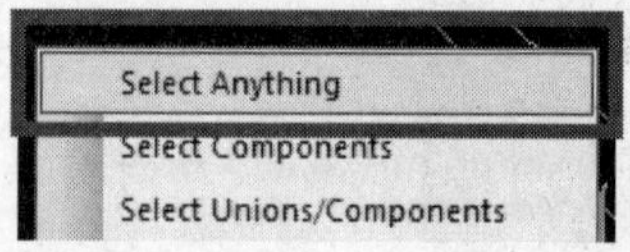

6.2 Grid 설정하기

Grid는 패턴두께 Grid Display는 패턴두께 x2

Setup → Design Rules에서 Trace Width와 동일한 값으로 지정한다.

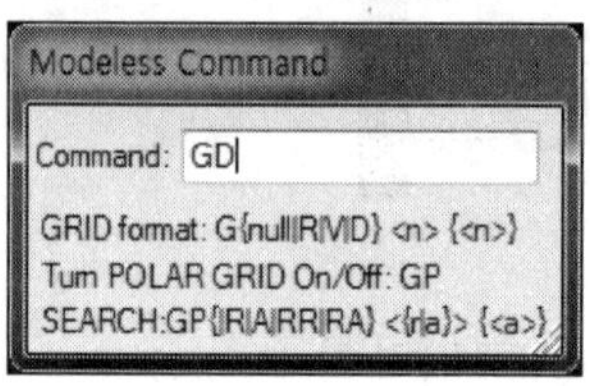

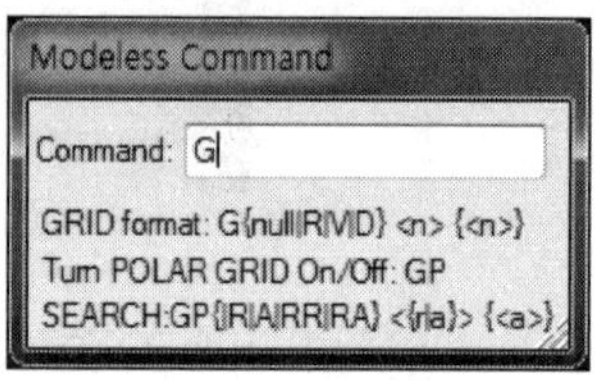

6.3 Option, Layer Pair 설정하기

Tools → Options → Routing에 들어가서 설정한다.

Options에서 아래의 세 가지 항목만 선택한다.

Layer pair에서 First와 Second의 층을 선택한다.

라우팅 시 Function Key F4를 누르면 Layer pair에서 지정한 층으로 이동하며 Via가 뚫린다.

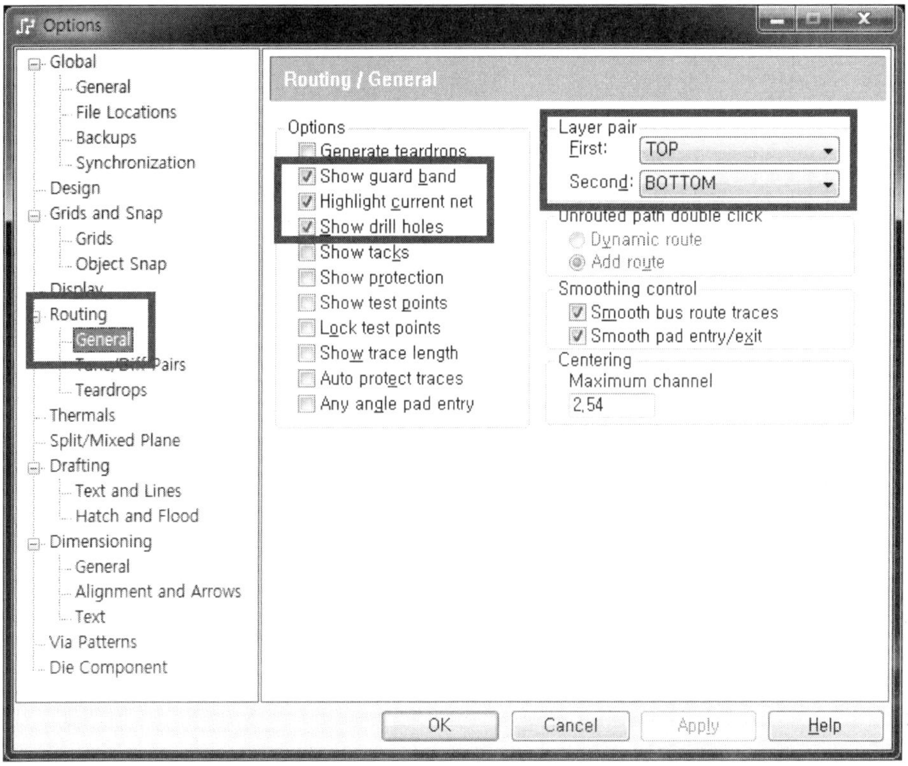

Layer Pair의 Modeless Command는 PL이다.
라우팅 시 Function Key F4를 누를 때마다 1층과 3층으로 이동한다는 의미이다.

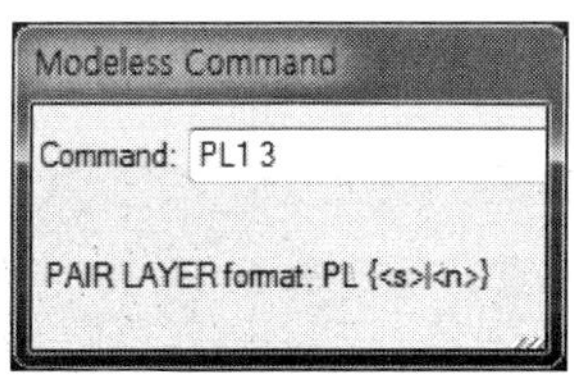

라우팅 시 Via를 뚫을 때 Grid를 따라가지 않도록 Tools → Options → Gids 탭에서 Via grid → Snap to grid 선택 해제한다.
Grid를 따라서 Via가 뚫리면 핀 중앙에서 Via가 뚫리지 않게 된다.

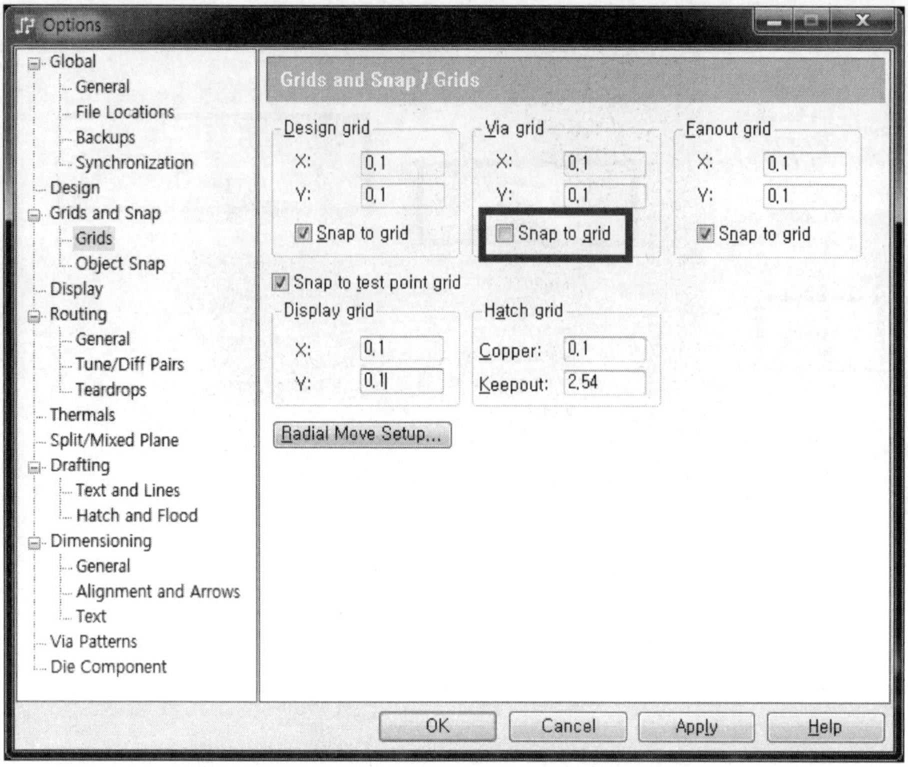

6.4 라우팅 시작하기 : Function Key F2 사용

Pin, Trace, Connection등 어디에서든 라우팅을 시작할 수 있도록 Select Anything으로 한다.
Pin, Trace, Connection등을 선택 후 F2 또는 핀 더블클릭 한다.

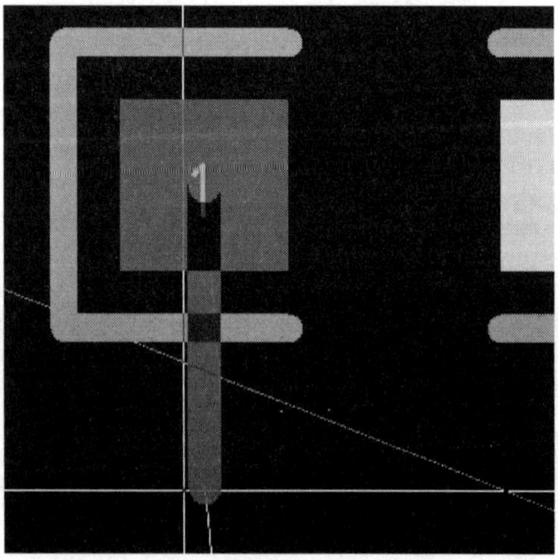

핀을 선택하고 F2를 눌러 라우팅을 시작한다

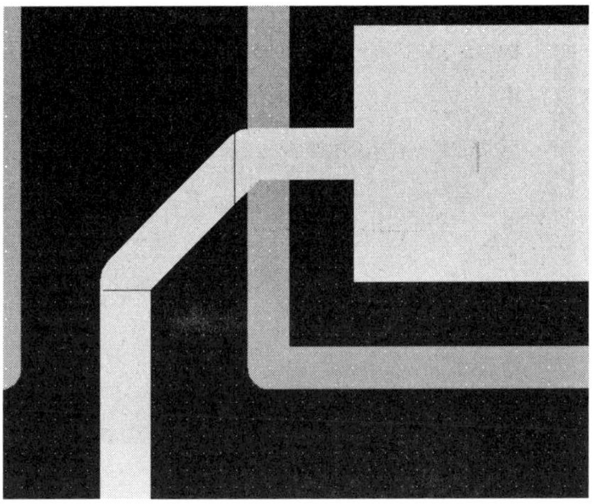

배선은 핀 센터에서 나온 뒤 클릭하여 꺾는다

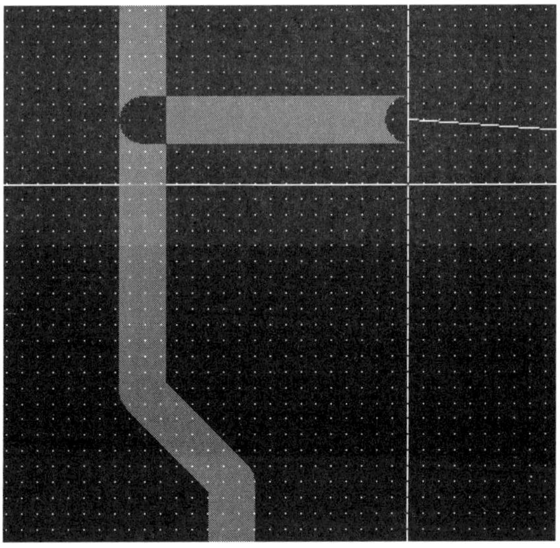

라우팅이 완료된 Trace를 수정하려면 라인을 클릭한 후 F2 누른다

6.5 Via 뚫기 : Function Key F4 사용

Routing 진행 중 Layer를 이동해야 하는 경우 Via를 뚫을 곳에서 마우스 왼쪽 버튼을 클릭하고 F4를 눌러 Layer를 이동시킨다.

Layer Pair에서 설정된 Layer로 이동하며 Via가 뚫린다.

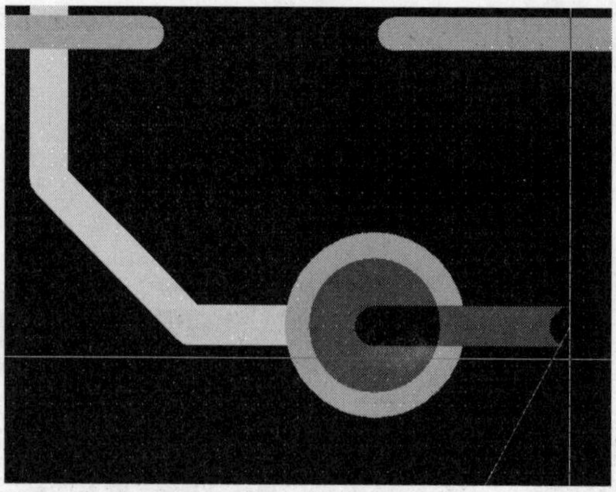

Layer가 바뀌면서 Via가 뚫리고 배선이 해당 층의 색깔로 바뀐다

그 외의 층으로 Layer를 이동하려면 Modeless Command 창에 Layer format을 이용한다. 3층으로 이동하는 경우 L3이라고 입력하고 엔터한다.

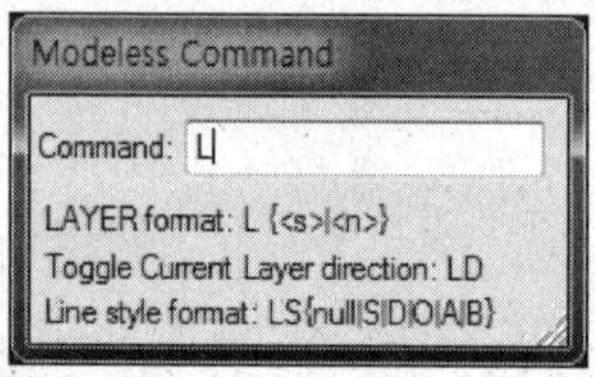

6.6 Function Key F5, F6

하나의 Trace를 잡고 F5 또는 F6을 누른다.

F5 : Select Pin Pairs

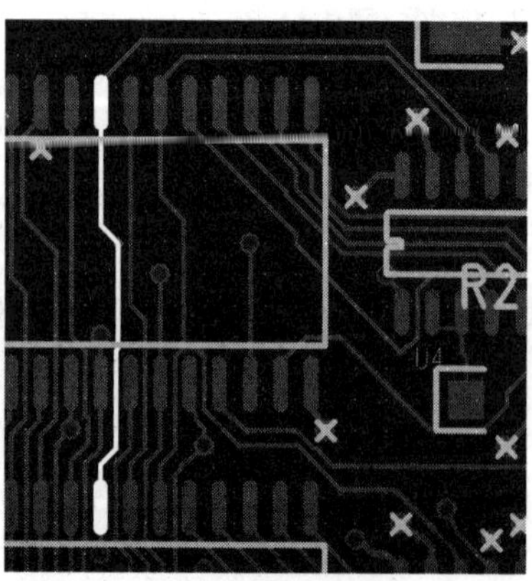

Pin to Pin Select

F6 : Select Nets

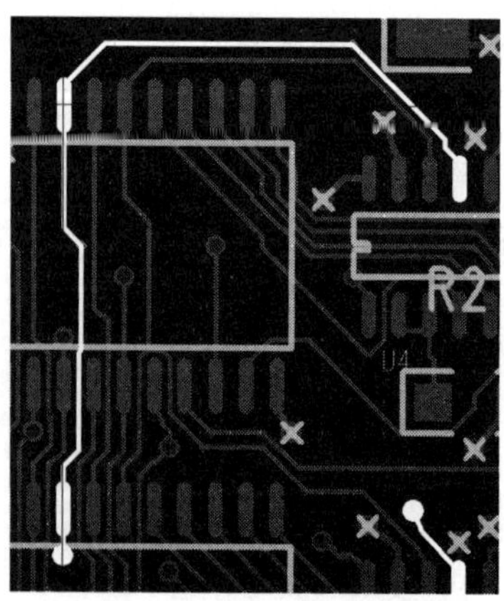

Net Select

6.7 End Via Mode (Ctrl + 클릭)

라우팅 진행 시 Ctrl + 마우스 왼쪽 버튼을 클릭한다.
라우팅 진행이 멈추면서 Via를 뚫어주는 기능이다.
라우팅 진행 중 마우스 오른쪽을 누르면 End Via Mode가 나온다.
End No Via : Via는 뚫리지 않으면서 라우팅이 멈춘다.
End Via : Via가 뚫리면서 라우팅이 멈춘다.
End Test Point : TP로 인식되는 Via가 뚫리며 라우팅이 멈춘다.

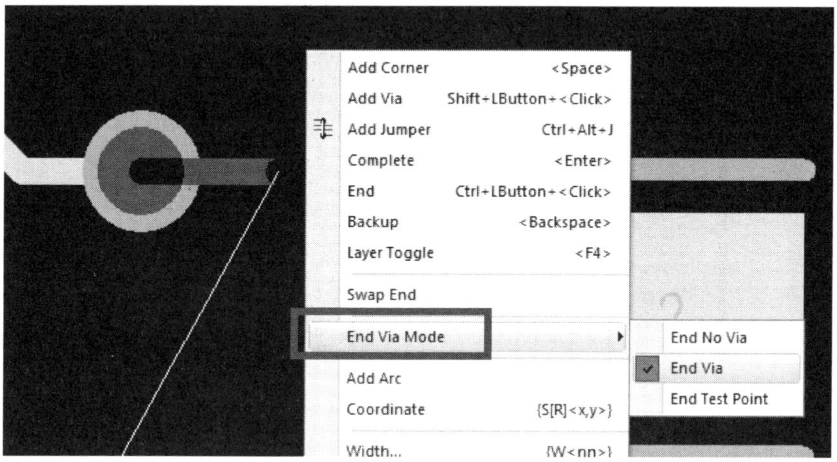

6.8 배선 폭 조정하기 : W

라우팅 진행 중 Modeless Command 창에 W0.5를 입력한다.

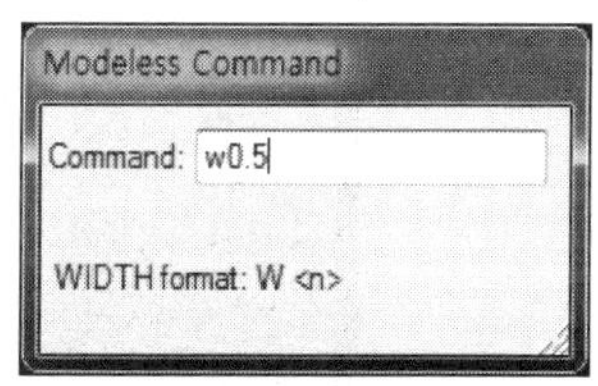

배선 폭이 0.5mm로 바뀐다.

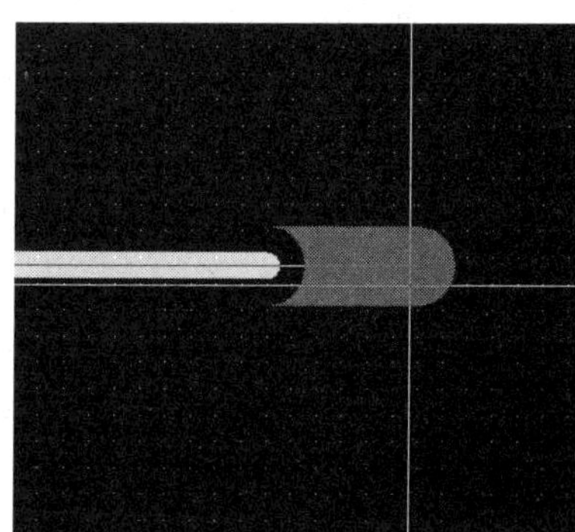

이미 라우팅이 완료된 Trace의 두께를 바꿀 때는 Trace를 클릭한 상태에서 마우스 오른쪽 버튼을 클릭하여 Properties... 한다.
Width의 값에 원하는 두께를 입력한다.

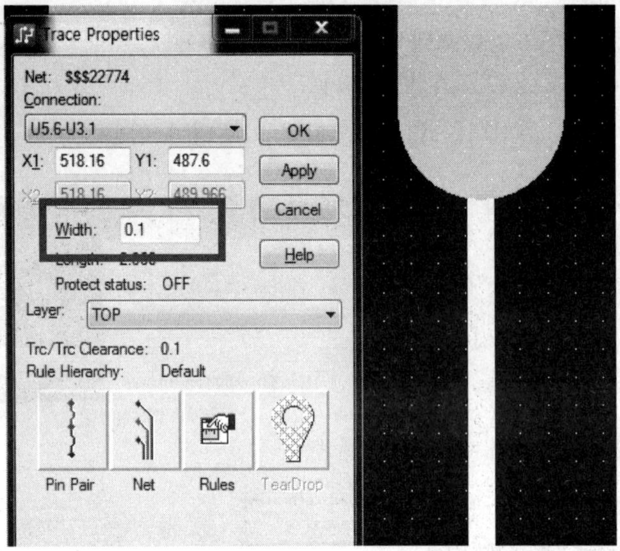

이 때 Design Rule에서 Trace width의 Maximum값보다 두껍게 입력할 수 없다.

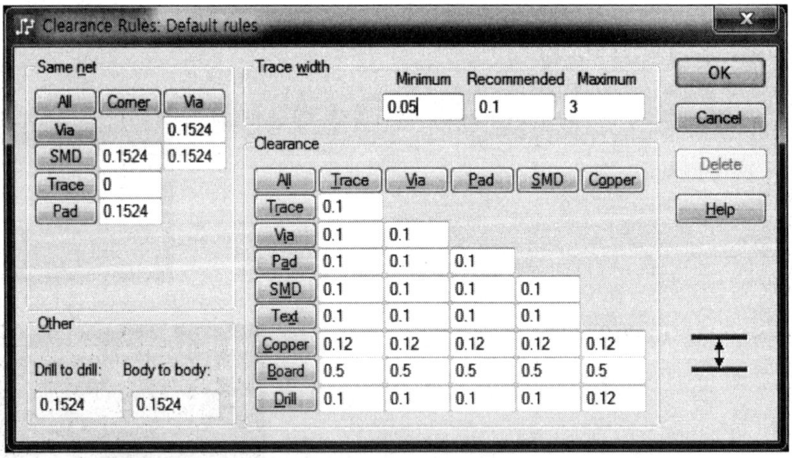

3보다 더 큰 수를 입력하면 아래의 창이 뜬다.

◉ 특정 Net의 두께를 지정하기

전원 Net의 경우 두껍게 처리하는데 Trace width의 Recommended값을 두껍게 지정하면 그 Net은 Default 값을 따르지 않고 따로 지정한 값을 따른다. Clearance도 마찬가지이다. Setup → Design Rules → Net에 들어가 특정 Net을 선택하고 Clearance를 설정한다.

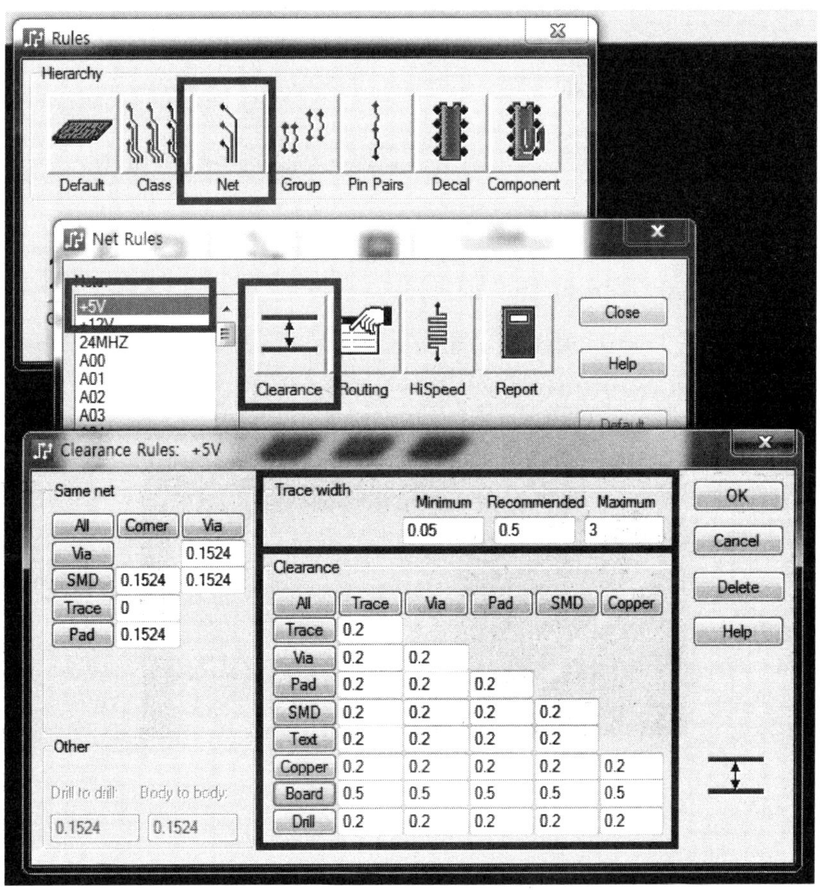

+5V를 라우팅 하면 배선폭은 0.5mm로 시작이 되고 Clearance는 0.2mm로 지정된다. 이렇게 특정 Net에 대해 Trace width 또는 Clearance값을 조정할 수 있다.

세팅이 완료되면 Net Name옆에 (C)가 생긴다.
이 값을 초기화 하려면 Default 클릭한다.

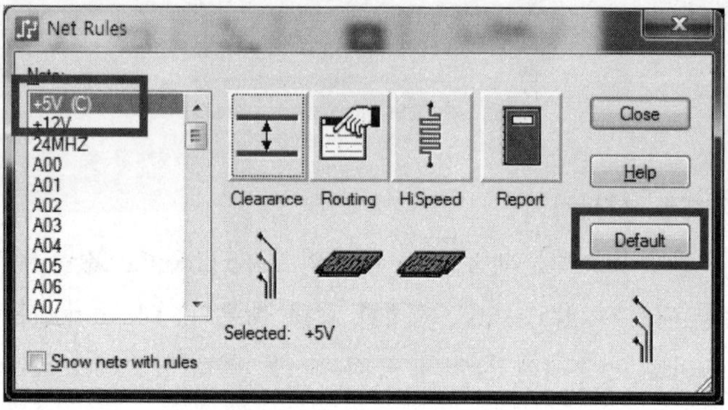

6.9 Stretch : Trace 펴기

Trace를 수정해야 하는 경우 Trace를 잡아당기면 그렸던 각도가 깨진다.
45도를 유지하며 Trace를 펴는 기능이다.
Trace를 클릭 후 마우스 오른쪽 버튼을 클릭하여 Stretch 한 후 마우스를 움직인다.
Trace가 이동하는데 45도를 유지하며 이동한다.
Trace와 Trace 사이의 Line만 Stretch 가능하다.
Via나 Pad에 걸려있는 Trace는 Stretch가 불가능하다.

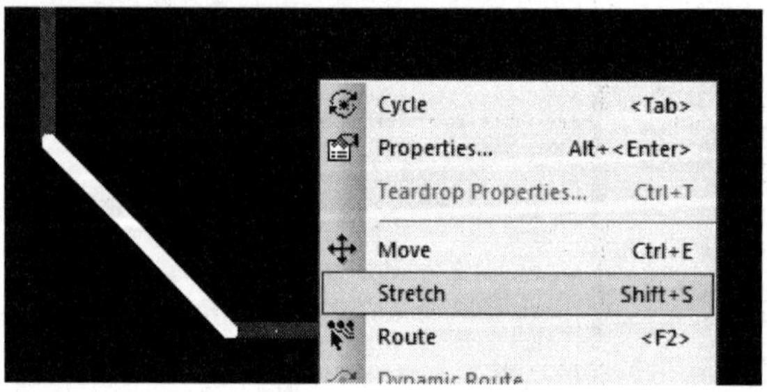

6.10 Customize 하기

단축키를 내가 원하는 것으로 바꾸는 기능이다.

Tools → Customize 한다.

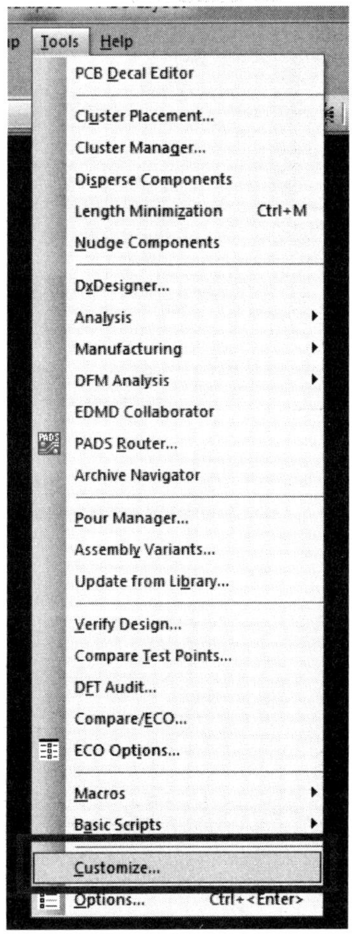

Stretch를 예를 들면 라우팅 시 Stretch 기능을 많이 사용한다.

Shift+S를 지우고 잘 사용하지 않는 F3에 Stretch 기능을 넣는다.

라우팅 시 F2(라우팅 시작), F3(Stretch), F4(Layer이동하며 Via뚫기) 등으로 Function Key를 사용하면 라우팅이 용이해진다.

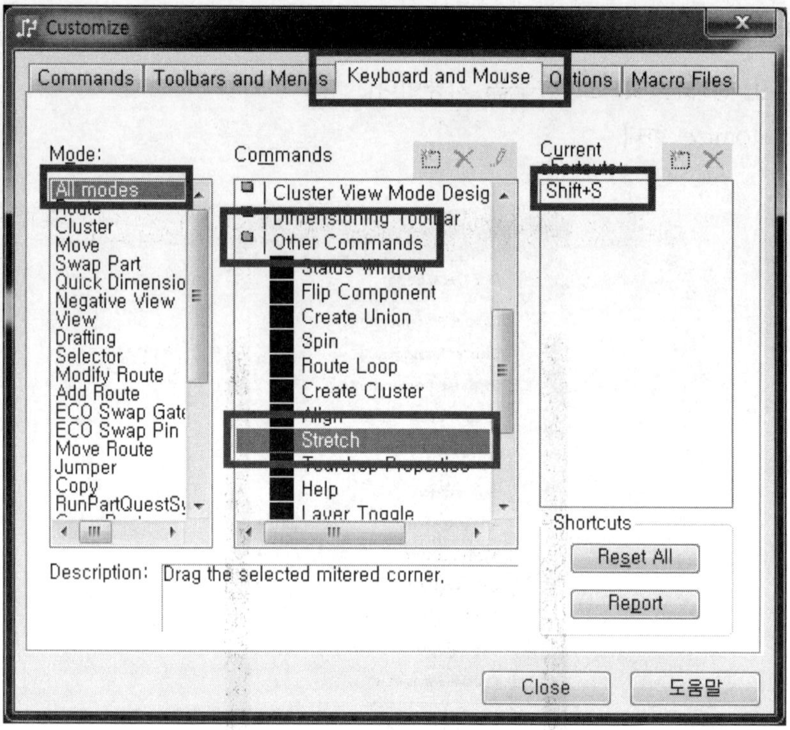

 아이콘을 클릭하면 shortcuts이 삭제된다.

 아이콘을 클릭하면 새로운 shortcuts을 만들 수 있다.

Function Key F3을 입력하고 OK한다.

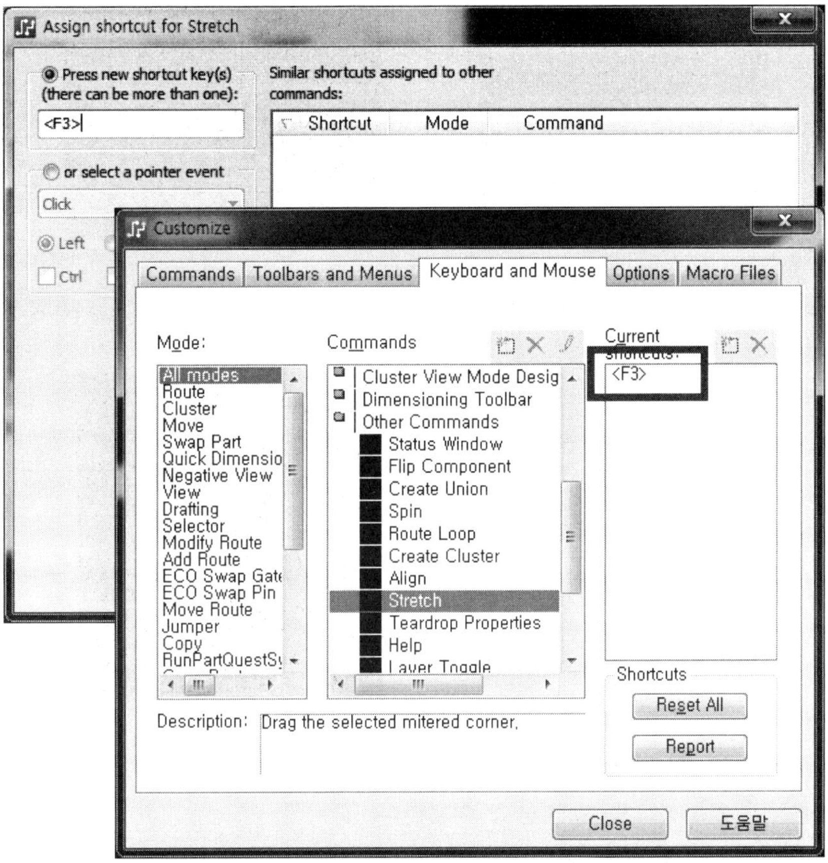

6.11 Z 기능

여러 층을 켜놓고 배선하는 것이 힘들면 Z⟨n⟩ 기능을 이용하여 원하는 층만 Display하여 확인한다.

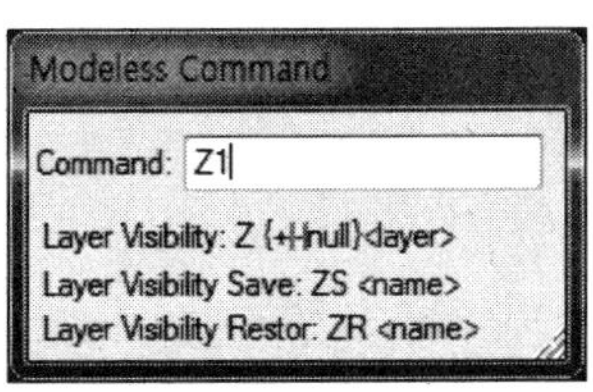

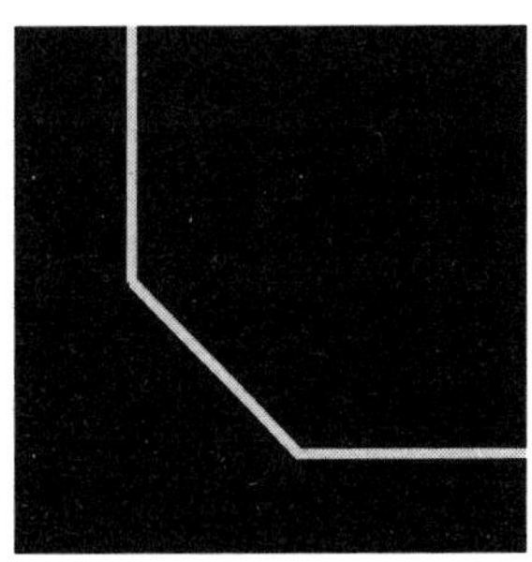

Modeless Command에 Z 엔터하면 마지막으로 Display하였던 Layer가 보인다.

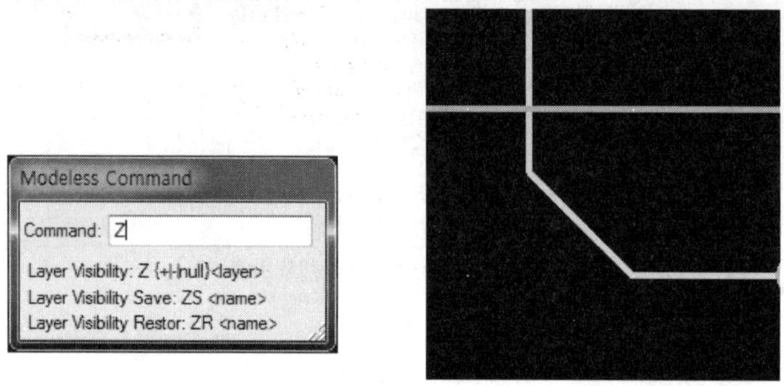

특정 층을 보고 싶을 때는 Display Color Setup 창을 열어 모두 끄고 보고 싶은 층만 남겨놓으면 되는데 사용하기 불편하므로 Z 기능을 이용한다.
Modeless Command 창에 Z1이라고 치고 엔터하면 1층만 활성화된다.
2층만 보고 싶으면 Modeless Command 창에 Z2라고 입력한다.

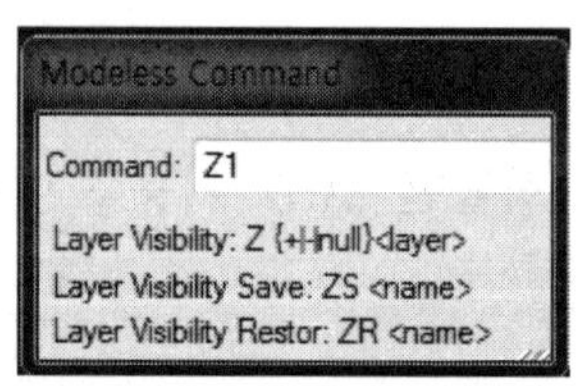

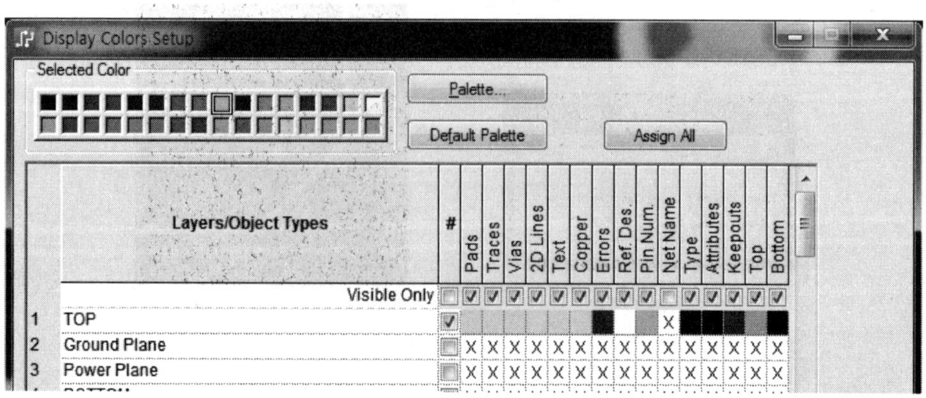

2개의 층을 동시에 켤 경우 Modeless Command 창에 Z1 4이라고 입력하면 1층, 4층이 같이 Display 된다.

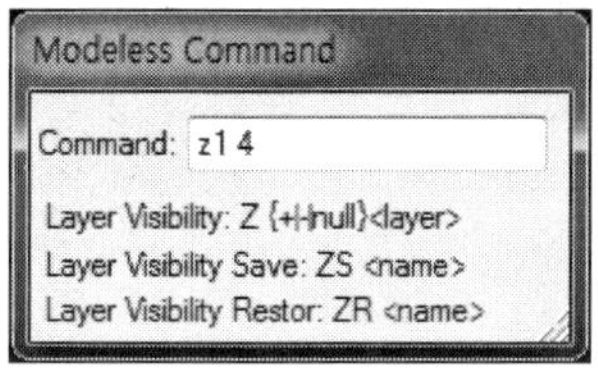

원하는 특정 층을 켜놓고 Display Colors Setup창을 닫는다.

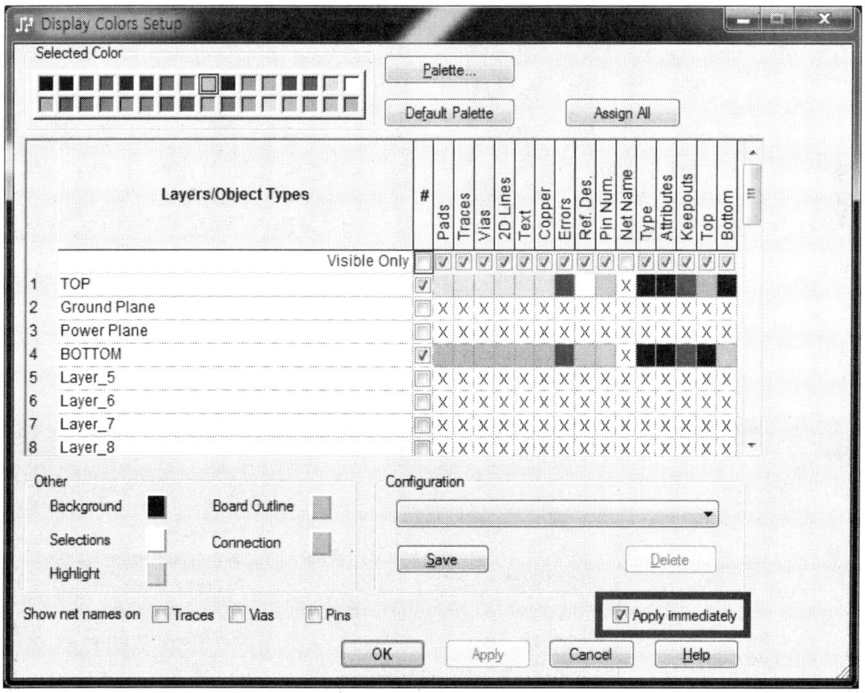

1, 4층만 Display된 상태에서 Command창에 ZZ엔터하면 전 층이 켜지고 Z 엔터하면 마지막에 Display Color에서 세팅했던 1, 4층만 켜진다.

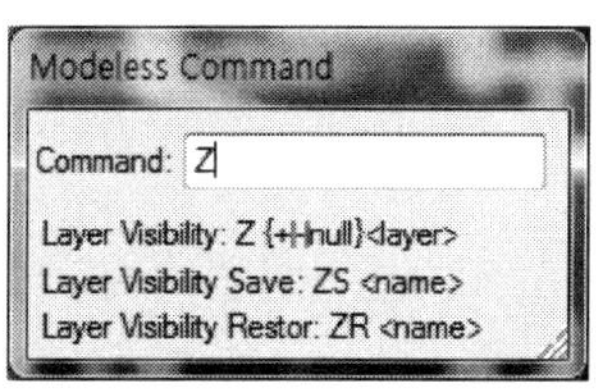

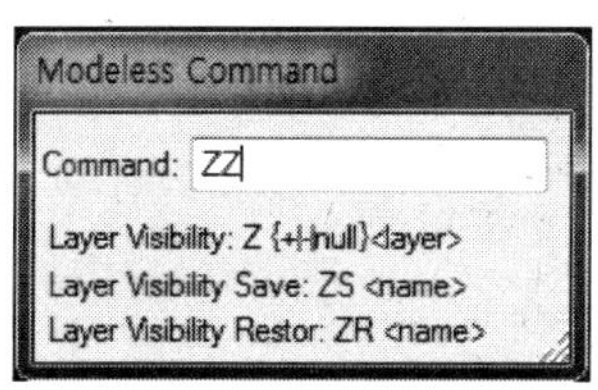

Apply immediately에 체크되어 있으면 체크한 칸에 Display가 바로 적용된다.

6.12 Active layer comes to front

라우팅 할 때 내가 작업하고 있는 층이 우선순위로 보여야 한다.
라우팅 층인 F4를 눌렀을 때 또는 Modeless Command L2, L3 엔터했을 때 Layer 활성화 창의 층이 우선순위로 Display 된다.

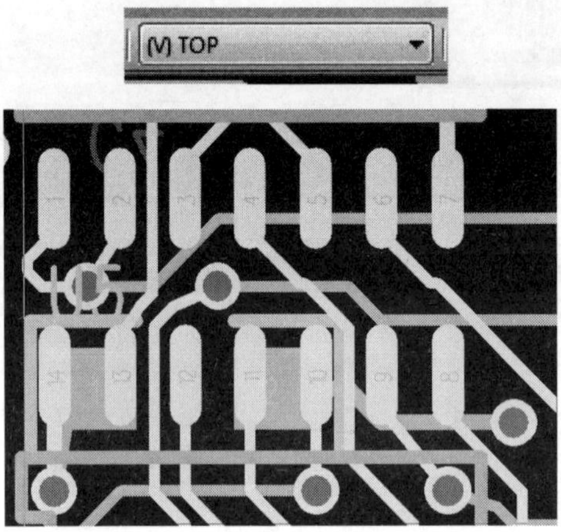

노란색(Top)이 우선 순위 되어 Display

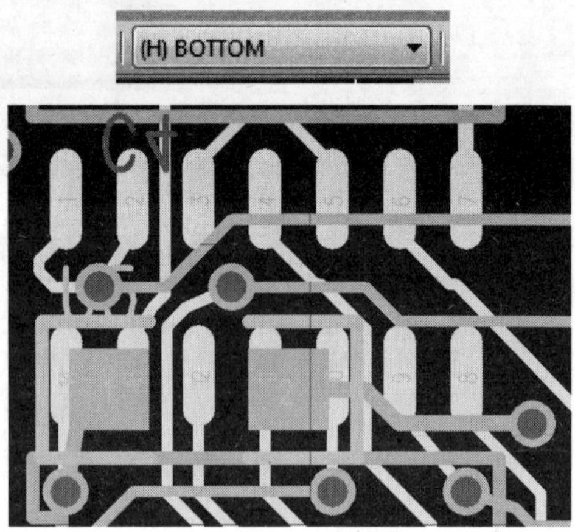

하늘색(Bottom)이 우선 순위 되어 Display

그렇지 않은 경우 Options → Active layer comes to front를 확인한다.

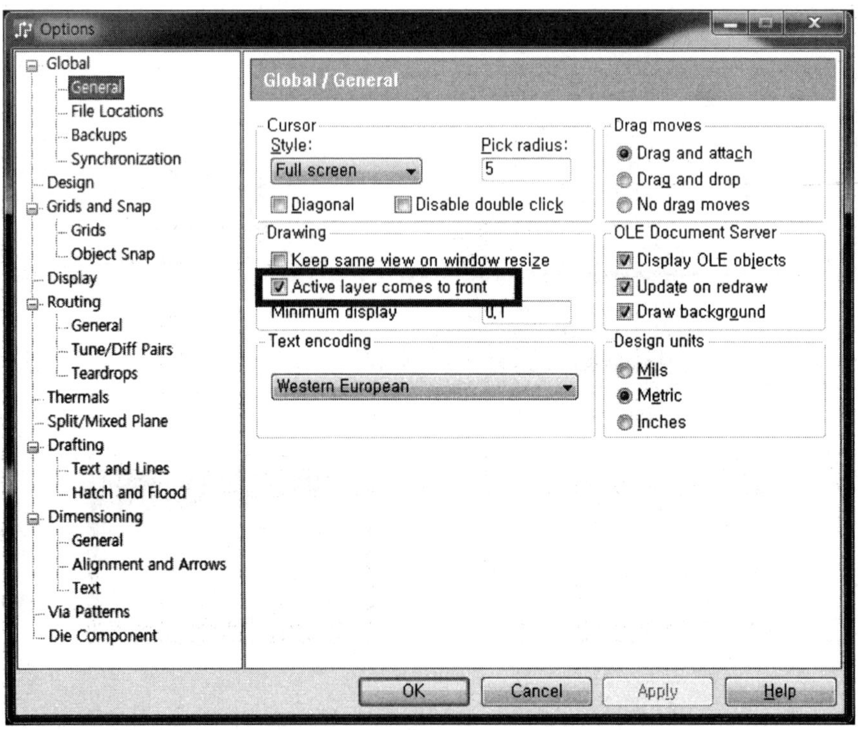

Modeless Command에 D 엔터하면 Active layer comes to front의 항목이 체크되고 다시 D 엔터하면 체크 해제된다.

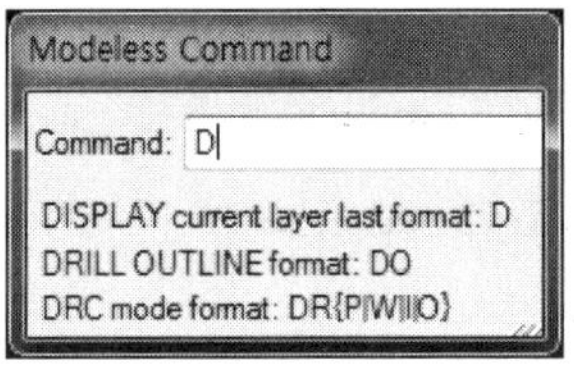

6.13 Error Check → Clearance

라우팅 시에 clearance check를 하며 진행한다.

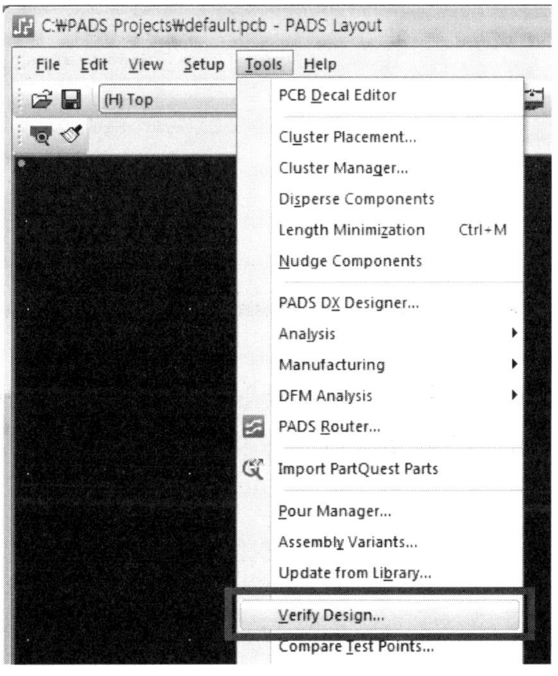

Verify Design창이 열리면 Start 한다.
Clearance는 화면상에 보이는 곳만 Check 한다.
Location에서 에러 리스트를 클릭하면 에러난 곳으로 화면이 이동한다.
단 Disable panning이 체크 해제되어 있어야 한다.
Explanation에서 Error가 난 이유를 보여준다.
Clear Errors를 클릭하면 Error 표시가 꺼진다.

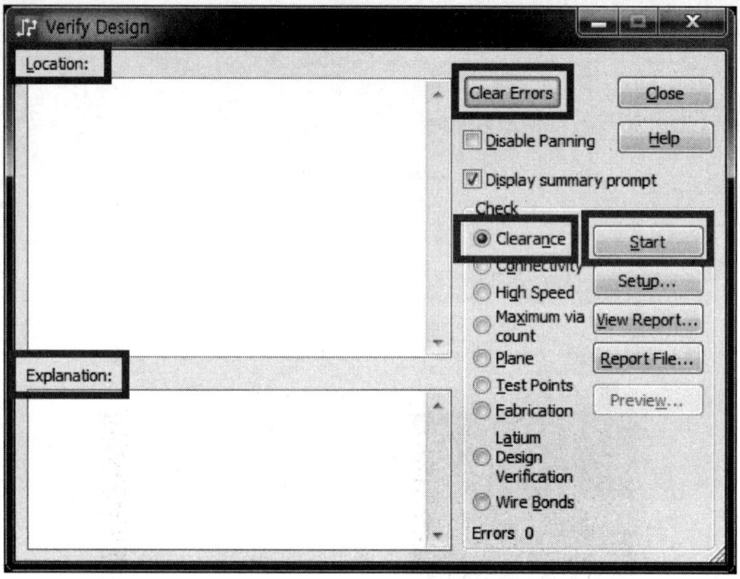

Setup → Design Rule에서 정한 Clearance 값을 기준으로 Check 한다.
Verify Design 창을 열어 놓고 라우팅 하며 수시로 Start하여 Check 한다.

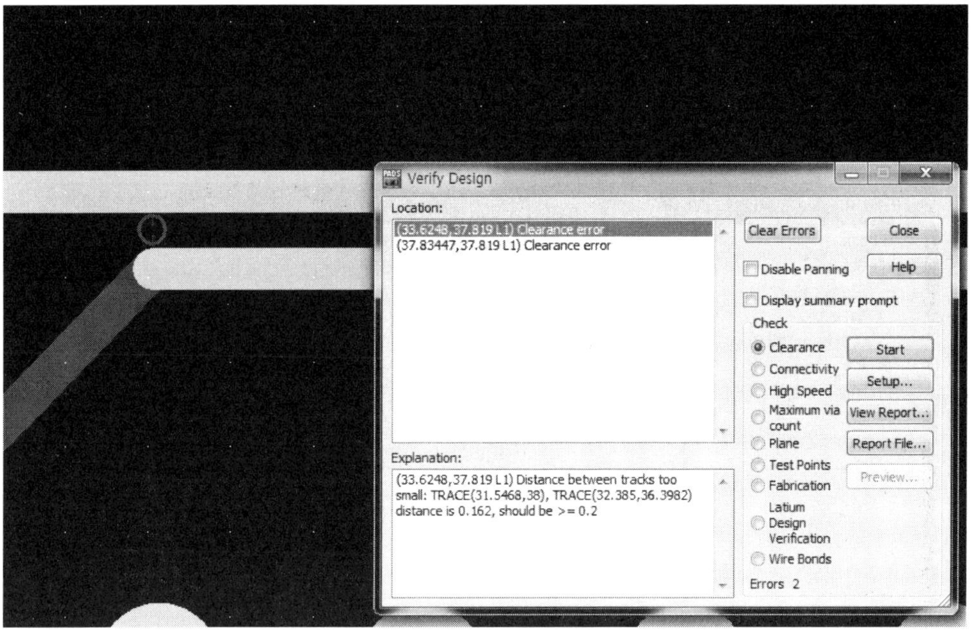

Clearance의 Trace와 Trace 간격을 0.2로 설정한 경우
Trace와 Trace의 간격이 0.162mm로 0.2mm보다 좁아서 Error가 났다.

 표시 된 곳이 Error가 난 부분이다.

라우팅이 완료되면 모든 층의 Display를 켜고 보드전체가 화면에 보이게 한 상태에서 Clearance Check 한다.

배선 시에는 Display Color를 유념하여 본인이 어떤 층으로 라우팅을 하고 있는지 파악할 수 있어야 한다. 같은 Net이 아닌데 같은 색으로 교차 된다면 Short인 것이다. 이런 경우 Error Check 시 표시된다. 다른 색으로 교차되는 것은 다른 층으로 교차 되는 것이기 때문에 상관없다.

7 Copper 작업하기 (전원분리, 전원보강)

Copper를 그리기 전에 Option에서 Default width에 그려질 Copper 두께를 조정한다.

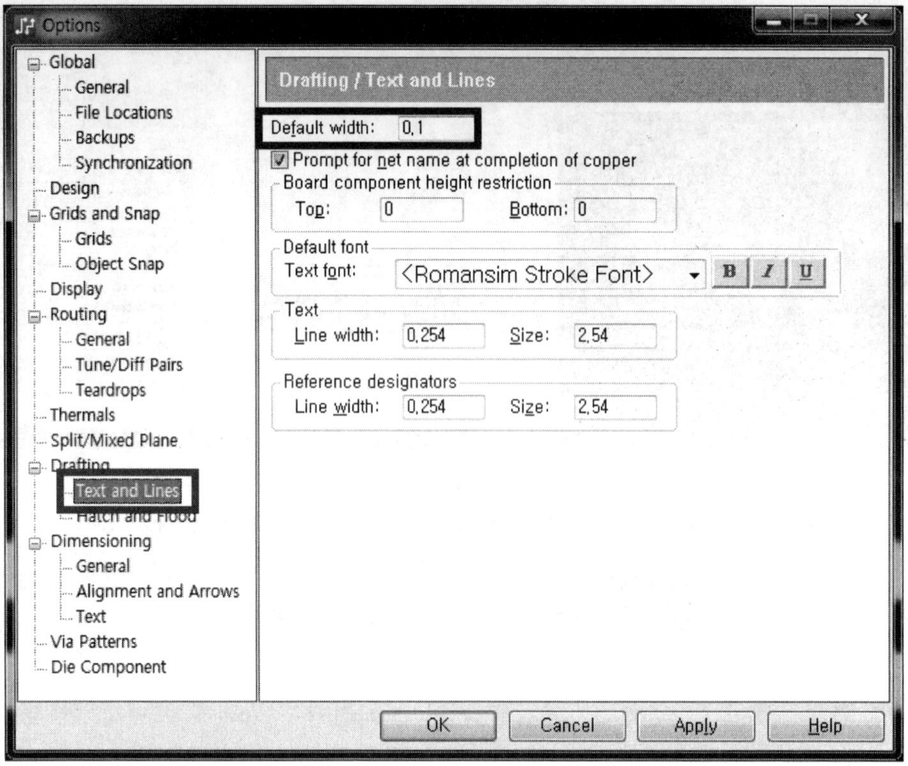

앞으로 0.1mm로 모든 라인이 그려질 것이다.

Hatch grid의 Copper는 Drafting Default Line Width와 같게 0.1mm 한다.

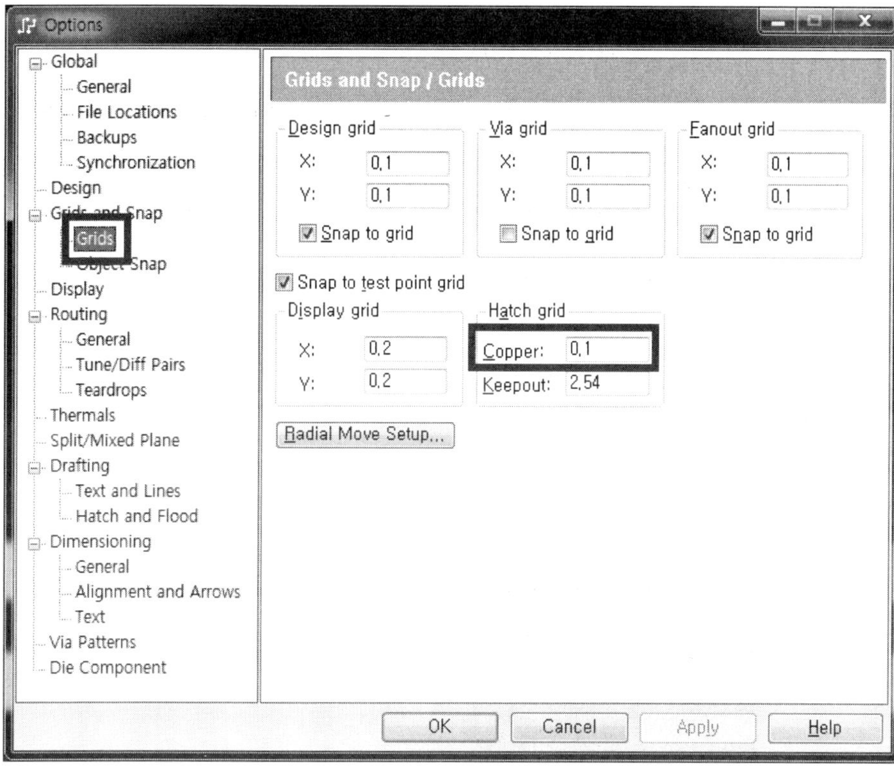

Copper Line 두께가 0.1mm이고 Hatch grid가 0.1mm이면 즉 Line의 두께와 Hatch grid의 값이 같으면 꽉 채워진 그림으로 나오고 다르면 격자모양으로 나온다. 원하는 모양으로 선택해서 사용한다. 일반적으로는 꽉 채워진 그림으로 그린다.

Line의 두께와 Hatch grid의 값이 같다.

Line의 두께와 Hatch grid의 값이 다르다.

Copper는 이렇게 Line의 두께와 Line의 간격(Hatch grid) 두 개의 값을 입력하여 조정한다.

Copper의 종류에는 Copper, Copper Pour, Plane Area 세 가지가 있다. Drafting Toolbar를 클릭하면 아래의 Copper 관련 아이콘이 나온다.

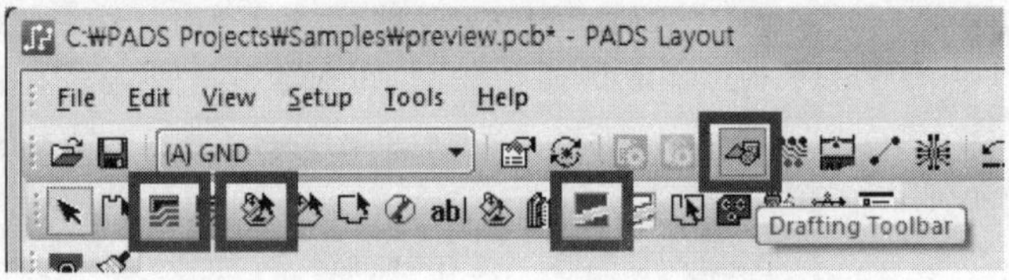

7.1 Copper 그리기

전원 회로에 Trace를 넓게 보강해주기 위한 기능이다.
Pin을 Select 하고 마우스 오른쪽 버튼을 클릭하여 Add Copper Area를 선택한다.

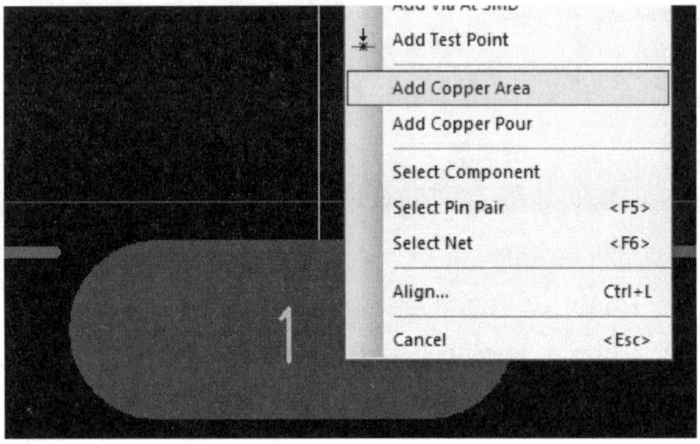

다시 마우스 오른쪽 버튼을 클릭하여 Polygon을 선택한다.

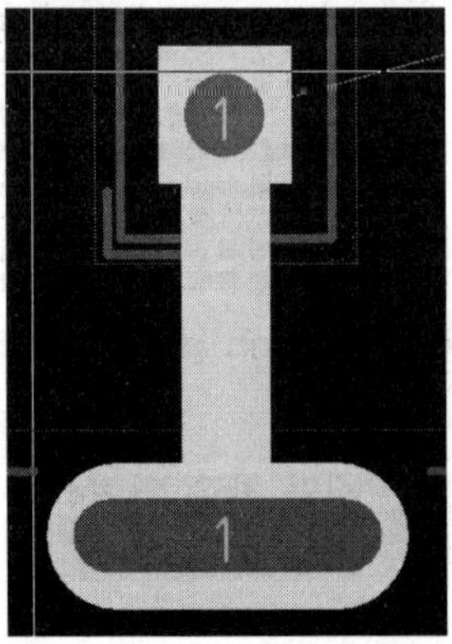

보강하지 않고 라우팅 한 모습

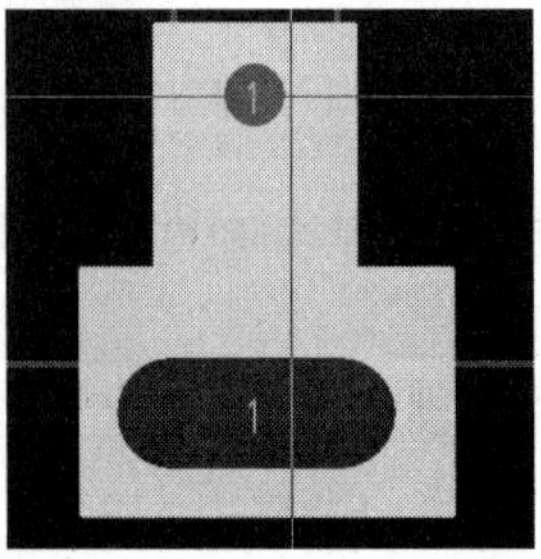

Copper 기능으로 동박을 넓게 그릴 수 있다

마우스 오른쪽 버튼을 클릭하여 Select Mode를 Select Shapes로 바꾼다.
Copper를 클릭하고 마우스 오른쪽 버튼을 클릭하여 Add Miters를 선택한다.

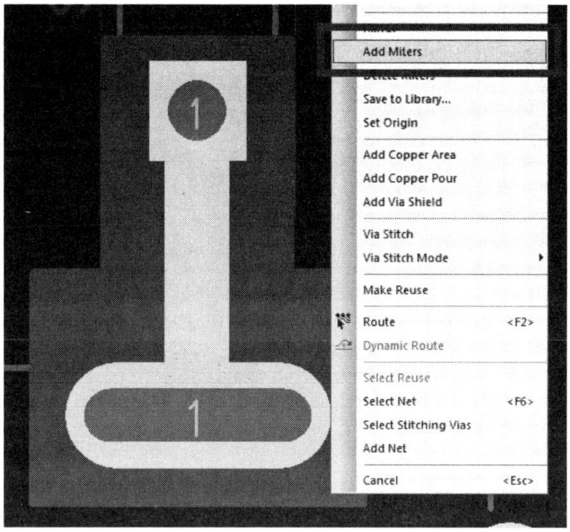

아래 창이 뜨면 반지름을 0.4~0.5를 넣는다. (각은 원하는 치수로 넣으면 된다.)

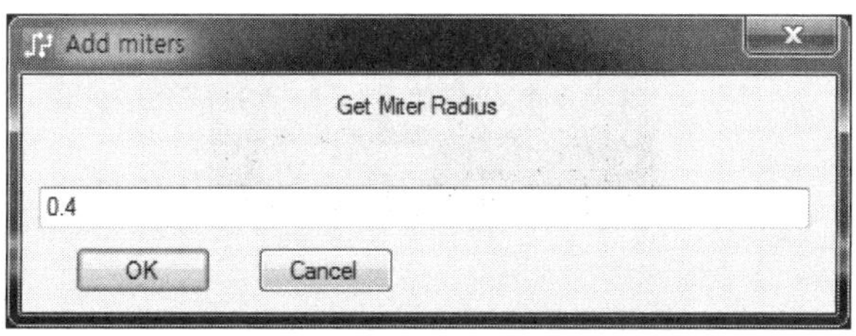

90도로 모서리진 부분이 0.4mm의 반지름으로 45도씩 꺾인다.
다시 마우스 오른쪽 버튼을 클릭하여 Select Documentation으로 바꾸고 한 면을 잡아 Move Miter 선택 후 마우스를 움직여 본다. 꺾여있던 라인이 쭉 펴진다.

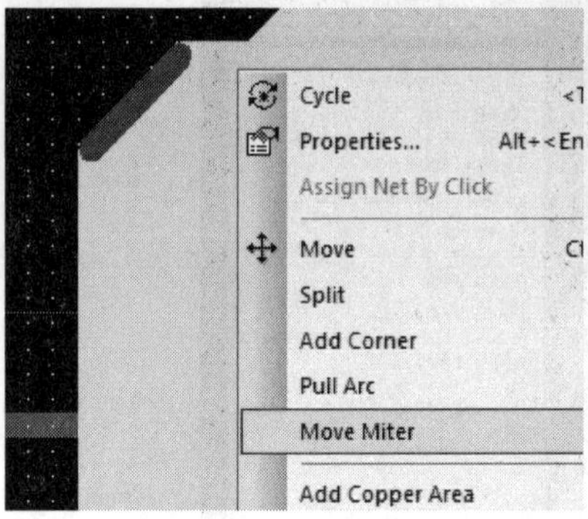

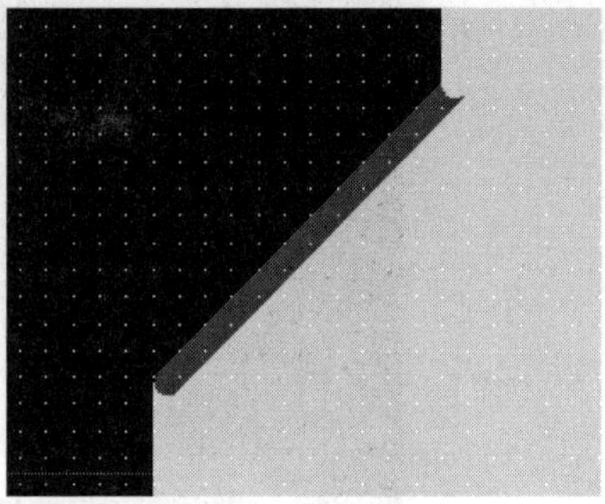

7.2 Copper Pour(그라운드 보강) 그리기

Layer Definition에서 Plane Type을 Split/Mixed 로 설정한 층을 제외한 No Plane층(Top, Bottom층과 나머지 Signal층)에 동박을 넓게 까는 기능이다.

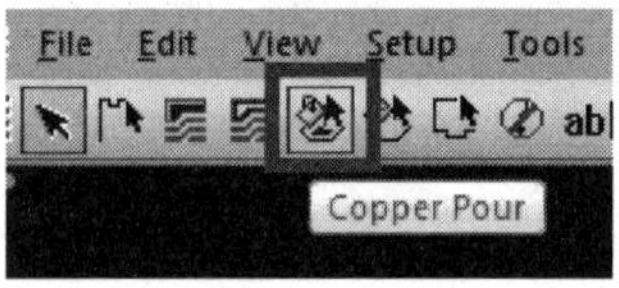

Copper Pour를 선택하고 마우스 오른쪽 버튼을 클릭하여 Polygon 또는 Rectangle을 선택한다. 보통의 경우 보드 전체에 Ground의 속성의 Copper를 까는 기능이므로 Ground의 종류가 1가지이면 Rectangle을 선택한다.

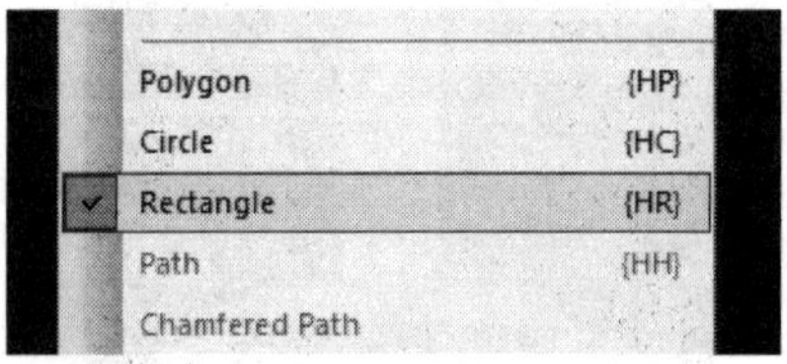

툴이 보드를 인식하고 있으므로 Board Outline 바깥에 왼쪽 위에서 클릭 오른쪽 아래서 클릭하면 Copper Pour가 그려지고 아래의 창이 뜬다. (드래그하면 안됨)

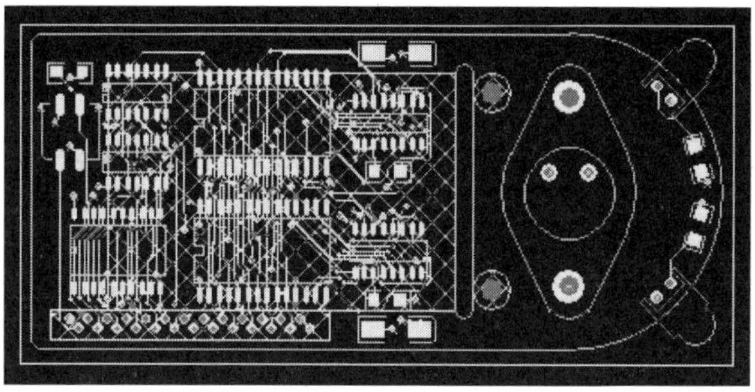

보드 바깥으로 노란색 라인이 생성된다.

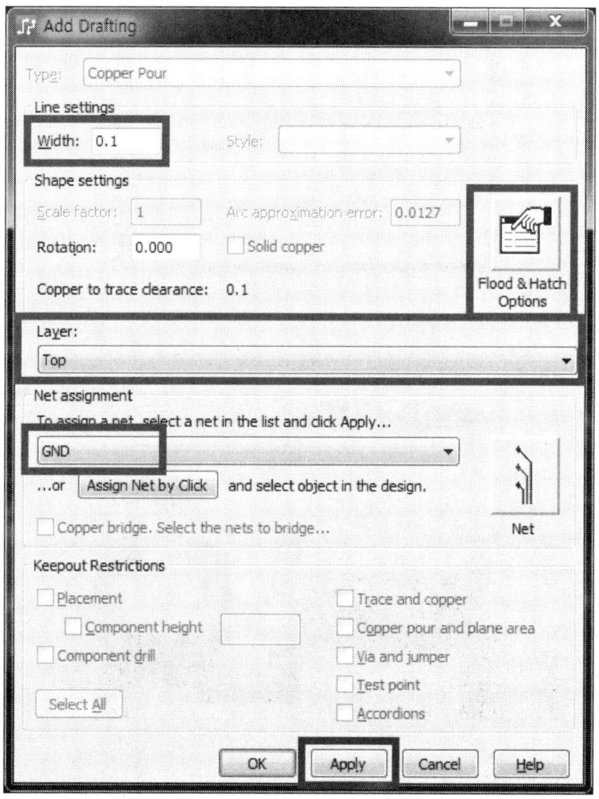

- **Width** : Option에서 세팅한 대로 0.1mm로 뜬다.
- **Layer** : Layer 활성화창에 Top으로 활성화되어 있기 때문에 Top으로 뜬다. Top에 Copper가 그려진다는 의미이다.
- **Layer 활성화창** : 

- **Net assignment** : GND net을 선택한다.

Net을 입력하고 Apply를 꼭 누른다.

Flood & Hatch Options를 클릭. Flood over vias 선택이 되어있는지 확인한다.

Copper가 채워질 때 Thermal이 생기지 않고 via를 덮는다는 의미이다.

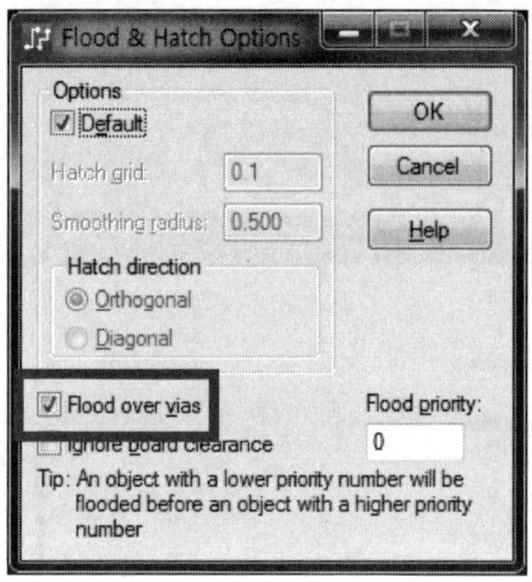

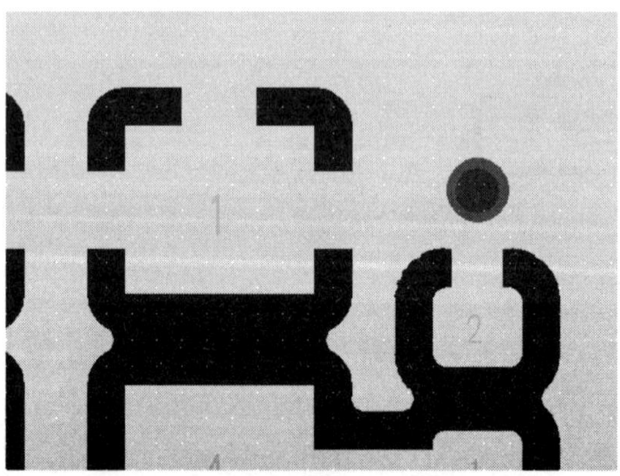

핀에는 십자가 모양으로 Thermal이 생기는데 Via에는 Thermal이 생기지 않고 Copper가 모두 채워진다.

Thermal의 모양을 + 또는 ×로 설정할 수 있다.

(참조 : 2.7.4 Thermals Option 설정하기)

Copper Pour 기능은 No Plane층에서 작업한다.
4층의 경우 Top, Bottom만 No Plane층이므로 Copper Pour를 Top, Bottom에 두 번 그린다.

Copper를 다 그린 후 보드 전체에 채운다.
Tools → Pour Manager에서 Flood탭을 선택한다.
Flood All 하면 모든 No Plane층들이 채워진다.

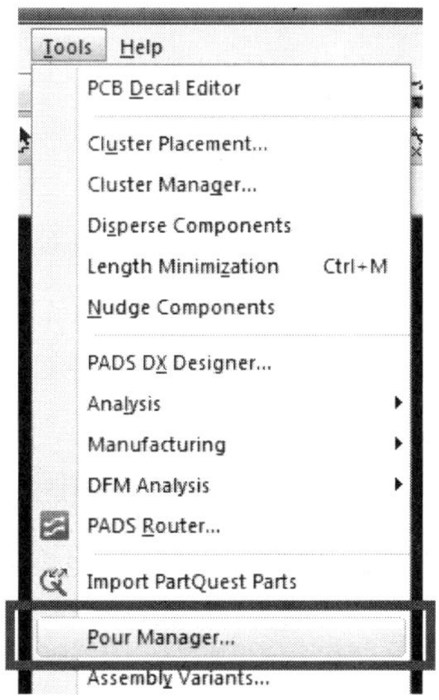

Pour Manager창이 뜨면 Flood 아래의 두 개의 항목 중 Copper pours를 선택한 후 Start 한다.
Options에서는 각 항목에 대한 Setup을 할 수 있다.

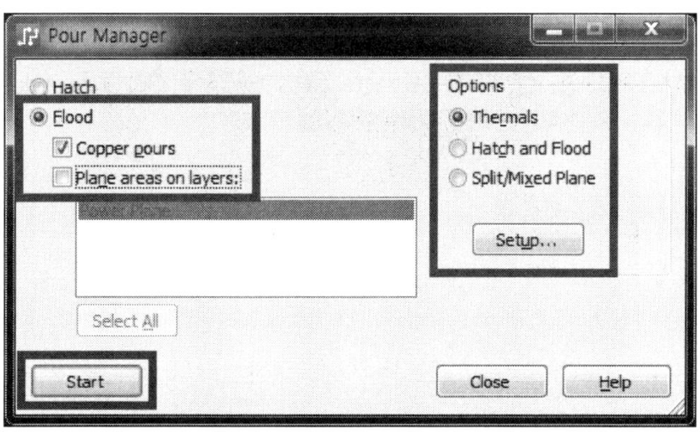

Copper Pour를 수정할 때는 Modeless Command에 PO라고 입력 후 엔터한다.

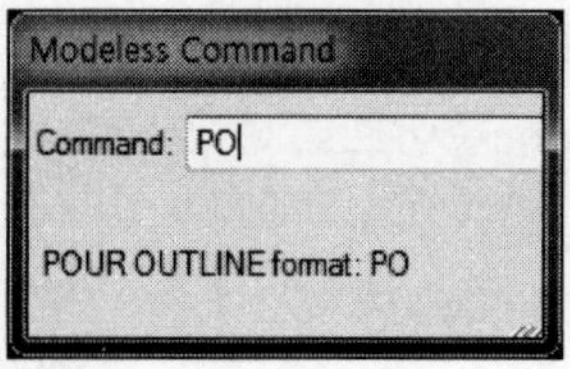

Copper를 처음 그린 Outline 상태에서만 수정 가능하고 다시 채울 때는 Tools → Pour Manager 에서 Flood All 해야 업데이트된 상태로 채워진다.

Copper 작업을 할 때에는 Line을 수정하고 업데이트 하여 확인해야 하기 때문에 Pour Manager 창을 열어놓은 상태에서 작업하는 것이 편하다.

7.3 Plane Area (전원 분리) 그리기

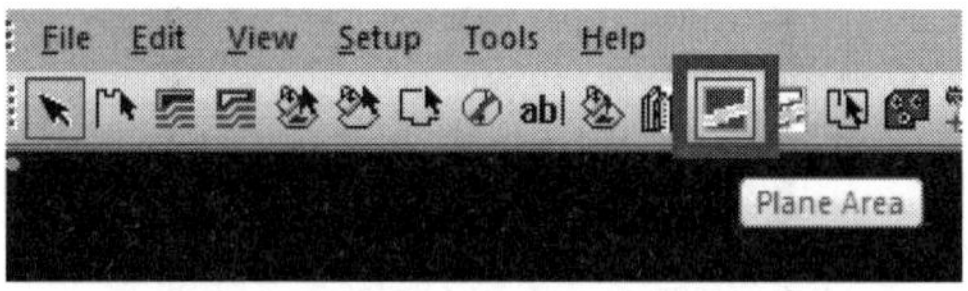

전원 분리란?
여러 종류의 VCC나 Ground 들을 특정 층(전원 층)에서 연결하는 것이다.

작업을 시작하기 전 환경설정(Setup → Layer Definition..)에서 각 Layer에 대한 세팅한 것을 확인한다. 각 층들에서 연결될 Net들을 Assign 시킨 것이 보인다. 2층 GND 층에서는 GND Net을 3층 VCC 층에서는 +5V, +12V 두 Net을 Plane Area로 연결할 것이다.
Layer Definition에서 GND층 선택 후 Assign Nets 영역에 GND를 Add 한다.

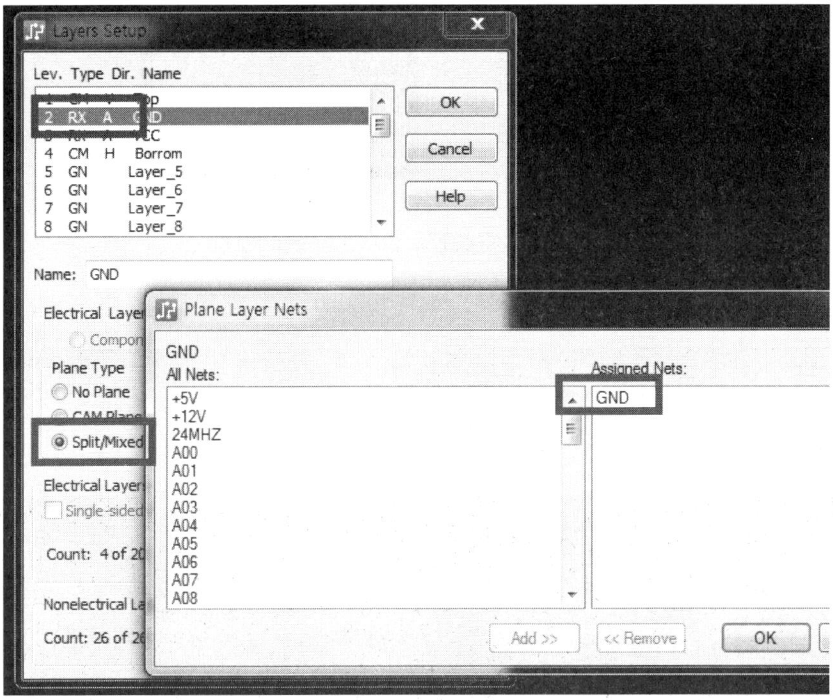

View → Net에서 GND의 Net Color를 확인한다.
GND Net은 파란색이고 Connection은 꺼놓은 상태이다.

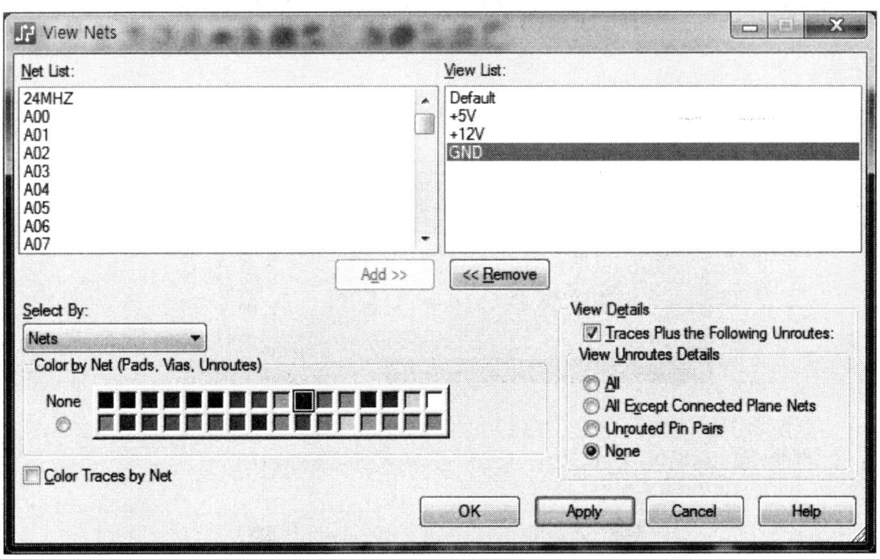

Modeless Command 창에 Z2를 입력하면

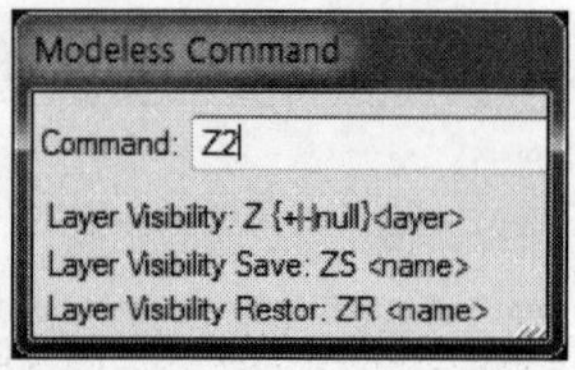

Layer창에 2층이 활성화되고 Display Color도 2층만 보이게 된다.
파란색 부분이 GND 속성의 핀 또는 VIA이다.

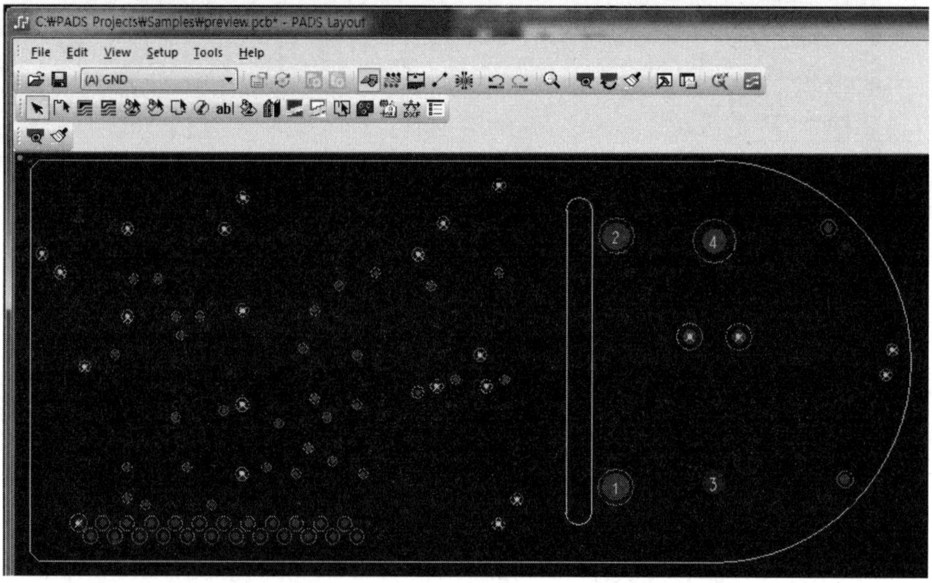

Drafting Toolbar → Plane Area

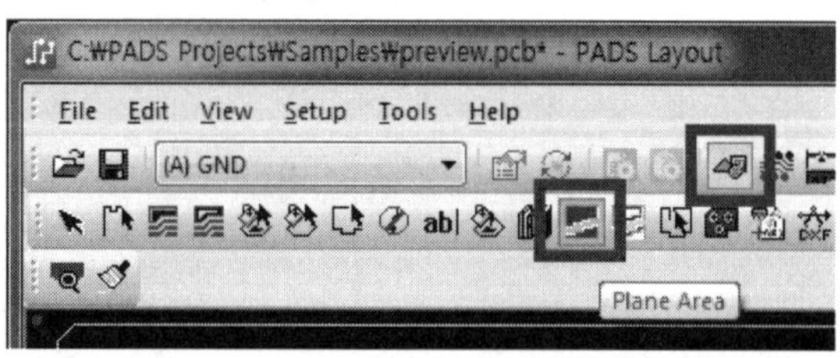

Plane Area 선택 후 마우스 오른쪽을 눌러 Rectangle 선택한다.

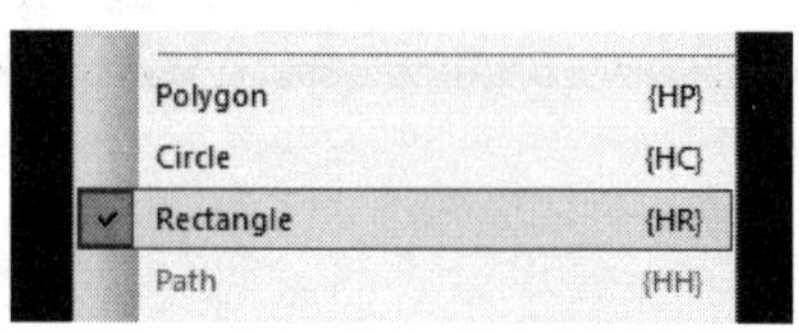

2층은 GND Net 하나만 생성하면 되기 때문에 보드 바깥에 크게 그린다.
왼쪽 위에서 클릭, 오른쪽 아래서 클릭하여 완성되며 새로운 창이 뜬다.

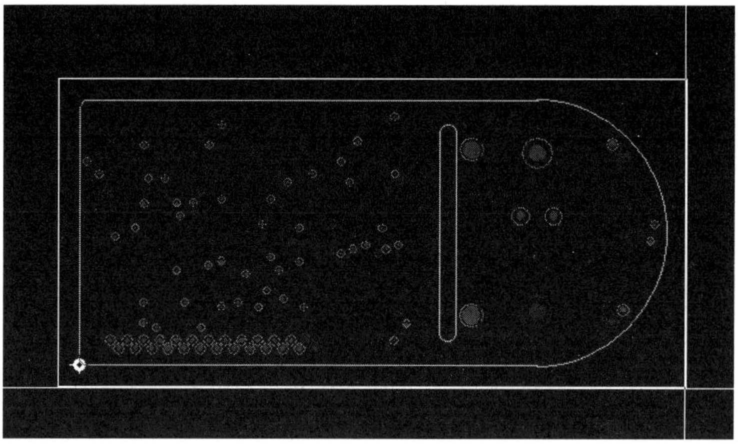

Net assignment를 클릭해서 GND Net을 선택 후 Apply를 꼭 누른다.

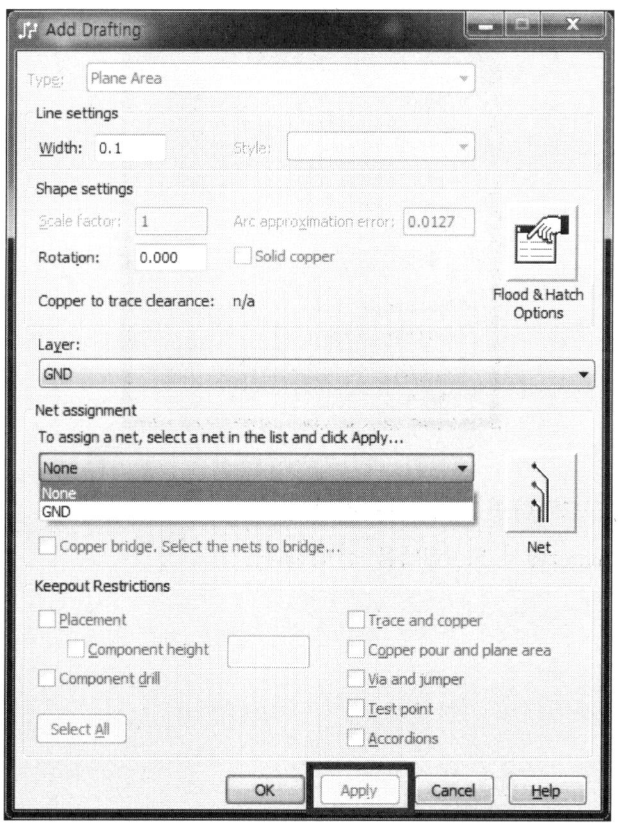

Thermal(X표시)이 생성되어야 Plane Area와 쇼트되었다는 의미이다.

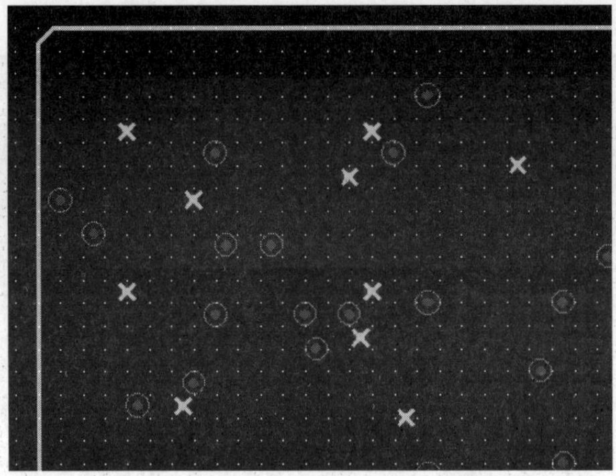

Flood & Hatch Options를 클릭한다. Flood over vias가 선택되어 있는지 확인한다. (Ground 속성의 Via는 Thermal이 생길 필요가 없기 때문)

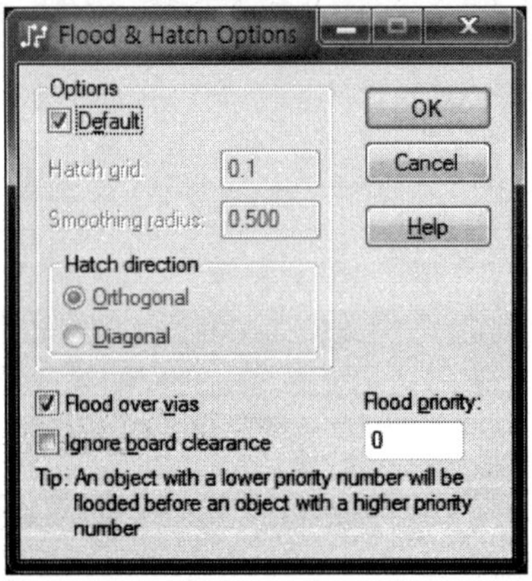

2층에 Plane Area를 그렸다면 채우기를 한다.

Tools → Pour Manager에서 Flood탭을 선택한다.

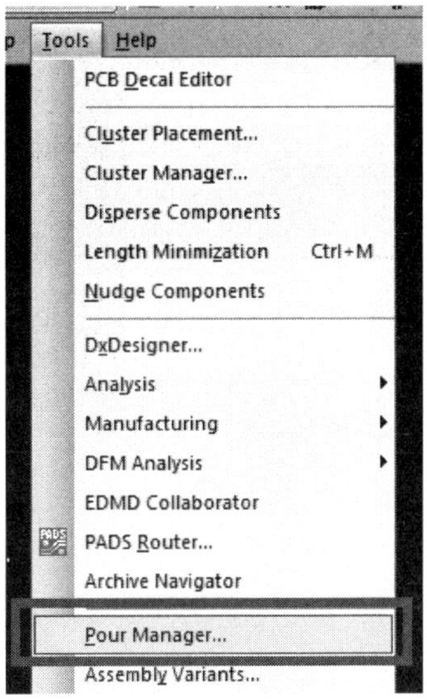

Pour Manager창이 뜨면 Flood 아래의 두 개의 항목 중 Plane areas on layers를 선택한 후 GND를 선택하여 Start 한다.

GND층만 Copper가 채워진다.

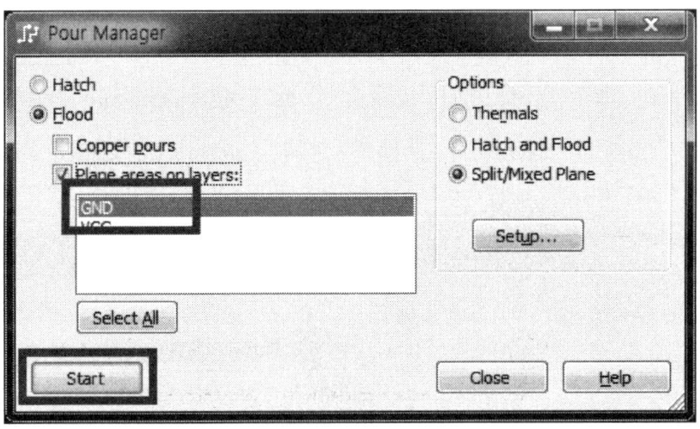

3층 에서는 +5V, +12V 두 개의 Plane Area 영역을 그린다.

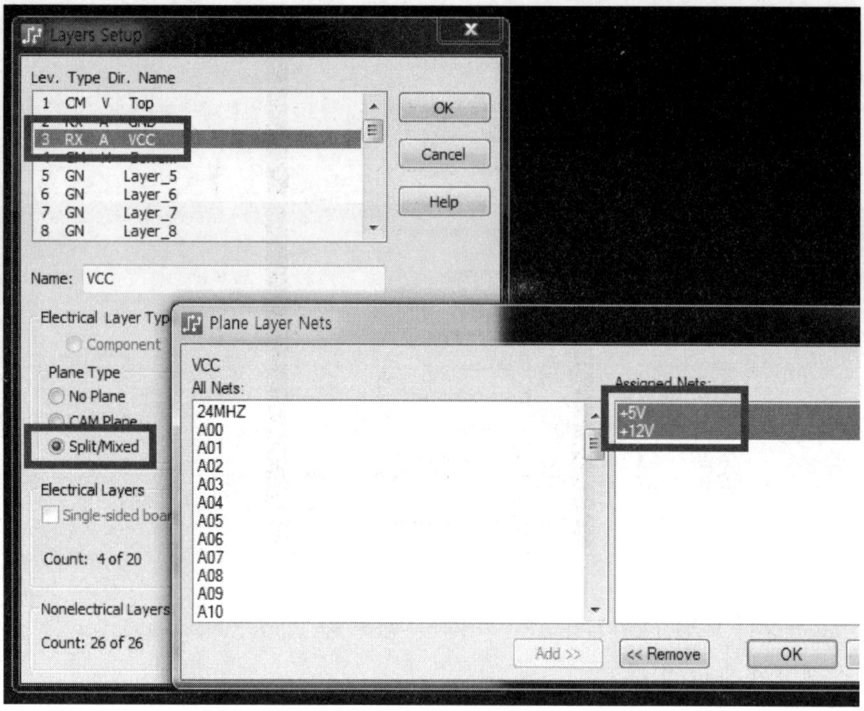

View → Net에서 설정한 3층의 VCC Net의 색만 남기고 Ground Net이나 특정 Net에 넣은 색은 검정색으로 바꾸면 분리하기 편하다. 3층의 색은 초록색이고 전원 +5V와 +12V의 Net색은 빨강과 분홍이다. 층의 색깔과 분리되는 색으로 설정해야 전원net 구분이 쉽다.
+5V 선택 후 아래 Color by Net에서 빨간색 선택, Connection은 None으로 한다.

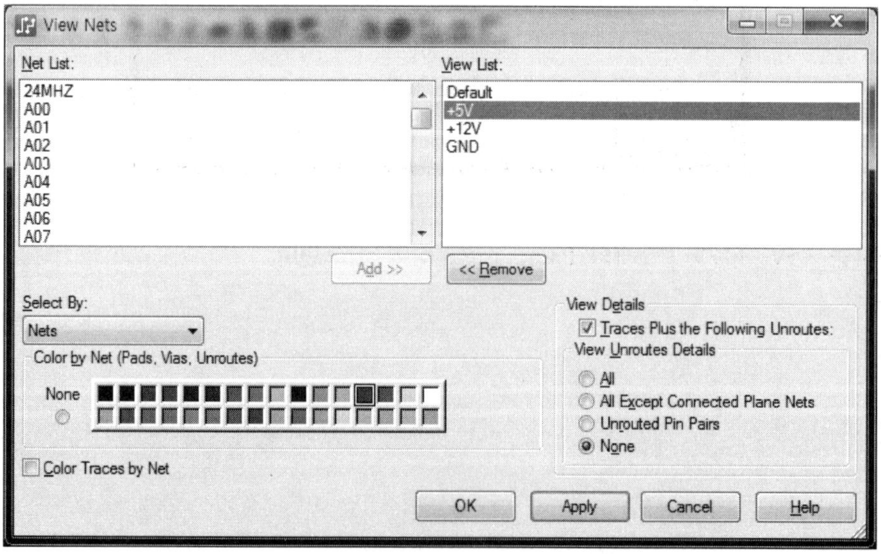

+12V 선택 후 아래 Color by Net에서 분홍색 선택한다.

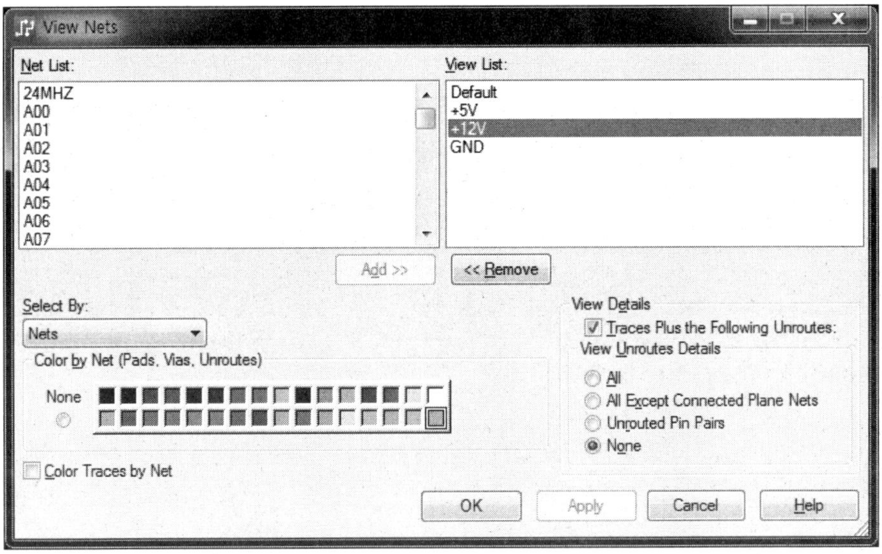

(색은 정해진 것이 아니고 원하는 색으로 구분되게 설정하면 된다.)

Draftiong Toolbar → Plane Area를 선택한다.

한 층에 두 개의 Plane Area 영역이 있어야 하므로 마우스 오른쪽 버튼을 클릭하여 Polygon을 선택한다.

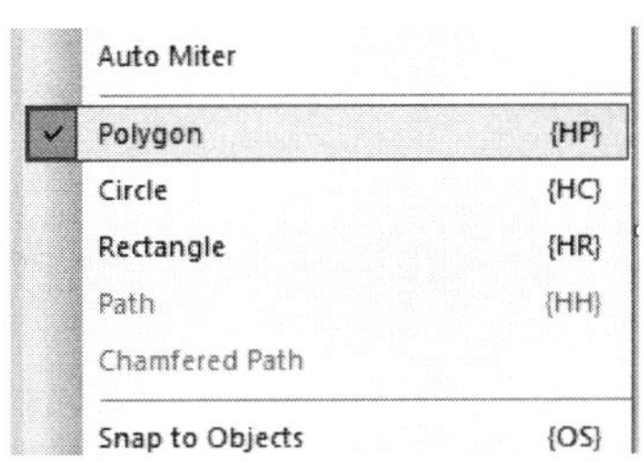

각 전원의 영역에 맞는 Plane Area를 그린다. 빨간색 영역과 분홍색 영역의 Plane Area를 그린다. Copper 영역을 겹쳐서 그리면 채워지지 않는다.
반드시 두 개의 분리된 영역으로 그림을 그린다.

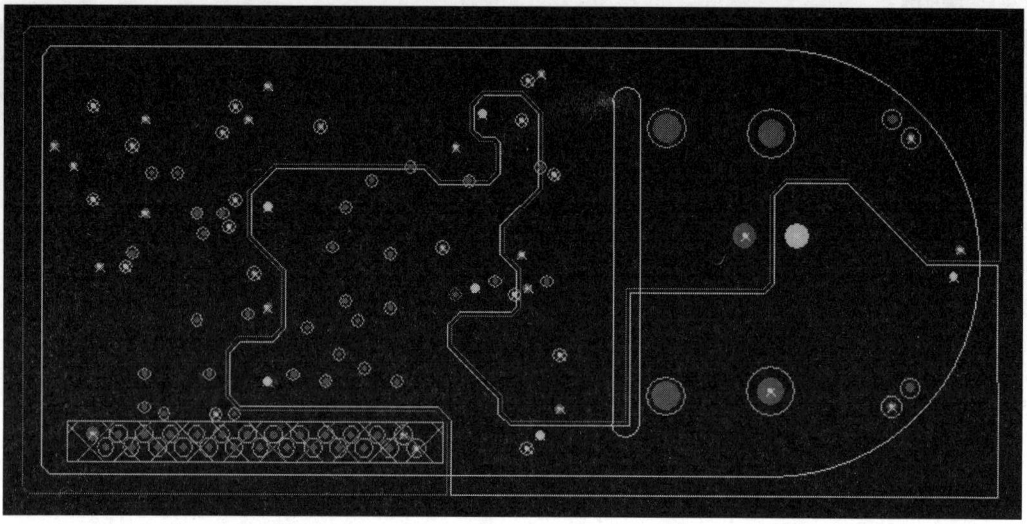

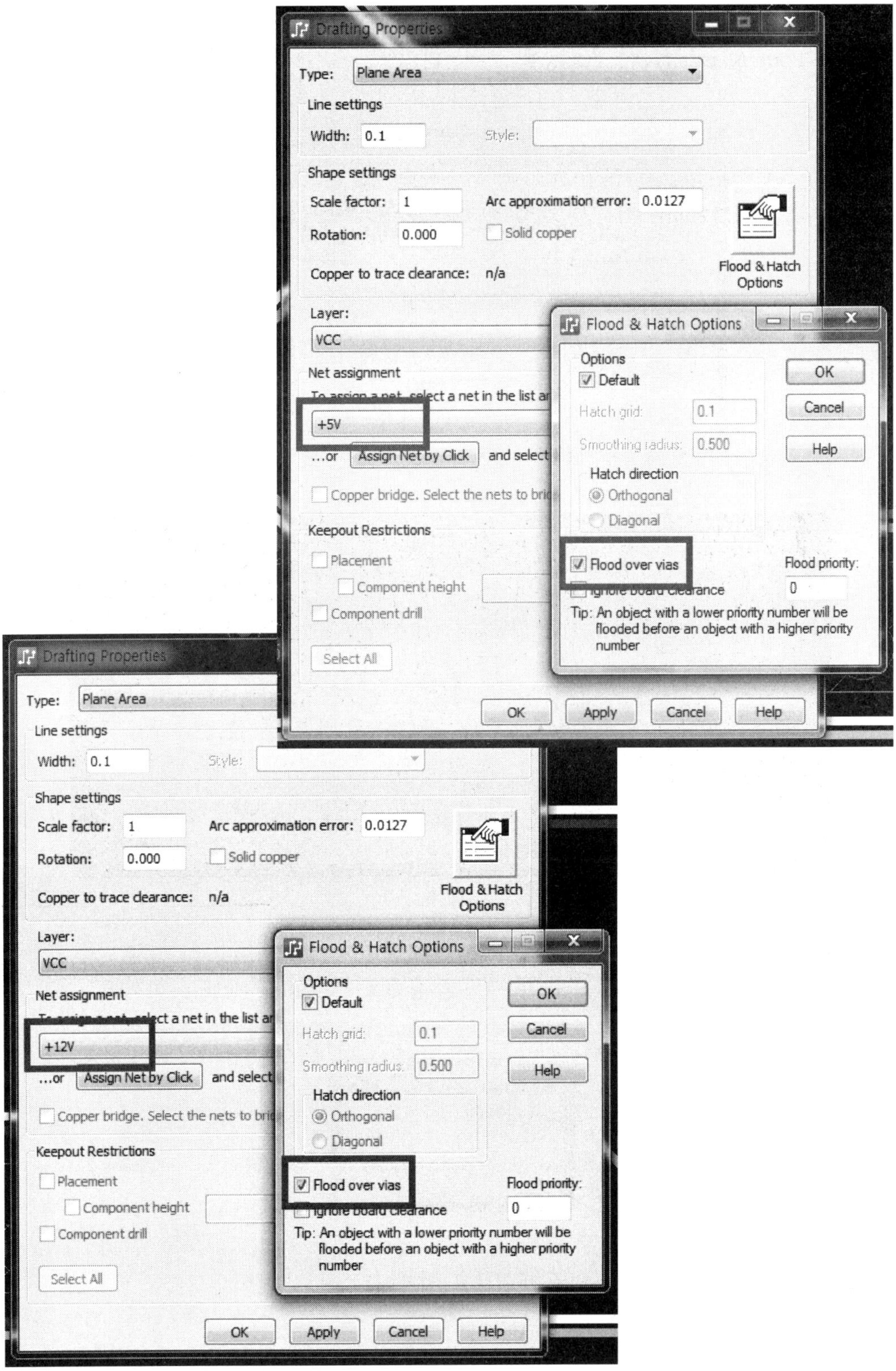
Drafting Properties
Type: Plane Area
Line settings
Width: 0.1
Style:
Shape settings
Scale factor: 1
Arc approximation error: 0.0127
Rotation: 0.000
Solid copper
Copper to trace clearance: n/a
Flood & Hatch Options
Layer:
VCC
Net assignment
+5V
...or Assign Net by Click and select
Copper bridge. Select the nets to bri
Keepout Restrictions
Placement
Component height
Component drill
Select All
OK Apply Cancel Help
Flood & Hatch Options
Options
Default
Hatch grid: 0.1
Smoothing radius: 0.500
Hatch direction
Orthogonal
Diagonal
Flood over vias
Ignore board clearance
Flood priority:
0
OK
Cancel
Help
Tip: An object with a lower priority number will be flooded before an object with a higher priority number
Drafting Properties
Type: Plane Area
+12V
Flood over vias

3층에 두 영역의 Plane Area를 그렸다면 채워보고 확인한다.
Tools → Pour Manager하여 VCC층을 채워본다.

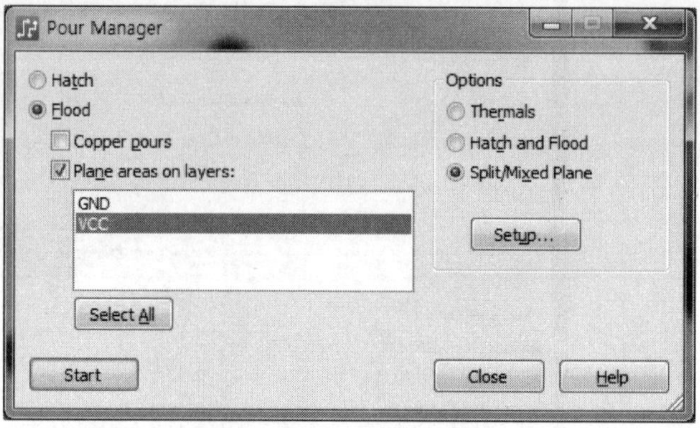

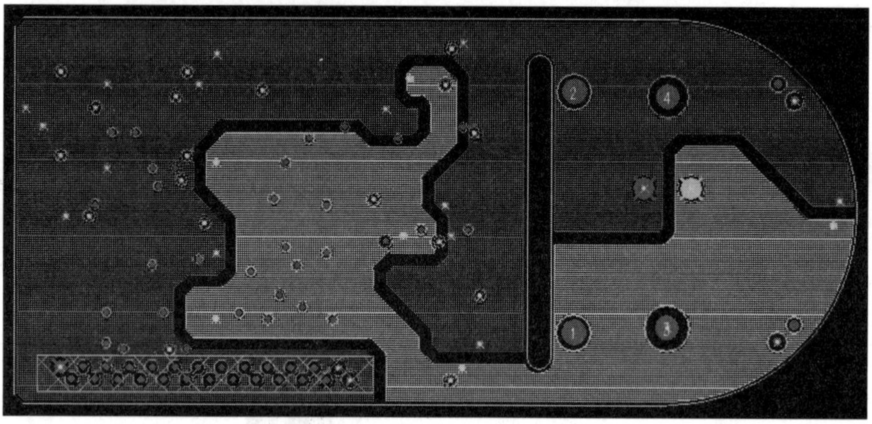

채운 Plane Area의 영역을 수정하려면 Plane Area를 Outline 상태로 되돌려야 하기 때문에 명령어 SPO를 친다. 그러면 Copper가 채워진 상태에서 Outline 상태로 바뀐다.

라인을 수정 후 다시 Plane Area를 채워보고 업데이트 된 것을 확인한다.
Tools → Pour Manager 한다.

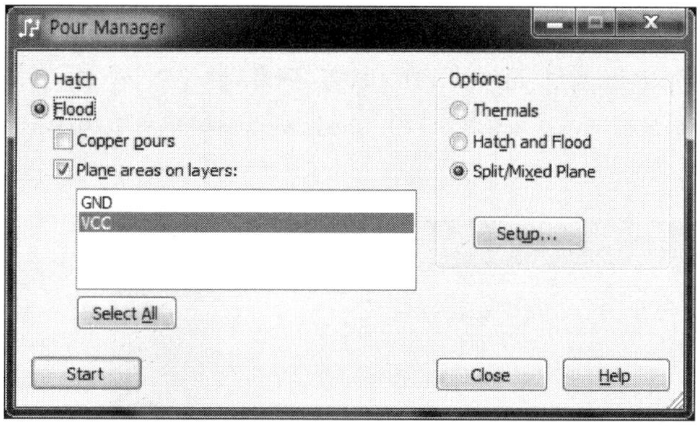

원하는 모양이 나올 때까지 이 과정을 반복한다.

두 개의 영역을 나눌 때와는 달리 넓은 영역 안에 작은 영역을 그려야 할 경우

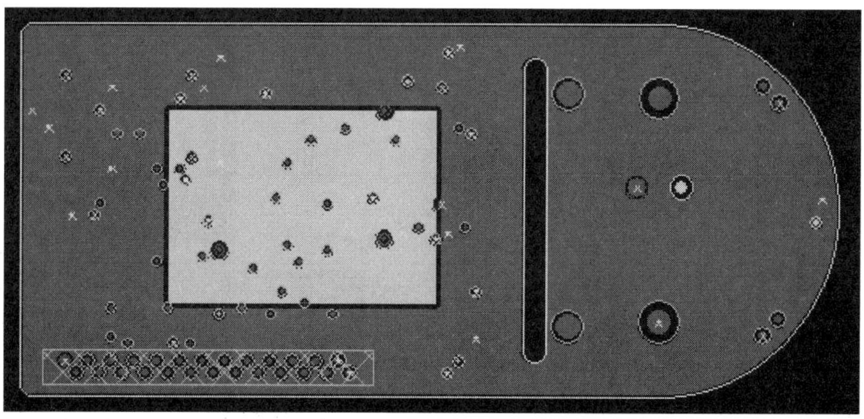

Setup → Default → Clearance에서 Copper to Copper 칸에 Clearance를 크게 지정한다. Copper를 채우면 Clearance만큼 떨어져서 채워진다.

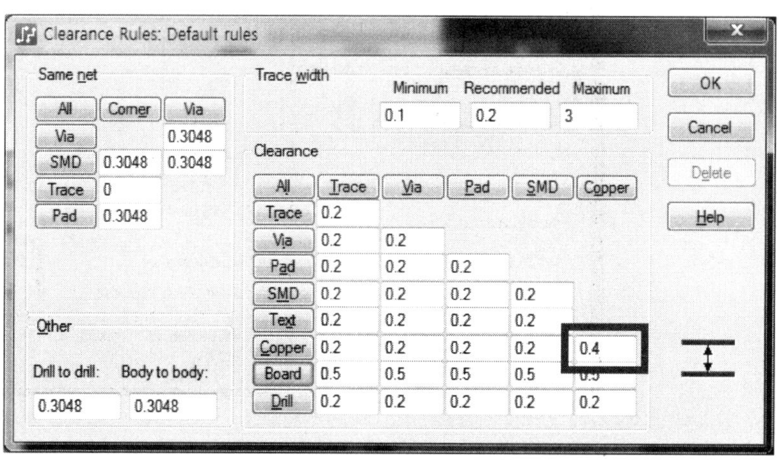

넓은 영역의 Copper(빨간색)는 +5V, 좁은 영역의 Copper(분홍색)는 +12V이다. Flood and Hatch Options에서 Flood Priority를 다르게 주어 우선순위를 정한다. 넓게 깔릴 곳이 후순위인 “1”을 좁게 깔릴 곳이 선순위인 “0”을 입력한다.

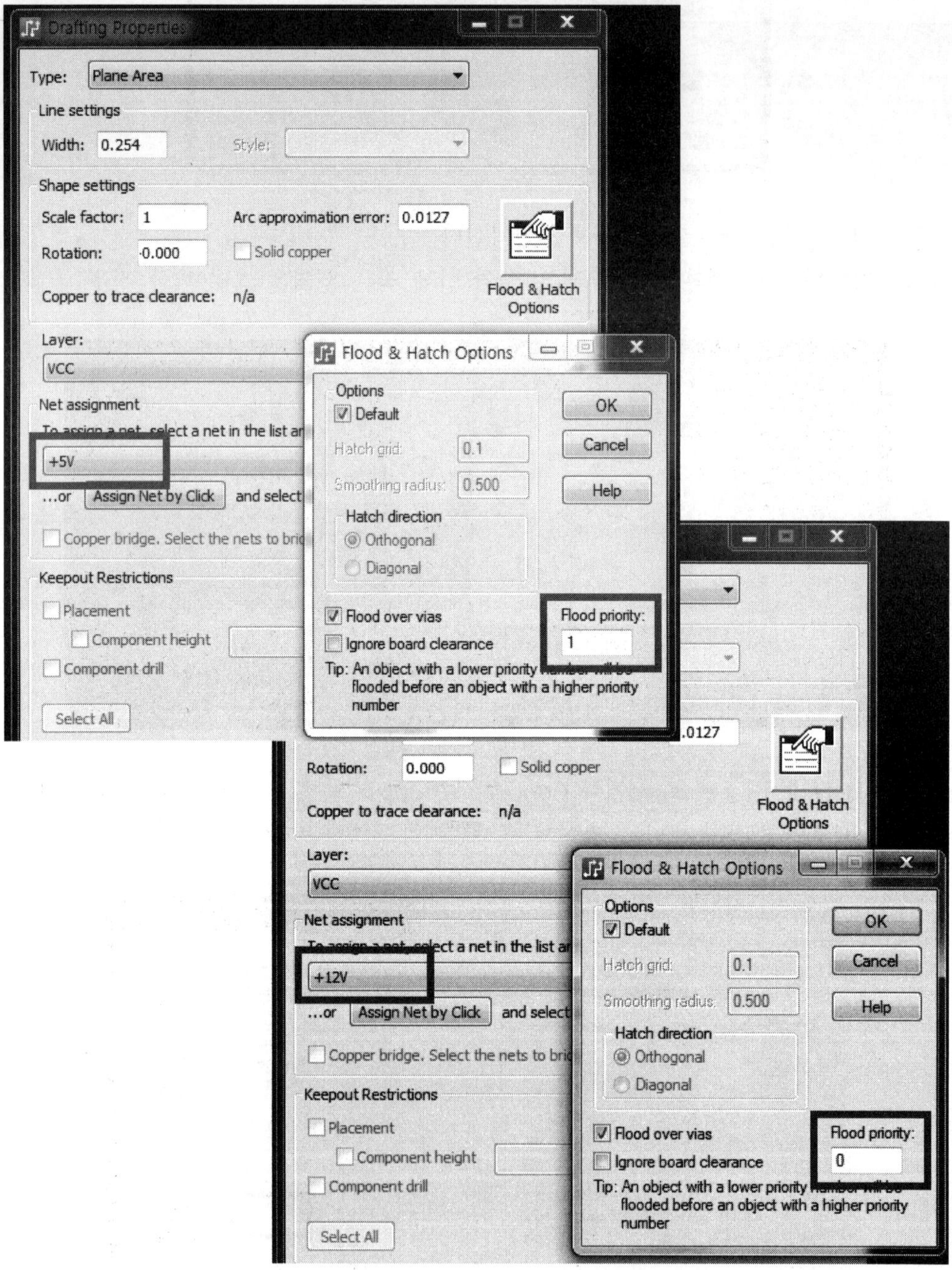

채운 Plane Area의 영역을 수정하려면, Plane Area를 Outline 상태로 되돌려야 하기 때문에 명령어 SPO를 친다. 그러면 Copper가 채워진 상태에서 Outline 상태로 된다.

라인을 수정 후 다시 Plane Area를 채워보고 업데이트 된 것을 확인한다.
Tools → Pour Manager

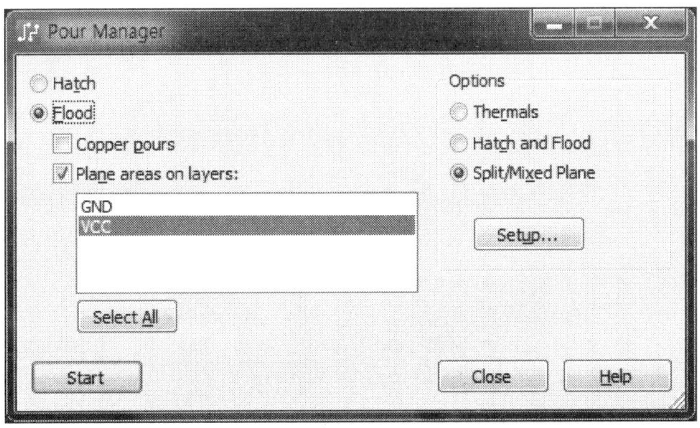

원하는 모양이 나올 때까지 이 과정을 반복한다.
전원 분리를 하는 이유는 전원들을 넓은 영역으로 연결이 잘 통하게 하는데 있다.
병목현상이 일어나는 곳이 없는지 꼭 확인한 후 Copper를 수정하여 업데이트 한다.
병목현상이란 다른 Net 속성의 Via 또는 핀 때문에 Copper가 지나가는 폭이 줄어든 현상이다.

Plane Area 아이콘을 클릭하였을 때 아래의 메시지창이 뜬다면

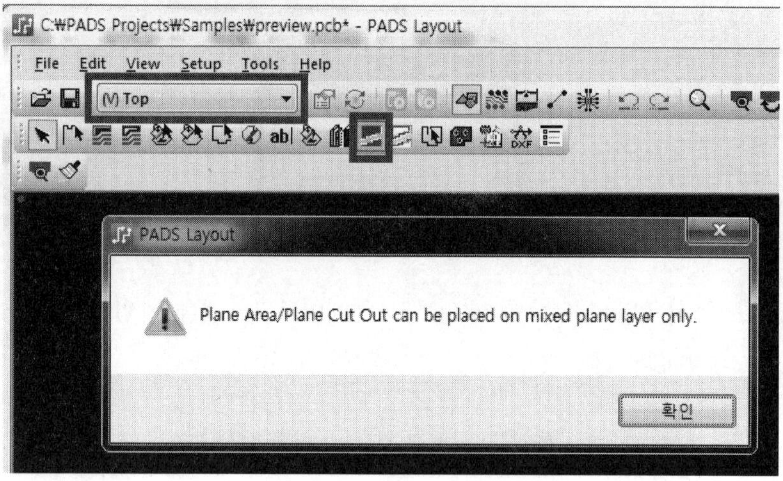

Layer 활성화 창이 No Plane 층으로 설정되어있어서 그렇다.
Copper Pour나 Plane Area를 그리기 전 Layer 활성화 창을 꼭 확인한다.

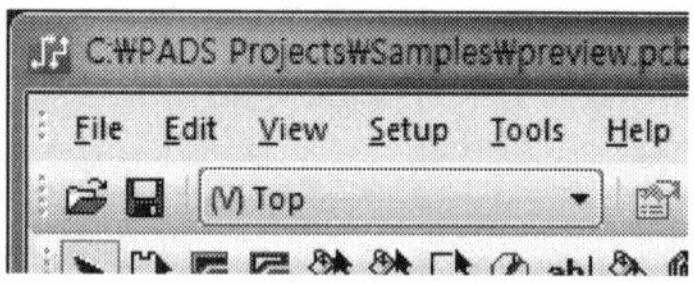

Copper Pour는 No Plane층(TOP, BOTTOM)에서 Plane Area는 Split Mixed층(GND, VCC) 에서만 그릴 수 있다.

7.4 Thermals Option 설정하기

Tools → Options → Thermals에 들어간다.
SMT Thermals에 Orthogonal을 선택한다.

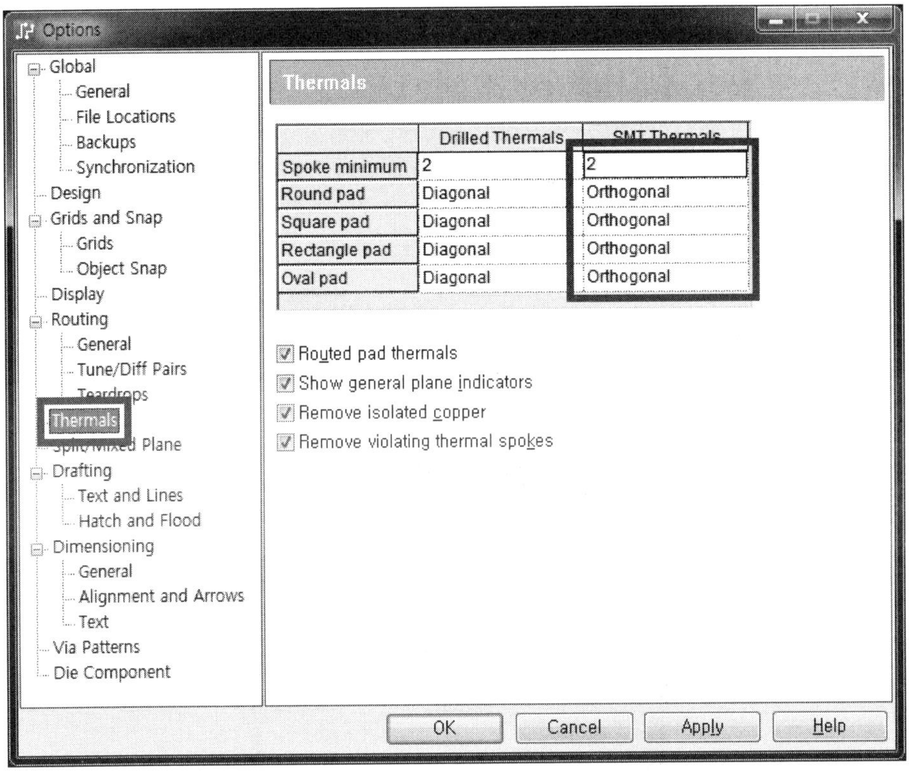

Drilled Thermals은 DIP Type 핀을 의미하고 SMT Thermals은 SMD Type 핀을 의미한다.

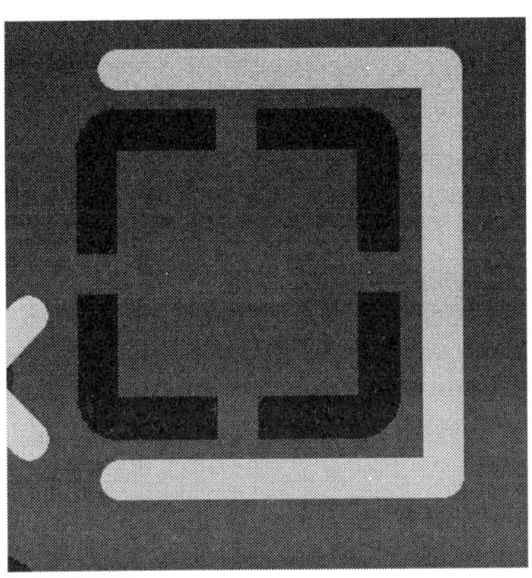

SMD Type Thermal

DIP Type Thermal

7.5 GND 보강 Via 뚫기

Copper로 전 층에 동박을 넓게 깔았다면 보드의 빈 공간에 GND 속성의 Via를 뚫어 GND를 보강한다. 보드의 비어있는 공간을 확인하기 위하여 채워놓았던 Copper들은 PO, SPO 하여 Outline 상태로 한 뒤 작업한다. 기존에 뚫어 놓은 GND via 하나를 클릭한 후에 마우스 오른쪽 버튼을 클릭하여 Properties에 들어간다.

Net : GND인 것을 확인한다.
Stitching에 체크한다.

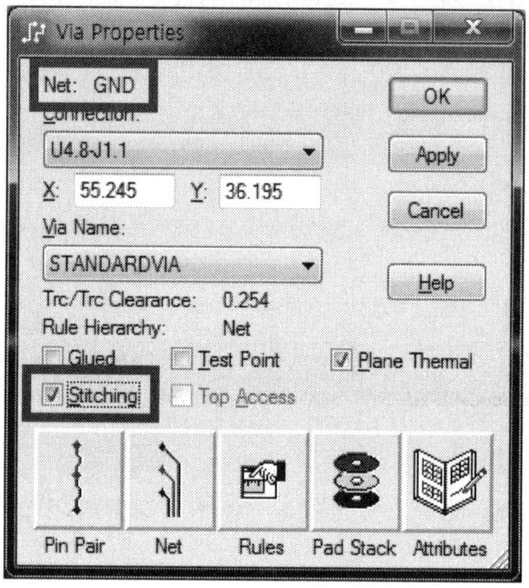

Stitching한 Via를 Ctrl + C 한다.
Don't ask me again에 체크하고 Yes하면 Via가 따라 나온다.

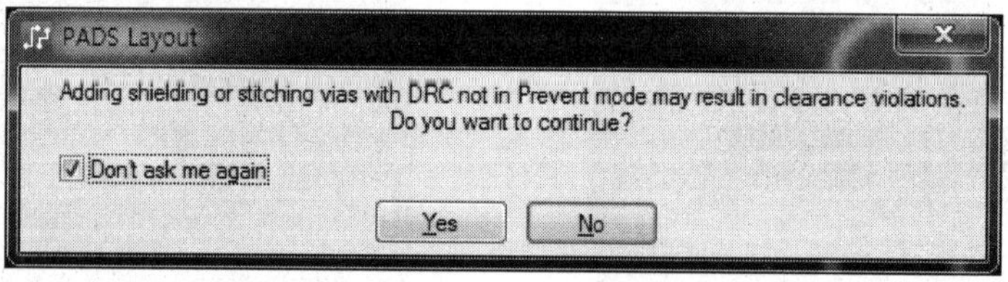

흰색 써클이 Stitching via이다.
마우스 왼쪽 버튼을 클릭하면 Via가 추가된다.

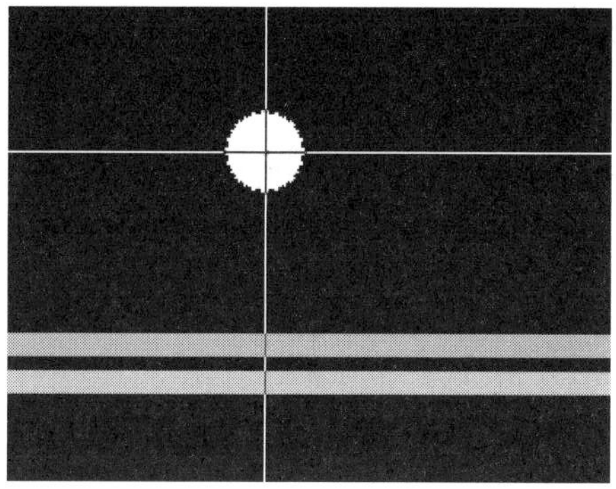

Via를 간격에 일정하게 뚫기 위해서 Tools → Options에 들어가 Global 탭의 Via gird의 Snap to grid의 체크를 한다.

Via의 간격을 크게 하려면 Grid를 키운다.

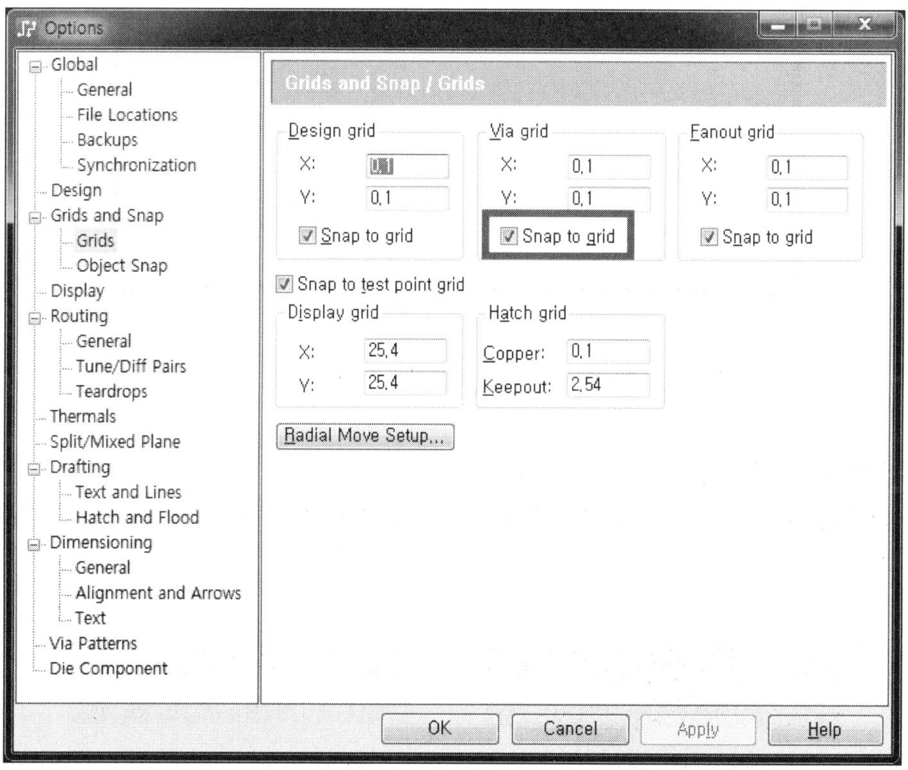

7.6 Error Check → Connectivity

Connectivity는 화면에 보이지 않아도 Error Check 한다. Error 표시를 끄려면 Clear Errors 한다. Location에서 에러 리스트를 클릭하면 에러가 발생한 곳으로 화면이 이동한다. 단, Disable panning이 체크 해제되어 있어야 한다.

Explanation에서 Error가 난 이유를 보여준다. Error Check시에는 이 창을 계속 켜놓고 작업한다. 파일을 수정하여 업데이트 했다면 Start하여 Error를 확인한다.

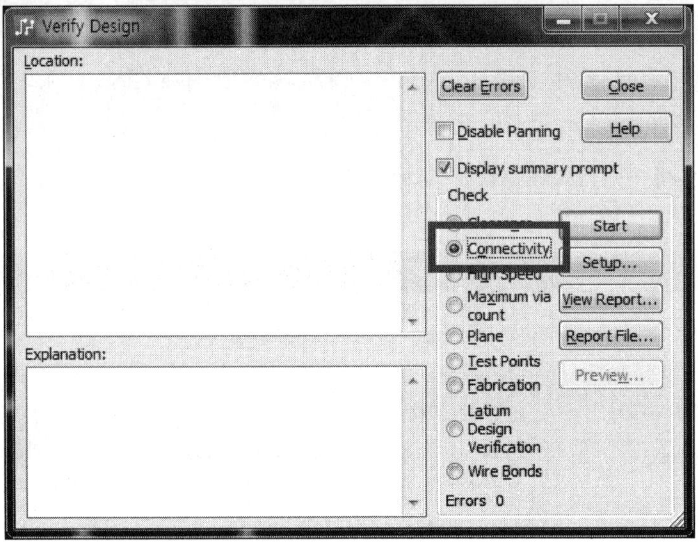

Connectivity Error가 나는 곳은 보통 두 가지 경우이다.

① 핀에서 아예 연결이 되지 않은 경우

일반 Signal인 경우 라우팅 하여 연결 완료하면 되고 전원일 경우 End Via를 뚫어 전원 층에 연결한다.

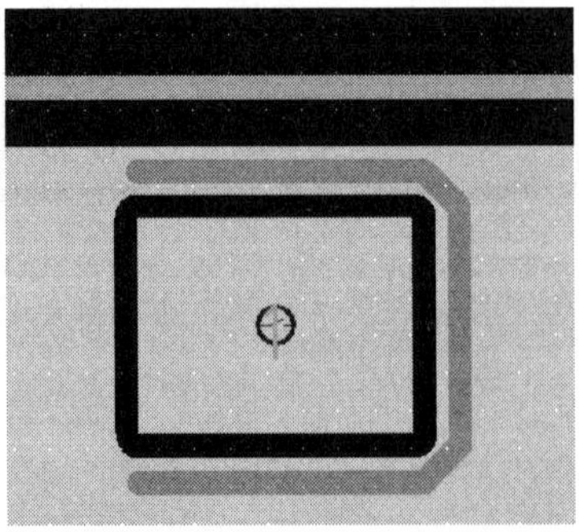

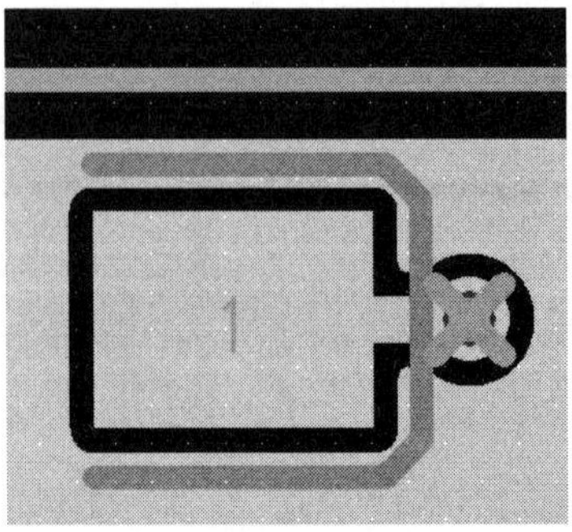

라우팅이 수정되었으므로 Pour Manager를 열어 전 층의 Copper를 다시 채운다.
Tools → Pour Manager에 들어가 Flood에서 Copper pours와 Plane areas on layer 모두 체크하고 Srart 한다.

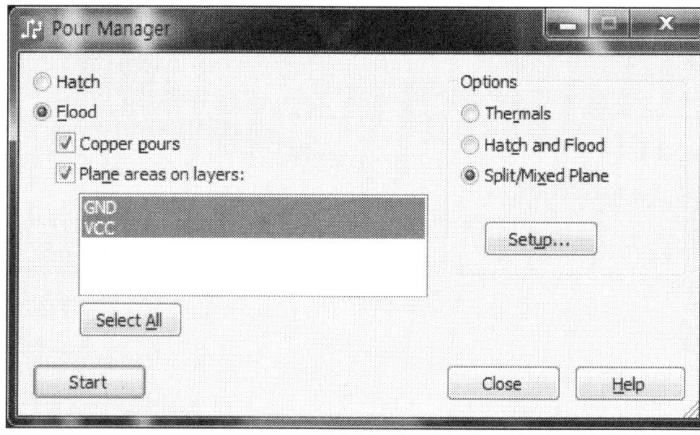

② 연결은 했으나 해당 Copper 영역에 포함이 되지 않은 경우

분홍색 영역에 빨간색 Via가 포함되어 있다.

빨간색 Via를 빨간색 Net과 Short 시키는 방법은 공간이 허락한다면 빨간색 영역으로 Via를 옮긴다.

라우팅 하여 라인을 빨간색 영역으로 끌고 온다.

Copper의 Line을 수정한다.

라우팅이 수정되었으므로 Pour Manager를 열어 전 층의 Copper를 다시 채운다.
Tools → Pour Manager에 들어가 Flood에서 Copper pours와 Plane areas on layer 모두 체크하고 Srart 한다.

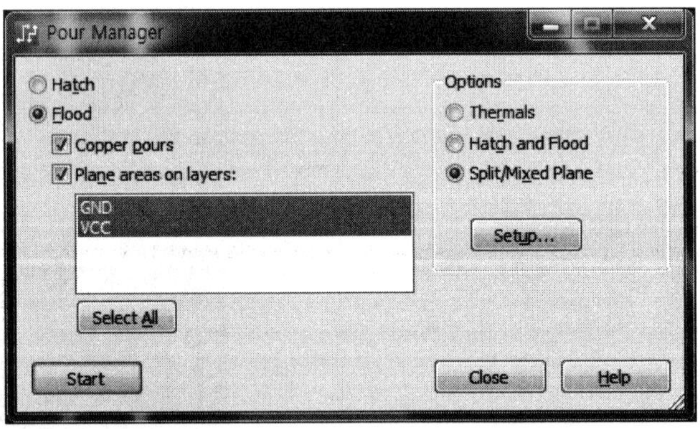

Copper를 다시 채우고 Connectivity Check한다.
계속 이 작업을 반복하여 Error를 잡는다.

8 Silk 정리하기(Reference 정리하기)

8.1 Display Colors Setup

동박과 관련된 Traces, Copper는 체크를 끈다. 나머지 필요 없는 층들도 끄면 좀 더 잘 보인다. Reference와 PCB Decal의 외곽 라인, 보드 명 등만 Display 한다. 가장 오른쪽에 Top과 Bottom은 PCB Decal의 외곽 라인을 의미한다.
체크가 끝나면 OK 한다.

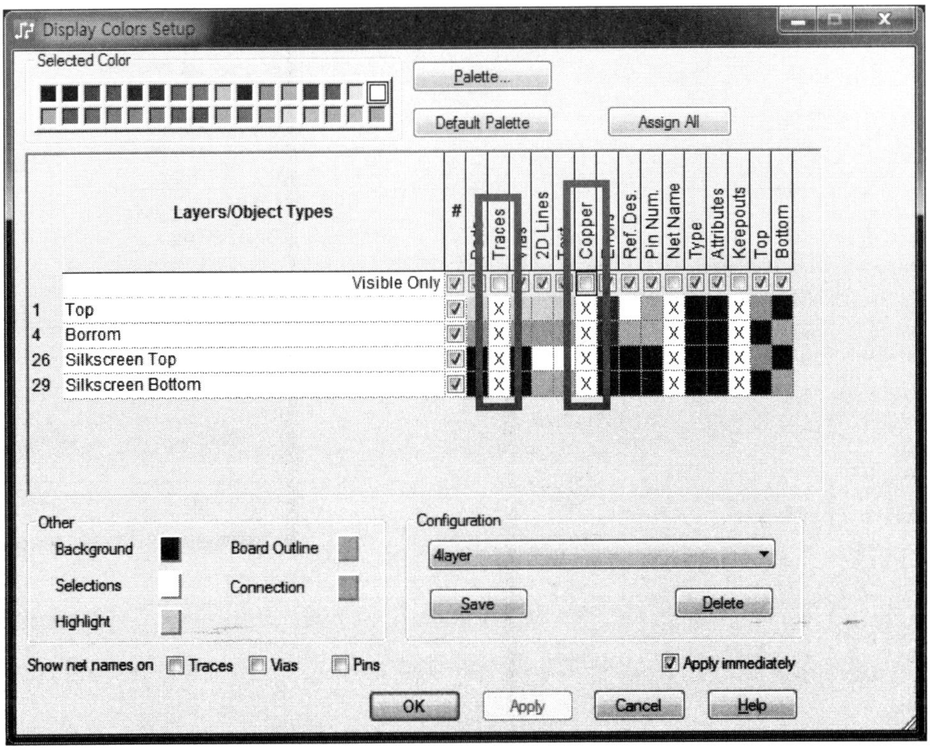

8.2 Filter..

마우스 오른쪽 버튼을 클릭하여 Filter..를 선택한다.

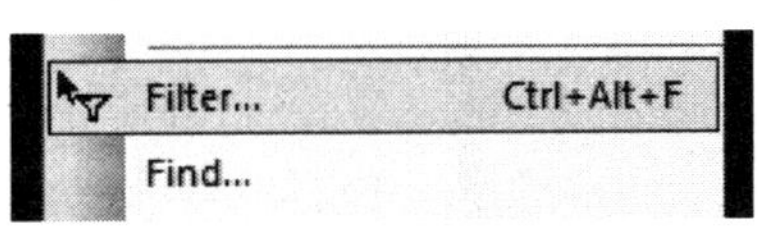

Nothing 클릭 후 Parts를 선택한다.

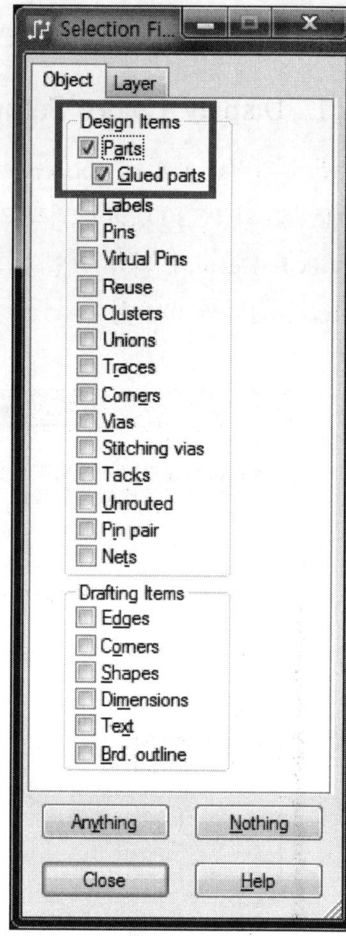

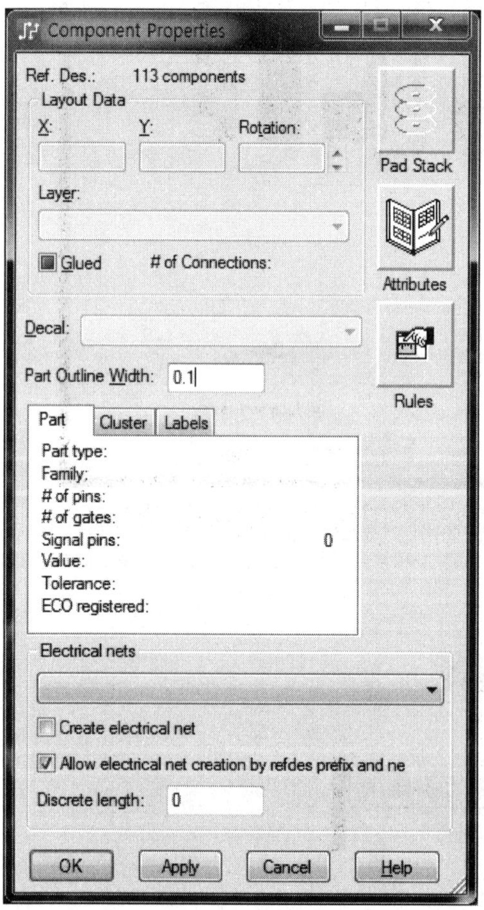

보드 전체를 드래그 하여 Part가 Select 되면 마우스 오른쪽 버튼을 클릭하여 Properties...에 들어가 Outline을 동일한 두께로 설정한다. PCB가 나왔을 때 Line의 두께가 일정하게 보이게 하기 위함이다.

다시 마우스 오른쪽 버튼을 클릭하여 Filter..를 선택한다.

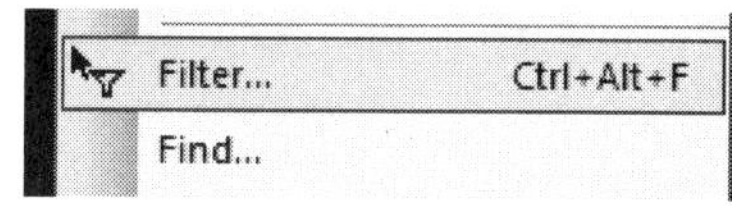

Nothing 클릭 후 Labels 클릭한다.

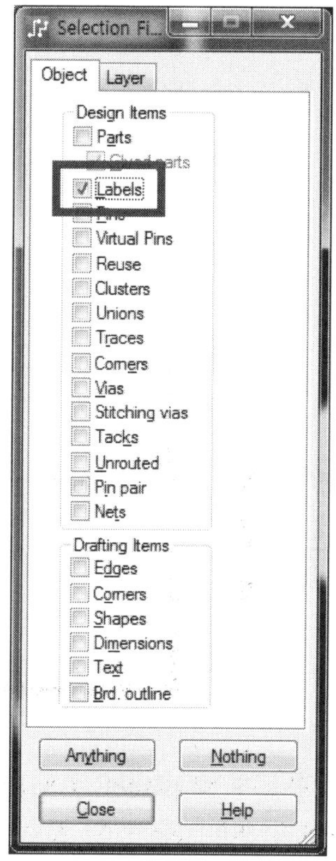

보드 전체를 드래그하면 Reference만 Select 된다.

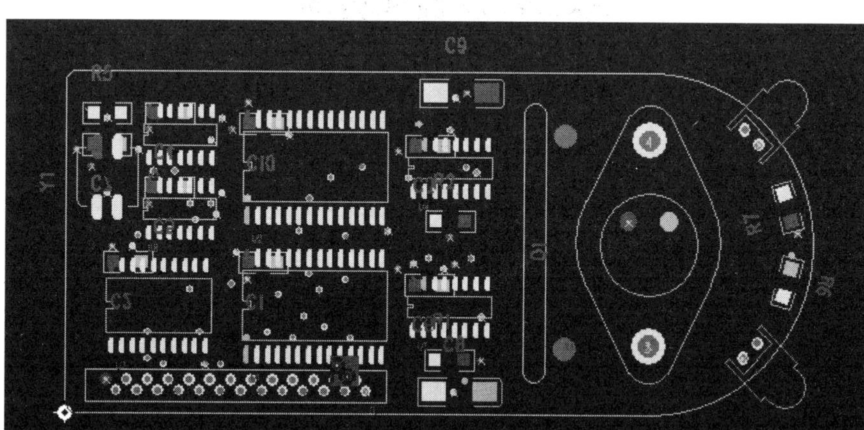

마우스 오른쪽 버튼을 클릭하여 Properties...에 들어간다.
Size와 Line width를 조정한다.

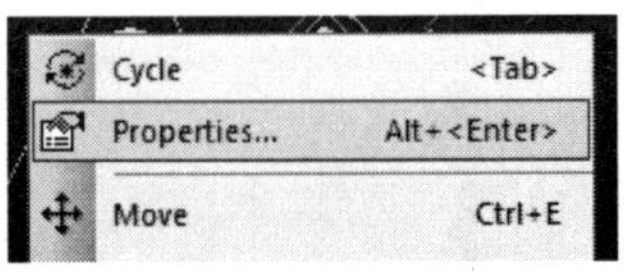

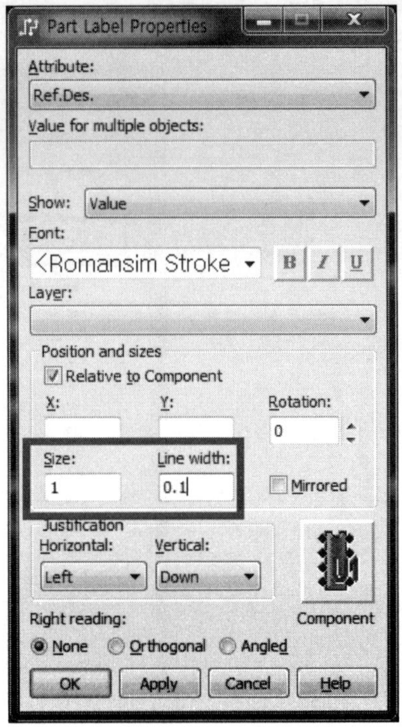

Reference Size 조정이 끝나면 TOP층과 Silkscreen Top층을 같이 켠다.
Silk층의 경우 Reference 외에 보드명과 같은 Text 또는 회사 Logo 등이 들어갈 수 있기 때문이다. Top층 Silk 정리 시에는 Modeless Command에 Z1 26라고 입력한다.

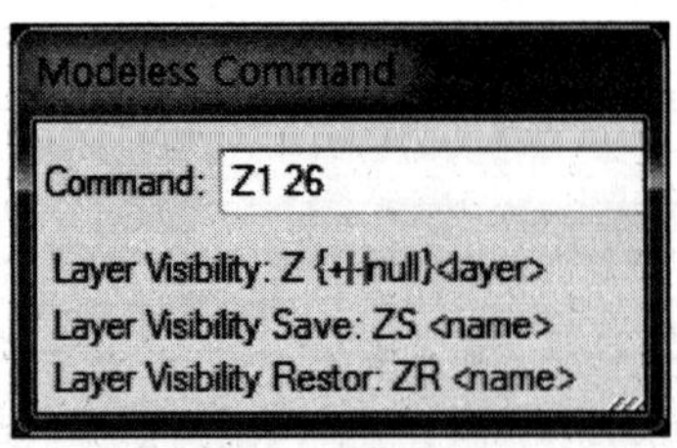

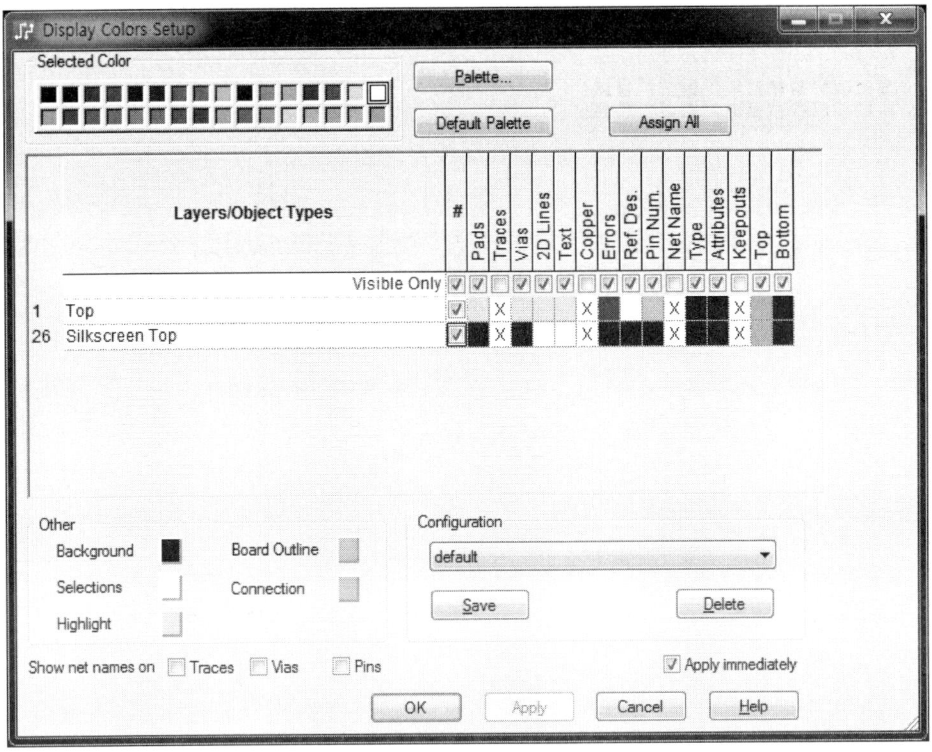

Bottom층 Silk 정리 시에는 Modeless Command에 Z4 29라고 입력한다.

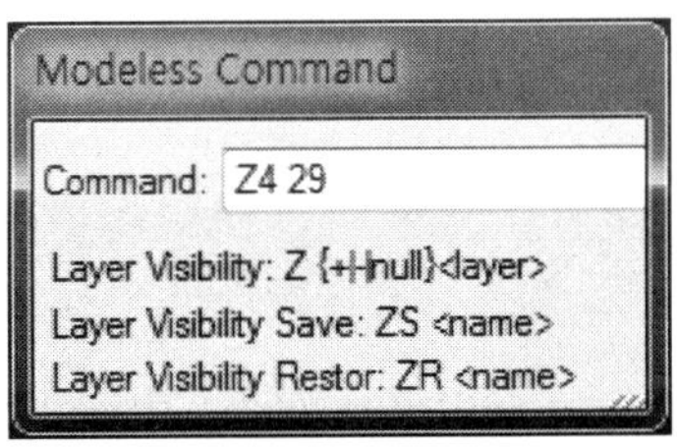

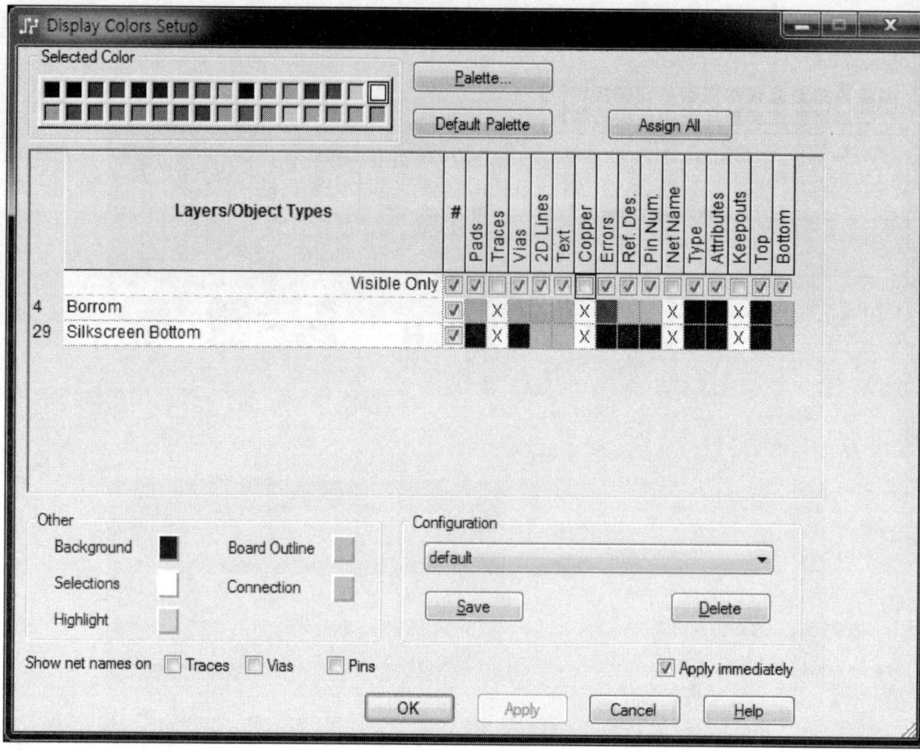

8.3 Text 삽입하기

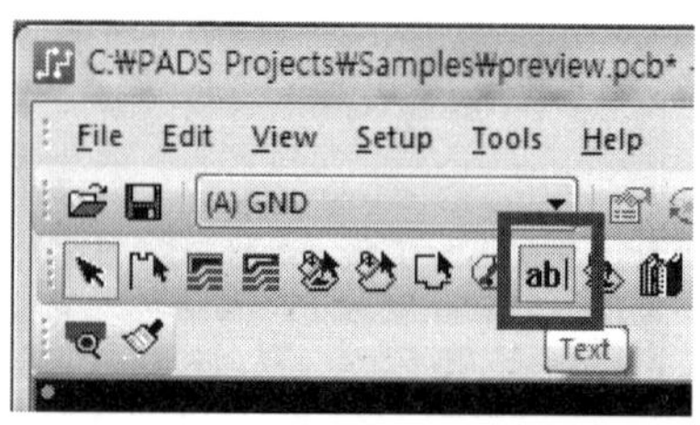

Text에 PREVIEW를 입력한다.

Layer는 Silkscreen Top으로 설정한다.

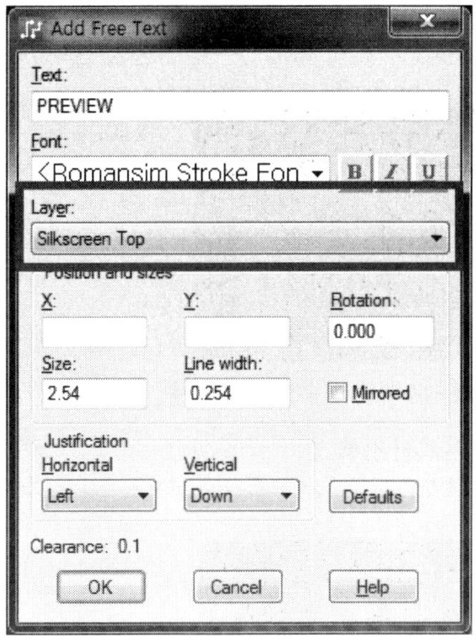

입력한 PREVIEW라는 Text가 따라 나온다.

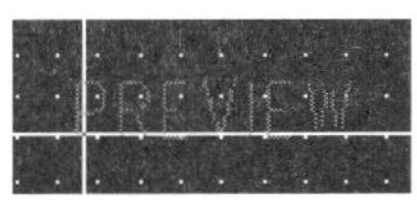

적당한 위치에 클릭하여 완료한다.

8.4 회사 Logo 삽입

기구도면에 Logo가 있을 시에는 DXF File Open 한다.
Drafting Toolbar → Import DXF File

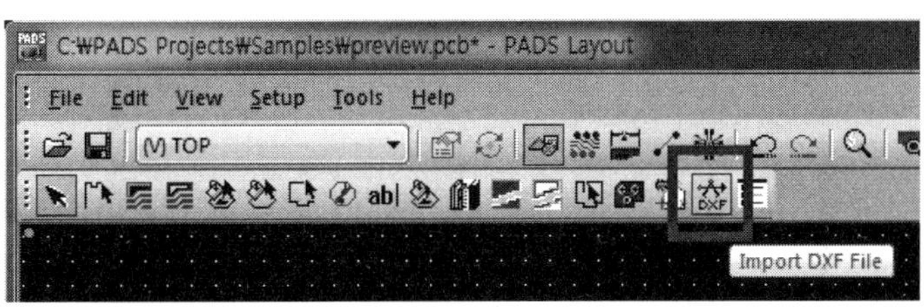

Select Mode를 Select Document로 하고 작업하면 편하다.

원하는 Line만 남겨서 드래그 한 후 Combine 한다.

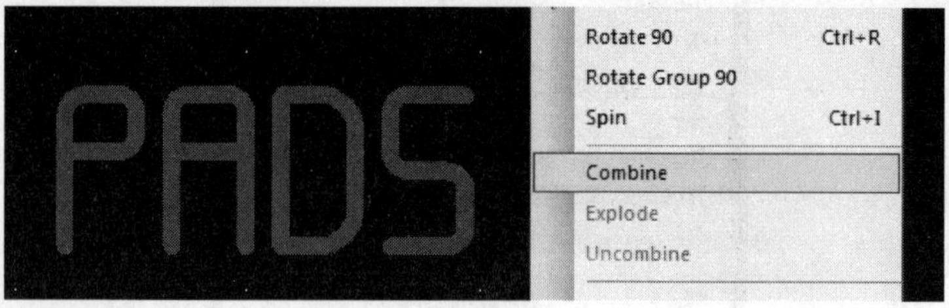

이동할 때 기준이 되는 Origin 설정한다.

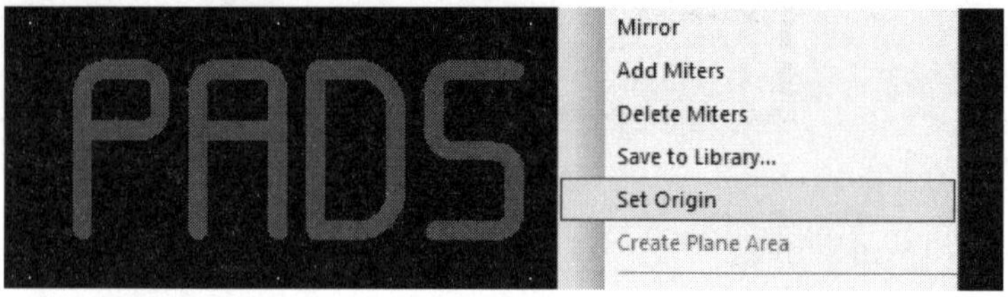

Logo를 Select 하고 마우스 오른쪽 버튼을 클릭하여 Save to Library 한다.

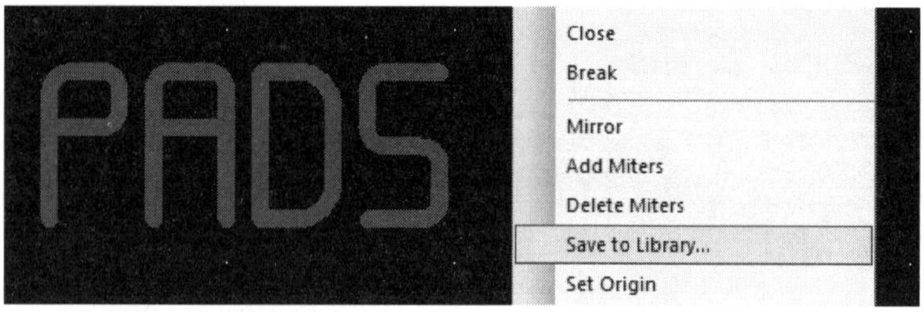

Logo 이름을 입력한다.

저장한 Logo는 Drafting Toolbar → From Library 하여 불러올 수 있다.

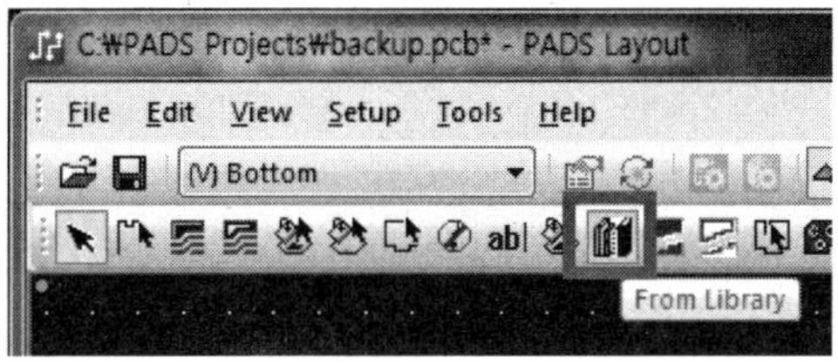

Logo를 선택 후 OK 한다.

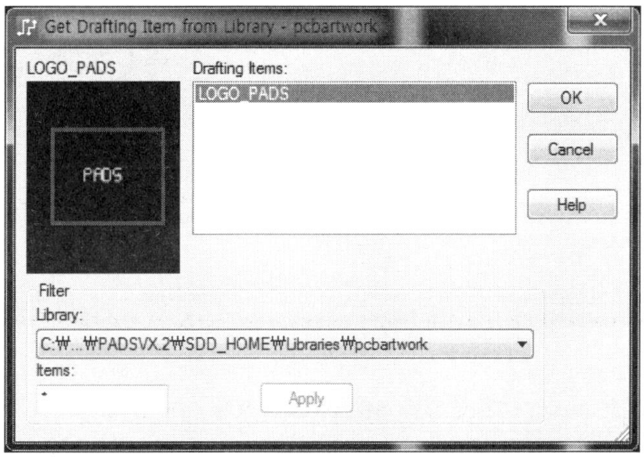

9 Error Check하기

Tools → Verify Design...하여 Clearance와 Connectivity check 한다.

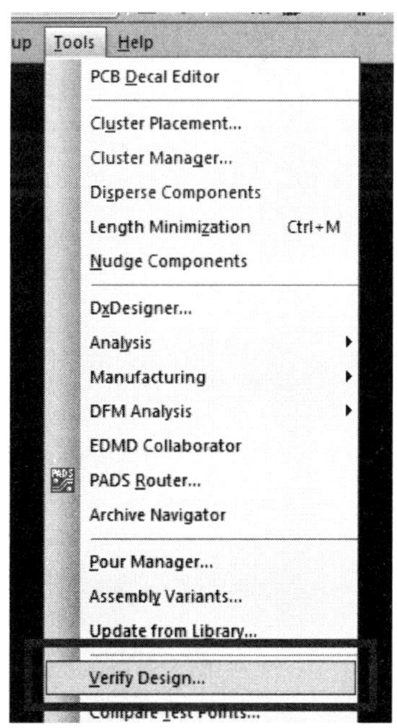

9.1 Clearance

화면상에 보이는 곳만 Check 하므로 Gerber를 만들기 전 화면에 보드 전 층이 보이고 Copper가 채워진 상태에서 Check 한다.

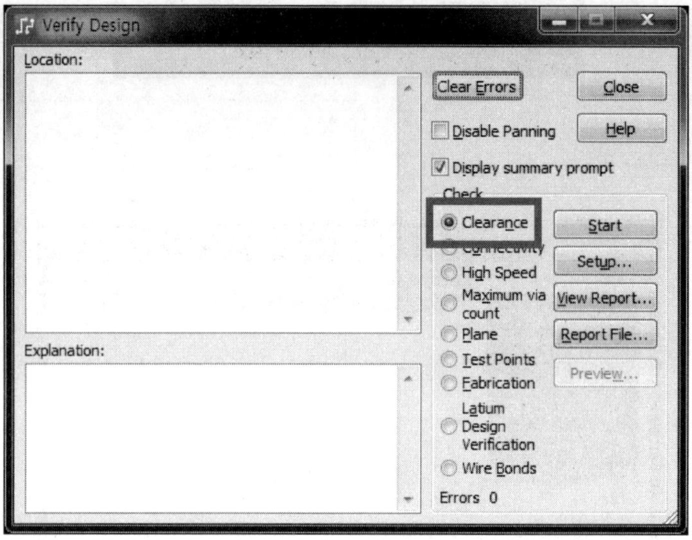

Setup을 클릭하면 Clearance Checking Setup을 설정할 수 있다.
Board outline에 Check 하면 보드 바깥에 있는 부품과 Edge에 걸친 부품들도 Error 표시된다.

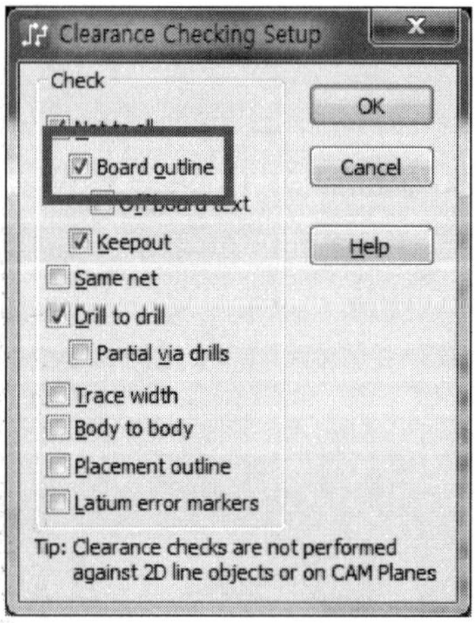

9.2 Connectivity

Net 연결이 모두 되었는지 확인한다. 화면상에 보이지 않는 곳도 Check 한다. Gerber를 만들기 전 모든 층의 Copper가 채워진 상태에서 Check 한다.

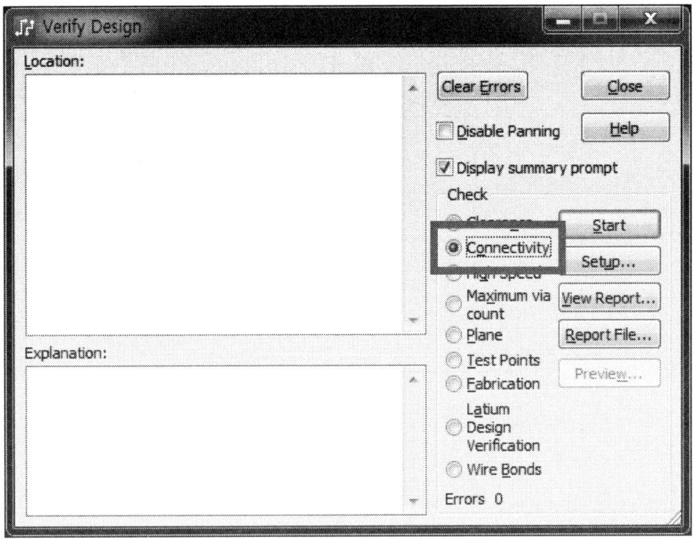

10 Gerber Data 출력하기

File → CAM에 들어간다.

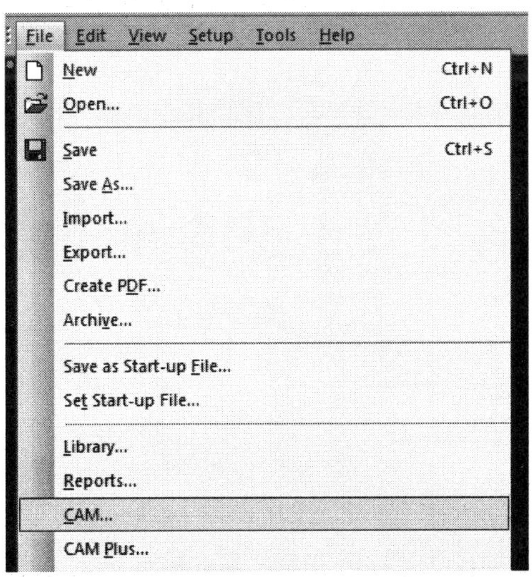

Auto Define을 클리하면 거버데이터 만들 때 필요한 리스트들이 자동 생성된다.
자동 생성된 리스트들에 하나씩 들어가서 원하는 옵션으로 수정하여 사용하면 된다.

하나씩 필요한 항목들을 Add하여 만들 수도 있다.

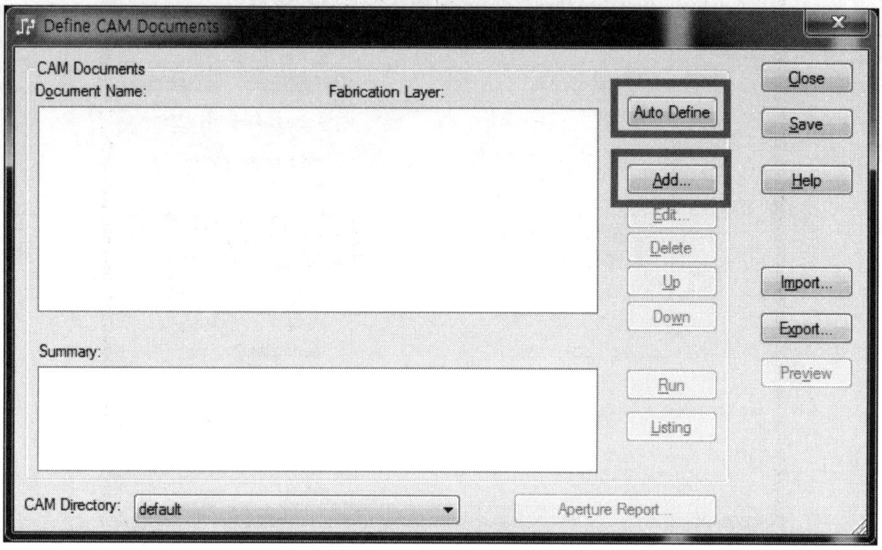

10.1 4층 기준 Gerber Data 만들기

4Layer 기준 Gerber list이다.

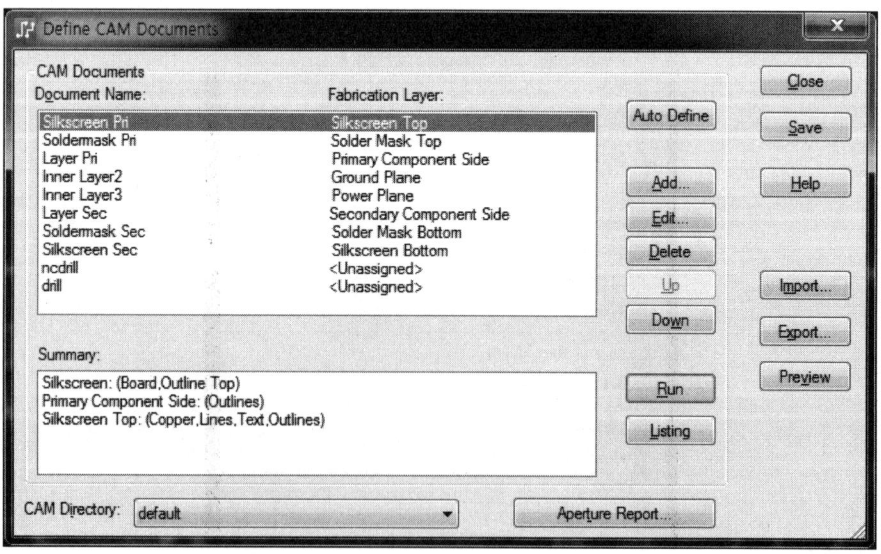

위의 List를 참고하여 Gerber를 만들 수 있다.

Add 클릭한다.

Document Name이 아닌 Output File 이름으로 Gerber Data가 만들어진다.

Document Name : Silkscreen top

Document Type : Silkscreen

Layer : Top

Output File : sst001026.pho

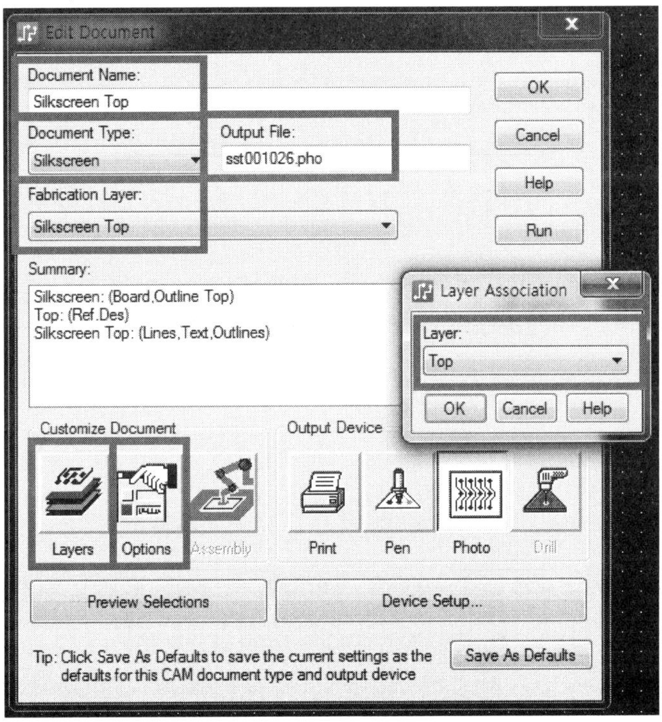

Layers 클릭한다.

Selected에서 Top을 선택 후 Items on Primary에서 Outlines를 체크한다.

PCB Decal을 그릴 때 부품의 Silk를 Top층에 그린 경우 Outlines을 선택해야 거버에 나온다.

모두 체크 후 OK 한다.

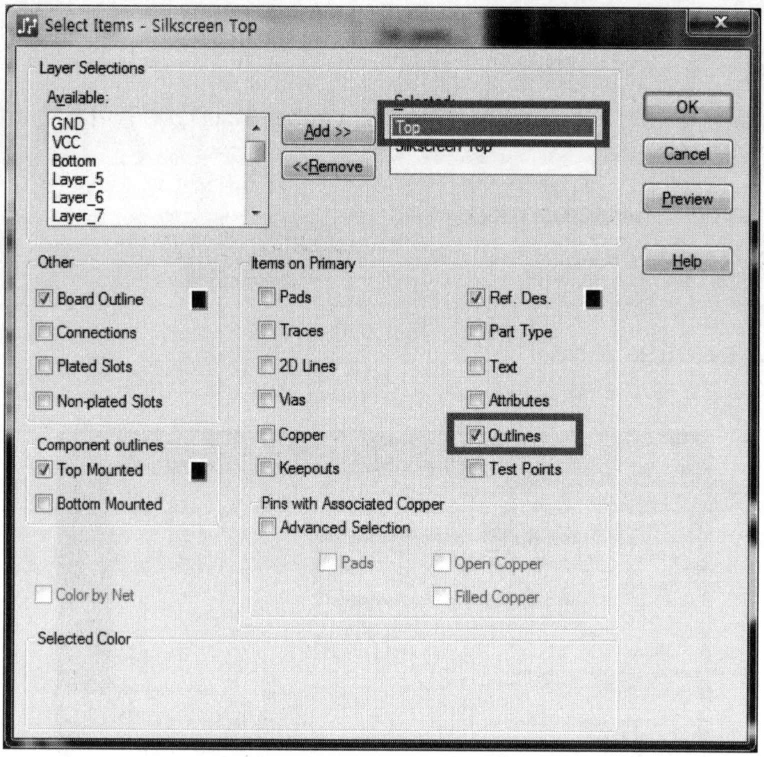

Options 클릭한다.

Other Options에 Ref.Des 칸에 Reference를 입력하면 해당되는 Ref가 거버에 나오지 않는다. Bottom도 마찬가지로 처리한다.

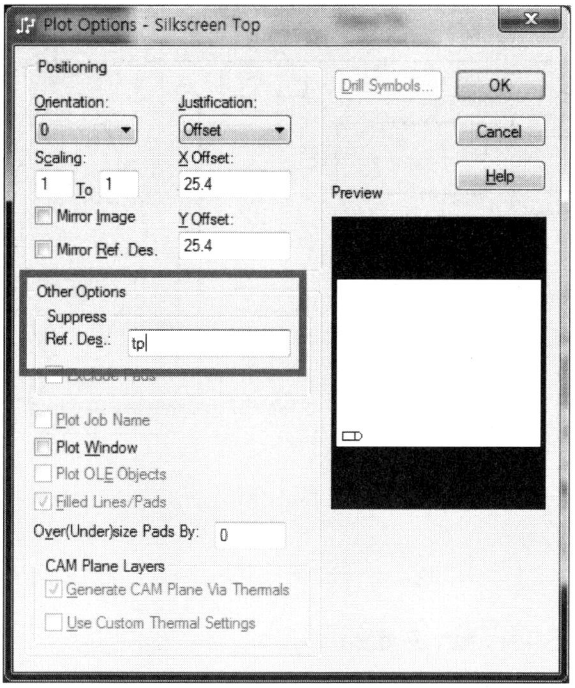

열었던 창을 OK하여 닫은 후 CAM Documents에 리스트에 Silkscreen Top이 등록되었는지 확인한다.

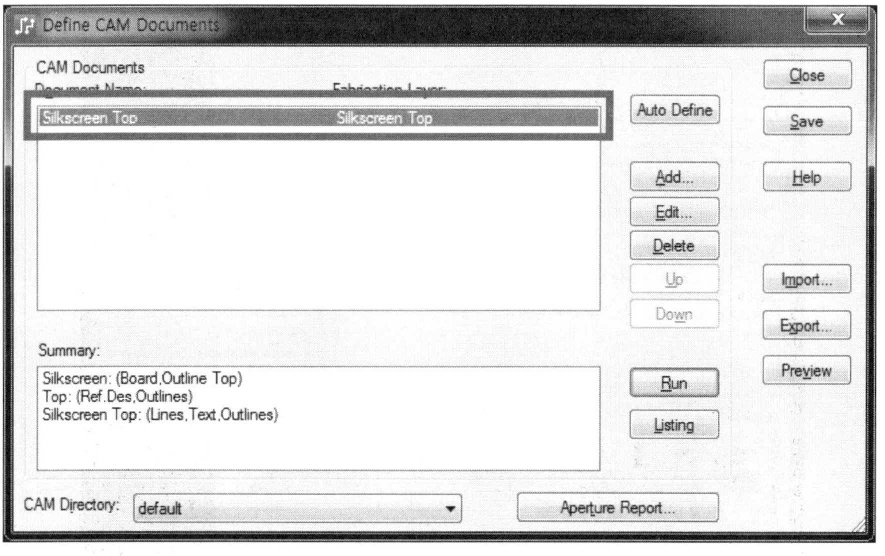

Preview 하여 거버를 확인한다.
따로 삽입한 Board명과 회사 Logo도 포함이 되어 있는지 확인한다.

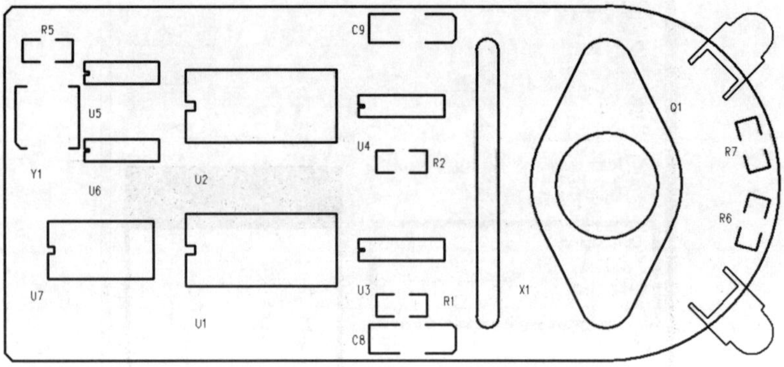

다시 Add를 눌러 Silkscreen Bottom을 등록한다.
Add 클릭한다.

Document Name : Silkscreen Bottom

Document Type : Silkscreen

Layer : Bottom

Output File : ssb004029.pho

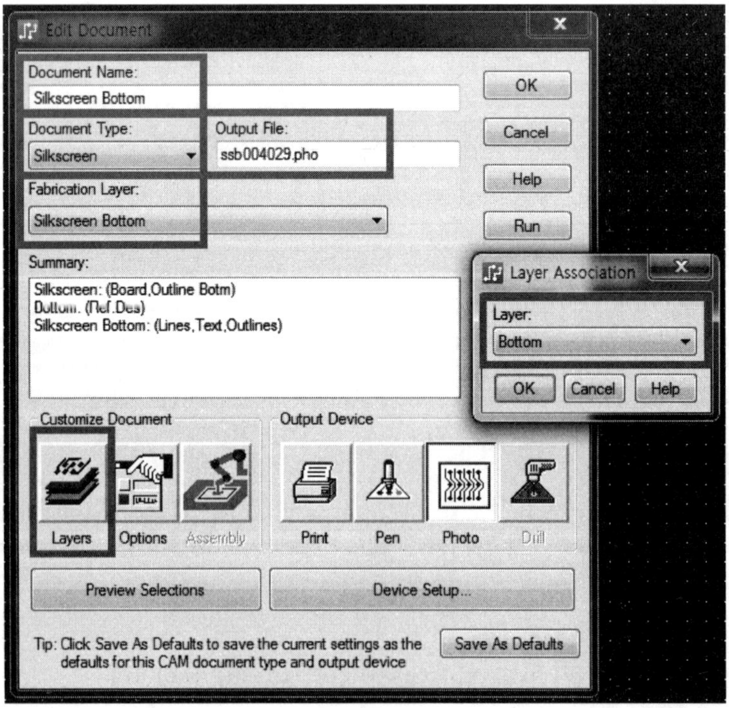

Layers 클릭한다.

Selected에서 Bottom을 선택 후 Items on Primary에서 Outlines를 체크한다.
PCB Decal을 그릴 때 부품의 Silk를 Top층에 그린 경우 Outlines을 선택해야 거버에 나온다.

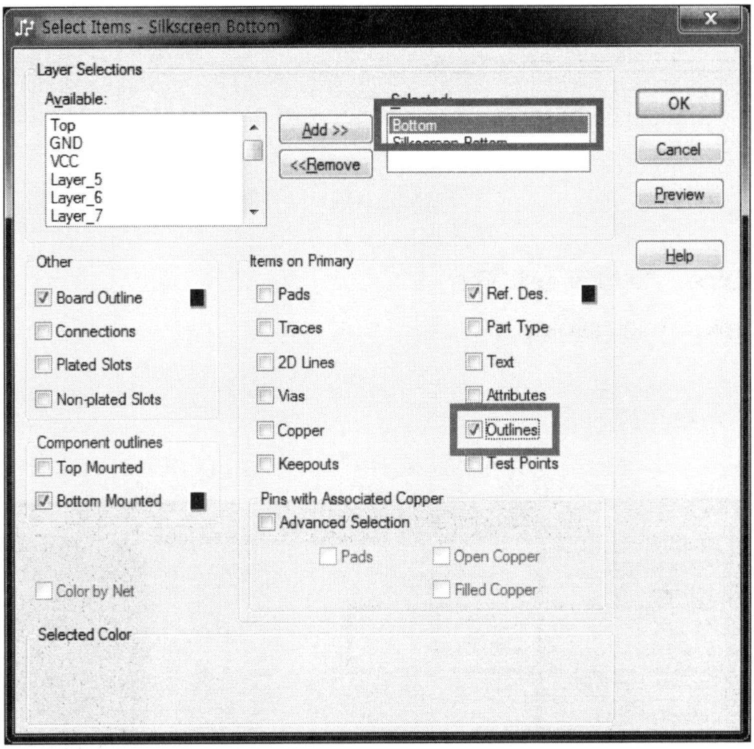

OK한 후 Preview하여 거버를 확인한다.
Reference가 Mirror 되어 보인다.

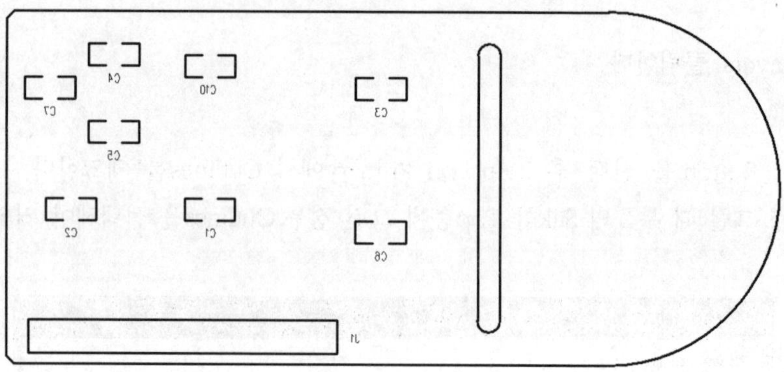

Add 클릭한다.

Document Name : Soldermask Top

Document Type : Soldermask

Layer : Top

Output File : sm001021.pho

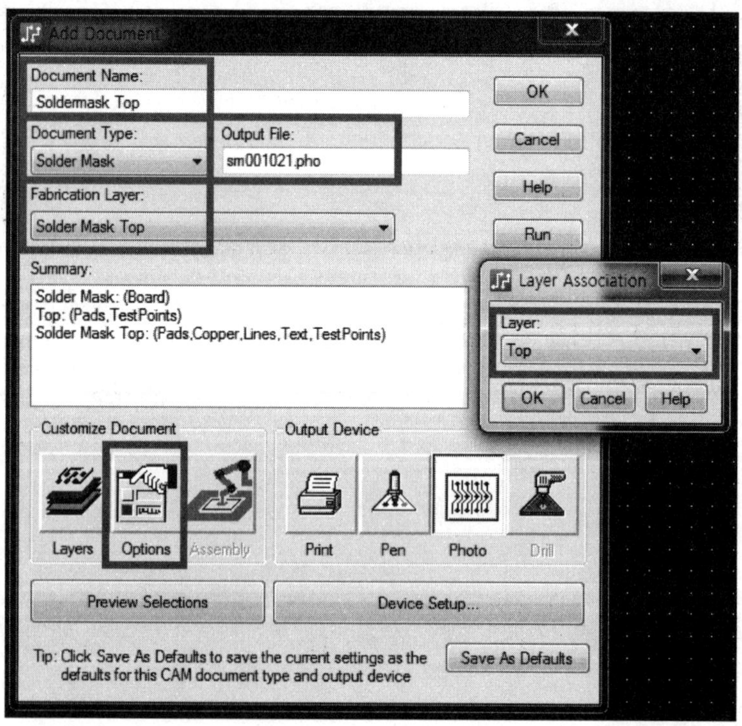

Options 클릭한다.

Over(Under)size Pads By : 0을 입력한다.

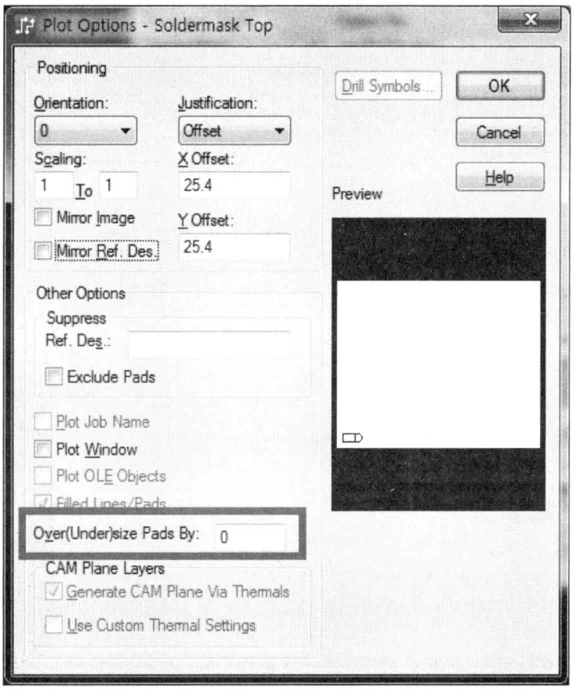

OK한 후 Preview하여 거버를 확인한다.

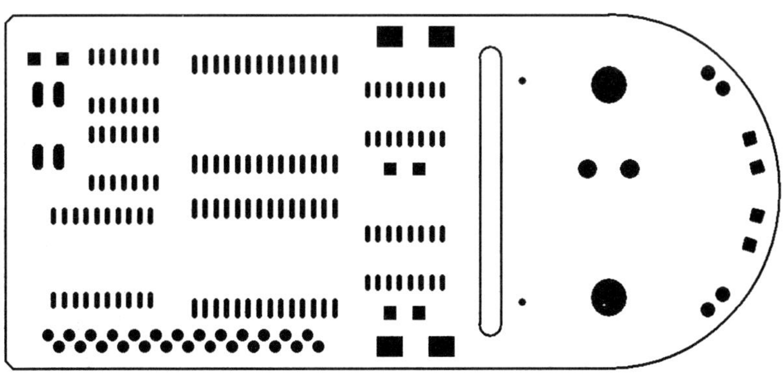

Add 클릭한다.

Document Name : Soldermask Bottom

Document Type : Soldermask

Layer : Bottom

Output File : sm004028.pho

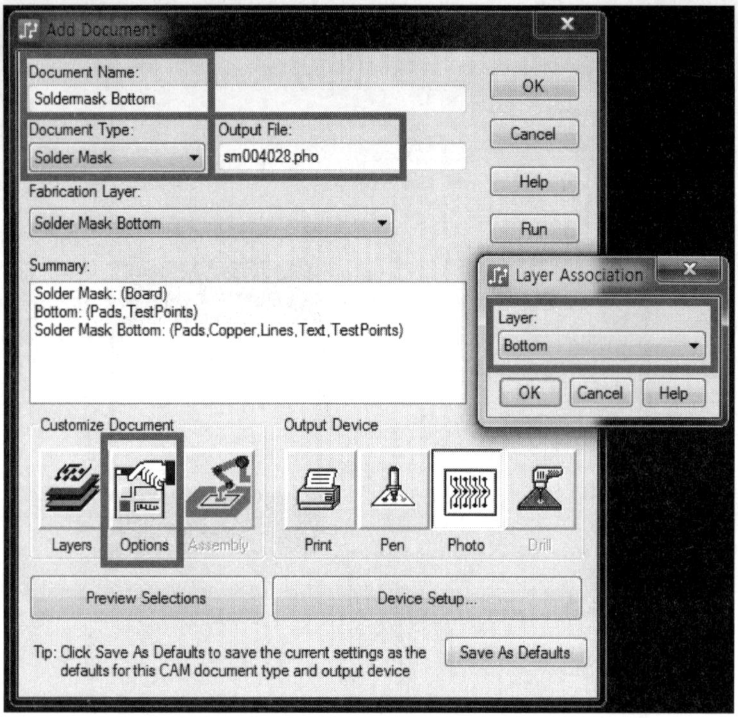

Options 클릭한다.

Over(Under)size Pads By : 0을 입력한다.

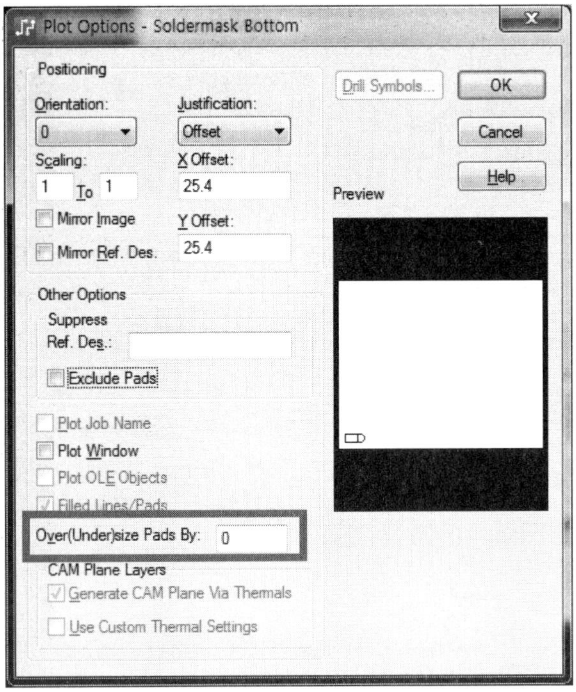

OK한 후 Preview 하여 거버를 확인한다.

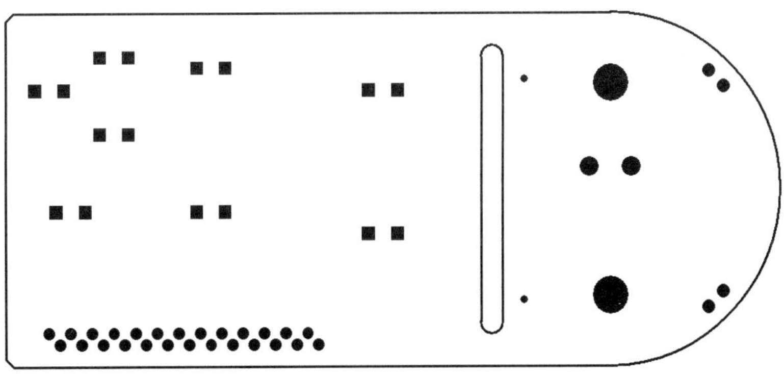

Add 클릭한다.

Document Name : TOP

Document Type : Routing/Split Plane

Layer : TOP

Output File : art001.pho

2, 3, 4층도 마찬가지로 Layer만 바꿔서 만든다.
Add 클릭한다.

Document Name : GND
Document Type : Routing/Split Plane
Layer : GND
Output File : art002.pho

Add 클릭힌다.

Document Name : VCC
Document Type : Routing/Split Plane
Layer : VCC
Output File : art003.pho

Add 클릭한다.

Document Name : BOTTOM

Document Type : Routing/Split Plane

Layer : BOTTOM

Output File : art004.pho

Top Layer

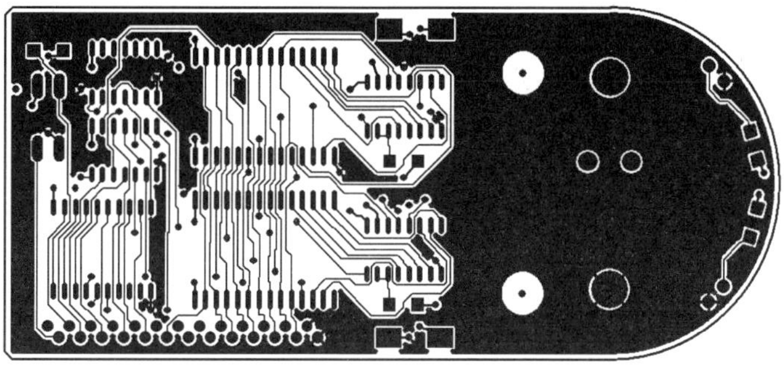

Gnd Layer

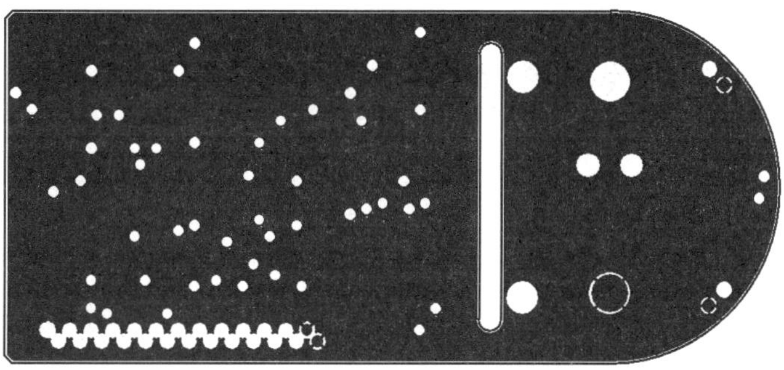

VCC Layer

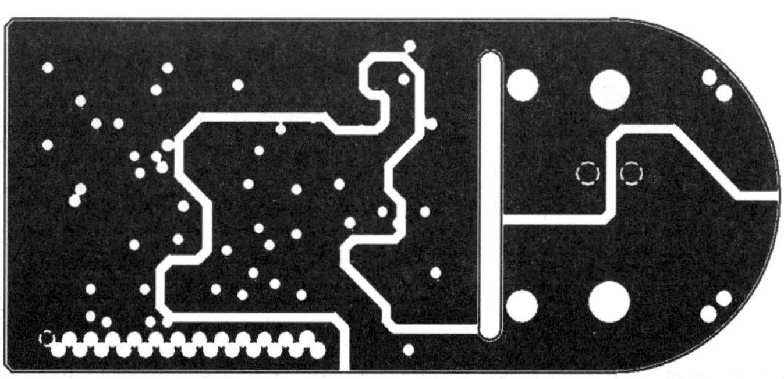

Bottom Layer

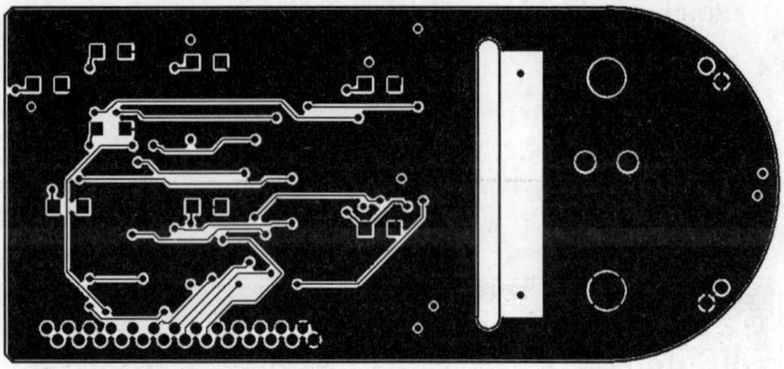

Add 클릭한다.

Document Name : Drill Drawing

Document Type : Drill Drawing

Layer : Top

Output File : dd001024.pho

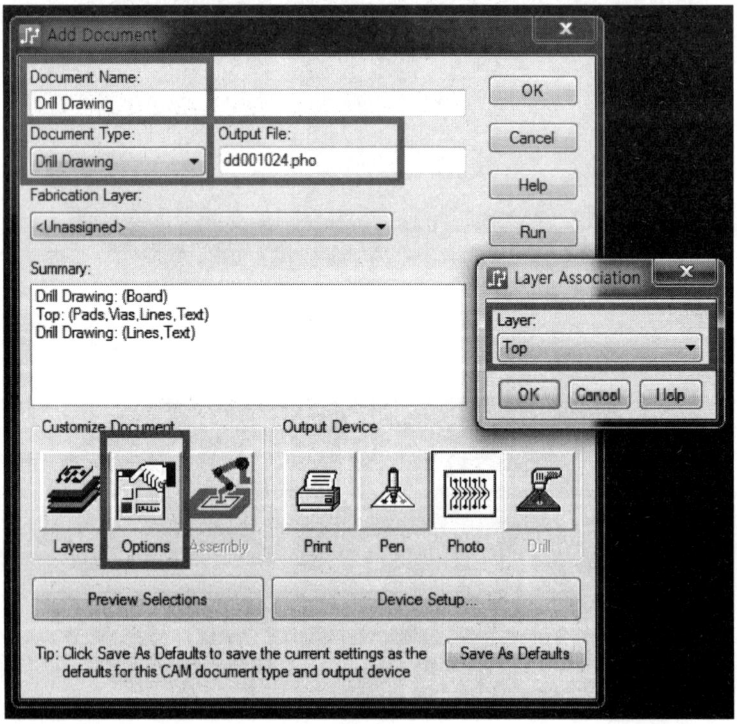

Option 클릭한다.

Drill Symbols 클릭한다.

Drill Chart를 update하고 위치를 지정한다.

(파란색 라인이 Board Outline이고 빨간색 라인이 Drill Chart이다.)

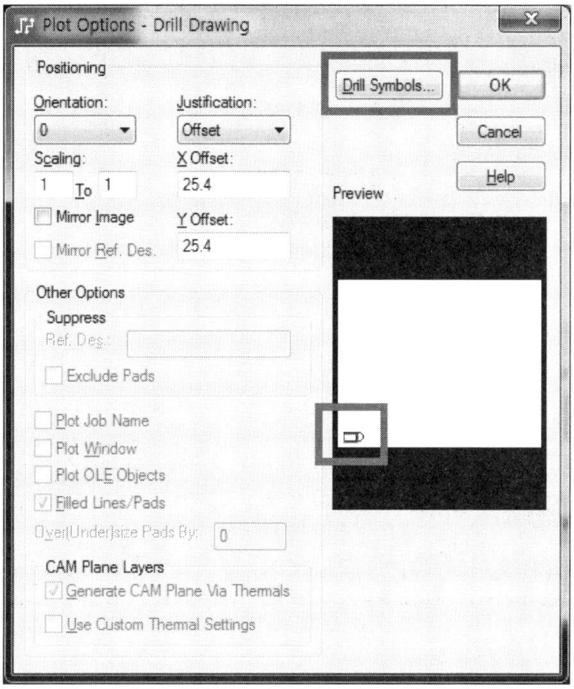

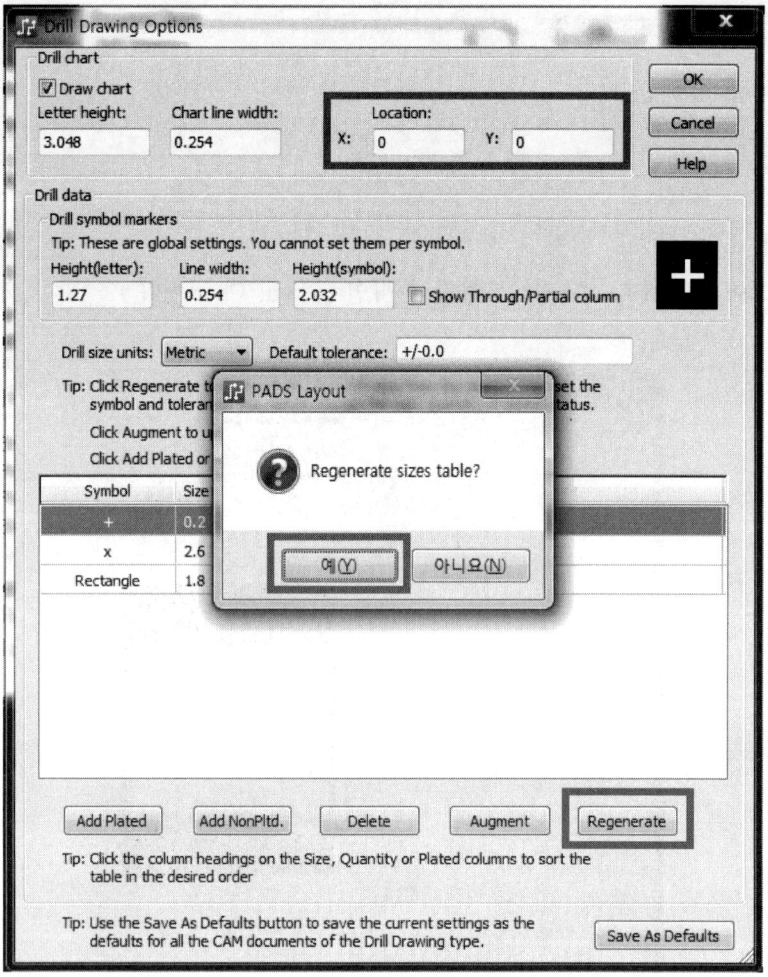

Drill Chart의 위치(Location x값) 지정하고 Drill Chart가 업데이트 되도록 Regenerate 한다. 보드 오른쪽에 놓을 경우 보드의 x값이 100이면 120정도로 입력한다.

만약 Gerber를 돌릴 때 아래와 같은 메시지 창이 뜨면

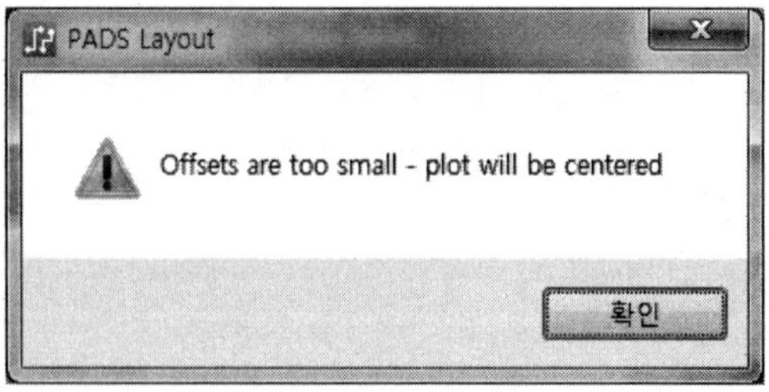

보드 외곽에 그린 Dimension이 Sheet 범위를 벗어나서 그렇다.

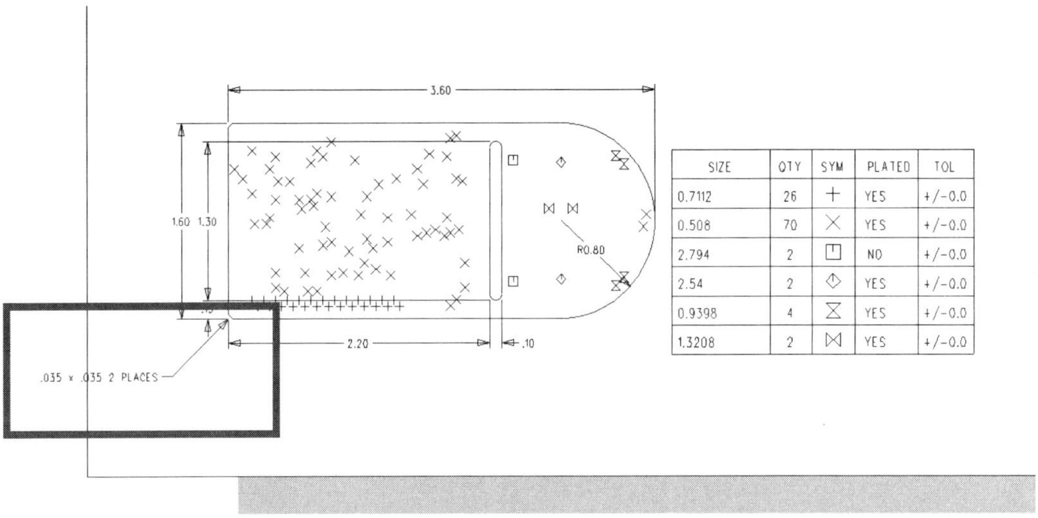

X Offset 값을 크게 주어 범위 안에 들어가게 한다.

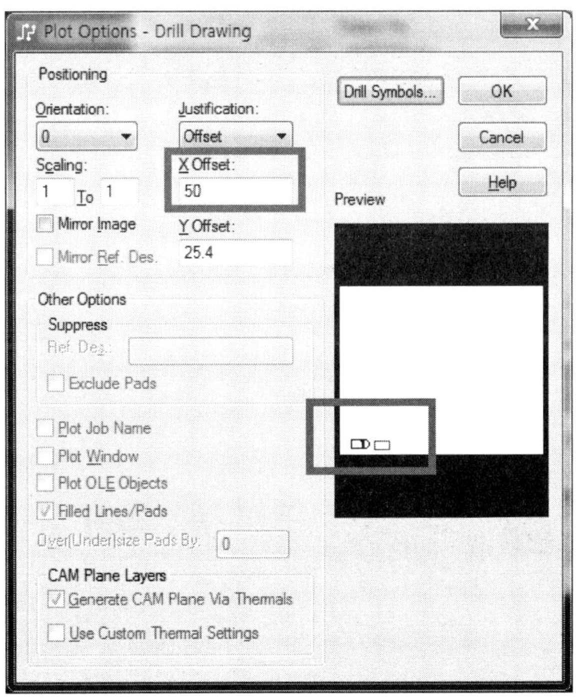

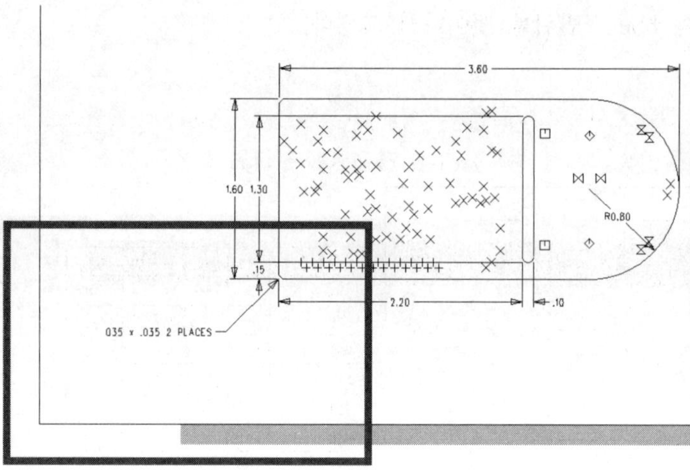

SIZE	QTY	SYM	PLATED	TOL
0.7112	26	+	YES	+/-0.0
0.508	70	×	YES	+/-0.0
2.794	2	⍞	NO	+/-0.0
2.54	2	◇	YES	+/-0.0
0.9398	4	⧖	YES	+/-0.0
1.3208	2	⋈	YES	+/-0.0

Add 클릭한다.

Document Name : NC Drill

Document Type : NC Drill

Output File : drl001.drl

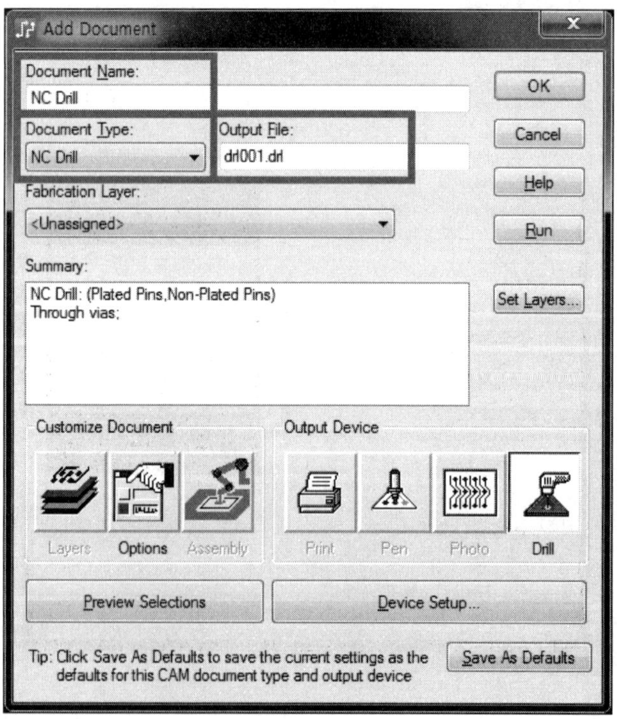

NC Drill은 Preview Selections 해서 보지 않는다.

CAM Documensts에 Document Name의 List가 모두 작성되었다면 CAM Directory의 〈Create〉 클릭하여 Gerber가 저장될 폴더명을 입력하여 폴더를 생성한다.

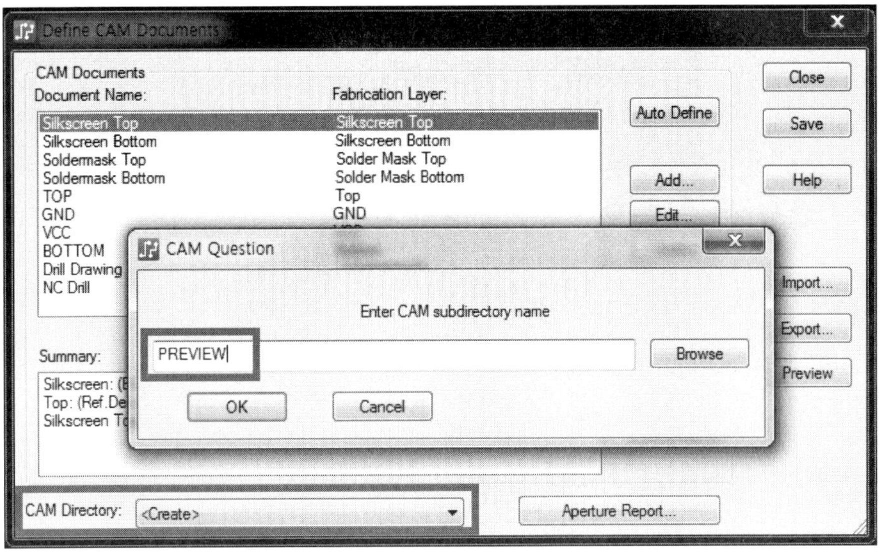

CAM Directory에 지정된 폴더 확인 후 List Select All하고 Run한다.

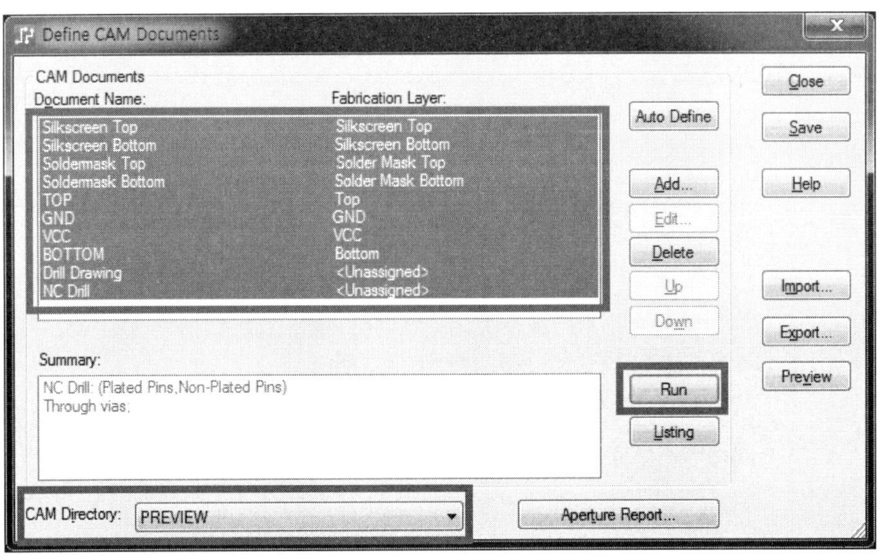

아래의 창이 뜨면 예 한다.

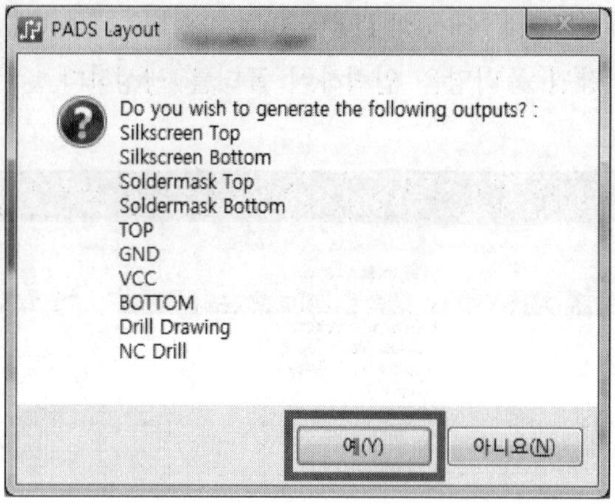

아래의 창이 뜨면 아니요 한다.

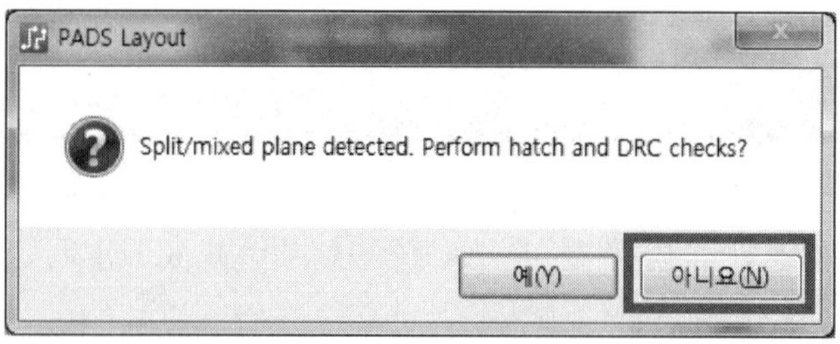

Gerber를 다 돌렸다면
C/PADS Projects/Cam/PREVIEW 폴더에 Gerber Data가 생성된다.

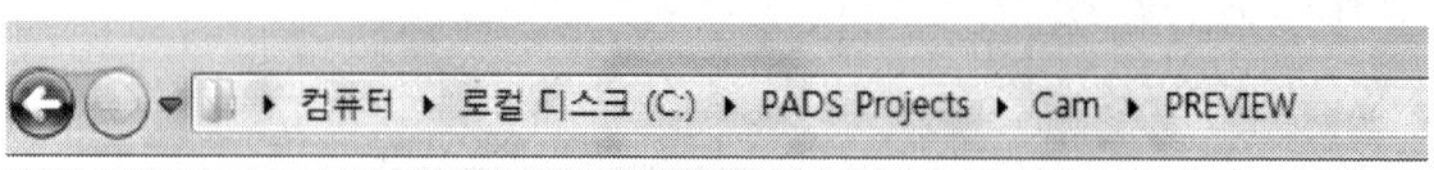

하나의 Gerber File에 ~.pho, ~.rep file 2개씩 생성된다.

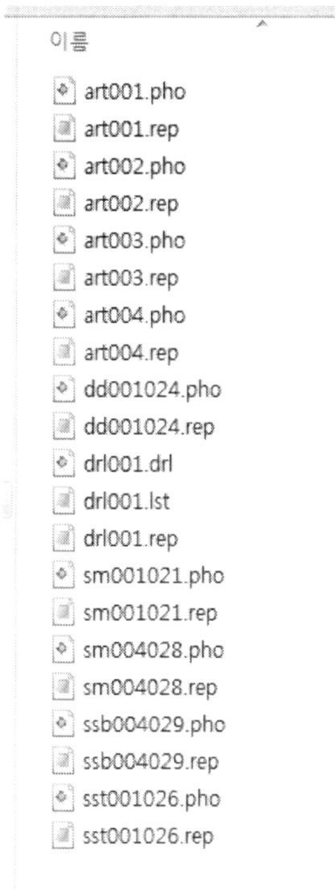

10.2 CAM File Import, Export 하기

Gerber를 만들 때마다 CAM List를 생성하려면 번거로우므로 Select All 한 상태에서 Export 한다.

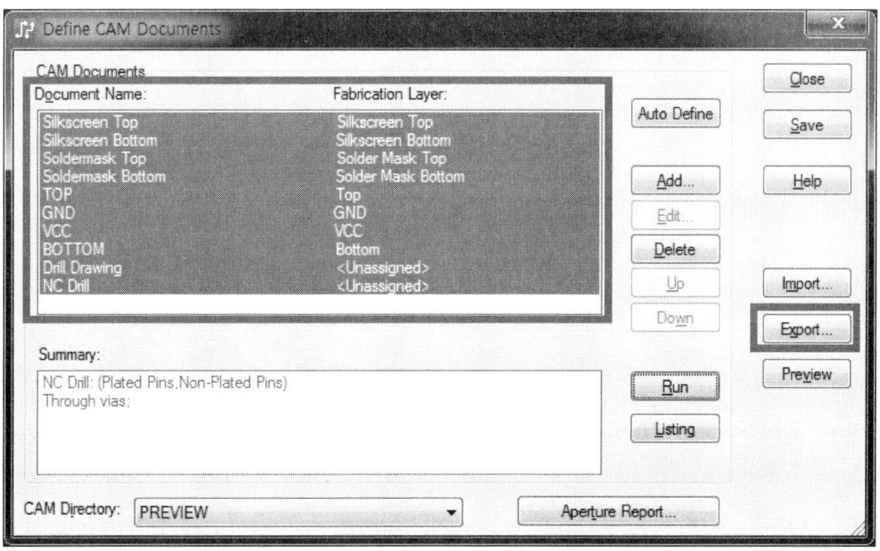

4Layer를 만들 때 사용한 CAM File이기 때문에 알아보기 쉽게 4Layer라고 저장한다.

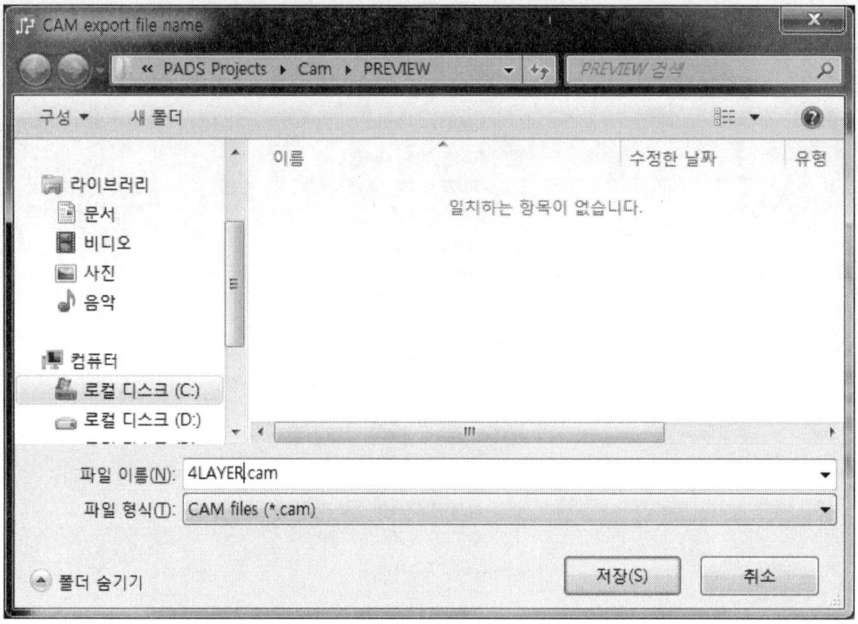

다른 보드 설계 시 4층 Gerber Data 생성하려면 File → CAM → Import 한다.

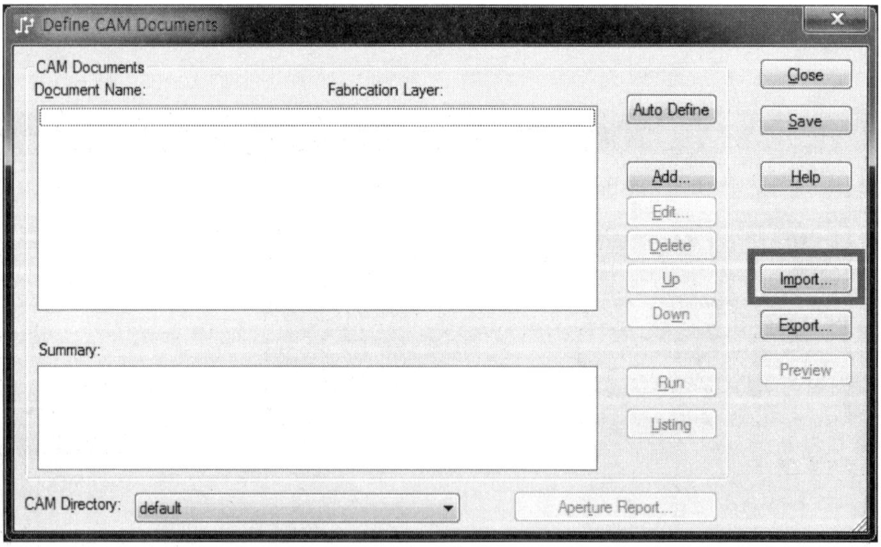

4Layer.cam file을 Import 한다.

CAM File만 모아놓은 폴더를 생성하면 사용하기 편하다.
"예"를 클릭한다.

"예"를 클릭한다.

"예"를 클릭한다.

보드마다 Drill Chart의 Symbol과 위치는 다르므로 Drill Drawing에 가서 Regenerate 하고 위치도 보드 바깥으로 맞춘다.

Option을 클릭한다.

Drill Symbols를 클릭한다.

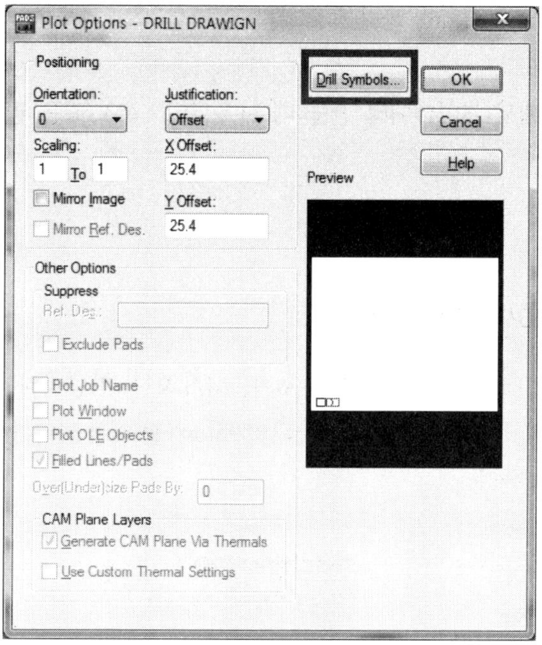
Plot Options - DRILL DRAWIGN
Positioning
Orientation:
0
Justification:
Offset
Scaling:
1 To 1
X Offset:
25.4
Mirror Image
Y Offset:
Mirror Ref. Des.
25.4
Drill Symbols...
OK
Cancel
Help
Preview
Other Options
Suppress
Ref. Des.:
Exclude Pads
Plot Job Name
Plot Window
Plot OLE Objects
Filled Lines/Pads
Over(Under)size Pads By:
0
CAM Plane Layers
Generate CAM Plane Via Thermals
Use Custom Thermal Settings

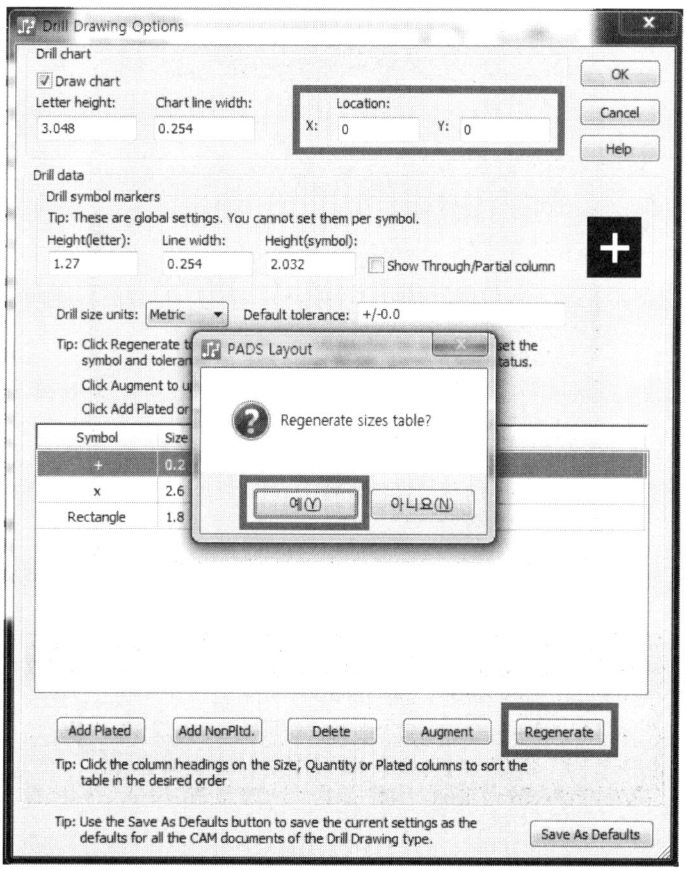
Drill Drawing Options
Drill chart
Draw chart
Letter height:
3.048
Chart line width:
0.254
Location:
X: 0
Y: 0
OK
Cancel
Help
Drill data
Drill symbol markers
Tip: These are global settings. You cannot set them per symbol.
Height(letter):
1.27
Line width:
0.254
Height(symbol):
2.032
Show Through/Partial column
Drill size units: Metric
Default tolerance: +/-0.0
PADS Layout
Regenerate sizes table?
예(Y)
아니요(N)
Symbol
Size
x
Rectangle
Add Plated
Add NonPltd.
Delete
Augment
Regenerate
Tip: Click the column headings on the Size, Quantity or Plated columns to sort the table in the desired order
Tip: Use the Save As Defaults button to save the current settings as the defaults for all the CAM documents of the Drill Drawing type.
Save As Defaults

Location을 지정하고 Regenerate 한다.

이렇게 하면 다른 보드에서 거버데이터 만들 때 사용했던 CAM file을 편하게 불러 다시 사용할 수 있다.

11 ECO Toolbar 사용하기

회로를 수정하지 않고 Layout에서 회로를 추가, 삭제하는 기능이다.
ECO Toolbar를 켠 상태에서 라우팅을 하게 되면 Short 될 가능성이 있으므로 평소에는 끄고 필요할 때만 켜서 사용한다.

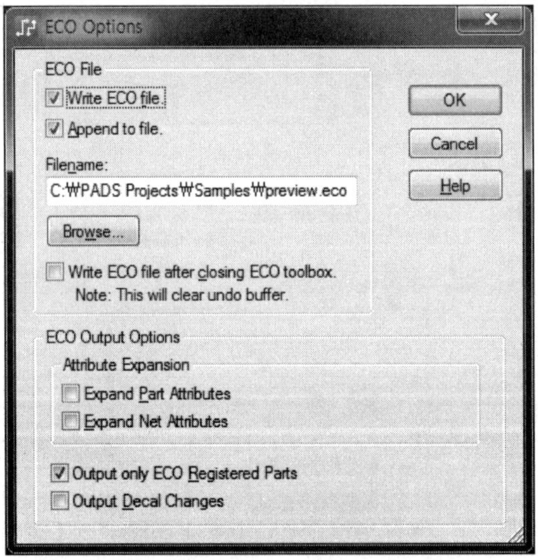

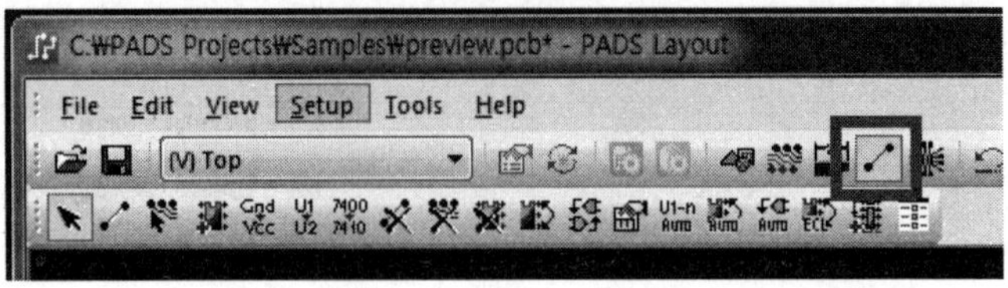

Add Connection 하기

끊어져 있는 핀과 핀을 강제로 Short 시키는 기능이다.

 선택 후 하나의 Short 시킬 핀과 핀을 클릭 (Connection이 생김)

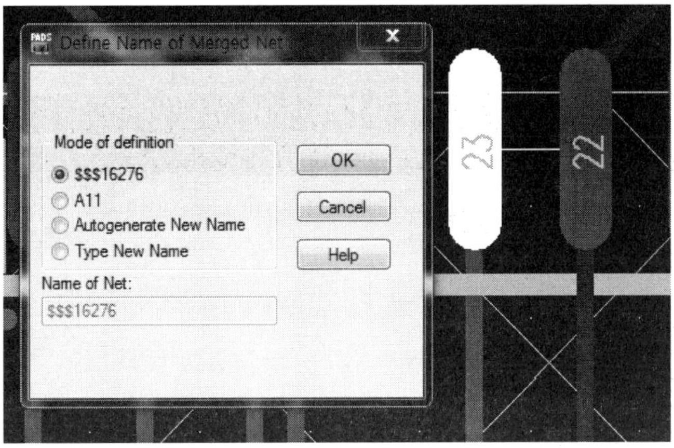

Add Route 하기

끊어져 있는 핀과 핀을 강제로 Short 시키는 기능이다.

 선택 후 핀 또는 Trace 클릭 (Trace가 생김)

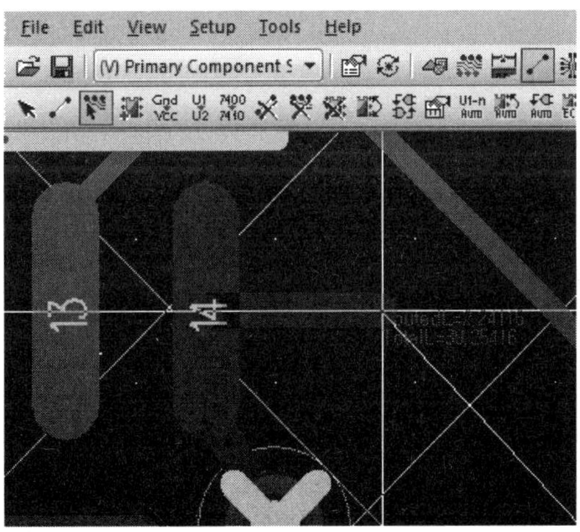

Add Component하기

새로운 부품을 추가할 수 있다.

선택 후 Component의 이름을 검색하여 추가한다.

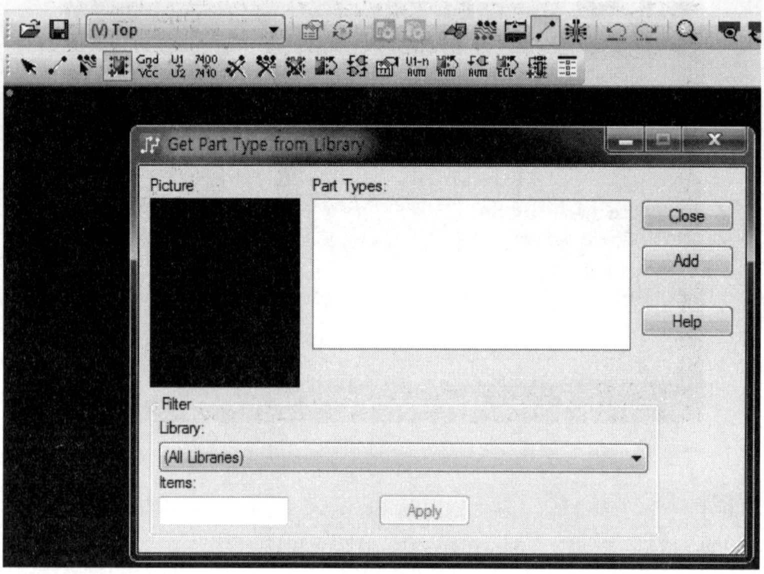

Part를 검색하여 Add를 클릭하면 Component가 나온다.

또는 Layout에 있는 부품을 선택하고 Ctrl+C, Ctrl+V하여 Copy 할 수 있다.

Rename Net하기

Net Name을 변경할 수 있다.

선택 후 이름 바꿀 핀이나 Trace를 클릭한다.

원하는 이름으로 바꾼다.

Rename Component하기

부품의 Reference를 바꾼다.

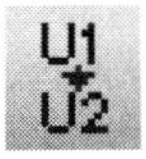

선택 후 PCB Decal 선택한다.

중복된 이름으로는 바꿀 수 없다.

Change Component하기

다른 Package Type으로 변경할 경우

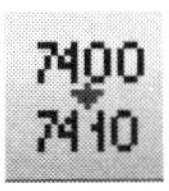

선택 후 PCB Decal 잡고 마우스 오른쪽 Library Browse...한다.

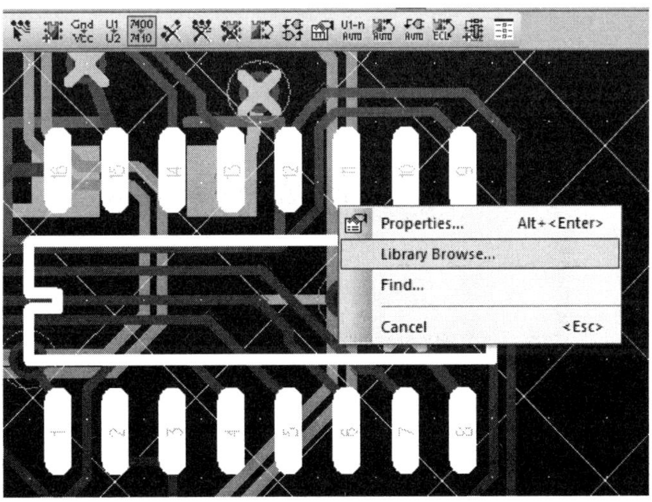

Part 이름을 검색하여 원하는 Part로 바꾼다.

Part의 이름은 같고 수정하였을 때에는 Update Part Type from Library하여 부품을 바꾼다.

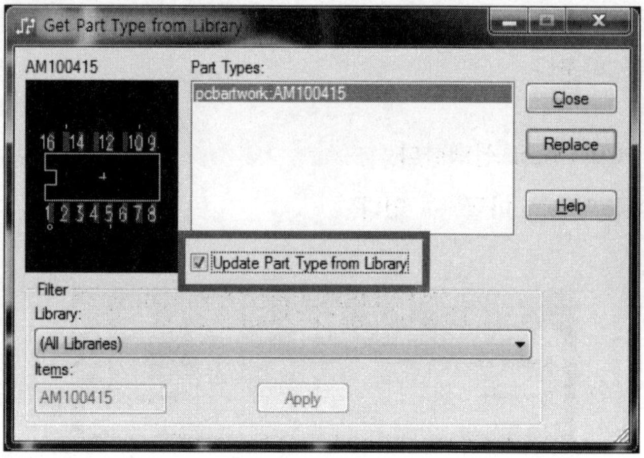

Part 또는 Net을 삭제하기 위해서는 Delete 버튼을 사용하면 된다.

Delete connection	Delete Net	Delete Component

OK하면 U4가 삭제될 것이다.
Delete Routes에 체크하면 그 부품에 연결된 Trace들까지 삭제된다.

Swap Pin하기

Pin과 Pin의 연결을 바꿀 수 있다.
한 부품의 핀들 안에서만 연결된 순서를 바꿀 수 있다.

 아이콘 클릭 후 Swap할 두 핀을 클릭한다.

저 자 약 력

윤민영

- 2010.3 ~ 현재, 마이캐드 대표(공학석사)
- 2008.3 ~ 현재, 한국폴리텍대학 안성캠퍼스 반도체CAD과 겸임교수 및 외래강사
- 2010.3 ~ 현재, 경기도 경제과학진흥원 외래강사
- 2016 경기도 경제과학진흥원 우수강사 수상

김도우

- 2004.3 ~ 현재, 한국폴리텍대학 안성캠퍼스 반도체CAD과 교수(공학박사)
- 2000.3 ~ 2004.2, 여주대학교 전자과 겸임교수
- 1994.1 ~ 2004.2, SK하이닉스반도체(주) 선임연구원

저자와의
협의에 의해
인지 생략

PADS VX.2를 활용한

PCB Artwork 실습

2판 2쇄 2024년 8월 26일

저 자 윤민영 / 김도우
발행인 송광헌
발행처 복두출판사
주 소 서울특별시 영등포구 경인로82길 3-4
센터플러스 807호 (우) 07371
전 화 02-2164-2580
FAX 02-2164-2584
등 록 1993. 11. 22. 제 10-902 호

정가 : 20,000원

ISBN : 979-11-6675-171-4 93560

한국과학기술출판협회 회원사